DANGXING JIAOYUXUE XINLUN

党性教育学新论

王大发　张国祥 等 著

人民出版社

目　录

第一章 共产党人的心学

中国古代有一门学问称为"心学"，以王守仁为著名代表。中国共产党人也有自己的"心学"，这就是党性教育。这是两种不同类型的"心学"。中国共产党人的"心学"，萌生于新民主主义革命时期，滋长于社会主义革命和建设时期，发展于改革开放历史新时期，成熟于中国特色社会主义新时代。党性教育从研究对象来讲，它是关于党性教育活动及其发展规律的科学；从基本遵循来讲，它遵循党性教育基本原则和基本规律；从地位与功能来讲，它是共产党人的铸魂工程和精神家园构建。在中国特色社会主义进入新时代后，党性教育及学科建设，机遇与挑战并存，希望与憧憬同在。

第一节 党性的内涵与特点

一、党性概念内涵的历史考察

"党性"是马克思主义建党学说中的重要概念之一，最早出现于19世纪40年代，恩格斯在《"傅立叶论商业的片段"的前言和结束语》中，对德国所谓真正的社会主义思潮进行批判时说："而这种社会主义，由于自己在理论领域中没有党性，由于自己的'思想绝对平静'而丧失了最后一滴血、最后一点精神和力量。"[1]1853年3月，恩格斯在致马克思的信中谈到拉萨尔时，又一次使用了"党性"概念。1863年1月，马克思在致恩格斯的信中说："在巴黎，在社会党内，党性和团结精神仍然占着统治地位。"[2]马克思、恩格斯

---

[1] 《马克思恩格斯全集》第2卷，人民出版社1957年版，第659页。该文写于1845年。

[2] 《马克思恩格斯全集》第30卷，人民出版社1974年版，第305页。

使用"党性"这一概念，是从阶级立场或政治立场、品性和修养、党的意识和组织性等视角来看党性的，但未下过定义。列宁在1894年年底到1895年年初所著的《民粹主义的经济内容及其在司徒卢威先生的书中受到的批评》一书中，所使用的"党性"概念，主旨在于批判司徒卢威反对哲学党性所谓的"客观主义"，而不是讨论从世界观角度解决共产党人的党性问题。1905年，列宁在《社会主义政党和非党的革命性》一文中，将党性与非党性进行了比较性的论述，并指出严格的党性原则是使阶级斗争成为自觉的、明确的、有原则的斗争的条件之一。1906年，列宁明确指出党性是高度发展的阶级对立的结果和政治表现。此后，列宁大量使用过"党性"一词，但没有专门论述党性的文章。列宁主要从阶级立场、组织纪律、战斗性等视角来阐述党性。

中国共产党高度重视党性。在中国共产党建设的理论文献中，"党性"概念正式形成于延安时期。毛泽东指出：党性是共同的性质、普遍的性质，全党每一个人都有的性质；一致的行动，一致的意见，集体主义，就是党性。他主要从个人与组织的关系、思想路线和思想方法的角度论述党性。1939年，刘少奇在《论共产党员的修养》中第一次在中国马克思主义理论史上清晰地界定了"党性"的表现：党的利益高于一切；在每个党员的思想和行动中，都要使自己的个人利益和党的利益完全一致；在个人利益和党的利益不一致的时候，能够毫不踌躇、毫不勉强地服从党的利益，牺牲个人利益；为了党的、无产阶级的、民族解放和人类解放的事业，能够毫不犹豫地牺牲个人利益，甚至牺牲自己的生命。刘少奇对党性问题作了直接与翔实的论述，认为共产党员的党性就是无产者阶级性、无产者本质、无产阶级利益最高而集中的表现；党的利益高于一切是最高的党性；党性是高度的组织纪律性，是最高的美德。刘少奇的党性概念着重强调共产党员思想品质的规定性。中华人民共和国成立后，中国共产党所使用的"党性"概念，基本上沿袭着延安时期关于"党性"的认知和表述，但在不同时期强调的重点是不同的。如1962年，刘少奇强调必须把树立实事求是的作风，作为加强党性的第一个标准；1975年，邓小平强调要安定团结，就必须消除派性，增强党性。

中国共产党十一届三中全会以后，邓小平强调，共产党人不能搞派性，要讲党性；党性也包括联系群众、艰苦朴素、实事求是等。他要求配备领导班子，要选那些党性强、能团结人、不信邪的人。1983 年，在党的十二届二中全会上，邓小平又旗帜鲜明地提出，所有共产党员都要增强党性，遵守党的章程和纪律。江泽民强调共产党员尤其是领导干部要增强党性锻炼，用党性来抵制市场活动中的消极因素。他与毛泽东、邓小平一样强调在改造客观世界的同时改造主观世界，指出践行"三个代表"就是党性的体现。胡锦涛强调，要增强党性锻炼，首先必须搞清楚什么是党性。他明确提出：党性就是阶级性最高最集中的体现；中国共产党的党性，是中国工人阶级阶级性和阶级利益的集中体现，是以马克思主义为指导、把工人阶级的先进性升华到了一个更高水平上，使党成为能够代表中国各族人民利益、把握人类社会发展规律、推动历史不断进步的领导核心力量。他指出，中国共产党的党性特质，"既体现在党章规定的党的指导思想、根本宗旨、奋斗纲领、路线政策、组织原则、党的纪律和工作方法、工作作风上，又具体体现在广大共产党员、党的干部的理想信念、思想观点、道德品格以及学习工作生活等言论和行动之中。"①

中国共产党十八大以后，习近平明确指出，党性说到底就是立场问题，党性就是最大的德；党性是党员干部立身、立业、立言、立德的基石，也是衡量党员立场和觉悟的准绳；作风问题根本上是党性问题。在中共十九大报告中，习近平强调，全党要更加自觉地坚定党性原则；全党同志特别是高级干部要加强党性锻炼。习近平主要从立场、原则、作风、修养层面来阐述党性。

从对党性概念内涵的历史考察中可知，党性是一个政党及其党员的政治和精神属性，表现为政党的阶级性、人民性、原则、宗旨、纪律和党员的意识、立场、作风、修养。中国共产党的党性，是中国共产党区别于其他政党的本质规定性，集中表现为代表中国工人阶级和最广大人民的根本利益，坚持四项基本原则和改革开放，坚守全心全意为人民服务的宗旨，实行铁的纪律，在意识、立场、作风、修养诸方面保持共产党员的先进性和纯洁性。

党性的内涵可以从以下几方面把握：一是党性是政党及其党员所具有的

---

① 《胡锦涛文选》第一卷，人民出版社 2016 年版，第 162 页。

属性，不是只有政治属性或者精神属性，而是政治属性和精神属性的统一。二是党性分两个层面：在组织层面，党性是政党的本质规定性，是一个政党区别于其他政党的特性和根据；在个人层面，党性是政党的本质规定性内化为党员素质并在党员个体精神面貌和行为取向上的体现。三是党性有集中表现，这就是政党的性质及党所制定的原则、宗旨和纪律等，党员的意识、立场、作风、修养等。四是党性有强弱之分。严格遵守党纲党章党规党纪并付诸行动即为党性强，反之则党性弱。党性强弱影响党的先进性和纯洁性。

二、党性的特点

中国共产党人所认可和坚持的党性，具有以下特点：

（一）阶级性与人民性

政党始终立足于其所代表的阶级和民众的利益与意志。中国共产党是中国工人阶级的先锋队，是中国人民和中华民族的先锋队，决定了她自觉地、主动地、有力地代表中国工人阶级和最广大人民的根本利益，人民立场是中国共产党的根本政治立场。共产党员的思想意识、政治观点、言论行动，必须符合工人阶级和最广大人民的利益和愿望。每个党员无论在什么时候、面对怎样严峻的考验，都要具有党的意识和政治担当，站在工人阶级和人民大众的立场，全心全意为人民服务，随时准备为党和人民牺牲一切。

（二）先进性与纯洁性

先进性是指一个政党在思想理论、纲领路线诸方面所具有的优于其他政党的特质，在人类历史发展进步中所起的引领作用。中国共产党及其党员的先进性，表现为由工人阶级先进分子所组成，以马克思列宁主义、毛泽东思想、邓小平理论、"三个代表"重要思想、科学发展观和习近平新时代中国特色社会主义思想为指导，为国家独立、民族解放、人民幸福无私奋斗，坚持真理、修正错误，遵循规律、与时俱进，自力更生、艰苦创业，努力建设富强、民主、文明、和谐、美丽的社会主义现代化国家。纯洁性是指党组织和党员在思想、政治、组织、作风、行为等方面与党的性质、宗旨的一致性。纯洁性表现为理想信念坚定，政治意识、大局意识、核心意识、看齐意识和责任意识强，始终保持理论联系实际、密切联系群众、批评和自我批评的作风，能够祛病疗伤、激浊扬清，忠于党和人民，自觉履行义务，始终同人民同呼吸、共命运、心连心。

（三）组织性与纪律性

中国共产党的组织性，体现为民主集中制，即民主基础上的集中和集中指导下的民主相结合的制度。《中国共产党章程》对民主集中制的基本原则作了六项具体规定。民主集中制是党的组织制度的核心内容，是其他组织制度赖以成立的原则和基础。党的组织制度还包括党的代表大会制度、党的组织生活制度、党的选举制度、党内监督制度、党内议事规则等。中国共产党的纪律性，表现为纪律的统一性，对党的每个组织和每个党员都具有同等的约束力，党纪面前人人平等；纪律的强制性和严肃性，要求所有党组织和党员必须遵守，违反纪律要受到追究；纪律的自觉性，遵守党纪是各级党组织和每个党员对党应尽的义务，它依靠党员的自觉自愿来维护。中国共产党的纪律是按照民主集中制原则，根据党的性质、纲领和实现党的路线、方针、政策的需要而制定的，主要有政治纪律、组织纪律、廉洁纪律、群众纪律、工作纪律、生活纪律。

（四）实践性与时代性

党性不仅贯穿在党的文献中，而且体现在每个党员为之奋斗的具体行动上，它反映着时代精神，打上了时代烙印。党性的实践性，就是把党性原则、党性要求融化在血液中，落实到行动上。党性是实践着的理论、行动中的哲学，党性的内容、形式和方法都是可以具体化并体现为行动的。实践性表现为坚持理论和实践的统一，一切从实际出发，实事求是，以马克思主义的立场观点方法来观察问题、分析问题、解决问题，科学对待别国经验，走自己的路，不断总结和升华实践中创造的经验，通过实践检验真理、发展真理；实践性也表现为各级党组织和广大党员认真执行党的纲领、路线、方针、政策、决议、决定，在生产、工作、学习和社会生活中起先锋模范作用，坚持党和人民的利益高于一切，百折不挠地为党和人民的事业而奋斗。党性的时代性，就是指党性在不同历史时期、不同历史条件下所表现出来的特殊性，它根据党所处的时代特点，注入时代血液，反映时代精神。换言之，党性是为党的基本路线服务的，不是一成不变的，它的内容和形式必然打上时代的烙印，具有鲜明的时代特征。在中国共产党历史上，党性在新民主主义革命时期、社会主义革命和社会主义建设时期、改革开放新时期，各有不同的体现。

第二节　党性教育的研究对象与范畴

一、党性教育的研究对象

1941 年 1 月，中共中央明确要求加强全党特别是军队中干部与党员的党性教育与党性学习。关于"党性教育"概念，《中国教育百科全书》界定为：用无产阶级的优良特性、辩证唯物主义世界观、马克思主义的思想作风对每个党员进行本质的改造。党性教育研究党性教育活动及其发展规律，是共产党人的心学。中国共产党的党性教育，泛指党组织对党员在政治、思想方面开展的有针对性的教育活动和党员个人在思想、品质、作风诸方面进行的自我教育；特指党组织以多种形式对党员进行的马克思主义理论、理想信念、党的宗旨、党史国史、革命传统、道德品行、法治思维、反腐倡廉、党章党规党纪教育。它被看作是党的建设的重要组成部分，是保持党的先进性和纯洁性的恒久要求。党性教育的本质是对共产党人的政治引导和精神塑造，它是一种以提高党员的党性修养、增强党性，保持党的先进性和纯洁性，提升党的凝聚力、战斗力为直接目标的特殊的思想政治教育活动。

确定研究对象是党性教育学科成立的根据和发展的逻辑起点。党性教育的研究对象主要包括以下几个方面。

（一）主体研究

党性教育的研究主体是党组织和党员。主体研究的前提有两个：一是党组织的情况，如党的中央组织情况，党的地方委员会情况，城市街道、乡镇、社区（居委会）、建制村党组织情况，机关、企业、事业单位党组织情况，社会组织党组织情况。二是党员队伍情况，如党员的性别、年龄、民族和学历，党员的入党时间，党员的职业，党内表彰和惩处情况。主体研究的任务有三项：共产党人党性传统研究；共产党人党性强弱现状研究；共产党人"心学"境界提升研究。

（二）客体研究

党性教育的作用对象是党员，但研究客体并不是党员。因为党员作为个体和群体，具有自然属性，即受生物规律支配的基本生命属性，这主要是生物学、人类学、生理学、医学等学科的研究对象；又具有社会属性，这是众多社会科学的研究对象，每一门社会科学都是从特定的角度研究人的社会属性的某一方面。党性教育并不研究人的社会属性的所有方面，其研究客体是党性教育活动。

党性教育活动研究范围广泛，包括党性教育产生的基础和源泉研究，特定时期党对党员的要求与党员实际党性水准之间的矛盾研究，党性教育环境研究，党性教育目的研究，党性教育原则研究，党性教育知识体系研究，党性教育过程研究（包括党性教育阶段和环节研究、党性教育机制研究、党性教育载体研究、党性教育评价研究），党性教育方式方法研究，等等。其中，特定时期形势发展（特别是党的事业的发展）对党员的要求与党员实际党性水准之间的矛盾，是党性教育存在的内在根据，是党性教育开展的主要动因，是党性教育领域的特殊矛盾，这一矛盾贯穿于党性教育的始终（因为随着形势的发展变化，党员的党性水准与党组织的期望又会产生新的矛盾），它规定和影响着其他矛盾（如党性教育工作者与受教育者、教育内容与教育形式、教育方法与教育载体之间的矛盾等，都是由这一矛盾派生出来的）。

（三）关系研究

1. 党性教育与党性修养的关系。党性教育与党性修养不是同一个概念。党性教育主要是外部的力量，是教育者通过一定的教育内容和形式，促使党的本质规定性内化为党员个体素质的过程。党员把政党的本质规定性内化为个人素质并在言行中体现出来的过程，就是党性修养，包括理论修养、政治修养、道德修养、纪律修养、作风修养。它是马克思主义政党理论与中国传统文化相结合的产物，是中国共产党人的发明创造。党性教育与党性修养在方法上也是不同的，如党性教育采用理论教育、实践锻炼、典型示范、心理疏导、考核评价等方法，党性修养则采用自比、自知、自警、自律、自省、自励等方法。党性教育是有组织的集体修炼，党性修养是党员的自我修炼；党性教育是外在的、组织施加的和带有强制性的，党性修养是内在的、积极主动的和自觉自愿的。党性教育与党性修养又是密切相关的概念。它们都是一定历史时代的产物，是党的事业发展的要求，党性教育和党性修养的过程也是党的作风建设的过程，党性修养的理论与方法是党性教育的理论与方法的重要组成部分。二者相互支撑、相互促进、相辅相成，统一于党的建设实践。辩证唯物主义关于内因和外因相互关系的原理在这里是适用的。

2.党性教育与党性锻炼的关系。党性教育和党性锻炼都具有时代性和实践性，是共产党依靠自身力量坚持真理、修正错误的重要法宝，是共产党员始终保持坚强党性的根本途径，也是提高全体党员素质的关键。二者既是统一的，又是有所区别的。其统一性在于，二者不能各自孤立存在，而是相互促进、相互影响的，它们统一于党内政治生活的熔炉之中，共存于增强党性这一基本目的之下。其区别在于，党性锻炼是指党员在生产、工作、学习和社会生活中，尤其是在党内政治生活中，自觉按照党的本质属性要求进行自我教育、自我改造和自我完善，以增强党性修养的过程，它与党性教育的含义不同。党性教育主要是党组织发起的外在活动，是党锲而不舍的工作；党性锻炼则是党员的自主选择，是每一位党员终生实践的课题。在狭义上，党性教育侧重于理论提升，党性锻炼侧重于实践提高；在广义上，党性锻炼是党性教育的重要途径之一。

3.党性教育与思想政治教育的关系。党性教育与思想政治教育都是政党工作的重要组成部分，是中国共产党不同于其他任何政党的特有政治优势。二者既有相同性，又有相异性。相同性在于：党性教育与思想政治教育都是具有政治性的实践活动；党性教育与思想政治教育都是党的意识形态工作的组成部分，是党的教育工作的双翼；党性教育的主体同时也是思想政治教育主体的一部分；二者都是在特定的环境中进行的；二者的内容既有交叉又有融合；二者都具有个体性功能和社会性功能，具有教育职能和管理职能；二者的方法和载体可以借鉴；二者都是为实现党的奋斗目标服务的。相异性在于：党性教育面对的是全体党员，是党务工作，思想政治教育面对的是全体人民群众（党员也包括在内），既是群众工作又是党务工作；党性教育具有突出的党性，思想政治教育具有广泛的群众性；党性教育是在普遍的思想政治教育基础上对党员的标准更高、要求更严的一种特殊教育，思想政治教育主要是对群众（重点是青少年）的普遍教育；二者的具体内容和方法都有所不同。

此外，还要研究党性教育与党的作风之间的关系，党性教育与党的建设之间的关系，党性教育与社会上层建筑、经济基础之间的关系，党性教育学科与其他相关学科的关系，党性教育系统与相关平行系统之间的关系，党性教育系统内部各构成要素之间的关系，等等。

（四）规律研究

按照马克思主义的观点，人们"行动的一切动力，都一定要通过他的头脑，一定要转变为他的意志的动机，才能使他行动起来"[①]。而支配人们行动的动机，总是受客观环境的影响和个人身心状况的制约。党员的党性就是在这两种因素的交互作用中形成、发展和演化的。所以，党性教育既是一个外部影响的过程，又是一个内部变化的过程。

外力作用与党员内心演化互动，是党性教育的根本规律。外力作用主要体现在：一方面，党性教育是党性教育工作者按照党组织的要求，有组织、有计划、有目的地对党员施加影响的过程；另一方面，客观环境因素既综合作用于教育者，又综合作用于受教育者，从而综合影响党性教育效果。党员内心演化主要体现在：一方面，在党性教育过程中，受教育者既会被打动或受潜移默化的影响，又会以审慎、质疑、批判态度对待外部输送的信息；另一方面，党性教育过程是党员内化于心、外化于行知行统一的过程。正确认识和运用这一规律，对于我们辩证看待党性教育的主体和客体、内因和外因、联系和发展等具有理论价值和现实意义；对于破解党性教育难题、把握党性教育原则、界定党性教育任务等具有指导作用。

二、党性教育的基本范畴

范畴是人的思维对客观事物本质的概括和反映。各门学科都有自己的基本范畴，党性教育也不例外。党性教育范畴是对党性教育本质关系认识的思想结晶，又是党性教育进一步向前推移的支撑点。研究党性教育范畴，有助于揭示党性教育规律，完善党性教育体系，丰富党性教育实践。党性教育的基本范畴有以下几个方面。

（一）主体和客体

主体和客体具有相对性，是党性教育的基本范畴和关键要素，主客体关系是党性教育中最重要的关系。党性教育主体是党组织和党员，党性教育客

---

① 《马克思恩格斯选集》第 4 卷，人民出版社 2012 年版，第 258 页。

体是党性教育活动。主体分为两类：教育者和受教育者。教育者为党组织和党务工作者，受教育者为党员。客体分为四类：环境——党性教育存在的条件，矛盾（或问题）——党性教育存在的依据，载体——党性教育存在的方式，实务——党性教育存在的表现。主体与客体的关系：一是认识关系，主体决定客体，客体反映主体；二是实践关系，主体和客体是在实践基础上的统一；三是相互作用关系，二者都不是独立运行的，而是相辅相成的，主体作用于客体，客体反作用于主体。正确认识和处理主客体及其相互关系，有助于明确党性教育对象，深入研究党性教育的地位与作用、原则与规律、内容与方法、环境与条件，增强党性教育的针对性和实效性。

（二）党性和个性

党性教育存在的前置条件，是党员的党性不纯，正如毛泽东所说："世界上的人都是有缺点的，布尔什维克也不是那样完美，多少还会有毛病，那叫什么？叫带着缺点的布尔什维克。"① 为使党员增强党性，在认识上，就要正确对待党性与个性。在中国共产党第七次全国代表大会上，毛泽东强调："党性就是普遍性，个性就是特殊性……党性是共同的性质、普遍的性质，全党每一个人都有的性质。""个性不能强同……有工作的不同，地位的不同，性别的不同，年龄的不同等等，抹煞这种不同，就是不让同志们发展长处。"② 党性和个性的关系，是普遍性与差别性的关系、集体与个人的关系，其辩证统一性在于：其一，二者相互依存。普遍性是建筑在特殊性基础上的，没有党性就没有个性，没有个性也没有党性。其二，二者相互作用。党性决定个性、升华个性，个性体现党性、影响党性；党性是个性之魂，个性是党性之形。其三，二者相互转化。党性通过教育与实践可以转化为个性，个性通过修炼和提升可以转化为党性。在价值追求多元化、崇尚个性张扬的当今社会，共产党人要自觉用党性管住、塑造、升华个性，把增强党性观念、加强党性修养作为必修课。

（三）目的和手段

党性教育的目的与手段是相对于党组织和党员的实践活动而言的，二者

---

① 《毛泽东文集》第三卷，人民出版社 1996 年版，第 344 页。

② 《毛泽东文集》第三卷，人民出版社 1996 年版，第 340—341 页。

统一于党性教育实践，实践过程就是主体的主观能动性与客体的客观制约性相统一的现实过程，目的、手段通过实践相互作用产生结果。党性教育的目的和手段的关系在于以下两方面。

1.二者有明显区别。一是党性教育的目的和手段内涵不同。党性教育的目的，是指党组织对教育结果的预期，它是党组织根据党的事业发展的需要和对党员现状的评估分析而形成的关于教育对象的总体发展要求的预期设想或规定。党性教育的基本目的，是提高党员的政治思想觉悟，坚定理想信念，锤炼忠诚品格，增强全体党员的党性。党性教育的手段，是指党组织和党务工作者为实现教育目的而采取的各种应用工具、方式方法等，它不仅包括教育行为（教育制度、工作方案、实施人员、运作过程、组织管理等），而且包括当时背景下实现教育目的的各种精神条件（知识、情感、意志等）和物质条件（场地、经费、工具等）。二是党性教育的目的和手段指向不同。党性教育的目的指向共产党人所追求的理想境界，党性教育的手段指向通往和实现理想境界的途径与方式。三是党性教育的目的和手段特性不同。教育目的具有单一性而教育手段具有多样性。在一定的时间地点条件下，党性教育实际追求的目的往往与党在一定历史时期的奋斗目标相对应，因而是单一的。但党组织和党务工作者实现教育目的可选择、可利用的教育手段则是丰富多彩的。再者，目的具有预期性，手段具有现实性。

2.二者有密切联系。一是二者相互规定、相互制约。相对于一定的党性教育实践，教育目的和教育手段都是具体的。目的与手段相比较而存在，为了实现目的必须借助手段，运用手段是为了达成一定的目的。党性教育目的之作为目的，是受党性教育手段的规定和制约的。在无现成手段可以选择或无成熟条件创造必要手段的情况下，教育者就不可能设定或提出有现实意义的目的。党性教育手段之所以为手段，是由目的所规定和制约的，是按党性教育的一定目的加以选择或创造，并服务于教育目的的。脱离党性教育的一定目的，不为一定目的服务的手段，是没有价值的。二是二者相互渗透。在党性教育目的中渗透着手段性因素，目的的确立以是否具备现成的手段或者是否具备创造必要手段的条件为根据。在党性教育手段中渗透着目的性因素，手段以其特有的功能使目的的意向性获得了现实形态。三是二者相互转化。在一定条件下，先前的党性教育目的可能转化为教育手段，先前的党性教育手段也可能转化为教育目的。教育目的与教育手段还可能因为人们认识的不同而发生转化。此外，低一层次的党性教育目的可能转化为实现高一层次的党性教育目的的手段。

（四）他律和自律

他律与自律本是哲学、伦理学中的一对范畴。党性教育是历史的产物，党性教育的根据存在于政党和社会的历史之中，党性教育不仅具有他律性，而且具有自律性，是他律与自律的统一。党性教育过程中的他律，是指党的理论、路线方针政策和党规党法、制度、纪律对教育对象的塑造与约束。党性教育过程中的自律，是指党员依据理想信念、党纲党章、党内伦理等进行的自我调节和约束。他律与自律的辩证统一在于以下几个方面。

1. 二者相互区别。他律具有权威性、约束性和被动性，自律具有自主性、自为性和自觉性。他律体现的是外在力量的影响、规范和约束，自律体现的是内在力量的主导、演化和控制。他律的力量针对党员群体，比较强而有力；自律的力量来自党员个人，往往是有限的。

2. 二者相互联系。他律是自律的前提和基础，没有他律就很难形成有效的自律；自律是他律的实现和归宿，没有自律他律就失去了作用。党性教育的发展既需要自律也需要他律，需要他律是因为它为主体之间的互相交流提供了一套普遍遵循的规范，需要自律是因为只有在自律中党员才能形成更加鲜明的党性。

3. 二者统一于党性塑造过程中。党性教育的功能是通过他律与自律两个方面的结合实现的。它们不是如鱼与熊掌不可兼得，而是如鸟之双翼，不可偏废。

（五）内化和外化

内化和外化属于党性教育的效应范畴。内化、外化之说，中国古已有之，西方思想家也提出了内化、外化概念。内化与外化是思想政治教育学的基本范畴之一。党性教育所涉及的内化、外化，特指内化于心、外化于行。具体来看，内化是指教育者传导的党性教育目标、内容和要求，转化为受教育者的知识、理论、规范、意识的过程。外化是指受教育者将自己所积累的知识、理论、规范、意识转化为外在行动的过程。党性教育的内化与外化，体现了党性的形成发展规律和党性教育的两个发展阶段。内化与外化的对立统一表现在两个方面。

1.二者具有相异性。内化是党性教育的认识阶段，外化是党性教育的实践阶段；内化是输入，外化是输出；内化反映的是认识成果，使人形成新的思想，外化体现的是思想转化成果，使人产生新的行为；内化主要是通过教育方法进行的，外化主要是通过自我教育方法进行的。

2.二者具有相依性。二者的根基是党性教育实践活动，舍此既无内化也无外化；内化是外化的前提和基础，外化是内化的目的和归宿；内化中有外化，外化中有内化；内化与外化需要受教育者具备一定的条件；内化和外化最终都是增强党性。内化与外化的循环往复构成认识与实践的矛盾运动。

第三节　党性教育的原则与规律

一、党性教育的原则

党性教育原则是党性教育活动所依据和遵循的准则。它是从党性教育实践经验中抽象出来的，贯穿于党性教育全过程，渗透于党性教育的各个环节。党性教育原则确立的依据，一个是党性教育的丰富实践，另一个是党性教育的客观规律。党性教育原则对党性教育性质、内容具有导向作用，对党性教育主体具有规范作用，对党性教育活动具有保障作用。党性教育原则涉及党性教育的多个要素、多重关系，加之认识角度、视野不同，因此不同学者会有不同的概括。一般来看，党性教育主要包括以下原则。

（一）党性原则

党性原则是指共产党员在党的政治生活中必须始终坚守的准则，它是党性教育的总原则。党性原则是根据党的性质、纲领、组织原则确立的，在不同历史时期有不同要求。中国特色社会主义新时代党性原则集中体现在《中国共产党章程》（中国共产党第十九次全国代表大会部分修改，2017年10月24日通过）和《关于新形势下党内政治生活的若干准则》中。其具体内容包括以下几方面：一是坚持以马克思列宁主义、毛泽东思想、邓小平理论、"三个代表"重要思想、科学发展观、习近平新时代中国特色社会主义思想作为自己的行动指南。二是坚定理想信念，为共产主义远大理想和中国特色社会主义共同理想而奋斗。三是坚持党的基本路线。四是坚决维护党中央权威。五是严明党的政治纪律。六是保持党同人民群众的血肉联系。七是坚持民主集中制，发扬党内民主和保障党员权利。八是坚持正确选人用人导向。九是严格党的组织生活制度，开展批评和自我批评。十是加强对权力运行的制约和监督，保持清正廉洁的政治本色。党性原则是共产党人立身、立业、立言、立德的基石，坚持党性原则是党的事业蓬勃发展的重要经验，是进一步增强党的意识、加强和改善党的领导、提升党的执政能力、推进国家治理体系和治理能力现代化的现实需要，是全面从严治党的重要课题。

（二）看齐原则

看齐，就是要以党的旗帜为旗帜、以党的意志为意志、以党的使命为使命，严守党的政治纪律和政治规矩，经常、主动向党中央看齐，向党的理论和路线方针政策看齐，在思想上、政治上、行动上同党中央保持高度一致。看齐还包括见贤思齐，即向老一辈革命家、优秀共产党员、先进党组织学习，永葆共产党人的政治本色。

看齐是中国共产党的优良传统和政治优势。1945 年，毛泽东在中共七大预备会议上说："要知道，一个队伍经常是不大整齐的，所以就要常常喊看齐，向左看齐，向右看齐，向中看齐。我们要向中央基准看齐，向大会基准看齐。看齐是原则，有偏差是实际生活，有了偏差，就喊看齐。"① 看齐是关系党和国家前途命运的方向性、原则性问题，也是党的民主集中制原则的要求。革命年代，正是因为一切行动听指挥，中国共产党才保持了团结统一、步调一致，不断从胜利走向胜利。改革开放以来，正是全党团结一致向前看，才开创了中国特色社会主义事业新局面。今天，肩负实现中华民族伟大复兴的历史使命，面对严峻复杂的形势和艰巨繁重的任务，更加需要党组织和党员努力看齐、自觉看齐、坚定看齐，从而增强党的凝聚力、战斗力。

坚持看齐原则，一要认真学习党的理论路线方针政策，学习先进；二要在生产、工作、社会生活中主动践行；三要时常"照镜子""正衣冠"；四要严肃法纪、严格自律。

---

① 《毛泽东文集》第三卷，人民出版社 1996 年版，第 297—298 页。

（三）务实原则

务实，就是一切从实际出发，理论联系实际，察真情、说实话，出真招、办实事，下真功、求实效，它是原则、方法、作风的统一。党性教育坚持务实原则，实际上就是坚持中国共产党实事求是的思想路线，是立足于受教育者的思想实际和党性教育工作实际开展教育活动，在实践中探索党性教育系统内外的各种联系或关系，把握党性教育的规律，以增强党性教育的针对性、创造性和实效性。

之所以要坚持务实原则，是因为务实求真不仅是中国古代优良传统，更是中国共产党的优良传统，也是党性教育的优良传统；务实是马克思主义的精要所在，能否务实关系党的事业的成败和党性教育的兴衰；务实才能使党性教育上接天线、下接地气；只有坚持务实原则，才能避免主观性、片面性和盲目性，防止党性教育空对空或自说自话。

在党性教育中坚持务实原则，必须坚持解放思想、实事求是、与时俱进，党性教育内容和方式应随着时代的发展、形势的变化、党的中心任务的调整而不断丰富和发展；必须坚持从世情、国情、党情出发，特别是从党员的思想实际出发；必须坚持深入调查研究，在党性教育活动中反对主观主义、教条主义、形式主义，不唯书、不唯上、只唯实；必须做到把党性教育同党员利益结合起来、同业务工作结合起来、同解决实际问题结合起来；必须做到敢于直面矛盾、较真碰硬，为党的工作尽心竭力、善始善终、善作善成；必须做到一分部署、九分落实，发扬钉钉子精神，抓铁有痕、踏石留印。

（四）服务原则

服务，这里是指履行职务或义务，为他人或为大家做事并使之受益的活动。党性教育坚持服务原则，包括两层含义：一是各级党组织和全体党员，要全心全意为人民服务，诚心诚意为全党全国工作大局服务；二是教育者要为受教育者服务，特别是为受教育者增强党性服务。

之所以要坚持服务原则，一是因为人民立场是中国共产党的根本政治立场，全心全意为人民服务是中国共产党的根本宗旨，以人民为中心是新时代中国特色社会主义的价值追求和发展思想，是习近平治国理政的核心理念，是中共十八大以来党的理论与实践的出发点和落脚点。二是因为要坚持党的工人阶级先锋队、中国人民和中华民族先锋队性质，中国共产党人就必须为中国人民谋幸福、为中华民族谋复兴。三是因为服务人民、服务大局是中国共产党的历史传统和历史经验，它得人心、顺民意，是夺取革命、建设和改革胜利的根本保证。四是因为服务党员是增强党的凝聚力和向心力、提高党的组织力和战斗力的关键因素，是完成党的历史使命的重要条件。

坚持服务原则，一要增强宗旨意识，始终把人民放在心中最高位置，不断满足人民日益增长的美好生活需要。二要关注党员、关心党员、关爱党员，尊重教育对象的主体地位，调动其积极性、主动性、创造性，体现育人为本，寓服务于教育之中。三要使党性教育服务党和国家工作大局，为改革开放和社会主义现代化建设提供良好的政治生态环境、精神动力和思想保证。四要在任何时候都把群众利益放在第一位，个人利益服从党和人民的利益。五要在党性教育中贯彻党的群众路线，把党的主张变为群众的自觉行动。

（五）渗透原则

渗透，这里指党性教育通过润物无声和潜移默化等多种方式，融入经济、政治、文化、社会、生态、管理等各方面工作和党员的日常生活中，结合各项具体工作实际进行。譬如，无论是党内仪式还是党内其他活动，都渗透着党性教育；无论是党校、干部院校教育，还是国民教育、继续教育，或是其他教育，只要其对象是党员，都可以将党性教育渗透进去；无论是文学作品，还是艺术作品，都能渗透党性教育因子。

坚持渗透原则，有利于调动各方面的积极性，使党性教育避免"独角戏"而成为"群戏"，汇聚党性教育的合力；有助于把党性教育的共性与个性结合起来，开展类别化、层次化、特色化的党性教育；有益于贴近教育对象，更有针对性地解决教育对象存在的问题，满足教育对象的特定需要，促进各方面工作的顺利开展。

坚持渗透原则，一要增强党性教育的渗透意识，使教育者自觉将党性教育融入具体工作和党员的日常生活。二要上下同欲，沟通协调，形成党性教育齐抓共管之势。三要把党性教育贯穿到具体工作的方方面面，坚持两手抓、两手硬，将思想的力量转化为物质的力量。四要坚持渐进性与全程性、间接性与隐蔽性，疏与堵结合、显与隐结合，以多样化方式、情景与载体，施展党性教育渗透性无时不在、无处不在的优势，提高教育效果。

（六）持久原则

持久，这里指党性教育要常长并举，保持一往无前的闯劲、百折不挠的干劲、水滴石穿的韧劲，程程接力、代代相传、久久为功。坚持持久原则，是因为党性教育不同于单一的知识传授和能力训练，而是集知识、能力、意识于一体的全面素质提升，不可能一蹴而就；每一时代错综复杂的国内外环境时时刻刻影响着每个党员，防微杜渐任重道远；一时的党性教育只能影响一时，不能影响党员终生；实践永无止境，党性锻炼也永无止境。

所以，坚持持久原则，必须建立健全思想政治工作责任制；建设一支政治强、业务精、作风正的党性教育队伍；建立健全对党员严格要求、严格管理、严格监督的制度；建立健全党性教育的激励机制、运行机制、评估机制；充分发挥党的基层组织的战斗堡垒作用；抓好各方面基础性建设和基础性工作；推进党性教育理念思路、内容形式、方法手段创新；提高党性教育工作科学化精细化水平。

二、党性教育的规律

根据已有的实践和认识，党性教育的规律，具有以下特征：一是客观性。它是在一定环境条件下、在党性教育活动中产生的，不以人的意志为转移。二是关联性。党性教育的乙事一定伴随着甲事或者在甲事之后发生。三是必然性。它所表征、所反映的是党性教育必然的演化过程。四是主体性。它不像自然规律那样以无意识参与的纯粹自在性存在，而是以党性教育主体有意识参与的自为性存在。如果无此四个特征，则难以说是党性教育的规律。

党性教育的规律，是通过党性教育的过程去认识和发现的。党性教育作为一个变化发展的过程，纵向看是历史演进过程，横向看是具体教育活动过程。这个过程对中国共产党来说，就是改造共产党人的主观世界、塑造忠诚的共产主义战士的过程。这个过程遵循特定的运行流程，具有丰富的内容和形式，体现教育者和受教育者的互动，并通过教育准备阶段、组织实施阶段、反馈调控阶段，最终达成知行统一。其特点表现为目的性和针对性交映、感性和理性交融、连续性和阶段性交织。其矛盾表现为特定时期形势发展(特别是党的事业的发展）对党员的要求与党员实际党性水准之间的矛盾、党性教育与党的事业发展之间的矛盾、党性素质应然和实然之间的矛盾。这种贯穿党性教育全过程的矛盾运动，推动着党性教育的发展。解决这种矛盾的过程，就是认识和发现党性教育规律的过程。

解决特定时期形势发展（特别是党的事业的发展）对党员的要求与党员实际党性水准之间的矛盾，遵循外力作用与党员内心演化互动规律，这是党性教育的根本规律。解决党性教育与党的事业发展之间的矛盾，遵循党性教育适应党的事业发展规律，这是党性教育的基本规律之一。解决党性素质应然和实然之间的矛盾，遵循党性素质导引规律，这也是党性教育的基本规律之一。以上三大规律就是党性教育规律的"一体两翼"。"一体"前已论述，这里侧重概述"两翼"。

（一）党性教育适应党的事业发展规律

党性教育是政党进行的有特定目的的党内活动，既与党的事业息息相关，又有其相对独立性。党性教育适应党的事业发展规律，其内容就是党性教育因党的事业而产生，随着党的事业发展而发展。党性教育适应党的事业发展之所以成为规律，是因为它符合党性教育规律的特征。从起源看，政党诞生在先，党的事业随之，党性教育在后。在中国，没有共产党和党的事业，也就没有党性教育。从历史看，党的事业和党性教育有着天然联系。党的事业决定党性教育的内容和方向，党性教育围绕党的事业进行、为党的事业服务；党的事业发展壮大，得益于党性教育与之相适应，反之则相背离。从现实看，党的事业的已有发展水平，制约着党性教育的手段方法和工作水平。从关系看，党的事业与党性教育是作用力与反作用力的关系，二者不能颠倒。党性教育以党的事业发展现状为基础是确定不疑的，适应党的事业发展要求也不是被适应，而是自适应，它是一个自然历史过程，人为因素可以促进它，也可以阻碍它。

党性教育适应党的事业发展规律，是政党制定党性教育的目标、内容、方略的重要理论依据。正确认识和运用这一规律，对于增强党的吸引力、凝聚力和战斗力，对于发展壮大党的事业，对于中国社会主义改革和建设，具有深远历史意义和重要现实意义。为使党性教育适应党的事业发展，应从以下几方面入手：一是坚定社会主义政治方向。鉴于党性教育受党的事业发展现状制约，党性教育工作者必须坚定中国特色社会主义政治方向，坚持中国特色社会主义道路、中国特色社会主义理论体系、中国特色社会主义制度、中国特色社会主义文化。高举中国特色社会主义伟大旗帜，坚定道路自信、理论自信、制度自信、文化自信，贯彻党的基本理论、基本路线、基本方略，为建设富强、民主、文明、和谐、美丽的社会主义现代化强国而奋斗。二是坚持与时俱进。党性教育要以时间、地点、条件为转移，与现代社会发展形势相适应，与党的工作重心、工作任务的调整相回应，与党员思想观念、行为方式的变化相对应，注重开拓，锐意创新，增强针对性和实效性。三是坚持开放包容。党性教育在开放的环境下进行，要秉承开放理念，尊重现代社会的多样化特征，放眼全球，海纳百川，取世界政党之长，丰富党性教育的内容和形式。

（二）党性素质导引规律

党性教育作为政党提升党员党性的活动，必须正视党员的既有素质，遵循育人规律。党员的既有素质，包括价值理念、理论修养、政治品质、道德修为、法纪意识、业务素养等，它们构成党员党性素质的因子。党员在党内的各种活动是党性素质形成与发展的基础，正是在活动中党员获得思想政治认知，展现思想政治行为，提高思想政治境界。党员党性素质的形成发展过程，一般而论，是一个由简到繁、由低到高、由量变到质变的矛盾运动过程，在客观外部条件影响和主观内部因素作用的情景下发展变化，呈现波浪式前进、螺旋式上升之势。环境影响、组织教育、个人修炼交互作用的结果，便是党员的党性素质现实状态。党性素质导引规律，其内容就是教育者通过方向指导、政治指引，使受教育者提升党性素质、实现知行转换。之所以它是规律，是因为导引不是一种直观现象，而是通过分析才能发现的，它有主体性因素存在，但更是一个客观历史过程。没有导引就没有党性素质提升；是因为导引以教育者与教育对象的关系为基点，是联结教育者和教育对象的桥梁与纽带，体现主体之间的互动关系；是因为导引是正向引导，既是因势利导，又是因人制导，反映了个体与环境的交互作用；是因为导引蕴含按需施教、促进运动转化的意思，为党性素质提升奠基。

党性素质导引规律，是政党制定党性教育的目标、内容、方略的又一重要理论依据。正确认识和运用这一规律，对于科学揭示党性教育的属性与功能，准确把握党性教育的价值与作用，合理选择党性教育的内容与方式，充分发挥党性教育的优势与效应，具有十分重要的意义。为使党性素质导引顺利进行，应从以下几方面入手：一是使党员融入党性教育环境。一方面，使党性教育环境成为党员党性认识的场所，成为党员党性素质提升的外部条件。另一方面，通过党员素质提升，能动地改造客观环境，实现人与环境的和谐共生。二是把握党性教育与党员党性素质的本质联系。一方面，要从受教育者的实际党性素养出发实施党性教育，教育者和教育对象要增强互动。另一方面，党性教育要体现正确的思想导向、政治导向，引领党员的党性素质提升。三是注重引导党员党性素质的转化。一方面，党性教育要体现素质结构各要素的协调，为党性素质提升夯实思想基础。另一方面，党性教育改造党员主观世界的精神力量，要转化为党员改造客观世界的物质力量。

第四节　党性教育的地位与功能

一、党性教育的地位

2015 年 12 月，习近平在全国党校工作会议上的讲话中指出："党性教育是共产党人修身养性的必修课，也是共产党人的'心学'。"① 这是对党性教育地位的高度概括。这一重要论述，为全体党员特别是党的干部加强党性学习、提高党性修养提出了更高要求，对于在新时代坚守共产党人的精神家园，立根固本加强党的建设，奠定全面从严治党的思想基础，保持党的先进性和纯洁性，具有特殊重要的意义。

（一）党性教育是共产党人的"心学"

中国特色社会主义进入新时代，进行具有许多新的历史特点的伟大斗争，需要共产党人认真修心养性，否则难以保持政治清醒，难以把握历史大势，难以驾驭复杂局面，难以到达胜利彼岸。面对长期执政、市场经济、改革开放、外部环境的考验，共产党人能否守住本心，不仅关系个人前途命运，而且关系党的兴衰存亡。现实生活中，一些党员破纪律、栽跟头，就破

---

① 习近平：《在全国党校工作会议上的讲话》，《求是》2016 年第 9 期。

在党性薄弱处，裁在失修共产党人的"心学"上。历史也昭示我们：治国必先治党，治党务必从严，从严重在治吏，治吏重在治心，治心必修"心学"。

共产党人的"心学"之"心"，一是不改诚心。这就是忠诚于党的信仰，忠诚于党的组织，忠诚于党的理论和路线方针政策。"善莫大于作忠。"二是不忘初心。"中国共产党人的初心和使命，就是为中国人民谋幸福，为中华民族谋复兴。"① 三是坚守公心。这就是全心全意为人民服务，为人类进步事业而奋斗。四是坚持中心。这就是以人民为中心，永远把人民对美好生活的向往作为奋斗目标。五是捍卫核心。这就是坚持中国共产党的领导，捍卫共产党的社会主义事业领导核心地位。六是坚定信心。这就是坚定共产主义信念，坚定中国特色社会主义道路自信、理论自信、制度自信和文化自信。七是永结同心。这就是保持党的团结统一，实现全国人民大团结和促进世界人民大团结。八是长存戒心。这就是始终做到心中有党、心中有民、心中有责、心中有戒，敬畏党纪国法。"心"之根本为思想改造。

共产党人的"心学"之"学"，一是学习。就要用心去学、理论联系实际去学，从阅读、研究、实践中获得知识和能力，借鉴古今、仿效先烈，做到融会贯通、掌握精髓。二是学养。就是形成学问和修养，提高党性觉悟，将党性要求内化于心提升精神境界、外化于行投身伟大事业。三是学科。就是将党性教育积累的经验、形成的认识，通过思考、归纳、演绎、抽象等上升为理论知识，经过实践应用并得到验证后发展到科学层面集成知识体系。"学"之根本为修炼活动及其规律。

党性教育作为共产党人的"心学"，建立在马克思主义理论基础之上。马克思主义诞生以来，之所以深刻影响人类历史进程，深刻改变中国和世界的面貌，是因为其科学世界观和方法论的指引，因为其悲天悯人的深厚情怀和解放全人类的宏伟胸怀，因为其对世道人心的革命性改造。马克思主义旗帜鲜明地反对剥削压迫，反对一切不公正、不人道的社会现象，牢牢占据道义制高点，主张人的自由而全面的发展，为实现人类美好理想指明了方向。马克思主义关于党的学说，奠定了工人阶级政党理论的基础。

---

① 习近平：《决胜全面建成小康社会　夺取新时代中国特色社会主义伟大胜利——在中国共产党第十九次全国代表大会上的报告》，《人民日报》2017 年 10 月 28 日。

党性教育作为共产党人的"心学"，建立在中国共产党治党治国的丰富实践基础之上。在革命战争年代，面对救亡图存的紧迫任务和革命与战争的残酷环境，中国共产党开始锻造自己的"心学"。在社会主义革命和社会主义建设时期，中国共产党在风风雨雨中探索前进，共产党人的"心学"突出了革命性、斗争性等，打上了历史的烙印。改革开放后，面对社会主义现代化建设的新形势新任务，中国共产党深入推进党的建设新的伟大工程，与时俱进地构建执政条件下共产党人的"心学"，使之走向成熟。

党性教育作为共产党人的"心学"，建立在对中国传统文化的革命性变革的基础之上。在中华传统文化中，儒家讲究格物致知、诚意正心、修身齐家、治国平天下，追求"内圣外王"的人生理想境界。道家倡导"心斋""坐忘"等修养方法。佛家的"禅宗心法"也源远流长。开山于南宋陆九渊、集大成于明朝王守仁的"心学"，强调人的主体意识、自我意识以及道德人格的自我完善，极为关注格民心之非、破心中之贼，以"心即理"为逻辑起点，以"格物致知"为知识论域，以"知行合一"为实践品格，以"心外无物"为生命境界，以"致良知"为核心，以"天下一家"为政治理想，其思想对当时以及后世产生了重要影响。中国共产党成立后，以毛泽东为代表的中国共产党人将马克思列宁主义党性理论与中华优秀传统文化相结合，将共产党人修养的内容从"心性"拓展到"党性"，将古人的自我内省演化为共产党人的主观世界改造，将古人的"事上磨练"发展为革命实践锻炼，将古人的"心灵觉悟"变化为"阶级觉悟"，将古人注重个体修炼改进为既注重个人修养又注重党内政治生活的集体修炼，从而实现了对中国传统文化的革命性变革。

习近平继承和发展了马克思列宁主义、毛泽东思想、邓小平理论、"三个代表"重要思想和科学发展观等党的建设学说，第一次提出了共产党人的"心学"概念，形成了系统的党性教育思想，构建起新时代共产党人的"心学"理论和方法体系，体现阶级性、人民性和革命性、科学性相统一，马克思主义世界观、方法论和人生观、价值观相统一，思想建党与制度治党相统一，理论与实践相统一。这是马克思主义中国化的新成果，是中国共产党理论上进一步成熟的标志，是共产党永葆青春的"心法"，是共产党完成历史使命的条件，是党的事业兴旺发达的保证，是中国特色社会主义走向胜利的希望。

（二）党性教育是党员正心修身的必修课

1938 年，毛泽东在中共六届六中全会上提出了"中国党的马克思主义修养"的重要命题。次年，刘少奇在延安马列学院作了《论共产党员的修养》的重要演讲。这标志着党性修养受到中国共产党的高度重视。2014 年，中共中央总书记习近平明确提出了"三严三实"，在讲到严以修身时说："严以修身，就是要加强党性修养，坚定理想信念，提升道德境界，追求高尚情操"。① 那么，如何做到这一点呢？基本途径不外乎两条：一条是通过自我学习和实践自我修炼，另一条是通过党性教育刻意锤炼。

党性教育之所以成为党员正心修身的必修课，是因为以下几方面原因。

1.党员在思想上完全入党，必须接受党性教育。一个党员在组织上入党，不是终点，而是新的起点。共产党人必须不断克服随环境和地位的变化而产生的不良思想意识，锲而不舍地磨砺自己的党性。伟大的无产阶级革命家、杰出的共产主义战士周恩来尚且说要活到老、学到老、改造到老，何况普通党员呢？党员在思想上完全入党，是一种不懈的追求和艰辛跋涉的终生目标，仅靠自我净化、自我完善、自我革新、自我提高是不够的，党性教育是思想上完全入党的必由之路。

2.党性教育筑牢党员干部立身之本和从政之基。党员干部手握公权，正心修身比普通群众更重要。面对新形势、新变化、新要求，党员干部必须提高素质和能力。如果修身不严，素质和能力跟不上，则权力越大、层次越高，产生的偏差越大，蒙受的损失越严重，造成的负面影响越厉害。通过党性教育，能够帮助党员干部正心修身、"补钙"壮骨。

3.党性教育成为党员正心修身的必修课是历史传统。回顾中国共产党的光辉历程，在革命、建设和改革的各个历史时期，坚持对党员进行党性教育，加强党员的党性修养，是党的一个突出特点和优良传统。如党中央通过延安整风运动、新中国成立后的整党运动或活动、"三讲"教育活动、保持共产党员先进性教育活动、深入学习实践科学发展观活动、党的群众路线教育实践活动、"三严三实"专题教育等对党员和党的干部进行党性教育；中

---

① 《习近平谈治国理政》，外文出版社 2014 年版，第 381 页。

国共产党的各级党校，长期致力于党员干部的党性教育。

4.党性教育是干部教育培训的关键。党员干部的党性修养，并不一定随着党龄增长和职务提升而自然提高，党龄长不一定党性强，职务高不一定觉悟高。党员干部出现问题，主要出在党性薄弱上。中国共产党对党员干部进行教育培训，把理论教育和党性教育作为主业主课，带有明显的现实针对性。在干部教育培训内容中，知识教育是基础，理论教育是根本，党性教育是关键。因为从"心"抓起，是抓源头；党性教育固党员干部党性之"本"，提升党员干部"心学"境界。

5.党性教育为全体党员提供了行之有效的修炼方法。中国共产党人批判继承传统修身法，形成了党性教育的系统方法，其中有以下几种：一是宣誓法。如入党宣誓、宪法宣誓、出征前宣誓等。二是读书法。如读马克思主义经典著作、读党的领导人的重要讲话、读党的文献等。三是讲授法。如领导干部宣讲、教师授课等。四是研讨会。如小组讨论、大会交流等。五是情景法。如现场教学、情景模拟等。六是实训法。如拓展训练、课堂演示、实际操作等。七是外压法。如个别批评、民主生活会、党内斗争等。八是内省法。如自我分析、自我批评、自我反省等。九是练岗法。如将组织重点培养的党员干部选派到急、难、险、重的地方去磨练，或采取短期交流、轮岗挂职等方式去锻炼。十是强化法（或激励法）。正强化（正激励）如表彰，负强化（负激励）如惩戒。这些方法，为党性教育所必用，为党员所必修。

党性教育对于中国共产党来说，是一个永恒的课题。它作为党员正心修身的必修课，对于总结党进行党性教育的成功经验，借鉴中华优秀传统修养文化资源，构建共产党人"心学"理论和方法体系；对于坚定共产党人的理想信念，厚植共产主义信仰的心性基础；对于保持党同人民群众的血肉联系，万众一心建设中国特色社会主义，具有深远历史意义和重大现实意义。

二、党性教育的功能

党性教育的功能是指党性教育各个组成部分之间通过共同作用对党员所产生的反响和效能。它主要表现为政治导向功能、灵魂净化功能、文化滋润功能、力量凝聚功能和行为调控功能。

（一）政治导向功能

政治导向功能是党性教育的首要功能，它给党员指明政治方向。主要表现为以下几方面。

1.目标导向。目标有短期、中期、长期之分，有宏观、中观、微观之分。在社会主义初级阶段，中国共产党的奋斗目标，是把我国建设成为富强、民主、文明、和谐、美丽的社会主义现代化强国。以此引导全党为之共同奋斗。党性教育服务于这一目标，同时在这一总目标下确立具体目标。

2.政策导向。它借助于政策目标要素，规范党员的行为方式；借助于政策价值要素，规范党员的行为方向。它引导党员学习政策、宣传解释政策、研究政策、执行政策，正确进行政策分析、政策评估、政策转换。

3.舆论导向。坚持党管媒体的原则和制度，宣传党的新闻舆论工作的职责和使命，牢牢坚持以正面宣传为主，使舆论体现党的意志、反映党的主张，起到爱党、护党、为党的作用，以此凝聚全党政治共识，掌握意识形态斗争的主动权。

4.核心导向。它引导党员增强核心意识，自觉维护党的领导核心地位，以党的方向为方向，以党的意志为意志，以党的使命为使命。

政治导向功能是通过启发、动员、教育、交流、监督、批评、斗争等方式进行的。

（二）灵魂净化功能

灵魂净化功能是党性教育的关键功能。一些共产党人，曾经壮怀激烈，有的甚至功载史册，可是最终折戟沉沙，身败名裂，究其根本，还是思想不纯，灵魂深处出了问题，由此昭示了党性教育的极端重要性。中国特色社会主义进入新时代，在大开放的环境下，整个世界充斥着各种斑驳陆离的思想，增加了人们辨别真假、是非、善恶的难度，对共产党人的灵魂深处带来冲击。党性教育直面各种挑战，引导和帮助共产党人凝魂聚气、强基固本，树立正确的世界观、人生观，培育和弘扬社会主义核心价值观，升华精神境界，夯实全党团结奋斗的思想基础。净化人的灵魂是党性教育的鲜明特色，也是保持共产党人的先进性和纯洁性、实现自我教育的必然要求。

增强灵魂净化功能，就是要加强理论学习，坚定理想信仰；落实制度约束，强化学风监管；创设教育情境，弘扬革命传统；开展主题教育，激发党性情怀；运用警示教育，敲响思想警钟；保持党性原则，增进自律意识；经常反躬自省，随时防微杜渐。只有从心出发，涤荡尘埃，净化灵魂，向往美好，追求崇高，共产党人才能永葆政治本色，成为"一个高尚的人，一个纯粹的人，一个有道德的人，一个脱离了低级趣味的人，一个有益于人民的人"[①]。

(三) 文化滋润功能

文化滋润功能是党性教育的基础功能。这里所讲的文化主要指党内政治文化，它是中国共产党人在政党政治实践中积淀而成的关于党的意识形态、政治心理、文化习性、行为作风的总和，是以马克思主义为指导、以中华优秀传统文化为基础、以革命文化为源头、以社会主义先进文化为主体、充分体现中国共产党党性的文化。党内政治文化是党的文化理念不断升华的必然结果，贯穿于政党政治实践全过程，对政党政治运行产生潜移默化的影响，是党内政治生活的灵魂，并与党内政治生活、政治生态相辅相成。

党内政治文化的滋润功能表现为：固化共产党人的政治信仰；塑造党内组织文化；强化党内文化认同；培养和造就有共产主义觉悟的先锋战士；维护党的团结统一；确保政党及其成员行为的规范性；推进社会主义民主政治发展；夯实中国共产党执政的阶级基础和群众基础；发挥社会主义核心价值观的引领作用；营造"为民、务实、清廉"和"忠诚、干净、担当"的政治氛围，促进党内政治生态风清气正、政治实践正大光明。

发挥文化滋润功能，就要加强党内政治文化建设，倡导和弘扬忠诚老实、实事求是、光明正大、公平正义、艰苦奋斗、清正廉洁等价值观，厚植良好政治生态的土壤；要用马克思主义中国化的最新成果、中华优秀传统文化、革命文化、社会主义先进文化武装党员干部，不断提升其人文素质和精神境界；要确立全面从严治党的文化自觉，抵制庸俗腐朽政治文化的侵袭，激浊扬清、扶正祛邪，引导党员坚持真理、修正错误；要开展各种文化活动丰富精神生活，充实精神世界，巩固文化信仰；要构筑新的伟大工程的文化机制，驰而不息、久久为功；要坚持走自己的路，既显示马克思主义政党的共性，又体现中国特色、中国风格、中国气派。

---

① 《毛泽东选集》第二卷，人民出版社 1991 年版，第 660 页。

（四）力量凝聚功能

力量凝聚功能是党性教育的重要功能。它是指通过党性教育释放真理的力量、人格的力量，将全体党员聚合在一起进而将全体人民聚合在一起，形成强大合力，为实现共同理想和远大理想而奋斗。

党性教育力量凝聚的途径，一是用中国特色社会主义最新理论成果武装党员，巩固全党团结奋斗的共同思想政治基础，以此增进政治共识，凝聚勠力同心的政治力量。二是用共产党艰苦创业、英勇斗争、成就辉煌的历史教育党员，彰显党的伟大光荣正确，以此增强党员的自豪感、自信心，凝聚万众一心的精神力量。三是用先进典型的光荣事迹感动党员，营造奋发向上的政治氛围，以此调动党员的积极性，凝聚厚德载物的道德力量。四是用中华五千多年的悠久文明鼓舞党员，弘扬中华优秀传统文化，以此丰富党员的文化阅历，凝聚自强不息的文化力量。五是用党的建设的新鲜经验吸引党员，培养党员对组织的认同感，以此发挥党员的先锋作用，凝聚气势磅礴的组织力量。六是用中国特色社会主义的最新实践激励党员，展示中华民族伟大复兴的灿烂前景，以此激发党员的奋斗热情，凝聚锐意创新的改革发展力量。力量凝聚归根结底是凝聚千百万群众的力量，汇聚起全民族的智慧和能量，开创执政为民的新实践、新境界、新篇章。因此，发挥党性教育的力量凝聚功能，就要在教育实践中增强党性教育的针对性，强化党性教育的实效性，注重党员的潜能再开发、思想再凝聚，创新党性教育方法。

（五）行为调控功能

行为调控功能是党性教育的终极功能。狭义的行为调控，是指对偏离行为或越轨行为的调节和控制。这里取广义的行为调控，是指教育者通过组织的力量，对受教育者(党员）的所有社会行为进行调节和控制的活动及过程。它建立在行为选择、过程、结果、监督和评价基础之上。影响行为调控的因素，有行为者状况、调控制度、调控者素质、调控体系、行为监督过程、行为评价因子、调控时机、调控方式、调控环境等。

行为调控功能，一是规范，它为受教育者提供合乎政党目标的价值观念和行为模式。二是保证，保证党员在规则的范围内行动，保证矛盾可控。三是激励，通过奖励、表扬等积极行为和惩处、批评等消极行为调动党员的积极性与创造性。四是调整，通过民主、说服教育、相互沟通的方式，调整党员情绪、调适党员心理、调节人际关系。五是转化，教育者通过多种方式帮助党员改造思想，纠正党员的错误思想认识或行为方式，并使之转变到正确的轨道上来。六是反馈，即信息发送者和信息接收者相互之间的反应。行为调控功能既是提升党员综合素质、加强执政能力建设的内在要求，也是检验党性教育科学化水平的重要指标。

第五节　新时代与党性教育

一、新时代党性教育面临的新课题

经过长期努力，中国特色社会主义进入了新时代。"这个新时代，是承前启后、继往开来、在新的历史条件下继续夺取中国特色社会主义伟大胜利的时代，是决胜全面建成小康社会、进而全面建设社会主义现代化强国的时代，是全国各族人民团结奋斗、不断创造美好生活、逐步实现全体人民共同富裕的时代，是全体中华儿女勠力同心、奋力实现中华民族伟大复兴中国梦的时代，是我国日益走近世界舞台中央、不断为人类作出更大贡献的时代。"[1] 这个新时代出现的新情况新变化有：一是中共十八大以来，党和国家事业发生历史性变革，中国特色社会主义进入新的发展阶段。中国共产党的理论创新实现了新飞跃，执政的社会环境和现实条件发生深刻变化，发展理念和发展方式有重大转变，发展要求更高。二是中国社会主要矛盾由人民日益增长的物质文化需要同落后的社会生产之间的矛盾转化为人民日益增长的美好生活需要和不平衡不充分的发展之间的矛盾。三是世界进入大发展大变革大调整时期，面临百年未有之大变局，外部环境更加复杂。四是中国共产党正处于"两个一百年"奋斗目标的历史交汇期，将在实现第一个百年目标之后，向第二个百年目标进军。五是共产党党内存在的思想、组织、作风不纯等突出问题尚未得到根本解决，党面临的"四大考验"是长期的、复杂的，"四种危险"是尖锐的、严峻的。面对新时代出现的新情况新变化，习近平

---

① 习近平：《决胜全面建成小康社会　夺取新时代中国特色社会主义伟大胜利——在中国共产党第十九次全国代表大会上的报告》，《人民日报》2017 年 10 月 28 日。

提出了新时代党的建设总要求，强调全党同志特别是高级干部要加强党性锻炼，永葆共产党人政治本色。

中国特色社会主义进入新时代，共产党承担着实现中华民族伟大复兴的历史使命，必须进行具有许多新的历史特点的伟大斗争。实现历史使命、进行伟大斗争，就必须更加自觉地坚持四项基本原则，更加自觉地坚持改革开放，更加自觉地维护人民利益，更加自觉地维护国家主权、安全、发展利益，更加自觉地防范各种风险。为此，就需要推动全面从严治党向纵深发展，持续开展党性教育，破解党性教育的新课题。

（一）如何适应时代要求、跟上时代步伐

中国特色社会主义进入新时代，要求中国共产党人不忘初心，牢记使命；要求中国共产党人高举中国特色社会主义伟大旗帜，决胜全面建成小康社会，夺取新时代中国特色社会主义伟大胜利；要求中国共产党人用习近平新时代中国特色社会主义思想武装头脑，深入领会其科学体系、精神实质、实践要求和立场、观点、方法；要求中国共产党人以更高的境界、更好的精神状态、更优的作风，为实现中国梦不懈奋斗；要求中国共产党人着力增强学习本领、政治领导本领、改革创新本领、科学发展本领、依法执政本领、群众工作本领、狠抓落实本领、驾驭风险本领。新时代要有新的理念举措，新的党风党貌。党性教育能否适应这些要求，能否与时俱进，需要用蓝图来规划，用行动去落实，由实践来检验。党性教育的具体内容和要求只有把握时代脉搏，紧扣时代主题，随着党所面临的形势和任务的变化而变化，才能更具时代内涵，彰显现实意义。

（二）如何加强党性教育理论研究

党性教育实践性强，理论性也强。中共十八大以来，党性教育的实践探索丰富多样，素材整理成效显著。但是，党性教育理论研究相对滞后，主要表现为理论研究系统性不强、深度和高度不够，有重大影响、原创性、集成性、高质量的标志性党性教育研究成果不多，学术专著出版得少，学科框架体系不健全，与党性教育的实践需求不相适应。导致党性教育实践缺乏基础理论支撑，"头痛医头、脚痛医脚"，出现一定程度的零散化、碎片化倾向，动力和效果难以持续。为了开启党性教育的新征程，增强党员干部的党性，保持党性教育的生命力，促进党性教育的良性发展，完成党赋予党性教育的历史使命，亟需繁荣党性教育理论研究特别是基础理论研究，建立党性教育学科体系。

(三) 如何破解党性教育深入难的问题

中共十八大以来，随着全面从严治党的深入推进，党性教育的战略地位凸显，突出了马克思主义理论教育特别是中国特色社会主义理论教育、理想信念教育、党的宗旨教育、革命传统教育、党史国史教育、党章党规党纪教育、党的优良作风教育，党性教育的现实针对性增强；党性教育培训以脱产培训、党委（党组）中心组学习、网络培训、在职自学等方式进行，培训之外的党性教育活动，有党的群众路线教育实践活动、"三严三实"专题教育、"两学一做"学习教育、反腐倡廉教育、党组织生活会、主题党日活动等；党性教育的日常管理更加严格，基础建设更加扎实，长效机制建设更加注重。党性教育实现了对"关键少数"的教育和对广大党员的教育相结合、集中性教育和经常性教育相结合。在肯定成绩的同时，也要看到，党性教育离"入脑入心"还有不小差距。一方面，不少党员参加党性教育的内生动力不足，看重"潜规则"忽视显规则，注重"关系"小瞧知识；有的忙于事务、热衷应酬，不愿意受党性规则的束缚；有的参加学习教育被用来装点门面，心浮气躁、浅尝辄止，求形式、走过场；有的食而不化、学用脱节，说一套做一套，马列主义镜子照别人不照自己；有的不信马列信鬼神，精神上"缺钙"，政治上得"软骨病"，组织上不讲党性，作风上"四风"治而不愈。另一方面，有的教育者思路不开阔，方法不科学，党性教育的吸引力、说服力、感染力不强；有的教育者钻研问题不深入，或热衷于形式，教育内容不解渴；有的教育活动能够感动一下子、回味一阵子，但回到现实社会就没这份感动和回味，教育活动效果难持续；有的教育管理制度不完善，执行制度不到位，难以做到从严施教、从严管理。此外，对流动性党员的党性教育存在真空，如何破解也是一道难题。上述问题如不认真应对，党性教育的功能就难以有效体现。

(四) 如何评价党性教育的成效

中共中央印发的《干部教育培训工作条例》对考核与评估作出了八条规定，对评价党性教育有参照作用。但是，如何具体评价党性教育的成效，并没有现成的评估办法。其中的难点，不仅在于党性教育是一个潜移默化的情感传输、精神再造和行为转化过程，每个党员和党员领导干部经历、学识、素质、党性强弱程度不同，党性的提高程度也不好直接评价；而且在于党性教育制定评估标准困难，缺乏权威、统一的定性、定量的指标体系，党性教育效果如何很难用具体量化的指标来评估，导致运用评价结果来考核党员和党员领导干部的素质是否通过党性教育真正得到了提升也不容易。这一难题如不能有效解决，增强党性教育的时代性、针对性、实效性就不能水到渠成、瓜熟蒂落。

二、新时代党性教育承担的新任务

中国特色社会主义进入新时代，承载着一个伟大梦想——实现中华民族伟大复兴，进行着一场伟大斗争——具有许多新的历史特点的伟大斗争，推进着一项伟大工程——党的建设新的伟大工程，开创着一种伟大事业——坚持和发展中国特色社会主义。新时代党性教育作为伟大工程的一部分，要结合伟大斗争、伟大事业、伟大梦想的实践来进行，确保中国共产党始终走在时代前列，始终成为中国人民的主心骨，始终成为坚强领导核心。新时代党性教育应时而作，应运而行，具体承担着以下新任务。

（一）全党来一个大学习

学习，是中国共产党与生俱来的鲜明品质。共产党从小到大、由弱到强，学习是其不断发展的重要原因之一，一部党领导中国革命、建设、改革的历史，就是一部创造性学习和创造性实践的历史。越是关键节点，党越注意加强学习，这是共产党的优良传统和政治优势。进入新时代的中国，处在从"富起来"到"强起来"的关键发展阶段，发展中不平衡不充分的突出问题亟待解决，经济、政治、文化、社会、生态诸多领域工作面临困难与挑战，党员干部确实存在本领恐慌、能力不足的问题，加强学习是当务之急。因而，党中央号召全党来一个大学习。党性教育的过程，也是一个学习的过程。

学什么？首先是系统学习习近平新时代中国特色社会主义思想。《中共中央关于认真学习宣传贯彻党的十九大精神的决定》里的六个"聚焦"，为大学习指明了方向。党性教育要学习马克思主义基本理论，深刻感悟和把握马克思主义真理力量，坚定马克思主义信仰，熟练掌握马克思主义立场、观点、方法，提高运用马克思主义基本原理解决当代中国实际问题的能力和水平。党性教育又要学习党史国史、党章党规党纪等，坚守共产党人的精神家园。党性教育也要学习治国理政所需要的知识，通过学习增强本领。党性教育还要引导党员干部向人民学习，放下架子、扑下身子，接地气、通下情，学以致用、学用结合、学用相长。总之，要把学习作为一种追求，通过学习保持探索进取精神，依靠学习走向未来。

（二）勇于进行自我革命

新时代坚持和发展中国特色社会主义，是一场伟大社会革命。要把这场伟大社会革命进行好，共产党必须勇于进行自我革命。并且，勇于自我革命，从严管党治党，也是中国共产党最鲜明的品格，是马克思主义政党建设和发展的内在需要。从党的奋斗目标看，实现"两个一百年"的奋斗目标，对共产党提出了前所未有的新挑战新要求，没有自我革命的勇气难以完成历史使命。况且，在复杂的国际国内环境下，影响党的先进性、弱化党的纯洁性的各种因素具有很强的危险性和破坏性。这就决定了新时代党的建设新的伟大工程，既要培元固本，也要开拓创新，特别是要发挥彻底的自我革命精神。而共产党之所以有自我革命的勇气，是因为其马克思主义政党的性质，因为党除了国家、民族、人民的利益，没有自己的特殊利益。

那么，如何进行自我革命呢？从党性教育的视角看，一是以史为鉴，教育党员牢记"两个务必"。中国历史上功败垂成者不胜枚举，特别是李自成的教训被中国共产党人所铭记。中国革命胜利前夕，毛泽东告诫共产党人务必保持谦虚谨慎、不骄不躁的作风，务必保持艰苦奋斗的作风，这"两个务必"应常讲常新。二是着眼当前，教育党员坚持警钟长鸣。要深刻洞察党内存在的现实问题，以顽强的斗争精神、补天填海的气概深入推进全面从严治党，做到决心不动摇，要求不降低，力度不减弱，长抓警示教育。三是瞄准自身，教育党员做到刮骨疗毒。按照中央和各级党组织的要求与部署，通过正常的组织生活，拿起批评和自我批评的武器革除自身病灶、解决自身问题，特别是解决出现的新问题。从一般党务工作的视角看，共产党人要在坚定信仰信念中保持自我革命的战略定力，在顺应人民意愿中坚持自我革命的正确方向，在解决突出问题中激发自我革命的强大动力，在创新体制机制中提高自我革命的能力水平。

（三）抓住"关键少数"

党性教育说到底是做党员和党员领导干部的工作。按照唯物辩证法的"两点论"，在研究事物矛盾运动过程中，既要研究主要矛盾，又要研究次要矛盾；既要研究矛盾的主要方面，又要研究矛盾的次要方面，二者不可偏废。因此，要坚持"两点论"和"重点论"的统一。党性教育也有两点，这就是"关键少数"和"绝大多数"。管"绝大多数"是对广大党员提出普遍性要求，抓"关键少数"是对领导干部提出更高更严的要求。党性教育要坚持抓"关键少数"和管"绝大多数"的统一。抓"关键少数"就是抓重点，这个重点在中央是中央委员会成员和省部级主要领导干部，在地方是各级领导班子成员和领导干部。党性教育抓住"关键少数"，笼统地讲就是党员领导干部。

如何抓住"关键少数"？一是管住权力抓制度。主要是教育领导干部带头落实八项规定，遵守《关于新形势下党内政治生活的若干准则》，执行《中国共产党党内监督条例》。二是部署专题性教育抓信念。以县处级以上领导机关、领导班子、领导干部为重点，通过"不忘初心、牢记使命"主题教育等，为领导干部在思想、信念上集中"补钙"和"加油"。三是持之以恒抓学习。这就是党委（党组）中心组集体学习。四是超常规动员抓责任。重大部署或重点工作，领导干部特别是一把手亲自抓、亲自管，确保贯彻落实不走偏、不变样。党性教育抓住"关键少数"，要抓牢固树立"四个意识"，抓树立忧患意识，抓树立正确政绩观，抓道德教育，抓过硬作风，抓风险防范。

（四）做好基础性工作

做好党性教育的基础性工作，直接关系到党性教育的吸引力、作用力、生命力，直接关系到新时代党性教育新课题的破解。这些基础性工作有以下几个方面。

1. 建立新时代党性教育课程体系。它包括课程理念、课程目标、课程内容、课程结构、课程形式和课程管理等。新时代党性教育课程体系建设，必须夯实基础，推进党性教育课程设计开发（包括做好需求调查、增强开发计划性、统筹内容和形式）；规范过程，严肃党性教育课程实施运行（包括规范教师教学行为、严肃教学管理过程、完善课程实施条件）；提升效用，完善党性教育课程评价系统（包括评价指标体系、评价方式、评价结果运用）；强化保障，构筑党性教育课程建设机制（包括整合机制、管理机制、激励机制等）。

2.组织党性教育领域专家学者和实际工作者开展协同研究。党性教育学科是一门以马克思列宁主义、毛泽东思想、中国特色社会主义理论体系为基础的综合性、跨学科性、理论性和应用性强的新学科。应充分吸收和借鉴政治学（含中共党史、党的学说和党的建设）、教育学、心理学、公共管理学、社会学、法学、中国语言文学、新闻传播学等领域的理论和方法，开展多学科、多视角、多层面的协同研究，为党性教育新学科建设夯实理论基础。

3.加强党性教育理论研究基地建设。有效整合研究资源，打造稳定的研究阵地和专家团队，构筑党员领导干部党性教育理论研究与实践应用的高地、人才培养基地，搭建党性教育研究成果交流研讨平台和机制。

4.加紧党性教育资源建设。专兼结合、精心选用，汇聚党性教育优质师资；转型升级、突出优势，建设党性教育示范基地；全域覆盖、精准定位，形成党性教育特色院校；动态管理、好中选优，推动党性教育资源共建共享。

5.加快党性教育信息化建设。党性教育的信息获取、计划实施和成效评估等全过程都必须加快信息化的进程。

6.实现党性教育制度的科学化。建立一套行之有效的党性教育需求调研制度、日常管理制度、教育评估制度，完善党性教育责任制，提高制度的执行力，使各项管理制度落实落细，做到制度规范全覆盖，执行制度无例外。

总之，在中国特色社会主义新时代，党性教育一定要有新气象新作为，要重整行装再出发，以永远在路上的执着把党性教育引向深入，把全面从严治党引向深入，奋力谱写中国特色社会主义新征程的壮丽篇章。

第二章　中国共产党党性教育的起源和发展

对党性教育的高度重视和长期坚持，是中国共产党在革命、建设和改革的奋斗历程中形成的优良传统，是加强党的自身建设、保持党的先进性和纯洁性的重要方法与途径。纵观中国共产党的党性教育史，其历程可划分为新民主主义革命时期的党性教育（1921 年至 1949 年）、社会主义革命和建设时期的党性教育（1949 年至 1978 年）及改革开放和社会主义现代化建设时期的党性教育（1978 年至今），三个时期的党性教育取得了重要成就，积累了宝贵经验，带来了深刻启示。

第一节　新民主主义革命时期党性教育的开启与初步发展

一、建党初期和土地革命战争时期党性教育的开启

中国共产党自创立之日起，就把党性教育作为党的建设的一项重要工作。伴随着党的建设和革命斗争的发展，党性教育格局初步形成。

（一）建党初期党性教育的开端

1921 年，中共一大制定了《中国共产党第一个纲领》，确立了共产党员必须"成为忠实的党员"的原则，为党性教育定下了根本规矩。1922 年，中共二大通过《中国共产党章程》和《关于共产党的组织章程决议案》，要求中共全国大会及中央执行委员会的决议，党员皆须绝对服从；进行严密的集权的有纪律的组织与训练，党员要在言论和行动上表现出是共产主义者，无论何时何地党员的言论必须是党的言论，党员的活动必须是党的活动。中共二大党章和决议案对于指导党员言行、健全党内生活、提高党的战斗力起到了积极的作用。此外，建党初期还充分利用进步书刊对党员进行马克思主

义理论教育，出版了《共产党宣言》《俄国共产党纲领》《国际劳动运动中之重要时事问题》等著作，发行了《新青年》《共产党》等革命刊物，创办了中央机关报《向导》周报。在加强理论宣传的同时，还要求党员深入工矿、农村，通过创办自修大学、工人夜校、组织工会、农会等形式在工农群众中传播马克思列宁主义、宣传党的主张，在革命实践中锤炼党性。

（二）大革命时期对党性教育的初步探索

大革命时期是中国共产党发展的重要时期。党在不断发展壮大队伍的同时，为提高党员素质，采取多种渠道开展党员教育和训练，对党性教育工作进行了初步的、富有成效的探索。

中共三大后，共产党由于忙于国共合作，忽略了自身建设，导致出现了组织发展不快、领导力量缺乏、党员训练不够、国共两党区分模糊等问题。为克服党内日益普遍的右倾思想，巩固和加强党的组织，1924 年 5 月 10 日至 15 日，党在上海召开了第三届中央执委会第一次扩大会议，通过了《此次扩大执行委员会之意义》及《党内组织及宣传教育问题议决案》等五个决议案。《党内组织及宣传教育问题议决案》要求中央宣传部应当在党报上加重党内教育的工作，并且指导马克思主义研究会，提出"党内教育的问题非常重要，而且要急于设立党校养成指导人才"[1]。1924 年 12 月，在中国工人运动的发祥地、中国共产党活动最活跃的地区——江西安源，中国共产党第一所党校——安源地委党校应运而生。这是党员教育向阵地化发展的第一步。在办学中，安源地委党校坚持以提高学员政治素质和基本理论素质为导向，把党的方针政策和基本政治理论作为培训重点，讲授了瞿秋白、王伊维编译的《政治经济浅说》《俄共党史》《少年运动史》等教材。安源地委党校克服了办学条件简陋、环境恶劣等困难，为党培育了大批优秀人才，输送到革命一线，为革命事业的发展作出了重要贡献。从创立到停办，安源地委党校虽然建校不到一年，但为党校建设、为党的党性教育工作积累了宝贵的实践经验。

为加强对日益高涨的革命运动的领导，制定新的工作方针和政策，1925 年 1 月 11 日至 22 日，中共四大在上海召开。会议通过的《对于宣传工作之

---

[1]　中央档案馆编：《中共中央文件选集》第一册，中共中央党校出版社 1989 年版，第 245 页。

议决案》对党的宣传教育工作进行了总结，指出党的教育宣传还未切实，因而党的理论基础常常动摇不定，尤其是一般同志"对民族革命策略上的认识常常表现其非左倾即右倾的机会主义的色彩"[①]。会议决定在党内加强马列主义的理论教育和时事政策教育，加强《向导》《新青年》《中国工人》《党报》（秘密刊物）的工作，使其成为运用马列主义理论解决中国的实际问题的重要宣传阵地。并强调党的支部是党的基本教育机关，应注重对政治报告和党的策略的学习与解释。

中共四大后，党加强了中央宣传部的工作。规定中央宣传部的中心工作包括：规定党员的教育计划；督促各地方设立党校或党的星期学校，培养一般能担负实际的和指导工作的人才；编辑出版宣传马克思主义理论与策略的书籍，并督促和指导各地广泛设立马克思主义研究会；等等。上述决定的贯彻执行，使党性教育工作进一步得到加强。

1925 年 9 月 28 日至 10 月 2 日，党在北京召开第四届中央执行委员会第二次扩大会议。在《宣传问题决议案》中，明确提出"开办各地党校确是一种重要的工作"[②]。鉴于党当时的条件，决定开办两类党校：一类是地委之下的普通党校，其任务是训练工人党员；另一类是区委之下的高级党校，其任务是训练政治素质较高和已有工作经验的党员。此后，通过创办党校教育培训党员、党员领导干部成为中国共产党进行党性教育的一个重要形式。

随着大革命轰轰烈烈的开展，党的队伍得到空前发展，1927 年 4 月中共五大召开时，全国党员已有 57967 人。中共五大为此强调指出，在努力扩大党员数量的同时，应尽可能迅速实行党的教育，训练新党员。

（三）土地革命战争时期党性教育的初步发展

土地革命战争时期是中国共产党在极端艰难曲折的斗争中发展并走向成熟的重要时期。在极其艰苦的斗争环境下，党通过卓有成效的党性教育工作，使广大党员、党员领导干部认清了中国革命的形势、任务、前途，坚定了革命的信心。

1. 适应农村革命斗争需要强调思想建党。1927 年大革命失败后，以毛

[①]　中央档案馆编：《中共中央文件选集》第一册，中共中央党校出版社 1989 年版，第 375 页。

[②]　中央档案馆编：《中共中央文件选集》第一册，中共中央党校出版社 1989 年版，第 481 页。

泽东为代表的中国共产党人，成功地探索出一条农村包围城市、武装夺取政权的革命道路。中国革命和党的工作重心由城市向农村转移，给党性教育提出了新的课题。

在农村开展革命斗争和建立革命根据地的过程中，大量农民和小资产阶级分子不断被吸纳入党，充实了党的力量、壮大了党的队伍，但同时也把各种非无产阶级思想带到党内，成为党内错误思想的主要产生根源。针对党内存在的单纯军事观点、个人主义、盲动主义、流寇思想、组织松懈等危害革命的错误倾向，毛泽东在1928年写给中共中央的报告中就深刻地指出："无产阶级思想领导的问题，是一个非常重要的问题。边界各县的党，几乎完全是农民成分的党，若不给以无产阶级的思想领导，其趋向是会要错误的。"① 在中央九月来信和总结已有实践经验的基础上，1929年红军第四军第九次代表大会通过了毛泽东起草的《中国共产党红军第四军第九次代表大会决议案》，明确提出了思想建党和政治建军的重要原则，强调要把思想建设放在党的建设的首位，通过党内教育肃清各种非无产阶级思想。决议案中指出："红军党内最迫切的问题，要算是教育的问题。为了红军的健全与扩大，为了斗争任务之能够负荷，都要从党内教育做起。不提高党内政治水平，不肃清党内各种偏向，便决然不能健全并扩大红军，更不能负担重大的斗争任务。因此，有计划地进行党内教育，纠正过去之无计划的听其自然的状态，是党的重要任务之一。"② 古田会议决议是中国共产党和红军建设的纲领性文献，它初步回答了在党员以农民为主要成分的情况下，如何从加强党的思想建设着手，保持党的工人阶级先锋队性质的问题；初步回答了在农村进行革命战争的环境中，如何将以农民为主要成分的军队，建设成为工人阶级领导的新型人民军队的问题。

2. 创办党校和各种训练班。土地革命战争时期，各类干部教育培训机构成为党性教育的重要载体。为了满足根据地迅速发展和革命斗争的需要，培养具有较高政治水平和理论修养的党政军人才，党在土地革命战争时期建立

---

① 《毛泽东选集》第一卷，人民出版社1991年版，第77页。
② 中国井冈山干部学院编：《井冈山斗争时期文献导读》，党建读物出版社2015年版，第337页。

了多个培训机构，包括马克思共产主义大学、苏维埃大学，党、团、苏维埃和工会干部培训班等，目的在于构建起较为完整的干部教育体系。在这些干部教育培训机构中，马克思主义教育、理想信念教育、阶级教育、党的形势政策教育都是其中的重要课程。

3. 加强党支部政治教育工作。强调党支部的政治教育工作，是党内教育工作的主要部分。从支部起，要经常地有系统地开展马克思列宁主义的基本理论的教育。同时强调，支部的政治教育工作不能脱离实际问题，变成学院式的政治教育，而是要从工作中教育党员，在结合各种实际问题的讨论中使党员了解党的政治教育，使党员"自觉地养成布尔塞维克化的正确精神"①。

4. 加强党员自我教育。一方面，针对普通党员，根据党组织转入秘密工作的形势变化，提出"发展党员自修工作"②，并要求党组织通过编制大纲、指定参考书籍报章、组织秘密图书馆等方法，帮助党员进行自我教育。另一方面，强调在日常工作中加紧锻炼教育干部，建立各种列宁读书班，研究小组，学习会议，"用一切方法去提高干部的政治水平线，使每个干部在日常工作中积极学习，在研究学习中紧张日常工作，彻底纠正那些脱离实际的专门学院式的研究，或者完全放弃学习的事务主义。"③

5. 出版党报党刊书籍。在残酷恐怖阻碍口头宣传的条件下，各种党报、党刊等刊物的出版和宣传，意义变得十分重大。党为此提出，充实党的理论机关报《布尔塞维克》等，加强无产阶级的革命理论的教育，提高党内理论水平线；发行为中等党员用的比较高深的书籍，如关于中国现时政治生活、党的目前任务等；翻译介绍马克思列宁主义的论著，有计划地加强马克思列宁主义的理论教育，用马克思列宁主义的理论解释共产国际与中国共产党的纲领与重要决议案，并且从各种实际政治的社会的问题引证解释马克思列宁主义的理论。

---

① 中央档案馆编：《中共中央文件选集》第五册，中共中央党校出版社 1990 年版，第 271 页。

② 中共中央文献研究室、中央档案馆编：《建党以来党的重要文献选编》第五册，中央文献出版社 2011 年版，第 486 页。

③ 中共中央文献研究室、中央档案馆编：《建党以来党的重要文献选编》第八册，中央文献出版社 2011 年版，第 535 页。

二、抗日战争时期党性教育的理论成果与实践创新

在抗日战争中，面对错综复杂的战争形势和艰巨的革命斗争任务，中国共产党一刻也没放松对党员、党员领导干部的教育，进行了党性教育的实践创新，形成了一系列党性教育的重要理论成果。

（一）开展形势任务和党的政策策略教育

卢沟桥事变的第二天，中国共产党即向全国发表了号召抗日的宣言，同时教育每个党员，在中华民族生死攸关的时刻，要站在斗争的最前列，做抗日的先锋。随着战争形势的发展，党内、国内出现了"亡国论"和"速胜论"两种错误思想。为使全党、全国军民形成"持久抗战以求得最后胜利"[①] 的思想共识，1938 年 5 月，毛泽东写出了名著《论持久战》，随之在延安作了讲演，在党内外、国内外产生了重大影响。针对当时党内不少干部不懂得统一战线中的策略问题，经常犯这样那样的错误，抗战时期各党校、在职干部教育培训班以及党领导的各种干部学校都将党的政策和策略纳入干部教育计划之内。由于党的正确教育，全党的思想统一到抗日大业上来，为抗战胜利扫清了思想障碍。

（二）加强新党员教育巩固党的组织

全面抗战爆发后，为适应急剧变化的形势和抗日斗争的需要，大量发展党员成为党的迫切任务。1938 年 3 月 15 日，中共中央作出《关于大量发展党员的决议》。决议下达后，各地党组织都把发展党员作为一项重要工作，使党组织获得前所未有的大发展。到 1938 年年底，全国党员从抗战开始时的 4 万多人发展到 50 余万人，党发展成为具有广泛群众基础的大党。

为保证在大量发展党员的同时使党的组织得到巩固，给新党员以初步的马列主义与党的知识教育成为各级党组织的重要工作。1939 年 8 月 13 日，中共中央政治局作出《关于巩固党的决定》，强调巩固党的中心一环，是加强党内的马克思列宁主义教育、阶级教育和党的教育。决定下达后，各级党组织采取了一系列措施加强对党员的马克思列宁主义教育。陕甘宁边区有计

---

① 中共中央文献研究室、中央档案馆编：《建党以来党的重要文献选编》第十五册，中央文献出版社 2011 年版，第 306 页。

划地选调干部到马列学院和中央党校学习，扩大边区党校轮训区级干部、开办乡级党员训练班。晋察冀根据地在有党员的地方均建立起支部，各支部普遍建立怎样做一个好党员的党课制度、定期学习党的基本知识和方针政策的学习制度等。通过这些措施，党员的政治思想觉悟得到很大提高。

（三）颁布中央第一个增强党性的文件

皖南事变后，为增强全党对于党性问题的认识，中共中央政治局于1941年3月召开会议，王稼祥作了关于党性问题的报告，毛泽东、张闻天、陈云等作了重要发言，会议决定由王稼祥负责起草关于增强党性的决定。王稼祥根据中共中央政治局会议讨论的意见，与王若飞合作写出了决定的初稿。1941年7月1日，中共中央政治局通过了建党以来第一个以增强党性为主题的文件——《中共中央关于增强党性的决定》。之所以在建党二十周年之际把"党性"作为一个独立的概念写入中央决议、对党性如此突出强调，任弼时在《关于增强党性问题的报告大纲》以及《关于增强党性》的报告中，对该问题进行了详尽的阐述。一是党员队伍迅速壮大，新党员思想复杂、党性薄弱，为维护党的团结统一，迫切需要进行党性教育。二是党所处的地位和所面临的任务迫切要求党在思想与行动上的集中统一。三是党和军队中存在着个人主义、独立主义、分散主义等严重违反党性的倾向。该《决定》中强调"今天巩固党的主要工作是要求全党党员，尤其是干部党员更加增强自己党性的锻炼，把个人利益服从于全党的利益，把个别党的组成部分的利益服从于全党的利益，使全党能够团结得像一个人一样"①。针对党内存在的各种违反党性的错误倾向，该《决定》提出了克服这些错误倾向的办法：一是在党内更加强调全党的统一性、集中性和服从中央领导的重要性；二是更严格地检查一切决议决定之执行，坚决肃清阳奉阴违的两面性的现象；三是即时发现，即时纠正，不纵容错误继续发展；四是要在全党加强纪律的教育；五是要用自我批评的武器和加强学习的方法，来改造自己使适合于党与革命的需要；六是从中央委员以至每个党部的负责领导者，都必须参加支部组织，过一定的党的组织生活。

---

① 中央档案馆编：《中共中央文件选集》第十三册，中共中央党校出版社1991年版，第144页。

《中共中央关于增强党性的决定》的制定和发布在党的建设史上具有重要意义。它第一次用中央的名义和权威正式明确了党性的概念、内涵与党性修养的标准，提出了增强党性的方法要求，成为全党进行党性教育和加强党的建设的指南。1942年4月，毛泽东在中央学习组讲话中对它作了高度评价："从我们党的历史上来看，全面的、全党的、由中央领导进行的干部内部教育，过去还很少。从去年七月中央发出关于增强党性的决定开始，我们才全体地、从上而下地、一致地注意了这个问题，这个意义非常之大。"[①]自此以后，党性的概念开始更加广泛地进入党的建设领域，增强党性锻炼成为党的建设的重要内容。

（四）开展延安整风运动

延安整风运动是1942年至1945年间中国共产党在全党范围内进行的普遍的马克思列宁主义的教育运动。遵义会议后，党的路线方针政策回到马克思主义的正确轨道上来，但对党的事业造成严重危害的主观主义、教条主义等错误思想还没有来得及清算，在党内仍有不小的影响。面对日趋严峻复杂的抗战形势，如果不解决党内存在的思想路线问题、思想作风问题，使全党在思想上、政治上、行动上保持高度一致，很可能导致党无法胜利完成抗战的历史重任。为此，就有必要在全党范围内开展一场马克思主义教育运动，纠正错误思想，统一全党共识，增强党的凝聚力和战斗力。这是延安整风运动的出发点。

1941年5月19日，毛泽东在延安高级干部会议上作《改造我们的学习》的报告，深刻地批判了主观主义的恶劣作风，号召全党树立理论和实际相统一的实事求是的马克思主义作风。7月1日，作出《中共中央关于增强党性的决定》；8月1日，又作出《关于调查研究的决定》。9月10日至10月22日，中共中央政治局举行扩大会议，讨论了党的历史上特别是土地革命战争时期的路线问题，确认在土地革命战争后期，王明、博古等人领导的党中央所犯的"左"倾错误是"路线错误"。一些受王明影响而犯过错误的同志作了自我批评。会议决定在全党发动思想革命，反对主观主义和宗派主义。9月26日，中共中央决定成立中央学习研究组，毛泽东任组长，王稼祥任副组长，

---

① 《毛泽东文集》第二卷，人民出版社1993年版，第412页。

主要任务是研究马克思列宁主义理论和党的历史经验，以克服主观主义和形式主义等错误思想。同时决定成立各地高级学习组，组织高级干部学习。按照中央的决定，延安和各根据地积极筹备成立高级学习组。学习的内容主要是阅读六大以来党的历史文件，研究六大以来的历史，学习、研究马克思列宁主义的思想方法论。为此，中共中央书记处编印了《马恩列斯思想方法论》和《六大以来》等学习文件。这样，就为全党普遍整风作了重要的准备。

全党普遍整风是从 1942 年春开始的。2 月上旬，毛泽东作《整顿学风党风文风》的报告（该报告编入《毛泽东选集》时题为《整顿党的作风》）和《反对党八股》的报告，全面阐明整风的任务和方针，在全党引起热烈反响。4 月 3 日，中共中央宣传部作出《关于在延安讨论中央决定及毛泽东同志整顿三风报告的决定》。5 月下旬，中央政治局决定成立中央总学习委员会，领导整风运动。中央总学习委员会由毛泽东、凯丰、康生、李富春、陈云组成，毛泽东任主任，康生任副主任。6 月 8 日，中宣部又发出《关于在全党进行整顿三风学习运动的指示》。从此，在全党开展了反对主观主义以整顿学风、反对宗派主义以整顿党风、反对党八股以整顿文风的整风运动。

整风的方法步骤是，认真阅读党的文件，对照个人的思想、工作情况，实事求是地开展批评与自我批评，具体分析产生错误的原因，提出克服错误的方法。对犯过错误的同志，整风运动中采取"惩前毖后、治病救人"的方针，达到既弄清思想又团结同志的目的。

从 1943 年 9 月起，中央领导层的整风进入到深入讨论党的历史问题阶段。1944 年 4 月 12 日，毛泽东在延安高级干部会议上作《学习与时局》的报告，阐明了研究历史经验应当采取的正确方针和态度，对高级干部关于党的历史问题的讨论作了总结。1945 年 4 月，中共六届七中全会通过了《关于若干历史问题的决议》，对党内若干历史问题，尤其是中共六届四中全会至遵义会议期间中央的领导路线问题作出正式的结论，指出全党对于过去错误路线的认识已形成一致，全党今后的任务就是在弄清思想、坚持原则的基础上加强团结。至此，延安整风运动宣告胜利结束。

延安整风运动规模空前、部署周密，在党史上开创了大规模集中教育的先例。它坚持马克思主义同中国实际相结合的正确方向，确定了马克思主义中国化在党的思想建设中的重要地位，提升了全党运用马克思主义研究解决中国实际问题的能力与水平。在党性教育史上，创造了以整风运动形式开展党性教育的方法，积累了丰富的党性教育经验，是全党开展党性教育的成功典范。

（五）党性教育理论成果的形成

1938 年 10 月，毛泽东在中共六届六中全会上作题为《论新阶段》的政治报告，提出要加强党的思想建设和实现马克思主义中国化，首次运用了"实事求是"的概念，并提出"我们党的马克思列宁主义的修养"这一重大命题。1939 年 10 月，毛泽东发表《〈共产党人〉发刊词》，强调党的建设是一项"伟大工程"，提出"建设一个全国范围的、广大群众性的、思想上政治上组织上完全巩固的布尔什维克化的中国共产"①的任务。1939 年 5 月、6 月间，中央组织部部长陈云发表《怎样做一个共产党员》《党的支部》等文章，系统地阐明了党员的标准、支部的基本任务和地方组织如何领导支部等问题。1939 年 7 月，刘少奇在延安马列学院作《论共产党员的修养》的演说，在党内引起极大反响，同年 11 月单行本出版。《论共产党员的修养》坚持马列主义党建学说的基本原理，紧紧围绕革命时期党的建设，第一次系统地论述了共产党员的党性锻炼和修养的问题，阐明了党性修养的内涵、党性修养的必要性、党性修养的目标、内容、途径等一系列基本问题，指明了共产党员在思想上入党的必由之路。该文后来被列为延安整风的必学文件，1943 年又被编入解放出版社出版的《整风文献》，它对加强党员干部的思想政治教育、促进党的思想理论建设、提高共产党员的党性修养起了重大作用。

三、解放战争时期党性教育的开展

解放战争时期，党积极开展形势政策教育、纪律教育、作风教育等党性教育工作，为解放战争的胜利和迎接新中国的成立打下了坚实的思想基础、组织基础。

（一）及时进行全党形势政策教育

抗战胜利后，蒋介石一面积极准备内战，一面打着"和平建国"的旗号

---

① 《毛泽东选集》第二卷，人民出版社 1991 年版，第 602 页。

企图诱使中共交出军队。与此同时，党内部分同志也存在着对蒋介石的和平幻想。针对这种情势，党通过对国际、国内形势的深刻分析，提出了正确的指导方针和斗争策略，及时指明了前进的方向。1945 年 8 月 11 日，中共中央作出了《关于日本投降后我党任务的决定》，8 月 13 日，毛泽东在延安干部会议上作了《抗日战争胜利后的时局和我们的方针》的报告，指出党的方针是坚决反对内战但同时必须对蒋介石可能发动的全面内战切实作好相应的准备。随着国民党破坏政协协议和停战协定的行动不断发展，中央教育全党把主要注意力放在准备全面内战上。随着国民党全面进攻的开始，面对敌我实力的巨大悬殊，党内又弥漫着消极悲观情绪与惧战心理。为此，毛泽东在1946 年 7 月 20 日为中共中央起草的《以自卫战争粉碎蒋介石的进攻》中指出："蒋介石虽有美国援助，但是人心不顺，士气不高，经济困难。我们虽无外国援助，但是人心归向，士气高涨，经济亦有办法。因此，我们是能够战胜蒋介石的。全党对此应当有充分的信心。"[1] 同年 8 月，毛泽东在和美国记者安娜·路易斯·斯特朗的谈话中提出了"一切反动派都是纸老虎""真正强大的力量不是属于反动派，而是属于人民"[2] 的著名论断。毛泽东对于国际国内形势、对于中国革命前途所作的科学分析，使全党极大增强了同国民党反动派作斗争的勇气与信心。

（二）在整顿基层党组织中开展党员教育

为了巩固人民解放军的后方，进一步发动广大农民支援革命战争，1947 年 7 月 17 日至 1947 年 9 月 13 日，中共中央工作委员会在河北省建屏县（今属平山县）西柏坡召开全国土地会议。会议通过了《中国土地法大纲》，同时针对战争条件下和前一段土改中，一些农村基层党组织暴露出来的思想、作风和组织不纯的问题，作出了结合土地改革进行整党的重大决定。

这次整党以农村基层党组织为重点。基本内容是通过开展"三查"（查阶级、查思想、查作风）、"三整"（整顿组织、整顿思想、整顿作风），克服党内的非无产阶级思想和官僚主义作风，牢固树立全心全意为人民服务的思想；对那些错误严重、屡教不改的党员给予党纪处分，对极少数混进党内的

---

① 《毛泽东选集》第四卷，人民出版社 1991 年版，第 1187 页。

② 《毛泽东选集》第四卷，人民出版社 1991 年版，第 1195 页。

地主、富农、流氓分子坚决清除出党。这次整党同时开创了公开党组织、开门整党的经验，通过公开党的支部，邀请党外群众参加整党会议，征求群众对党员尤其是干部的评议意见，使"三查""三整"工作接受群众的监督。到 1948 年年底和 1949 年年初，整党工作基本结束。这次整党，使基层党员普遍受到教育，农村基层党组织在思想上、政治上和组织上都有很大进步，为土改的顺利推进和战争的胜利提供了重要保证。

（三）加强党的纪律教育

针对革命战争进程中暴露出的无组织无纪律倾向，党中央把加强党的纪律放在重要位置，在全党广泛开展纪律教育，确保党的战略方针的正确贯彻执行。

一是建立请示报告制度。《关于建立报告制度》《关于建立报告制度的补充指示》《各中央局、分局、前委应向中央报告的事项》《中共中央、军委关于严格执行向中央作请示报告制度的指示》《关于各中央局、分局、军区、军委分会及前委会向中央请示报告制度的决议》等一系列指示和决定的相继发布，对中央与地方的权限、请示、报告的事项作出了明确规定。请示报告制度的建立和实行，基本克服了无纪律和无政府状态，有力地维护了党的统一与领导。

二是健全党委制加强党的集体领导。针对部分领导干部出现的个人专制、个人包办的情况，强调健全党委制。毛泽东在《关于健全党委制》以及《党委会的工作方法》中明确提出了集体领导的原则和方法。党委制的健全与加强，使党内某些宗派主义作风暗中滋长的现象得以扭转，建立了党的民主作风，使全体党员增强了自觉服从党的集体领导的观念。

（四）在胜利前夕强调继续保持党的优良作风和传统

在中国革命即将取得全国胜利的前夕，1949 年 3 月 5 日至 13 日，党在河北平山县西柏坡召开了中共七届二中全会，研究夺取全国胜利以及筹建新中国事宜。全会分析了革命胜利后中国社会主要矛盾的变化，指出党的工作重心要由农村转向城市，党的总任务也将由革命转变为建设。全国胜利后党的路线方针政策面临的重大调整为党性教育工作提供了新的理论基础和实践依据。

为使全党在即将到来的胜利前保持清醒，防止历史上曾反复出现的革命者在胜利面前冲昏头脑、享乐腐化导致丧失胜利果实的悲剧在党身上重演，毛泽东尖锐地指出："因为胜利，党内的骄傲情绪，以功臣自居的情绪，停顿起来不求进步的情绪，贪图享乐不愿再过艰苦生活的情绪，可能生长。因为胜利，人民感谢我们，资产阶级也会出来捧场。敌人的武力是不能征服我们的，这点已经得到证明了。资产阶级的捧场则可能征服我们队伍中的意志薄弱者。"[①]为此，毛泽东告诫全党，夺取全国胜利，只是万里长征走完了第一步，巩固政权的路程更长，工作更伟大，更艰苦。为此，"务必使同志们继续地保持谦虚、谨慎、不骄、不躁的作风，务必使同志们继续地保持艰苦奋斗的作风"[②]。"两个务必"的提出为全党及时敲响了警钟，在全党起到了振聋发聩的警示和教育作用，为全国执政后党的建设指明了方向。

第二节　社会主义革命和建设时期的党性教育

一、社会主义改造时期的党性教育

新中国成立后，中国共产党肩负起巩固新生的国家政权、恢复国民经济、建立社会主义制度的新的历史重任。这一时期的党性教育也根据执政初期党的状况和党的建设新任务，开始体现出执政党建设的特点。

(一) 整风运动与整党运动的开展

随着革命取得全国胜利，党组织获得大发展，到新中国成立时，中国共产党已发展为拥有近450万党员、具有广泛群众性的大党。从整体情况来看，绝大多数党员都能积极发挥党员作用，但党员队伍中也存在着新党员鱼龙混杂、思想作风不纯的问题，尤其是部分老党员、老干部居功自傲，出现了严重的官僚主义、命令主义的恶劣作风甚至违法乱纪、贪污腐化的现象，引起了人民的强烈不满。

为遏制以上问题在党内的蔓延发展，1950年5月1日中共中央发出《关于在全党全军开展整风运动的指示》，要求严格整顿全党作风，首先是整顿

---

① 《毛泽东选集》第四卷，人民出版社1991年版，第1438页。
② 《毛泽东选集》第四卷，人民出版社1991年版，第1438—1439页。

干部作风。6月，中共七届三中全会对全党整风工作作了具体部署，要求坚决执行中央关于巩固和发展党的组织、加强党和人民群众的联系、开展批评和自我批评等一系列指示，在和各项工作任务密切结合而不是相分离的条件下，进行一次大规模的整风运动。

全党整风运动自 1950 年下半年开始分批进行，于同年年底结束。这次整风的主要任务是提高干部和一般党员的思想水平与政治水平，克服工作中所犯的错误，克服以功臣自居的骄傲自满情绪，克服官僚主义、命令主义，改善党和人民的关系。整风的重点是各级领导机关和干部。整风的主要方式是阅读指定文件，总结工作，查找问题，分析情况，开展批评和自我批评并提出改进办法。在新中国成立不到一年时开展的这次整风运动，时间虽短，但成效明显。

1950 年的整风运动初步解决了工作作风方面的问题，但党内思想不纯、组织不纯等问题还未解决。1951 年 2 月，中央发出《中共中央政治局扩大会议决议要点》，提出以三年的时间进行一次整党的任务。1951 年 3 月 28 日至 4 月 9 日，中国共产党第一次全国组织工作会议召开，分析了革命胜利后党的状况和存在的问题，强调指出在中国革命胜利的新形势下，作为工人阶级先锋队的共产党员的条件必须更加提高，提到尽可能的适当的高度，才能担负起比过去更伟大更艰苦的革命任务和经济文化建设任务。会议通过了《关于整顿党的基层组织的决议》和《关于发展新党员的决议》，对整党建党工作作出具体部署。

根据全国组织会议作出的各项决议，整党运动有步骤地在全党展开。第一步是对广大党员普遍进行关于党纲党章和怎样做一个共产党员的教育，使每一个党员清楚地了解关于共产党员标准的八项条件。包括在发展新党员时，均对愿意接受党的教育的积极分子，进行关于怎样做一个共产党员的教育，经过这种教育后将确实符合党员条件者吸收入党。第二步是进行党员登记。第三步是党组织对党员作审查鉴定。最后是根据不同情况作出组织处理。

整党期间，也就是 1951 年 12 月 1 日，中共中央作出《关于实行精兵简政、增产节约、反对贪污、反对浪费和反对官僚主义的决定》。1952 年"三反"运动全面展开后，党中央于 2 月和 5 月先后发出《关于"三反"运动和整党运动结合进行的指示》《关于在"三反"运动的基础上进行整党建党工作的指示》。通过"三反"运动中对党内贪污浪费、官僚主义现象的检举揭发、对贪污蜕化分子和官僚主义分子的组织惩处，整党工作不断向纵深发展。

到 1953 年 6 月，全党共清除出党 32.8 万人，其中开除党籍者 23.8 万人，发展新党员 107 万人，新建支部 8.2 万个，到 1954 年春整党运动基本结束。执政以来的首次整党运动，对执政初期党内存在的不良问题进行了严肃处理和整顿，极大地提高了党员素质和党的战斗力，保证了党的队伍的先进性和纯洁性。

（二）结合"高饶"事件，进行增强党内团结的教育

在进行全面社会主义改造的紧要关头，党内发生了高岗、饶漱石进行分裂党的活动、破坏党的团结的重大事件。党中央及时进行了严肃的斗争和处理。鉴于"高饶"事件的发生以及党的某些高级干部对党的团结的重要性认识不足，对巩固和提高中央威信的重要性认识不足，特别是一部分干部在革命胜利后滋长的一种极端危险的骄傲情绪，毛泽东提出了增强党的团结的建议。

1954 年 2 月，中共七届四中全会在北京召开，通过了《关于增强党的团结的决议》，向全党特别是中央委员和高级干部强调增强与维护党的团结的极端重要性。《关于增强党的团结的决议》强调，党的团结是党的生命，是马克思列宁主义的基本原则，党的团结的利益高于一切。党的团结的唯一中心是党的中央，必须反对任何妨碍中央统一领导、损害中央的团结和威信的言论与行动。全党高级干部应根据增强党的团结的原则来检查自己的言论和行动，凡是不利于党的团结的言论和行动都必须改正。对于任何有损党的团结的言论和行动应当进行批评与斗争。中共七届四中全会结束后，全党特别是党的高级干部中开展了关于维护党的团结统一的教育，党的团结进一步增强。

（三）坚持以马克思主义理论武装全党

新中国成立后，党所处的环境和地位、所担负的任务都发生了巨大变化。党从过去领导武装斗争掌握局部政权的党变为在执掌全国政权条件下领导人民建设新国家、新社会的党，而从新民主主义社会向社会主义社会的过渡势必会面临着许多新问题，需要中国共产党人认真破解。但从当时的客观

情况来讲，广大党员干部的理论素养与这种环境、地位、形势任务的变化是不匹配、不适应的。为满足国家建设对党员干部理论水平的要求，纠正忽视理论的经验主义的危险倾向，1951 年 2 月，中央通过了《中共中央关于加强理论教育的决定（草案)》，要求全党一致努力，逐步铲除党内的理论落后现象。

该《决定》详细提出了理论学习应当循序渐进，每个党员的理论学习按照理解能力的发展程度，可以分为三级，包括：学习政治常识，学习理论常识，学习马克思、恩格斯、列宁、斯大林的理论著作和毛泽东的理论著作。并提出实施学年制和考试制。同时强调党的高级干部应当是全党勤奋地钻研马克思列宁主义毛泽东思想的模范。

随后在 1951 年 2 月至 1955 年 7 月间，中共中央先后 4 次发出通知，提出了党员干部政治理论学习的具体要求，并相继出版了《毛泽东选集》第一至三卷，在党员干部中间掀起了以学习毛泽东著作为主要内容的理论学习高潮。成立中共中央马克思、恩格斯、列宁、斯大林著作编译局，系统翻译了《马克思恩格斯全集》《列宁全集》和《斯大林全集》作为党员干部理论学习的重要教材。同时，建立起以各级党校为中心，包括干部业余理论学校、马列主义夜校等在内的干部理论教育培训体系，对各级干部进行有组织、有规划的理论教育。

二、社会主义制度确立以后的党性教育

社会主义改造的顺利完成和国家经济社会各项事业的有序发展，在使党备感振奋的同时，也深刻认识到加强党的自身建设的紧迫性和重要性。为提高党的执政能力与水平，使党员、党员领导干部的素质能适应社会主义现代化建设的需要，全党教育被不断强化。这其中既有成功的经验，也有因党的政治路线的错误而导致的曲折发展。

（一）中共八大执政党建设任务的提出为党性教育指明方向

1956 年 9 月 15 日至 27 日，中共八大召开，明确提出，党的建设的基本任务就是提高全党的马克思列宁主义水平，坚持理论联系实际、实事求是的原则，把马克思列宁主义的普遍真理同中国革命的具体实践密切结合，反对主观主义、官僚主义和宗派主义。其中特别要求，党的高级干部的学习主

要是提高在复杂情况中判断方向、辨明是非的能力，学会运用马克思列宁主义的理论，研究整理工作中的经验，从中找出规律性的东西；而新党员的学习侧重理论和实际相统一的教育，反对主观主义和教条主义。

根据党所处的执政党地位，中共八大同时强调，要把贯彻执行党的群众路线，作为执政党必须着力解决的历史任务。邓小平在八大作修改党章报告时，结合党面临的新情况，着重说明，群众路线是党的组织工作中的根本问题，是党章中的根本问题，是需要在党内反复进行教育的；从第七次大会到现在的十一年间，党的实际斗争的经验，给了这一路线以更深刻更丰富的内容，党必须不断地发扬党的工作中的群众路线的传统。正确地实行群众路线，党的事业就成功，反之党和人民事业就遭受损失。由于党成为执政党，脱离群众的危险比以前大大增加了，而脱离群众对于人民可能产生的危害，也比以前大大地增加了。在这个时候认真宣传和贯彻执行党的群众路线，也就有特别重大的意义。因此，必须在全体干部和党员中反复地进行全心全意为人民服务的教育。

（二）开展以正确处理人民内部矛盾为主题的整风运动

新中国成立后，党一直注意解决执政环境下党内冒出的官僚主义、宗派主义、主观主义等作风问题，并将党的作风教育作为党性教育的重要内容。1957 年的整风运动是党内再一次普遍的、深入的反官僚主义、反宗派主义、反主观主义的全党集中教育活动。

这次整风以"正确处理人民内部矛盾"为主题，反映了党对当时国际国内形势的深刻把握和正确判断。1956 年国际波匈事件的发生和国内社会新矛盾的出现，让如何正确认识和处理中国社会主义社会的各种矛盾，成为当时党中央着重思考的问题。毛泽东对国内外局势作出科学分析，提出了正确处理人民内部矛盾的学说。在 1957 年《关于正确处理人民内部矛盾的问题》一文中，毛泽东指出，革命时期的大规模的急风暴雨式的群众阶级斗争基本结束，正确处理人民内部矛盾成为国家政治生活的主题。

1957 年 4 月 27 日，中共中央发出《关于整风运动的指示》，指出要按照经过批评和自我批评、在新的基础上达到新的团结的方针，在全党重新进行一次普遍的、深入的反官僚主义、反宗派主义、反主观主义的整风运动，提高全党的马克思主义的思想水平，改进作风，以适应社会主义改造和社会主义建设的需要。同时还强调，提倡各级领导干部用一部分时间同工人农民一起参加体力劳动，并逐步形成一种永久的制度，以彻底改变脱离群众的现象。5月10日，《中共中央关于各级领导人员参加体力劳动的指示》发布。

1957年5月1日，《人民日报》刊发中央指示，全党整风由此开始。这次整风采取"开门"形式，既在党内开展批评与自我批评，也邀请了各民主党派和无党派人士参加，这在党史上也属首次。随着整风运动的迅猛开展，一些怀疑、否定甚至攻击共产党领导和社会主义制度的右倾言论开始冒头并发酵，引起了党中央的警觉。党及时组织反击，掀起反右派斗争。受其影响，整风运动的主题发生逆转，由正确处理人民内部矛盾转向对敌斗争，由和风细雨的党内整风转向大鸣大放反击右派的进攻，最终滑进了反右派斗争严重扩大化的错误轨道。党由此对社会主要矛盾和阶级斗争的判断发生变化，改变了八大关于我国社会主要矛盾的正确判断，提出我国社会的主要矛盾是无产阶级和资产阶级的阶级斗争、资本主义和社会主义两条道路的斗争，"左"的思想开始抬头，社会主义建设开始偏离正确航向。

（三）"左"倾错误影响下党性教育的曲折发展

随着党内"左"倾错误的日益严重，党性教育也逐渐偏离正确方向。例如，在1963年至1966年开展的社会主义教育运动中的整党中，出发点是把党的基层组织整顿好、建设好，使所有的党员受到一次深刻的阶级教育和社会主义教育，但由于这次整党是在"左"的阶级斗争理论指导下进行的，虽然客观上对改善基层干部作风、打击贪污盗窃投机倒把歪风等方面起到了一定作用，但由于混淆了敌我矛盾和人民内部矛盾的界限，扩大了打击面，伤害了许多基层的干部和党员，同时也把党员的思想引向了"左"的错误方向。

"文化大革命"使党的建设进入严重混乱和迷误时期。一方面"无产阶级专政下的继续革命"的错误理论和"文化大革命"被写入中共九大、中共十大党章，党性党风建设的优良传统被践踏；另一方面一度出现的"踢开党委闹革命"，使党的各级组织基本瘫痪，党内正常的组织生活也陷于停顿。这一时期开展的大规模整党建党运动虽然对重建党组织、重新恢复党组织生活起到了一定作用，但由于其本身就是"文化大革命"运动的重要组成部分，不可避免地要受到"文化大革命"全局下"左"倾错误路线的指导。由于目标和前提都是错误的，这种党内教育不仅未能增强党的组织力战斗力，反而给党的建设产生了破坏性的影响。

这充分说明，党性教育必须在正确的政治路线、思想路线、组织路线指导下进行，党的路线方针政策发生了错误，党性教育会被导向错误的方向。

第三节　改革开放以来党性教育的发展

一、十一届三中全会以后，党的领导集体开展的党性教育

1978 年 12 月 18 日至 22 日，中国共产党十一届三中全会在北京举行。全会作出了从 1979 年起，把全党工作重点转移到社会主义现代化建设上来的战略决策；重新确定了中国共产党解放思想、实事求是的思想路线，重新确立了中国共产党的正确的政治路线和组织路线，开始形成了以邓小平为核心的第二代中央领导集体。围绕着把党建设成为领导社会主义现代化建设事业的坚强核心这个目标，党开始用一种新的思路指导自身建设，由此掀开了新时期党性教育的新篇章。

（一）深入推进全党党章党规党纪教育

1977 年 8 月中国共产党召开了第十一次全国代表大会。中共十一大党章要求重新设立党的纪律检查机关，并规定各级纪律检查委员会职责之一就是加强对党员的纪律教育。这是党的历史上第一次在党章中明文规定纪律教育。在总结和吸取党的历史经验教训的基础上，中共十一届三中全会作出了一系列加强党的建设的部署，决定健全党规党法，严肃党纪。

1979 年 11 月，中共中央、国务院印发《关于高级干部生活待遇的若干规定》，重申"文化大革命"以前行之有效的规章制度，强调党的高级干部必须带头发扬党的优良传统。1980 年 2 月，中共十一届五中全会通过了中央纪委、中央组织部联合起草的《关于党内政治生活的若干准则》。为更好地贯彻执行《关于党内政治生活的若干准则》，中央宣传部、中央组织部联合发出《关于加强党员教育健全党的组织生活的意见》和《关于加强干部工作的意见》，要求各级党委以党章修改草案和《准则》为基本教材，采取各种形式，争取在两三年内把党员普遍轮训一遍。各地根据《关于加强党员教育健全党的组织生活的意见》要求，加强对党员的教育工作，这也是十多年来

所未有的一次广泛的党内教育，对于进一步发扬党的优良传统和作风、健全党的民主生活、维护党的集中统一、增强党的团结和战斗力具有重要意义。

1982 年 9 月 1 日至 11 日，中共十二大召开，审议通过了新修订的《中国共产党章程》。中共十二大党章对十一大党章作了许多带有根本意义的修改，第一次比较全面而正确地回答了在社会主义现代化建设的新时期，如何加强执政党建设，使党成为领导社会主义现代化事业的坚强核心的基本问题。同时强调中央和地方各级纪律检查委员会要经常对党员进行遵守纪律的教育。1983 年 2 月 14 日，中共中央发出《关于加强党员教育工作的通知》，指出，认真学习新党章，是今后一个时期党员教育的主要内容，是提高党员素质、提高党组织战斗力和实现党风根本好转的一环，是全党的一件大事，要党委负责，全党动手。通过对中共十二大党章的深入学习教育，进一步消除了党员思想中"左"的流毒，使广大党员加深了对中共十一届三中全会路线方针政策的理解，进一步明确了新时期的党员标准，增强了做合格党员的自觉性。

1983 年 4 月，中央纪委下发《关于充分运用宣传工具加强党性、党风、党纪教育的通知》，要求各级纪委同宣传部门充分运用宣传工具，加强对党员的党性党风党纪教育，并作为一项经常性工作来抓。为促进工作的落实，中央纪委专门成立了教育室。绝大多数省级、市级纪委和不少县级纪委也先后成立了抓党纪教育工作的专门机构。这些机构的建立，为党性党风党纪教育工作的开展提供了组织保证。1986 年 2 月，中央纪委发出《关于整顿纪律的通知》，强调整顿纪律要着眼于增强党员的党性觉悟，加强纪律教育。1987 年 1 月，中央纪委召开全国纪检系统教育工作会议，总结了抓党性党风党纪教育工作的经验，并就纪检系统如何加强党性党风党纪教育工作进行了研究讨论，进一步明确了纪检系统开展党性党风党纪教育的指导思想和工作任务。在中央的一系列部署下，各级党委、纪委进行了广泛的党规党纪教育，加强了党的自身建设，保证了党的先进性和纯洁性。

（二）加强新形势下的干部队伍教育

改革开放初期，干部队伍大规模新老交替。为了适应社会主义现代化建设新形势的需要，实现干部队伍的革命化、年轻化、知识化、专业化，加强干部的教育成为摆在全党面前的一项重大而紧迫的任务。1982 年 10 月 3 日，中共中央、国务院颁布《关于中央党政机关干部教育工作的决定》，提出要不失时机地抓紧培训干部，把干部教育工作正常化、正规化、制度化，力争在三五年内使中央党政机关干部队伍的政治、业务水平得到明显提高。并指出干部教育工作的基本任务，是使全体干部在马克思主义理论、专业知识、科学文化水平和领导管理能力等方面都得到提高，并使其成为坚持社会主义道路的、具有必备的专业知识的党和国家的合格工作人员。为此强调，中央党政机关的每一个干部，都要学习马列主义、毛泽东思想的基本理论，学习党的路线、方针、政策。担任处、科以上职务和在意识形态部门做业务工作的干部，要比较系统地学习马克思主义的哲学、政治经济学、科学社会主义、中国近代史和中国革命史几门课程。该《决定》还对干部教育的政策和制度、方法和形式作出了具体安排。

（三）开展整党运动

"文化大革命"后，经过几年持续的恢复和整顿，党的状况有了很大改善，但与新中国成立初期相比，党内不正之风还相当严重。1982 年 9 月，中共十二大报告强调党风问题是关系执政党生死存亡的问题，指出："由于十年内乱的流毒至今还没有完全肃清，也由于在新的情况下各种剥削阶级思想的腐蚀作用有所增长，目前我们党确实存在思想不纯、作风不纯和组织不纯的问题，党风还没有根本好转"[①]，提出要通过有计划有步骤的整党，使党内政治生活进一步正常化，切实纠正不正之风，加强党同群众的密切联系。

1983 年 10 月 11 日，中共十二届二中全会召开，通过《中共中央关于整党的决定》，确定从 1983 年冬开始全面整党，用三年时间对党的作风和党的组织进行一次全面整顿。这次整党的基本任务是：统一思想，整顿作风，加强纪律，纯洁组织。要通过整党，实现党风的根本好转，提高全党的思想水平和工作水平，更加密切党和人民群众的联系，努力把党建设成为社会主义现代化事业的坚强领导核心。

此次整党自上而下、分期分批开展，覆盖到全体党员。从 1983 年 11 月

[①] 中共中央文献研究室编：《十二大以来重要文献选编》（上），人民出版社 1986 年版，第 55—56 页。

到 1987 年 4 月，全党约 4000 万党员、近 250 万个基层和基层以上党组织参加了整党。1987 年 5 月，全国整党工作总结会议在北京召开，通过《关于整党的基本总结和进一步加强党的建设》报告，历时三年半的整党工作宣告结束。

这次整党没有采取大轰大嗡、大搞"群众运动"的方式，而是采取正确处理党内矛盾的方法，既解决了党内存在的一些突出问题，又不像过去的一些政治运动那样，留下很多后遗症，没有引起社会局势的动荡。比如解决党员中的错误思想，主要采取启发自觉、积极帮助纠正的方法，并且实行"不打棍子、不扣帽子、不抓辫子、不装袋子"的政策。解决一些党员、党员干部之间存在的隔阂和不团结问题，采取广泛开展相互谈心、交心的方式进行。对于处理危害党的利益、有严重问题的党员，坚持以事实为依据，以党纪国法为准绳，力求所作的结论和处理决定，经得起历史检验。坚持只解决党内存在的问题，不整党外朋友和群众等。所有这些处理党内矛盾的方法，实践证明是正确有效的。

通过整党，全党在思想、作风、纪律、组织四个方面，都比整党以前有了进步，党内存在的思想、作风、组织严重不纯状况有了改变，同时积累了一些正确处理党内矛盾和问题的重要经验，这些都为新时期党的建设奠定了一个比较良好的基础。

（四）实现干部教育培训正规化

1983 年 2 月 22 日至 3 月 2 日，第二次全国党校工作会议召开。会议根据中共十二大精神，着重研究了全国党校的改革问题。为加强干部培训，使干部教育工作经常化、正规化、制度化，会议作出党校由短期轮训干部为主转向正规化培训干部为主的重大决策，并对党校正规化建设尤其是课程设置和教学内容作了布置。4 月 18 日，中共中央正式印发《关于实现党校教育正规化的决定》。各级党校普遍设立培训班、理论班和进修班，有效适应了培养干部的需要。

1984 年中央宣传部作出《关于干部马列主义理论教育正规化的规定》。该《规定》指出，长期以来，由于"左"倾错误的影响，特别是十年动乱的破坏，干部理论教育遭到了严重的挫折，致使目前很大数量的干部缺乏比较系统的马克思主义基本理论知识，这是造成党内思想上、作风上和组织上严重不纯的重要原因之一。为此强调，要对干部理论教育进行改革，实现干部理论教育正规化。该《规定》根据各条战线干部的工作性质和文化程度的不同，提出了不同的理论学习要求，并就干部理论学习的时间、方式、考试、学历等问题作了规定。

二、十三届四中全会以后，党的领导集体进行的党性教育

1989 年 6 月，中共十三届四中全会确立了以江泽民为核心的第三代党的领导集体。这一代领导集体成功维护了改革发展稳定大局，继续坚定不移推进改革开放和社会主义现代化建设，积极探索在发展社会主义市场经济条件下加强党的建设的目标、任务和途径，提出提高党的领导水平和执政水平、增强拒腐防变与抵御风险能力这两大历史性课题，进一步加强新时期的党性教育。

（一）针对 1989 年政治风波加强党内思想教育

针对部分党员不同程度卷入 1989 年政治风波的问题，党中央认真开展了清查、清理工作。1989 年 8 月 28 日，党中央发出《关于加强党的建设的通知》，要求对政治风波中的重点人和重点事在党内认真进行一次清查、清理，以纯洁党的组织。并要求清查、清理工作基本结束后，要按照从严治党的方针，认真进行做合格共产党员的教育，进行党员重新登记。

《关于加强党的建设的通知》中提出，要认真学习中共十三届四中全会精神和邓小平的重要讲话，使全党对党的基本路线有一个全面的认识。要深入进行爱国主义、集体主义、独立自主、自力更生、艰苦奋斗、勤俭建国的教育，以及遵守党的纪律、维护党的团结的教育。并强调要着重在县（处）级以上党政领导干部中，普遍进行马列主义、毛泽东思想基本理论的教育，并使之经常化、制度化。凡是新进入领导班子的成员，都要经过相应的党校学习，其他领导成员也要定期轮流到党校学习。特别要提倡领导干部学习马克思主义哲学，提高运用辩证唯物主义和历史唯物主义的立场、观点、方法分析与解决问题的能力，克服主观主义、形而上学的思想方法。从中央政治局委员到各部委和省、自治区、直辖市党委的主要领导同志，都要带头学习，形成制度，坚持下去。全国各级党组织认真落实了中央《关于加强党的建设的通知》的精神。

(二) 用邓小平理论武装全党

1992 年, 中共十四大旗帜鲜明地提出了用邓小平建设有中国特色社会主义理论武装全党的战略任务, 强调"要认真学习邓小平同志的战略思想和理论观点, 认真学习他运用马克思主义立场、观点和方法研究新情况、解决新问题的科学态度和创造精神"①。1993 年 11 月 2 日,《邓小平文选》第三卷出版发行, 中共中央强调要把学习《邓小平文选》第三卷摆在党的思想建设和干部理论教育的主要地位, 要求县级以上领导干部带头学习。1994 年,《邓小平文选》第一、二卷增订再版。1995 年, 中央宣传部、组织部编写出版了《邓小平同志建设有中国特色社会主义理论学习纲要》。按照中央部署, 由高中级干部带头, 广大党员干部参加的学习热潮迅速兴起。

1997 年, 中共十五大将邓小平理论确立为党的指导思想。江泽民指出: "在社会主义改革开放和现代化建设的新时期, 在跨越世纪的新征途上, 一定要高举邓小平理论的伟大旗帜, 用邓小平理论来指导我们整个事业和各项工作。这是党从历史和现实中得出的不可动摇的结论"②, 强调全党要重视学习、善于学习, 兴起一个学习马列主义、毛泽东思想特别是邓小平理论的新高潮。1998 年 6 月《中共中央关于在全党深入学习邓小平理论的通知》下发, 进一步动员全党兴起学习邓小平理论的新高潮。据不完全统计, 1993 年至 1996 年年底, 全国参加各种形式脱产学习的干部约 2100 万人次。各级党委狠抓制度建设, 坚持和完善领导干部脱产进修制度、党委中心组学习制度、在职干部自学制度、考核制度等, 有力推动了理论学习的深入开展。

(三) 把加强党性教育作为推进党员队伍建设和党员干部队伍建设的重要工作

在党员队伍建设方面, 中共十四大根据发展社会主义市场经济的新形势, 强调要切实加强和改进对党员的教育与管理, 提高素质, 增强党性, 使党员成为坚决贯彻执行党的基本路线、献身改革开放和现代化事业、诚心诚意为人民谋利益、带领群众为经济发展与社会进步作出实绩的先进分子。中共十四届四中全会通过的《关于加强党的建设几个重大问题的决定》,

---

① 《江泽民文选》第一卷, 人民出版社 2006 年版, 第 246 页。
② 《江泽民文选》第二卷, 人民出版社 2006 年版, 第 8 页。

强调要以提高素质、增强党性为目标，加强和改进党员教育和管理工作。《关于加强党的建设几个重大问题的决定》提出，用三年的时间，在全体党员中有计划、有步骤地开展一次建设有中国特色社会主义理论和党章的学习活动。着重解决好三个问题：第一，树立共产主义理想，坚定走有中国特色社会主义道路的信念，提高坚持党的基本理论和基本路线的自觉性，模范执行党的各项政策。第二，坚持全心全意为人民服务的宗旨，密切联系群众，廉洁奉公，遵纪守法，自觉抵制拜金主义、个人主义和腐朽生活方式的侵蚀。第三，按照党章规定认真履行义务，正确行使权利，在改革和建设中建功立业。按照《关于加强党的建设几个重大问题的决定》要求，中组部、中宣部专门发出通知，作出具体部署，各地认真贯彻积极开展学理论、学党章的"双学"活动，使党员的理论素养和党性意识得到进一步加强。

在干部队伍建设方面，1996 年，党中央制定《1996 年—2000 年全国干部教育培训规划》，对干部教育培训工作作出全面部署，要求以提高干部的思想政治素质为重点，结合实践锻炼，用科学的理论武装干部、用现代科技知识和人类创造的一切文明成果充实干部、用党的优良传统和作风教育干部，培养造就一支坚持走有中国特色社会主义道路、全心全意为人民服务、德才兼备、适应改革开放和现代化建设需要的干部队伍。2001 年印发的《2001 年—2005 年全国干部教育培训规划》强调要适应新时期党和国家工作大局的要求，把干部教育培训放在更加重要的战略地位，以建设高素质干部队伍为目标，坚持分级分类培训，确定干部教育的具体要求，进一步提高教育培训的质量。

（四）开展以"三讲"为主要内容的党性党风教育

20 世纪 90 年代中期，改革攻坚亟待解决的各种矛盾问题、国际局势出现的种种新变动，对党员干部的素质尤其是思想政治素质和驾驭复杂局面、解决现实问题的能力都提出了新的更高的要求。但与此同时，有相当一部分干部存在着思想政治素质不适应或者不完全适应新形势新任务新要求的突出问题，虽然情况和程度有所不同，但都是不讲学习、不讲政治、不讲正气，放弃世界观改造和党性修养的结果，严重妨碍了党的路线方针政策的贯彻执行，损害了党同人民群众的关系，削弱了党组织的凝聚力和战斗力。为此，党中央决定以整风精神深入开展"三讲"教育活动，认真解决党性党风方面存在的问题。

1998 年 11 月 21 日，中共中央发布《关于在县级以上党政领导班子、领导干部中深入开展以"讲学习、讲政治、讲正气"为主要内容的党性党风教育的意见》。该《意见》指出"三讲"教育总的要求是，推动县级以上党政领导班子与领导干部深入学习邓小平理论和中共十五大精神，提高政治素质，加强党性修养，端正思想作风，增强在改造客观世界的同时改造主观世界的自觉性，努力从以下四个方面收到实际效果：一是坚定建设有中国特色社会主义的信念，二是全面贯彻执行民主与集中相结合的组织制度、领导制度和工作制度，三是认真实践全心全意为人民服务的宗旨，四是大力弘扬求真务实、言行一致的优良作风。

整个教育活动自上而下分级分批进行，基本方法是思想发动，学习提高；自我剖析，听取意见；交流思想，开展批评；认真整改，巩固成果。从1998 年 11 月到 2000 年年底，共有 70 万县（处）级以上领导干部参加"三讲"教育活动。通过"三讲"教育，广大干部普遍受到一次深刻的马克思主义教育，提高了学习理论、增强党性锻炼的自觉性，进一步明确了前进方向；普遍增强了政治意识、大局意识、责任意识，提高了坚持党的基本路线和基本纲领、同党中央保持高度一致的自觉性；普遍受到了一次群众观点、群众路线的再教育，强化了坚持和实践党的根本宗旨的意识，促进了作风的转变和拒腐防变自觉性的提高；普遍经受了一次严格的党内生活锻炼，党的观念得到增强，贯彻民主集中制原则的自觉性和解决领导班子自身问题的能力有了提高；普遍增强了党要管党、书记带头抓党建的意识，提高了治党的能力和水平。

这次教育创造和积累了和平时期加强党的建设特别是领导干部队伍思想政治建设的重要经验，在探索一条不搞政治运动、妥善解决党内问题、提高干部素质的新路子上迈出新的步伐。

（五）开展"三个代表"重要思想学习教育活动

在建设中国特色社会主义的实践中，以江泽民为核心的第三代中央领导集体准确把握时代特征，科学判断党所处的历史方位，围绕中国特色社会主义这个主题，形成了"三个代表"重要思想。中共中央要求全党认真学习"三个代表"重要思想，并以此为武器开展深入的思想政治教育。2000 年 11 月 30 日，中共中央办公厅制定了《关于在农村开展"三个代表"重要思想学习教育活动的意见》，要求从 2000 年冬、2001 年春开始，用两年左右的时间，在全国县（市）部门、乡镇、村领导班子和基层干部中，有计划、有步骤地开展"三个代表"重要思想学习教育活动。到 2002 年 5 月活动基本结束，全国共有基层干部 1520 多万人参加。

这次学习教育活动推进了广大农村基层干部的思想作风和工作作风的改进，是在改革开放和发展社会主义市场经济条件下加强与改进党对农村工作的领导、推动农村基层组织建设与时俱进的有益探索，也为今后的农村基层干部教育工作提供了许多有益的启示和经验。

（六）强化党风廉政教育

在改革开放和发展社会主义市场经济的条件下，党中央坚持把党风廉政建设与反腐败斗争作为关系党和国家生死存亡的大事来抓。1990 年 8 月，中央纪委下发《党的纪律检查机关党风党纪教育工作纲要（试行）》，明确了党风党纪教育工作的指导思想、工作方针、内容形式以及纪检机关开展党风党纪教育的工作任务，使党风党纪教育走上制度化、规范化轨道。

2001 年 9 月，中共十五届六中全会通过《关于加强和改进党的作风建设的决定》，对加强作风建设作出全面部署，提出"八个坚持、八个反对"的要求。各级党委、纪委按照中央要求，组织党员干部深入学习党内法规和廉政法律法规，利用一些重大典型案例进行警示教育，促进广大党员干部提高党性觉悟，增强拒腐防变能力，解决思想作风、学风、工作作风、领导作风和生活作风方面存在的突出问题。

三、十六大以后，党中央对党性教育方式方法的创新

中共十六大以后，以胡锦涛同志为总书记的党中央在全面建设小康社会实践中坚定不移地把党的建设新的伟大工程继续推向前进，确立了把党建设成为立党为公、执政为民，求真务实、改革创新，艰苦奋斗、清正廉洁，富有活力、团结和谐的马克思主义执政党的总目标。围绕这一目标，党牢牢把握执政能力建设和先进性建设这条主线，在继承三代中央领导集体党性教育思想的基础上，推动了党性教育与时俱进的发展。

（一）开展保持共产党员先进性教育活动

在新的历史时期，以胡锦涛同志为总书记的党中央根据党的建设面临的新形势新任务，明确提出了"党的先进性建设"这一重大命题，强调必须把保持和发展党员的先进性作为党的建设的永恒主题。

2002年11月8日至14日，中共十六大召开，作出开展保持共产党员先进性教育活动的决定。中共十六大后，中央选择了19个单位进行试点，积累了经验。2004年9月16日至19日，中共十六届四中全会召开，对保持共产党员先进性教育活动进一步提出要求。根据中共十六大和十六届四中全会精神，2004年11月7日，中共中央印发《关于在全党开展以实践"三个代表"重要思想为主要内容的保持共产党员先进性教育活动的意见》，决定从2005年1月开始，用一年半左右的时间，在全党开展以实践"三个代表"重要思想为主要内容的保持共产党员先进性教育活动。该《意见》强调，开展先进性教育活动，要以学习实践"三个代表"重要思想为主要内容，引导广大党员学习贯彻党章，坚定理想信念，坚持党的宗旨，增强党的观念，发扬优良传统，认真解决党员和党组织在思想、组织、作风以及工作方面存在的突出问题，促进影响本地区本部门本单位改革发展稳定、涉及群众切身利益的实际问题的解决，不断增强党员队伍和党组织的创造力、凝聚力、战斗力，为实现全面建设小康社会的宏伟目标提供坚强政治保证和组织保证。

根据中央要求和部署，这次教育活动分三批进行，每批大约半年时间，分为学习动员、分析评议、整改提高三个阶段，到2006年6月基本结束。这次教育活动涉及各行各业、各条战线共6800多万名党员，整个活动主题鲜明、领导有力，措施得当、工作扎实，取得了丰硕的实践成果、制度成果和理论成果。通过这一活动，广大党员对于党的先进性建设的科学内涵和目标要求有了更加全面深入的认识，先锋模范作用进一步发挥，基层党组织的创造力、凝聚力、战斗力进一步增强，党组织和党员服务群众的行动更加自觉，党群关系更加密切。在先进性教育活动期间，各级党组织和广大党员与困难群众结成帮扶对子1347万个。

党中央及时对先进性教育活动经验进行总结，提出建立保持共产党员先进性的长效机制。2006年6月，中央办公厅印发《关于加强党员经常性教育的意见》《关于做好党员联系和服务群众工作的意见》《关于加强和改进流动党员管理工作的意见》《关于建立健全地方党委、部门党组（党委）抓基层党建工作责任制的意见》，为巩固和发展先进性教育成果、进一步推进党的先进性建设提供了制度依据。

（二）开展深入学习实践科学发展观活动

中共十六大以后，以胡锦涛同志为总书记的党中央立足社会主义初级阶段基本国情，总结我国发展实践，借鉴国外发展经验，适应新的发展要求，提出了科学发展观。为着力转变不适应、不符合科学发展观要求的思想观念、着力解决影响和制约科学发展的突出问题以及党员干部党性党风党纪方面群众反映强烈的突出问题，中共十七大决定在全党开展深入学习实践科学发展观活动。

2008 年 9 月 14 日，中共中央下发《关于在全党开展深入学习实践科学发展观活动的意见》，提出要紧紧围绕党员干部受教育、科学发展上水平、人民群众得实惠，进一步解放思想、实事求是、改革创新，切实增强贯彻落实科学发展观的自觉性和坚定性，使党的工作和党的建设更加符合科学发展观的要求，把全社会的发展积极性进一步引导到科学发展上来，把科学发展观贯彻落实到经济社会发展各个方面。按照中央部署，学习实践活动以县级以上领导班子和党员领导干部为重点，全体党员参加，自上而下分 3 批进行。到 2010 年 2 月底，学习实践活动基本结束，共有 370 多万个党组织、7500 多万名党员参加。

通过此次活动，一是广大党员、干部受到深刻的马克思主义教育，贯彻落实科学发展观的自觉性和坚定性明显增强，加强党性修养和作风建设的自觉性明显提高。二是科学发展水平得到有效提升，进一步厘清了本地区本部门本单位科学发展思路，制定了一批推动科学发展的政策措施，解决了一批影响和制约科学发展的突出问题，建立健全了一批保障和促进科学发展的体制机制。三是人民群众得到更多实惠，有力推动了中央惠民利民政策的落实，解决了大量涉及群众切身利益的实际问题，密切了党群关系、干群关系，促进了社会和谐稳定。四是党的基层组织建设得到明显加强，扩大了党的组织和党的工作覆盖面，丰富了党组织和党员发挥作用的有效途径与方法，改进了基层党的建设领导体制和工作机制。

保持共产党员先进性教育活动和深入学习实践科学发展观活动的开展，

改变了以往通过整党运动开展党内教育的做法，开创了以教育实践活动的方式开展党性教育的新路子，是对党性教育方式方法的创新。

（三）持之以恒推进反腐倡廉教育

2005年，中共中央颁布《建立健全教育、制度、监督并重的惩治和预防腐败体系实施纲要》，提出要加强反腐倡廉教育，筑牢拒腐防变的思想道德防线。2008年，中共中央颁布《建立健全惩治和预防腐败体系2008—2012年工作规划》，明确提出反腐倡廉教育的目标、要求和方式方法，要求加强领导干部党风廉政教育、加强面向全党全社会的反腐倡廉宣传教育、加强廉政文化建设。《工作规划》的出台巩固了反腐倡廉教育的基础性地位，推动了反腐倡廉教育的制度化建设。按照《工作规划》关于加强廉政文化建设的要求，中央纪委等六部委印发了《关于加强廉政文化建设的意见》，建立全国廉政教育基地、编写廉洁从政教材，有针对性地开展岗位廉政教育培训。

（四）颁布法规条例，推进党性教育工作制度化、规范化

中共十六大以后，新一届中央政治局认真落实十六大提出的高级干部带头学习的号召，建立了集体学习制度。中共十六届中央政治局共进行集体学习44次。这一学习制度的建立，为建设马克思主义学习型政党起到了带头示范作用。

2006年1月，党中央制定颁布《干部教育培训工作条例（试行）》，对干部教育培训的工作原则、管理体制、培训内容和方式方法等基本问题作出了明确规定。作为党的历史上第一个全面规范干部教育培训工作的党内法规，其颁布实施为推动干部教育培训工作的科学化、制度化、规范化打下了坚实基础。

2008年10月，《中国共产党党校工作条例》出台，明确提出党校教育的总体要求，指出党性教育是党校的必修课。党校要增强党性教育的针对性，把学习马克思主义基本理论与加强党性锻炼结合起来，把改造客观世界与改造主观世界结合起来，致力于坚定党员领导干部的理想信念和宗旨观念，提高党员领导干部的道德品行和精神境界，并强调党性教育要贯穿于党校教学全过程。

2009年6月，中共中央办公厅印发《2009—2013年全国党员教育培训

工作规划》，全面实施党员培训工程。强调要坚持把增强党性作为第一任务，将理想信念教育与能力建设贯穿始终。坚持不懈地用中国特色社会主义理论体系武装广大党员，引导党员联系实际、学以致用，把增强党性与提高能力统一起来，讲党性、重品行、作表率，始终保持和发展共产党人的先进性。

四、十八大以后，党中央在全面从严治党中推进党性教育

中共十八大以后，中共中央对党的建设从战略高度进行新谋划、新布局，坚持全面从严治党，开辟了马克思主义建党理论的新境界，开创了党的建设的新局面。2016 年，中共十八届六中全会正式提出"以习近平同志为核心的党中央"。在全面从严治党不断向纵深推进的过程中，党性教育的战略地位进一步凸显，新时代党性教育的新格局逐步形成。

（一）更加突出党性教育的战略地位

中共十八大以后，习近平不断重申和强调党性的重要性与党性教育的重要性，指出："党性是党员干部立身、立业、立言、立德的基石"[①]；党性教育是共产党人修身养性的必修课；对于党员领导干部来说，理论教育是根本，知识教育是基础，党性教育是关键。他要求更加突出党性教育，帮助干部始终保持政治上的清醒和坚定，始终保持高尚的道德情操，始终保持共产党人的本色。

为统一全党思想，坚定不移地推行党性教育这项战略举措，中共十八大以来，中央印发了一系列关于党性教育的文件，如《2014—2018 年全国党员教育培训工作规划》《2013—2017 年全国干部教育培训规划》《2018—2022 年全国干部教育培训规划》《干部教育培训工作条例》《中共中央关于加强和改进新形势下党校工作的意见》及中组部《关于在干部教育培训中进一步加强和改进党性教育的意见》等。这些文件反复强调，要把党性教育作为加强和改进党的建设的重要法宝，作为干部教育培训工作的重点内容。例如，《中共中央关于加强和改进新形势下党校工作的意见》明确指出各级党校要"把党的理论教育和党性教育作为党校教学首要任务"，强调各级党校

---

① 习近平：《在纪念朱德同志诞辰 130 周年座谈会上的讲话》，人民出版社 2016 年版，第 8 页。

每个主体班次都要设置专门的"党性教育单元",确保党性教育课不低于总课时的 20%。

(二)更加注重党性教育内容的全面系统

中共十八大明确提出,围绕保持党的先进性和纯洁性,在全党深入开展以为民务实清廉为主要内容的党的群众路线教育实践活动。2013 年 4 月 19 日,中共中央政治局召开会议,决定从下半年开始,用一年左右时间,在全党自上而下分批开展此项活动。会议强调,党的群众路线教育实践活动以县处级以上领导机关、领导班子和领导干部为重点,切实加强全体党员马克思主义群众观点教育,把贯彻落实中央八项规定作为切入点,进一步突出作风建设,坚决反对形式主义、官僚主义、享乐主义和奢靡之风,着力解决人民群众反映强烈的突出问题,提高做好新形势下群众工作的能力,保持党同人民群众的血肉联系。党的群众路线教育实践活动全过程,要贯穿"照镜子、正衣冠、洗洗澡、治治病"的总要求。5 月,发布《中共中央关于在全党深入开展党的群众路线教育实践活动的意见》。从 2013 年 6 月开始,活动自上而下分两批开展,2014 年 10 月基本结束。每个批次、每个单位的教育实践活动,着力抓以下三个环节:学习教育、听取意见;查摆问题、开展批评;整改落实、建章立制。其成果主要有:一是广大党员、干部受到马克思主义群众观点的深刻教育,贯彻党的群众路线的自觉性和坚定性明显增强;二是形式主义、官僚主义、享乐主义和奢靡之风得到有力整治,群众反映强烈的突出问题得到有效解决;三是恢复和发扬了批评与自我批评的优良传统,探索了新形势下严肃党内政治生活的有效途径;四是以转作风改作风为重点的制度体系更加完善,制度执行力和约束力得到增强;五是影响群众切身利益的症结难点得到突破,党的执政基础更加稳固。通过这项活动,取得的新认识、积累的新经验是:必须突出重点、聚焦问题;必须领导带头、以上率下;必须以知促行、以行促知;必须严字当头、从严从实;必须层层压紧、上下互动;必须相信群众、敞开大门。

2015 年 4 月,中共中央办公厅印发《关于在县处级以上领导干部中开展"三严三实"专题教育方案》,对 2015 年在县处级以上领导干部中开展"三严三实"专题教育作出安排。7 月,中共中央组织部印发《关于认真学习贯彻习近平总书记重要指示精神扎实推进"三严三实"专题教育的通知》。各地区各部门各单位党委（党组）全面负责本地区本部门本单位专题教育，其方法措施是：以上率下、示范带动，不分批次、不划阶段、不设环节，党委（党组）书记带头讲"三严三实"专题党课，开展"三严三实"专题学习研讨，召开"三严三实"专题民主生活会和组织生活会，强化整改落实和立规执纪。这次专题教育聚焦"三严三实"，突出问题导向，对县处级以上领导干部在思想、作风、党性上进行了又一次集中"补钙"和"加油"。特别是绷紧了政治纪律和政治规矩这根弦，使深化党风廉政建设有了更加明确的方向。

2015 年 12 月，习近平在全国党校工作会议上的讲话中，要求加强党的理论教育，明确指出："各级党校要把党性教育作为教学的主要内容，深入开展理想信念教育、党的宗旨教育，深入开展党史国史教育、革命传统教育，深入开展道德品行教育、法治思维教育、反腐倡廉教育，把党章和党规党纪学习教育作为党性教育的重要内容。"[1] 这就把党性教育的内容系统化了。

2016 年 2 月，中共中央办公厅印发《关于在全体党员中开展"学党章党规、学系列讲话，做合格党员"学习教育方案》，各地区各部门认真贯彻执行。"两学一做"学习教育不是一次活动，而是正常教育，它强调区分层次、有针对性地解决问题。

（三）更加注重党性教育资源的优化整合

中共十八大以来，党中央在党性教育工作的整体布局中，更加注重对党性教育资源进行统筹利用和优化整合，把党性教育的主渠道与其他培训机构、教育基地有机结合起来，构建更加开放的党性教育格局，形成系统合力。一方面，突出强调各级党校在理论教育和党性教育方面的特色与优势。另一方面，大力加强党性教育基地建设，鼓励各地充分利用本地党性教育资源，突出特色，挖掘内涵，培育品牌，提升水平，评选命名了一批国家级和省级党性教育基地，并依托共产党员网建设了全国首批 76 个党性教育基地网上展馆项目。同时，充分利用电视、手机、互联网等大众传媒，将大数据、云计算、"互联网 +"等新技术引入党性教育领域，通过开办党员教育网站、电视栏目（频道）、手机报、微信易信公众号，拓展延伸了党性教育

---

[1]　习近平：《在全国党校工作会议上的讲话》，《求是》2016 年第 9 期。

渠道，形成单向培训与双向互动相结合、线下教育培训与线上线下学习交流相结合、"键对键"与"面对面"相结合的生动局面。

（四）更加注重党性教育的日常管理

中共十八大以来，党中央坚持推动全面从严治党向基层延伸，以严格党的组织生活制度为抓手，将党性教育融入党员日常教育管理中，这是新时代党性教育的一个鲜明特点。

在对全党开展"两学一做"学习教育作出的重要指示中，习近平强调要把全面从严治党落实到每个支部、每名党员，使每个基层党组织能真正发挥战斗堡垒作用，不断增强党组织对党员的约束力，实现党员队伍的思想统一、行动一致和纪律严明。各地区各部门基层党组织认真贯彻《关于新形势下党内政治生活的若干准则》等组织生活制度，严格落实"三会一课"、民主生活会和组织生活会、谈心谈话、民主评议党员等基本制度，积极推行主题党日、领导干部讲党课等做法，使党性教育与党员的党内教育管理、日常政治生活融为一体，真正实现党性教育的常态化。

（五）更加注重党性教育的机制建设

注重长远、建章立制，将制度建设贯穿于党性教育全过程，从而建立起党性教育的长效机制，是中共十八大以来党性教育的一个重要特点。

中共十八大以来围绕党章、党的组织建设、党的领导、党的自身建设、党的监督保障，修订或制定了一系列规章制度，为党性教育的制度化提供遵循；更加注重党性教育具体制度的建立健全，如《中国共产党党委（党组）理论学习中心组学习规则》、中组部《关于在干部教育培训中进一步加强学员管理的规定》等。2014年7月，中组部印发《关于在干部教育培训中加强理想信念和道德品行教育的通知》，对加强理想信念教育、道德品行教育的重要性、内涵、能力建设、长效机制等提出了要求。2017年3月，中共中央办公厅印发《关于推进"两学一做"学习教育常态化制度化的意见》，建立起党章党规学习的长效化机制。《2014—2018年全国党员教育培训工作规划》提出研究制定党员教育工作条例及配套规定，为做好党员教育培训工作提供基本遵循；建立健全党员教育培训基本制度；建立党员教育培训学时制度；建立党员教育培训考核评估机制。

2017年10月，十九届中共中央政治局召开会议，审议《中共中央政治局关于加强和维护党中央集中统一领导的若干规定》和《中共中央政治局贯彻落实中央八项规定的实施细则》。文件印发后，中共中央政治局带头严格执行，成为全党的表率；各级党组织迅速学习贯彻。2018 年 1 月，中央纪律检查委员会强调开展经常性纪律教育，把党章党规党纪作为党校、干部学院和党委（党组）理论学习中心组必修课，增强纪律教育针对性、实效性；与此同时，提出巩固发展反腐败斗争压倒性态势，坚持无禁区、全覆盖、零容忍，坚持重遏制、强高压、长震慑，坚持受贿行贿一起查，持续强化不敢、知止的氛围，深化构建不敢腐、不能腐、不想腐的体制机制。2018 年 7 月，习近平在全国组织工作会议上的讲话中，明确提出新时代党的组织路线，强调着力培养忠诚干净担当的高素质干部，建立源头培养、跟踪培养、全程培养的素质培养体系，建立日常考核、分类考核、近距离考核的知事识人体系，建立以德为先、任人唯贤、人事相宜的选拔任用体系，建立管思想、管工作、管作风、管纪律的从严管理体系，建立崇尚实干、带动担当、加油鼓劲的正向激励体系。2018 年 8 月，中共中央印发了新修订的《中国共产党纪律处分条例》，其政治性更强，内容更科学，逻辑更严谨，指导性和可操作性更强。2018 年 11 月，中共中央印发的《2018—2022 年全国干部教育培训规划》，明确提出建立健全习近平新时代中国特色社会主义思想学习教育长效机制，完善培训内容体系，优化分类分级培训体系，建强培训保障体系，健全培训制度体系。

第四节　中国共产党党性教育的历史经验和基本启示

一、高举旗帜确保政治方向

回顾中国共产党的党性教育发展历程，可以发现，始终以马克思主义理论为指导、注重用马克思主义理论武装全党是中国共产党党性教育的一条基本经验。

中国共产党从创立的那一天起，就将马克思主义写在自己的旗帜上。正如习近平在纪念马克思诞辰 200 周年大会上的讲话中所指出的："马克思主义为中国革命、建设、改革提供了强大思想武器，使中国这个古老的东方大国创造了人类历史上前所未有的发展奇迹。历史和人民选择马克思主义是完全正确的，中国共产党把马克思主义写在自己的旗帜上是完全正确的，坚持马克思主义基本原理同中国具体实际相结合、不断推进马克思主义中国化时代化是完全正确的！"①

马克思主义理论教育的深厚实践为中国共产党积累了丰富的经验，其主要点为：开展马克思主义理论教育、以马克思主义理论武装全党，一是要坚持理论联系实际的马克思主义学风，科学认识和对待马克思主义。这就要求既要全面系统完整地学习马克思主义，掌握马克思主义的立场观点方法；更要将马克思主义的学习与中国实际紧密结合起来，运用马克思主义理论分析解决中国的现实问题，而不是拘泥于机械照搬"本本"的教条主义。二是要坚持用不断发展着的马克思主义教育和武装全党。马克思主义理论不是教条，而是行动指南，是在实践中不断发展的开放的理论，这是马克思主义永葆青春活力的关键所在。中国共产党在近一个世纪的奋斗历程中，不断根据时代、实践丰富和发展马克思主义，形成了毛泽东思想、邓小平理论、"三个代表"重要思想、科学发展观、习近平新时代中国特色社会主义思想等一脉相承的马克思主义中国化理论成果，并坚持用发展着的马克思主义来教育武装全党，实现了与时俱进。三是要勇于同各种错误思潮作斗争，在批判中开展马克思主义理论教育。真理是在各种不同意见的争论中被发现的，真理越辩越明。马克思主义正是在同各种错误思潮的斗争中创立和发展起来的。马克思主义理论教育必须同批判党内各种错误思想相结合，在同各种错误思潮的坚决斗争中，捍卫马克思主义的真理性，端正人们对马克思主义科学真谛的认识。

正是在每一个历史关头，中国共产党始终都能坚持以马克思主义中国化的最新成果为引领，从而为革命、建设和改革的一次又一次胜利打下了坚实的思想基础。在实现"两个一百年"奋斗目标、实现中华民族伟大复兴的征途中，改革发展稳定任务之重、矛盾风险挑战之多、治国理政考验之大都是前所未有的。中国共产党要赢得优势、赢得主动、赢得未来，必须不断坚定马克思主义信仰和共产主义理想，不断提高运用科学理论应对重大挑战、抵

---

① 习近平：《在纪念马克思诞辰 200 周年大会上的讲话》，《人民日报》2018 年 5 月 5 日。

御重大风险、克服重大阻力、化解重大矛盾、解决重大问题的能力。这就要求新的历史条件下的党性教育要坚定不移地高扬马克思主义伟大旗帜，着力提高全党马克思主义理论水平，提高全党从中国的实际出发运用马克思主义原理的能力和自觉性，更有定力、更有自信、更有智慧地坚持和发展中国特色社会主义，确保中华民族伟大复兴的巨轮始终沿着正确的航向破浪前行。

二、不忘初心传承红色基因

一部党性教育史也是一部红色基因的传承史。红色基因淬炼而生于中国共产党人争取民族独立、实现人民解放的伟大革命斗争，它是党的性质、宗旨、作风的集中体现，是共产党人独有的特质。它生动地凝结于留存至今的战争遗址、革命文物中，凝结于红船精神、井冈山精神、延安精神等党的精神族谱中，凝结于党的光荣传统与优良作风中，凝结于党和人民的血肉联系中。

这部共产党人永葆本色的生命密码在党性教育中得到弘扬与传承。无论是革命时期，还是建设时期，它始终是一代代共产党人的必修课，被镌刻进一代代共产人的基因谱序中。在红色基因的传承教育中，一代代共产党人由此不忘党筚路蓝缕的艰辛不易，由此铭记中国共产党人一路走来"不忘初心"的坚守执着。当这种基因超越个体生命长度的限制，成为集体的文化记忆，并以这种文化记忆构建集体的身份认同时，党的肌体被不断注入活力，党的事业得以薪火相传、血脉永续。正是因为有了深深根植于党的肌体中的强大的红色基因，党才能战胜前进道路上的艰难险阻，创造了革命、建设和改革的一个又一个奇迹。

历史与现实也一再证明，红色基因是要验证的。并非一个人加入了党组织就自动拥有了红色基因，也不是随着党龄的增加，红色基因的属性就越发强大。传承红色基因的路上，不时会遭遇各种可能让基因"退化或突变"的重大考验。革命年代的血雨腥风、流血牺牲，建设时期的价值困扰、利益诱惑，在党的队伍中，总是会有一些党员、党员领导干部经受不住党性考验，站到党性的对立面。在他们身上，红色基因已经蜕化变质。因此，只有红色教育、党性教育持之以恒、常抓不懈，才能在红色基因的续写中不断增强党的免疫力，提高党的战斗力，始终保持党的先进性。

红色基因的传承并非简单的复制。在全面从严治党深入推进的形势下，它需要赋予时代新意的再度激活与创新。如何重新挖掘红色文化的现代价值，从红色基因中汲取思想智慧和精神力量，让党的宝贵精神财富彰显出新的时代价值是党性教育需要深入思考的问题。其中，尤其要重视青年一代红色基因的传承问题。要加强年轻一代党员对党的历史和党的奋斗历程的感受程度，使之从中读懂中国共产党"从哪里来，到哪里去"，加强他们传承红色基因的定力和韧性。

一切伟大的事业都需要在承前启后、继往开来中推进。中国共产党人要发扬光荣传统、传承红色基因，不忘初心、继续前进，在坚持和发展中国特色社会主义伟大进程中创造无愧于时代、无愧于人民、无愧于先辈的业绩。

三、服务中心聚焦当前工作

紧紧围绕党的重大战略方针和战略任务来安排部署党性教育工作，使党性教育的开展实施与党在不同历史时期所处的环境和担负的使命相适应，是党性教育的又一条重要经验。抗战时期，党的中心任务是夺取抗战胜利、争取民族独立和解放。党在这时期的党性教育就注重于把提高党员素质与抗战形势、抗战任务结合起来，教育党员肩负中华民族解放的历史使命，确保党员在政治方向上清醒，能积极投身于伟大的抗日民族解放战争的事业中去。改革开放初期，为适应改革开放和发展社会主义市场经济这一工作大局，增强执政能力、从容应对挑战与考验、增强拒腐防变能力成为党性教育的重要目标。

党性教育作为党的建设的重要组成部分，因党而生，为党而办，其根本目的是为了保持党的先进性和纯洁性，使党带领全国人民更好地完成党在各个不同时期的历史任务。这是党性教育既有的政治属性，它决定了党性教育必须"讲政治"，不能脱离党的中心任务和工作大局。这也是党性教育规律的本质要求。党性教育固然有相对稳定的一面，如党的基本理论教育、理想信念教育、宗旨意识教育等在任何时候、任何情况下都需要坚持发扬，但党性教育也是一个动态发展的过程。随着党的事业的推进，党的任务因时而变，党性的具体要求在变，党性教育也要紧跟步伐、与时俱进。事实证明，党性教育只有主动面向和自觉服务于党的中心工作，才能发挥其应有的作用，实现其应有的价值。正是因为在过去的革命、建设、改革历程中，党性教育能紧紧围绕党在各个历史阶段的政治路线、组织路线、思想路线，有效配合党的革命和建设每一时期的中心任务，所以才能为党的路线、方针、政策的贯彻落实扫清思想障碍，为党的事业的推进提供源源不断的动力。

在中国特色社会主义的新时代，立足于党在新时代的新使命，党性教育要坚持紧扣党和国家的中心任务与工作大局，满足时代发展变化对党员、党员领导干部提出的新要求，为完成党的历史使命提供组织保证和人才保障。

四、问题导向破解现实难题

马克思指出："问题却是公开的、无所顾忌的、支配一切个人的时代之声。问题是时代的格言，是表现时代自己内心状态的最实际的呼声。"[①] 中国共产党人干革命、搞建设、抓改革，从来都是为了解决中国的现实问题。中国共产党人的先进性、纯洁性和战斗力也正是在解决问题中得到体现与提升。问题意识、问题导向也鲜明地体现在中国共产党的党性教育历程中。

科学认识党所面临的新环境新形势新任务，实事求是地分析党员、党员领导干部队伍的现状，根据党在不同时期所面临的困难挑战，来谋划、部署、开展党性教育，力求解决党内存在的突出问题，这是中国共产党党性教育的重要经验。党的历史上曾开展的数次大规模的整党整风运动，就是聚焦党当时在思想、组织、作风等方面出现的突出问题，运用整党整风的党性教育形式来集中解决党内矛盾、加强党的建设。坚持问题导向开展党性教育的历史经验带来的启示有以下几个方面。

一是开展党性教育，要正视问题。敢于直面问题，是党的忧患意识的体现，也是党实事求是思想路线的坚持。因为只有如实看到问题所在，才能采取措施加以施治，及时去除党的肌体上的病患和毒瘤，始终保持党的生机活力。问题客观存在，问题不可回避，党性教育不可能是象牙塔中的玄学，也不可能是书斋中的说教，而必须关注现实、回应现实。

二是开展党性教育，关键要找准问题。问题的形式多种多样，问题的种

---

① 《马克思恩格斯全集》第 1 卷，人民出版社 1995 年版，第 203 页。

类千差万别。既有党组织、党员队伍存在的共性问题，也有各级党组织、每名党员的个性化问题；既有来自党内的问题，也有来自党外的问题；既有属于思想层面的问题，也有属于政治层面的问题；既有过去的老问题，也有今天的新问题。正是因为各种问题错综复杂、交织叠加，所以要求中国共产党人坚持用辩证唯物主义和历史唯物主义方法，坚持具体问题具体分析，善于透过现象看本质，善于抓住事关全局的主要问题。

三是开展党性教育，目的是解决问题。正视问题、查找问题是过程、是基础，最终目的是解决问题。有效解决问题只有科学分析问题、深入研究问题，弄清问题性质、找到症结所在，才能对症下药，有的放矢，通过解决问题达到真正提升党员党性的教育目的。

五、知行统一塑造忠诚战士

党性教育贵在知行统一。知行统一是马克思主义认识论的基本要求，也是党员践行党性原则的基本要求。"知"是对主观世界的改造，是基础，是前提；"行"是把思想上的正确认识付诸实践，是重点，是关键。知行统一要求党性教育既要解决党员的思想自觉问题，又要解决党员的行动自觉问题，以知促行、以行促知，最终达到思想与言行的一致。

在党性教育中，党高度重视党员的知行问题，坚持将理论的"知"紧密联系实际的"行"。一方面强调通过马克思列宁主义理论的学习锻造共产主义思想意识，另一方面在党性教育中紧紧抓住实践这一环节，要求党员、党员领导干部在躬身实践中增强党性自觉。革命时期，组织党员、党员领导干部下火线、进田垄，深入农村、工厂与群众打成一片；建设时期，要求党员领导干部定期下基层、深入基层开展调查研究，接触群众、熟悉群众、了解群众，倾听群众呼声、密切党群联系，保持普通劳动者本色等，都是以鲜活的劳动实践、社会实践来教育党员、党员领导干部，实现"革命理论与革命实践活生生的统一"①。刘少奇在《论共产党员的修养》中就指出："革命者要改造和提高自己，必须参加革命的实践，绝不能离开革命的实践；同时，也

---

① 中央档案馆编：《中共中央文件选集》第十三册，中共中央党校出版社 1991 年版，第506 页。

离不开自己在实践中的主观努力，离不开在实践中的自我修养和学习。"①

　　共产党人认识世界的目的是为了改造世界，实践性是党性的应有之义，也是党性教育的必然要求。尤其是针对部分党员、党员领导干部在实践中出现的知行不统一、言行相脱节的现象，更应注重通过实践锻炼，引导广大党员、党员领导干部在中国特色社会主义事业的伟大实践中锤炼党性、提升党性，把理论内化为信念、外化为行动。

---

① 《刘少奇选集》上卷，人民出版社 1981 年版，第 99 页。

第三章　党性教育的理论基础

在中国共产党党性教育史上，党性教育的理论基础是毛泽东思想、邓小平理论、"三个代表"重要思想、科学发展观、习近平新时代中国特色社会主义思想，直接理论基础是贯穿始终的党性教育思想。毛泽东是党性教育思想的奠基者，邓小平是党性教育思想的弘扬者，江泽民、胡锦涛是党性教育思想的丰富者，习近平是"心学"思想提出者、理论集成者。几代领导集体的接力奋斗，构筑起党性教育的理论大厦。

第一节　新民主主义革命和社会主义建设时期的党性教育思想

一、这一时期的党性教育思想的形成

从中国共产党成立开始，毛泽东参加、领导中国革命和建设五十多年，一生经历波澜壮阔，在中华五千多年文明史上、在国际共产主义运动史上留下丰功伟绩，其理论结晶就是毛泽东思想。党性教育思想是毛泽东思想的重要组成部分。

毛泽东的党性教育思想，从历史背景看，是在中国半殖民地半封建的社会历史条件下，在第二次世界大战前后的国际环境中形成和发展的，是在农民和其他小资产阶级成分占党内大多数的情况下建设工人阶级先锋队的过程中形成与发展的，是在长期复杂的国内外、党内外斗争中形成和发展的。从理论来源看，它以马克思列宁主义为思想灵魂，同时吸收了中国传统文化和西方思想文化的精华。从实践基础看，它是在毛泽东参与并领导国家独立和民族解放的伟业、社会主义革命与社会主义建设的大业中，在建设中国共产

党的伟大工程中生根、开花、结果的。

（一）萌发：第二次国内革命战争时期

毛泽东党性教育思想萌发于第二次国内革命战争时期（或土地革命战争时期）。1927 年"八七会议"后，毛泽东受中共中央的委派，以中央特派员的身份前往湖南，领导湘赣边界的秋收起义。9 月 9 日，秋收起义爆发，因敌强我弱而失利。10 月，毛泽东带领队伍上井冈山，开始了"工农武装割据"。1928 年 4 月，朱德、陈毅率湘南起义部队到达井冈山，同毛泽东领导的秋收起义部队会师，根据中共湘南特委决定，两支部队编为工农革命军第四军。5 月 4 日，在宁冈砻市举行庆祝两军会师并宣布工农革命军第四军成立大会，朱德任军长，毛泽东任党代表。5 月 25 日，中共中央颁布《军事工作大纲》，指示在割据区域所建立之军队，可正式定名为红军，取消以前工农革命军的名义。工农革命军第四军于 6 月上半月改称红军第四军（简称红四军）。井冈山会师和红四军成立，对坚持井冈山地区的斗争、建立和扩大农村革命根据地、推动全国革命事业的发展产生了极其深远的影响。1929 年 1 月，红四军离开井冈山根据地进入赣南闽西。6 月，红四军在龙岩召开第七次代表大会，总结了红四军创建以来的各种重大行动和决策，对党内发生争论的原因进行了分析，对朱毛同时进行了批评及处分。会上通过选举的方式产生了新的前委，陈毅接任前委书记。7 月底，陈毅去上海向中央汇报红四军的争论情况，由朱德代理前委书记。9 月下旬，朱德在上杭主持召开了红四军党的"八大"，会上没能达成任何决议。9 月 28 日，在与周恩来讨论的基础上，陈毅代中央起草了给红四军的指示信，史称"九月来信"。该信批评了红四军的极端民主化倾向，提出"党的一切权力集中于前委指导机关"[①]，任毛泽东为前委书记。

红军第四军中的共产党员组织成分，大部分是由农民和其他小资产阶级出身者构成的，党内存在着各种非无产阶级思想，党的领导机关对于这些不正确的思想缺乏一致的坚决的斗争，缺乏对党员进行正确路线的教育，使其对于执行党的正确路线妨碍极大，若不彻底纠正，则必然担负不起中国伟大

---

① 中央文献研究室、中央档案馆编：《建党以来重要文献选编（1921—1949）》第六册，中央文献出版社 2011 年版，第 520 页。

革命斗争给予红军第四军的任务。1929 年 12 月，中国共产党红军第四军第九次代表大会在古田举行，通过了《中国共产党红军第四军第九次代表大会决议案》。毛泽东针对党和红军中存在的各种非无产阶级思想及其危害，指出红军党内最迫切的问题是教育的问题，提出了思想建党的原则。对于单纯军事观点、极端民主化、非组织观点、绝对平均主义、主观主义、个人主义、流寇思想、盲动主义残余，都一一列举了表现，提出了纠正的方法。对于党内教育问题，不仅指出了意义，而且规定了教育党员的 10 种材料和18 种方法。他要求通过这些教育使党员的思想和党内的生活都政治化、科学化。

"九一八"事变后，1935 年夏，日本帝国主义以吞并华北五省为直接目的，加紧侵略华北，中国人民掀起了抗日民主运动新高潮，中国共产党面临着从土地革命战争向民族革命战争转变的新形势。1935 年 10 月，中央红军长征到达陕北。12 月，党中央在瓦窑堡召开中央政治局会议。瓦窑堡会议在部署党的建设时，强调应该使党变为一个共产主义的熔炉，把许多愿意为共产党主张而奋斗的新党员，锻炼成为有最高阶级觉悟的布尔什维克的战士，锻炼的方法就是党内两条战线的斗争和共产主义的教育。这里虽然没有提"党性"这个概念，但有加强党性教育的明确要求。1937 年 5 月，在延安召开的中国共产党全国代表会议上，毛泽东提出，指导伟大的革命，要有伟大的党，要有许多最好的干部，这些干部和领袖要"懂得马克思列宁主义，有政治远见，有工作能力，富于牺牲精神，能独立解决问题，在困难中不动摇，忠心耿耿地为民族、为阶级、为党而工作"[1]。这都是对干部的党性要求。

(二) 形成：抗日战争时期

1937 年 7 月的卢沟桥事变，标志着抗日战争的全面爆发。就在 1937 年七八月间，毛泽东撰写了《实践论》和《矛盾论》两篇哲学著作，奠定了中国共产党人党性观的马克思主义世界观基础。同年 9 月，毛泽东发表《反对自由主义》这篇专论党性的文章，主张共产党员拿起积极的思想斗争这个武器。他列举了自由主义的十一种表现，指出了自由主义的严重危害性，分析

---

① 《毛泽东选集》第一卷，人民出版社 1991 年版，第 277 页。

了自由主义的来源以及自由主义者的思想方法，明确指出："一个共产党员，应该是襟怀坦白，忠实，积极，以革命利益为第一生命，以个人利益服从革命利益；无论何时何地，坚持正确的原则，同一切不正确的思想和行为作不疲倦的斗争，用以巩固党的集体生活，巩固党和群众的联系；关心党和群众比关心个人为重，关心他人比关心自己为重。"①《反对自由主义》言简意赅，反映了毛泽东的党性思想。

1938 年 10 月，毛泽东在中国共产党第六届中央委员会扩大的第六次全体会议上作了《论新阶段》的政治报告。在报告中，毛泽东对共产党员在民族战争中的模范作用进行了全面的论述，强调共产党员在八路军和新四军中，应该成为英勇作战、执行命令、遵守纪律、政治工作、内部团结统一的模范；在和友党友军发生关系的时候，应该成为实行抗战任务的模范，成为统一战线中各党相互关系的模范；在政府工作中，应该是十分廉洁、不用私人、多做工作、少取报酬的模范；在民众运动中，应该是民众的朋友。他主张共产党员要发扬大公无私、积极努力、克己奉公、埋头苦干的精神，应是实事求是的模范，具有远见卓识的模范，学习的模范（包括学习马克思、恩格斯、列宁、斯大林的理论，学习我们的历史遗产，使马克思主义在中国具体化）。鉴于张国焘严重破坏纪律的行为，毛泽东强调必须对党员进行党的纪律的教育，重申了党的纪律：个人服从组织，少数服从多数，下级服从上级，全党服从中央。为了高度发挥党员和干部的积极性，他还强调必须在党内施行有关民主生活的教育。在反对党内的错误思想方面，毛泽东指出，中国共产党一般地已经学会了使用马克思列宁主义的思想斗争的武器，一方面反对右倾机会主义，另一方面反对"左"倾机会主义；当前两条战线的思想斗争必须切合于具体对象的情况。所有这些，是对共产党人党性要求的系统阐发。

1939 年 10 月，党中央机关刊物《共产党人》正式创刊，毛泽东亲自为刊物撰写了《〈共产党人〉发刊词》，对建设一个什么样的党、怎样建设党这个重大问题，作出了准确回答，提出了革命时期中国共产党党性教育所面临问题的基本框架。

---

① 《毛泽东选集》第二卷，人民出版社 1991 年版，第 361 页。

鉴于党的队伍迅速壮大，而共产党员大多数出身于农民和小资产阶级家庭，许多党员在组织上入了党，思想上并没有完全入党，甚至完全没有入党；鉴于党的马克思列宁主义修养还很不普遍、很不深入，主观主义、宗派主义、党八股三股歪风经常作怪；鉴于抗日战争的严峻形势、共产党所处的复杂的经济社会环境，使得各个阶级、各个阶层的不同的思想意识影响到党和党员思想上的统一；鉴于全面抗战以后党和军队长期处于分散的游击战争环境，各自为政，容易滋生分离主义倾向，1941 年 1 月，毛泽东主持通过的《中央关于项袁错误的决定》中，提出要重视全党特别是军队中干部与党员的党性教育与党性学习。3 月，在中央政治局会议上，针对张国焘等人的错误以及王明利用《中国妇女》停刊反对中央等问题，毛泽东再次要求加强党性锻炼，随即主持召开专门会议研究关于增强党性的问题。5 月，毛泽东在《改造我们的学习》中，强调要理论联系实际，指出主观主义是党性不纯的一种表现，实事求是就是党性的表现，没有马克思列宁主义的理论和实践统一的态度，就是没有党性或党性不完全。他提议在全党提出系统地周密地研究周围环境的任务，"对于在职干部的教育和干部学校的教育，应确立以研究中国革命实际问题为中心，以马克思列宁主义基本原则为指导的方针，废除静止地孤立地研究马克思列宁主义的方法。"[1] 7 月 1 日，中共中央政治局通过《中央关于增强党性的决定》。9 月，中央高级干部整风学习开始。1942 年 2 月，毛泽东先后作了《整顿党的作风》和《反对党八股》两个提倡党性的演讲，强调反对主观主义以整顿学风，反对宗派主义以整顿党风，反对党八股以整顿文风。他明确提出了整风运动的内容、方针、任务和方法。延安整风运动是全党范围内一次空前规模的马克思主义教育运动和思想解放运动，以此为标志，毛泽东党性教育思想正式形成。

二、这一时期党性教育思想的体系

毛泽东在五十多年的革命和建设生涯中，创造了富有中国特色的党性教育学说，其思想体系主要由以下部分构成。

---

① 《毛泽东选集》第三卷，人民出版社 1991 年版，第 802 页。

（一）关于党性教育的必要性

概括起来说，中国共产党之所以要进行党性教育，主要从三方面看。

1.党正在做我们的前人从来没有做过的极其光荣伟大的事业，为了中国革命的胜利，为了把中国建设成一个伟大的社会主义国家，必须进行党性教育。

2.一个队伍经常是不大整齐的，党内并不纯粹。具体表现为：许多党员在组织上入了党，思想上并没有完全入党，甚至完全没有入党；有些领导干部学习不够，在马克思列宁主义的基本理论问题上也有不同的语言；有的干部对于中央的指示阳奉阴违，甚至闹独立性；党内存在主观主义、宗派主义和党八股的风气，而粗枝大叶、自以为是的主观主义作风，就是党性不纯的第一个表现；有些共产党员存在个人主义、本位主义、绝对平均主义、自由主义、形式主义和官僚主义；有的党员骄傲自满、故步自封，不少人对工作不负责任，拈轻怕重，一事当前先替自己打算；有些同志停滞下来了，缺乏那么一股劲、那么一股革命热情、那么一种拼命精神。

3.犯了错误的干部和党员，多数可以教育好。

（二）关于党性教育的原则和方针

1.党性教育的原则，主要有四个。一是实事求是原则。研究客观存在的事物，发现其内部联系即规律性。一切从实际出发，理论联系实际，在实践中检验和发展真理。二是看齐原则。有了偏差就喊看齐，向中央基准看齐，向党的全国代表大会基准看齐。三是民主集中制原则。个人服从组织，少数服从多数，下级服从上级，全党服从中央。四是服从党的利益原则。共产党是为民族、为人民谋利益的政党，本身决无私利可图，党的利益和人民利益是一致的。共产党员应该以革命利益为第一生命，个人利益服从革命利益。每一个共产党员，每一种局部工作，每一项言论和行动，都必须以全党利益为出发点。

2.党性教育的方针，主要有两个。一是以马克思列宁主义基本原则为指导的方针。以研究中国革命和建设的实际问题为中心，进行详细的调查研究，依据马克思列宁主义的立场、观点和方法，正确地解释历史中、革命和建设中所发生的实际问题。二是"惩前毖后，治病救人"的方针。对以前的错误一定要揭发，不讲情面；要以科学的态度分析批判过去的坏东西，坚持真理，修正错误。揭发错误、批判缺点的目的，好像医生治病一样，完全是为了救人，既弄清思想，又团结同志。

（三）关于党性教育的主要内容

党性教育的主要内容包括以下几个方面。

1. 理论教育。即以马克思列宁主义、毛泽东思想教育党员和党的干部。它包括理论学习、理论宣传、理论研究三个方面。

2. 政治教育。即时事教育、一般政策教育。旨在使党员和干部有坚定正确的政治方向，有正确的政治观点，站稳党和人民的立场。

3. 理想信念教育。即社会主义和共产主义的理想教育，社会主义和共产主义必胜的信念教育。旨在使党员和干部树立正确的世界观、人生观、价值观，百折不挠地为共产主义事业而奋斗。

4. 宗旨教育。即全心全意为人民服务的根本宗旨教育。包括提出"为人民服务"的口号，树立群众观念，树立张思德、雷锋、焦裕禄等光辉榜样，教育一代又一代中国共产党人。

5. 党规党纪教育。即党章、党的其他规章和党内纪律教育。强调"四个服从"，按党章党规办事，遵守党的政治纪律、工作纪律、生活纪律。

6. 党内民主教育。即在党内施行有关民主生活的教育。造成又有民主又有集中、又有纪律又有自由、又有统一意志又有个人心情舒畅、生动活泼的政治局面。倡导民主作风，做到知无不言、言无不尽，言者无罪、闻者足戒。

7. 道德教育。即共产党人优秀品质教育。包括襟怀坦白、光明正大，忠诚、老实、积极，严于律己、勤奋工作，吃苦在前、享受在后，做一个高尚的人、纯粹的人。号召学习和发扬白求恩毫无自私自利之心的精神。

8. 革命英雄主义教育。即一不怕苦、二不怕死的革命精神教育。发扬愚公移山精神，排除万难，争取胜利。为了党和人民的事业，不惜流血牺牲，像刘胡兰那样"生的伟大，死的光荣"。

9. 作风教育。即坚持和弘扬理论联系实际的作风，密切联系群众的作风，批评和自我批评的作风，务必保持谦虚谨慎、不骄不躁的作风，务必保持艰苦奋斗的作风。

10. 实践教育。即在实践中磨砺党性，要求共产党员应该经风雨（群众斗争的大风雨）、见世面（群众斗争的大世面），在改造客观世界的同时改造自己的主观世界。

（四）关于党性教育的基本方法

党性教育的基本方法主要有以下几种。

1. 集中开展理论学习。在党中央成立由毛泽东任组长的中央学习组，在地方也成立学习组，集中一段时间学习理论和党的重要历史文件，统一思想。

2. 开展整风运动。著名的有1942—1945年的延安整风运动，1947年下半年到1949年春耕前后的"三查""三整"整党运动（"查阶级、查思想、查作风，整顿组织、整顿思想、整顿作风"），1950—1954年整风整党运动，1957年的开门整风运动。延安整风运动的方法步骤是党员干部认真阅读文件，联系个人思想、工作实际以及所在地区部门的工作，进行自我反省，开展批评与自我批评，逐步取得思想认识上的一致，提出努力的方向。整风整党运动的步骤，是以一年时间普遍实行关于怎样做一个共产党员的教育，并训练组织工作人员，同时进行典型试验。然后，根据经验进行整党。整党时，首先将"第四部分人"清洗出去。然后对"第二部分人""第三部分人"加以区别，对其中经过教育而仍确实不符合党员条件者劝其退党。

3. 运用实事求是的方法。坚持理论和实践的统一，注重三个方面：注重研究现状；注重研究历史（包括中国和外国的历史）；注重有的放矢地研究马克思主义。

4. 坚持民主和集中的统一。先民主后集中，平等待人，善于启发批评讨论，耐心听取不同意见，不怕群众骂，习惯听闲话、听错误意见，容许保留个人意见等。

5. 定期召开会议进行批评和自我批评。它主要以党内民主生活会的形式进行。提出党内批评要防止主观武断和把批评庸俗化，说话要有证据，批评要注意政治。党内批评与自我批评的公式为"团结—批评—团结"，即从团结的愿望出发，通过批评和自我批评，在马克思主义原则基础上达到新的团结。

6. 学习和吸收人类优秀文化。对中国传统文化，要古为今用，吸取其精华，剔除其糟粕。对其他国家和民族的文化，洋为中用。还要学习哲学、政治经济学、历史、法学、文学、科学技术等。

党性教育的其他方法，还有参加生产斗争、阶级斗争和科学实验的实践方法，抓典型、树模范的方法，抓两头带中间的方法，等等。

（五）关于党性教育的意义和价值

党性教育的意义和价值在于以下几个方面。

1. 实现党的政治任务。毛泽东把党性教育和党的政治路线、政治任务联系起来，指出党的布尔什维克化过程与党的政治路线是如此紧密地联系着，党正确地制定和执行政治路线时，党的布尔什维克化就前进一步，否则就后退一步。领导全民族抗战的任务历史地落到了工人阶级及其政党的肩上，为此共产党员要以自己的无限积极性和忠诚，做到最有远见、最富有牺牲精神、最坚定、最能依靠群众，成为实现党的政治目标的模范。要完成打倒敌人的任务，必须完成整顿党风的任务。

2. 提高共产党人的党性。毛泽东指出，共产党是有组织的先进部队，比别的组织更有组织性，更加严密，更加统一，共同为着一个目标奋斗。不然，敌人在前面，一个往东放，一个往西放，是要被敌人消灭的。[1] 因此，必须提高党性。他还指出，在我们党的历史上，全党范围的、由中央领导进行的干部内部教育还很少，从中央关于增强党性的决定开始，我们才全体地、从上而下地注意了这个问题，这个意义非常之大。[2]

3. 保持党的先进性。毛泽东指出："无产阶级里头出了那样一部分比较先进的人，组织成一个政治性质的团体，叫共产党。"[3]党员只有真正从思想上入党，才能成为具有共产主义觉悟的先锋战士。解决党员思想入党问题，需要有党性教育。

4. 整顿思想作风。延安整风运动以整顿"三风"为中心内容；整风整党运动，整风的重点是克服党内首先是领导干部中的居功自傲情绪、命令主义作风，以及少数人贪污腐化、政治上堕落颓废、违法乱纪等错误，整党运动

---

① 参见《毛泽东文集》第三卷，人民出版社 1996 年版，第 336—337 页。

② 参见《毛泽东文集》第二卷，人民出版社 1993 年版，第 412 页。

③ 《毛泽东文集》第三卷，人民出版社 1996 年版，第 305 页。

的重点实际上是进行"三反"。延安整风运动是国际共产主义运动的伟大创举，端正了党的思想路线，推动了马克思主义中国化的进程。整风整党运动净化了党风和政风，党在组织成分和党员素质等方面都有了明显的改善与提高。

5. 解决历史和现实问题。延安整风运动对党的历史和路线是非问题的讨论作了总结，通过了《关于若干历史问题的决议》，达到了全党思想上政治上的高度统一。整风整党运动克服工作中所犯的错误，克服以功臣自居的骄傲自满情绪，克服命令主义，反贪污、反浪费、反官僚主义，改善了党和人民的关系。

第二节　中国特色社会主义党性教育观

一、新时期党性教育观的形成

邓小平作为中国共产党第二代领导集体的核心，领导中国改革开放和社会主义现代化建设，开辟了社会主义事业发展新时期，创立了邓小平理论，实现了马克思主义中国化的第二次飞跃。作为邓小平理论的重要内容，这一时期的党性教育观主要有以下几个方面。

（一）关于新时期增强党性的必要性

邓小平的党性教育观有着强烈的问题意识，党性教育的必要性首先是针对问题而来。1978 年，针对"两个凡是"，邓小平指出："一个党，一个国家，一个民族，如果一切从本本出发，思想僵化，迷信盛行，那它就不能前进，它的生机就停止了，就要亡党亡国。"[1] 中共十一届三中全会以后，随着社会主义市场经济的发展，党的建设（包括党性教育）面临一系列严峻挑战，其中就有腐败现象滋生和蔓延问题，邓小平告诫全党，如果我们党不严重注意，不刹住这股风，那么，党和国家确实要发生会不会改变面貌的问题。1989 年 6 月，邓小平在同中央几位负责同志谈话时强调，这个党该抓了，不抓不行了。1992 年年初，邓小平明确指出："现在，有右的东西影响

---

[1]　《邓小平文选》第二卷，人民出版社 1994 年版，第 143 页。

我们，也有'左'的东西影响我们，但根深蒂固的还是'左'的东西。"① "中国要出问题，还是出在共产党内部。"② 所以，要聚精会神地抓党的建设（包括党性教育）。他还指出，现在有一个问题，就是形式主义多，形式主义也是官僚主义，建议抓一下这个问题。③

邓小平强调，中国共产党是有高度统一意志的革命的党、战斗的党。他在总结历史经验时指出，过去共产党无论怎样弱小都一直有强大的战斗力，过去能够在非常困难的情况下奋斗出来，战胜千难万险，使革命胜利，是因为我们有理想，有马克思主义和共产主义的信念。中国这么大的一个国家能够团结起来、组织起来，一靠理想，二靠纪律。无论过去、现在和将来，这都是我们真正的优势。

邓小平认为，到什么时候都必须讲政治，每个干部都要把党性放在第一位。越是改革开放，越是发展社会主义市场经济，共产党员就越要有坚强的党性。帝国主义搞和平演变，把希望寄托在我们以后的几代人身上，我们这些老人呜呼哀哉后，谁来保险？所以，要把共产党员教育好。对大多数党员来说，是通过思想教育，增强党性。"十一届三中全会确立的这条中国的发展路线，是否能够坚持得住，要靠大家努力，特别是要教育后代。"④

（二）关于党性教育的内容

归结起来，邓小平关于党性教育的内容，主要有以下几个方面。

1. 理论教育。即用马克思列宁主义、毛泽东思想教育党员和干部，加强建设有中国特色的社会主义的思想武装，掌握马克思主义的精髓。

2. 理想信念教育。即为实现共产主义而奋斗，坚定共产主义必胜的信念。

3. 党的宗旨教育。即始终站在人民的立场，全心全意为人民服务，坚持党的群众路线，把人民的利益放在第一位。

4. 党的路线方针政策教育。即坚持"一个中心、两个基本点"的基本路线，坚持党的十一届三中全会以来的方针政策。

---

① 《邓小平文选》第三卷，人民出版社 1993 年版，第 375 页。
② 《邓小平文选》第三卷，人民出版社 1993 年版，第 380 页。
③ 《邓小平文选》第三卷，人民出版社 1993 年版，第 381—382 页。
④ 《邓小平文选》第三卷，人民出版社 1993 年版，第 381 页。

5.党的纪律教育。即严格维护党的纪律，极大地加强纪律性，坚持党员在党章和党纪面前人人平等，党员要模范地遵守党章和国家的法律。

6.革命传统教育。即恢复和发扬实事求是的历史传统，坚持党的三大作风，发扬艰苦奋斗的优良传统。

7.道德教育。即全体党员要发扬大公无私、服务大局、艰苦奋斗、廉洁奉公的精神，有计划、有领导地大力提倡社会主义道德风尚，遵守共产主义道德。

8.反腐倡廉教育。即惩治腐败要雷厉风行地抓，公布于众，把廉政建设作为大事来抓，加强主观世界改造。

9.知识教育。主要是学习历史知识，学习经济学，学习科学技术，学习管理。

（三）关于党性教育的途径

党性教育内容的多样性决定了教育途径或手段的多样性。邓小平关于党性教育途径的论述主要集中在以下几方面。

1.善于重新、有计划地学习并坚持马克思主义的学风。邓小平强调，面对改革开放和社会主义现代化建设的新情况新问题，全党要善于重新学习。1985年，邓小平在中国共产党全国代表会议上的讲话中提出，希望党中央能作出切实可行的决定，使全党的各级干部首先是领导干部，在繁忙的工作中仍然有一定的时间学习。学习应该有与之相适应的周密的计划。学习要坚持理论联系实际的马克思主义学风，这是关系到党和国家生死存亡的政治问题。要坚持解放思想、实事求是，通过理论学习研究新情况，解决新问题。

2.开展整党。邓小平严肃提出，整党不能走过场。在整党中，要按照十二届二中全会的决定，统一思想，整顿作风，加强纪律，纯洁组织。对于"三种人"和其他各种错误严重、危害严重的人，必须严肃地作出组织处理；"对于情节较轻的，要进行严肃的批评，并要他们作出认真的而不是敷衍的检讨，作出改正错误的切实保证。"① 要通过整党，使党内的批评和自我批评能经常开展。根据邓小平的讲话精神，1985年11月24日，中共中央整党工作委员会发出《关于农村整党工作部署的通知》，首次明确提出"从严治

---

① 《邓小平文选》第三卷，人民出版社1993年版，第38页。

党"，强调坚决反对那种讲面子不讲真理、讲人情不讲原则、讲派性不惜牺牲党性的腐朽作风。

3.引导党员向典范看齐。邓小平曾经谈到，毛泽东、周恩来同志以身作则，严于律己，艰苦奋斗，几十年如一日，成为我党我军优良传统和作风的化身。他们的感人事迹在全党、全军、全国人民中产生了巨大和深远的影响。在悼念刘伯承时，他说："回顾伯承为共产主义事业所走过的战斗历程，他的卓越贡献，他的坚强党性，中国布尔什维克——这个意味着真正共产党人的光荣称号，他是受之无愧的。"① 这些光辉典范就是一面旗帜，激励着一代又一代共产党人为共产主义而奋斗。

4.通过党内政治生活教育党员。这主要是党的基层组织对党员的教育帮助。邓小平指出，中国共产党有一个传统，就是有一套健全的党的生活制度。通过这项制度，可以检查工作，交流思想，进行批评和自我批评，从而做到坚持真理修正错误。

5.党员加强自身修养。邓小平提出，党要恢复优良的传统和作风，有一个党员要合格的问题。搞好党风，特别是要求党的各级领导干部以身作则。全国干部首先是高级干部要起模范带头作用，把共产党的传统作风很好地恢复起来，坚持下去。共产党人要有革命战争时期的革命和拼命精神，严守纪律和自我牺牲精神，大公无私和先人后己精神，压倒一切敌人、压倒一切困难的精神，坚持革命乐观主义、排除万难去争取胜利的精神。一个共产党员没有这些精神，就决不能算合格的共产党员。

二、新时期党性教育观的深化

中共十三届四中全会以后，以江泽民为主要代表的中国共产党人，在建设中国特色社会主义的实践中，深化了对什么是社会主义、怎样建设社会主义和建设什么样的党、怎样建设党的认识，形成了"三个代表"重要思想。这是对马克思列宁主义、毛泽东思想、邓小平理论的继承和发展。作为"三个代表"重要思想的重要内容，这一时期的党性教育观主要有以下几个方面。

---

① 《邓小平文选》第三卷，人民出版社 1993 年版，第 189 页。

（一）关于党性教育的目的和意义

1989 年 12 月，江泽民指出："加强党的思想建设的一个直接而现实的目的，就是要解决相当一部分共产党员思想入党的问题。"① 对中国共产党来说，进行党性教育，就是要使党始终成为中国工人阶级、中国人民和中华民族的先锋队，成为中国先进生产力的发展要求、中国先进文化的前进方向、中国最广大人民根本利益的忠实代表，成为建设中国特色社会主义事业的领导核心。

党性教育的意义主要有以下几个方面。

1. 全面推进党的建设新的伟大工程的需要。加强党性教育，是要用马克思列宁主义、毛泽东思想、邓小平理论和"三个代表"重要思想武装全党，提高全党的马克思主义理论水平；是要加强党的执政能力建设，提高党的领导水平和执政水平；是要坚持全心全意为人民服务的根本宗旨和党的群众路线，始终保持党同人民群众的血肉联系；是要坚持和健全民主集中制，增强党的活力和团结统一；是要建设高素质的、能够担当重任、经得起风浪考验的干部队伍；是要使党员提高素质，增强党性，成为坚决贯彻执行党的基本路线、献身改革开放和现代化事业、诚心诚意为人民谋利益、带领群众为经济发展和社会进步作出实绩的先进分子。

2. 解决党内存在的突出问题的迫切需要。切实管好六千三百多万党员，这是党的建设过去没有过的很突出的新问题。不少党员、干部信念不是那么坚定，一些地方与单位的党组织和领导者管党不严，对党员、干部特别是领导干部疏于教育、疏于管理、疏于监督；有些地方、有些基层处于放任自流的无组织、无管理状况，一些问题出来之前无人警惕和察觉，出来以后也没有人报告和研究，迟迟得不到处理。许多干部头脑中的政治观念十分薄弱，是非不分，口无遮拦，想说什么就说什么，想干什么就干什么，一些与四项基本原则相违背的思想言论时有出现；有的党员干部对党的路线方针政策、对中央已经作出决定的重大理论问题和历史结论，公开发表反对意见；有的公然歪曲党的历史，诋毁党的领袖人物和党的优良传统；还有的党员、干部，对党的方针政策和重大决策采取阳奉阴违的态度，合意的才执行，不合

---

① 《江泽民文选》第一卷，人民出版社 2006 年版，第 94—95 页。

意的就不执行。一些党员干部存在不思进取、无所作为的思想状况，存在严重脱离群众的现象，存在形式主义和官僚主义。一些党员、干部的世界观、人生观、价值观问题没有解决，经受不住权力、金钱、美色的考验；党内一些人把党和人民赋予的职权，把自己的地位、影响和工作条件，看成是自己所谓的"既得利益"，用来为自己捞取不合理的、非法的私利，腐败现象屡禁不止。解决党性党风方面存在的突出问题，对提高党员干部的思想政治素质，加强党同人民群众的联系，保证改革开放和社会主义现代化建设顺利进行，具有重要意义。

3.应对国际风云变幻的需要。在国际共产主义运动中，一些社会主义国家发生剧变，教训惨痛；西方大国有自己的世界战略，国际敌对势力企图西化、分化中国，树欲静而风不止。中国共产党丰富的正反两方面经验和肩负的历史使命，都说明加强党性教育是极端重要的。

（二）关于党性教育的基本经验

江泽民指出，党内暴露出的各种问题告诉我们，必须把加强思想建设、提高党员的思想政治水平作为一项迫切的任务提到全党面前。

他强调，从思想上建党，是毛泽东对马克思列宁主义建党学说的一个创造性发展，是中国共产党能够保持工人阶级先锋队性质、不断提高战斗力的重要保证和基本经验。"抓党的建设，首先要抓好党的思想政治建设，因为解决思想政治问题是做好其他各项工作的前提和基础。"[1]

在谈到党的思想建设的基本经验时，江泽民又指出，中国共产党历来主张，在改造客观世界的同时改造主观世界，"长期以来，我们为妥善解决党内正确思想和错误思想、先进思想和落后思想的矛盾，形成了一个公式：团结—批评和自我批评—团结。这是加强党的思想建设的一条基本经验。"[2]

在总结改革开放二十年来中国共产党的主要历史经验时，江泽民强调："二十年来改革和建设的历程说明，面对新时期的艰巨任务和可能遇到的风险，严重的问题在于教育干部。"[3]

---

① 《江泽民文选》第三卷，人民出版社 2006 年版，第 94 页。
② 《江泽民文选》第一卷，人民出版社 2006 年版，第 96 页。
③ 《江泽民文选》第二卷，人民出版社 2006 年版，第 263 页。

在总结党风廉政建设和反腐败斗争的经验时，江泽民提出，中国共产党在反腐倡廉的实践中形成的重要认识和经验，可以归纳为以下几个方面：党风廉政建设与反腐败斗争关系党和国家生死存亡；反腐倡廉工作具有长期性、艰巨性、复杂性；反腐倡廉工作要贯穿改革开放的全过程；反腐倡廉是全党全社会的大事；实行标本兼治、综合治理；始终坚持党要管党、从严治党。

（三）关于党性教育的内容

江泽民关于党性教育内容方面的论述，主要包括以下几个方面。

1.理论教育。即在全党系统内深入地进行马克思列宁主义、毛泽东思想基本理论的教育、邓小平理论的教育、"三个代表"重要思想教育，深入进行马克思主义发展史教育，突出用马克思主义的世界观、方法论武装广大党员。

2.党的基本路线、基本知识教育。即在全党进行党在社会主义初级阶段的基本路线的教育，党章和党的制度、规定教育，用马克思主义建党学说教育武装全体党员和党的干部。

3.理想信念教育。即共产党人的共同理想是建设有中国特色的社会主义，最高理想是实现共产主义；共产党人的根本政治信仰是社会主义和共产主义，这是任何时候都丝毫不能动摇的。

4.党的宗旨教育。即坚持全心全意为人民服务的根本宗旨，立党为公、执政为民，在新的历史条件下始终保持党同人民群众的血肉联系。

5.纪律作风教育。即坚持和健全民主集中制，增强纪律观念，严格按照党章办事，严肃党的政治纪律、组织纪律、经济工作纪律、群众工作纪律，在纪律面前人人平等；作风教育要把思想作风教育摆在第一位，要进行谦虚谨慎、戒骄戒躁作风教育，艰苦奋斗作风教育，生活作风教育等。

6.道德法制教育。即弘扬中华优秀传统美德，以高尚的精神塑造人，说老实话、办老实事、做老实人，淡泊名利，无私奉献，保持共产党人的蓬勃朝气、昂扬锐气、浩然正气；发展民主，健全法制，强化监督，创新体制，从源头上预防和解决腐败问题。

7.革命精神教育。即要把长征精神一代一代传下去，坚持和发扬伟大的抗美援朝精神、"两弹一星"精神、抗洪精神、"六十四字创业精神"；宣传和弘扬解放思想、实事求是的精神，紧跟时代、勇于创新的精神，知难而进、一往无前的精神，艰苦奋斗、务求实效的精神。

8.反腐倡廉教育。即把反腐败贯穿于改革开放和现代化建设的全过程，党员干部要廉洁奉公、勤政为民，做反腐倡廉、艰苦奋斗的表率。

9.科学文化教育。即广泛学习经济、政治、法律、科技、历史、文化等方面的知识，学习国际政治和国际经济方面的知识。

（四）关于党性教育的方法

江泽民关于党性教育方法的论述，有以下主要观点。

1.加强和改进学习。持之以恒地推进马克思主义理论学习，进一步端正学风，坚持以研究中国的实际问题为中心，坚持理论联系实际，坚持在改造客观世界的同时努力改造我们的主观世界，坚持学习一般知识和学习专门知识的统一，坚持在研究中国特点的基础上借鉴外国的有益知识和经验。"不仅要从书本上学，而且要在实践中学；不仅要在总结成功的经验中获得提高，而且要在汲取失败的教训中获得进步。"[1]

2.以实际问题为中心。以实际问题为中心研究马克思主义的方法，这是中国共产党一贯倡导的科学方法论。要坚持"一个中心、三个着眼于"，遵循实践、认识、再实践、再认识的认识规律，勇于开拓前进，发展中国特色社会主义。

3.开展"三讲"教育。"以整风的精神深入开展'三讲'教育，解决好党性党风方面存在的突出问题，是我们党为加强自身建设而进行的一个新的创造性探索。"[2]讲学习、讲政治、讲正气，核心是讲政治。江泽民提出的要求是：要坚定正确的理想信念，善于从政治上正确认识和判断形势，在路线方针政策上始终保持政治上的清醒和坚定，自觉坚持党的民主集中制原则，全心全意为人民谋利益。具体方法是：开门搞"三讲"，听取意见和建议；以自学为主，以个人讲为主；进行谈心活动，召开民主生活会，坚持和风细雨，开展批评和自我批评、以自我批评为主，通过总结经验教训，进一步加强和改进领导工作。

---

① 《江泽民文选》第二卷，人民出版社2006年版，第367页。

② 《江泽民文选》第二卷，人民出版社2006年版，第359页。

4.深入基层调查研究。江泽民要求党员领导干部要懂得中国国情，在新的时期，调查研究工作要全面加强，县以上领导干部要带头大兴调查研究之风。"全党上下应该用一年左右的时间，深入基层，深入群众，调查研究，总结实践，为加强新时期党的建设做好基础性工作。"[1]调查研究要轻车简从，力求发现和解决实际问题。对事物既要有定性分析，又要有定量分析，善于透过现象看主流、看本质。领导干部要亲自动手写调查报告。

5.加强教育监督。江泽民强调："对领导干部一定要严格要求、严格教育、严格管理、严格监督，经常开展积极健康的批评和自我批评。对干部的教育监督，要小中见大，发现不良苗头及时提醒。要把严格执纪执法和加强思想教育结合起来，建立并完善思想道德建设和党纪国法约束两道防线"。[2]要通过党校和各种类型的干部学校培训干部，使党员干部的政治水平和理论水平提高一步，使党更加统一。

6.加强党性修养和党性锻炼。把树立马克思主义的世界观、人生观同坚持和发扬中华民族的优良传统有机结合起来，讲求共产党员个人的思想品德修养，是中国共产党的长处和优势。江泽民反复强调，领导干部要加强个人修养，自重、自省、自警、自励，堂堂正正做人。要有自知之明，看到自己的差距和不足；正确对待同志，正确对待组织，正确对待群众；要有一种时不我待的紧迫感，有一种坚韧不拔、奋发向上的良好精神状态。全体党员特别是领导干部都要做到"八个坚持、八个反对"。要教育和引导广大党员、干部自觉在改革和建设的实践中进行党性锻炼，严于律己、防微杜渐，锤炼意志品质，陶冶革命情操，提高精神境界。要在艰苦环境中锻炼干部。"做思想政治工作的同志首先是各级领导干部，要在'立行'和'立言'上多下功夫，努力把人格的力量和真理的力量统一起来。"[3]

三、新时期党性教育观的进一步发展

中共十六大以后，以胡锦涛为主要代表的中国共产党人，以邓小平理论

---

[1]　《江泽民文选》第三卷，人民出版社 2006 年版，第 31 页。

[2]　《江泽民文选》第三卷，人民出版社 2006 年版，第 29 页。

[3]　《江泽民文选》第三卷，人民出版社 2006 年版，第 96 页。

和"三个代表"重要思想为指导，根据新的发展要求，深刻认识和回答了新形势下实现什么样的发展、怎样发展等重大问题，形成了科学发展观，这是马克思主义中国化的重大成果。作为科学发展观的重要内容，这一时期的党性教育观主要有以下几个方面。

（一）关于党性教育的必要性

胡锦涛指出，先进性是马克思主义政党的根本特征，也是马克思主义政党的生命所系、力量所在；党的先进性建设是关系马克思主义政党生存发展的根本性问题。党性教育作为党的先进性建设的重要组成部分，必须为党的先进性建设服务。"新形势下，党面临的执政考验、改革开放考验、市场经济考验、外部环境考验是长期的、复杂的、严峻的，精神懈怠危险、能力不足危险、脱离群众危险、消极腐败危险更加尖锐地摆在全党面前。"① 因此，加强党性教育势在必然。胡锦涛关于党性教育的必要性的论述，主要有以下几方面。

1.为了高举伟大旗帜，推进伟大事业。这面旗帜就是邓小平理论伟大旗帜；这一事业就是建设有中国特色社会主义伟大事业。为此，党员领导干部"应当成为用邓小平理论武装起来、政治上清醒和坚定、忠心耿耿为党和人民工作，具有大局意识和开拓进取精神，具有较强领导能力和优良工作作风，严于律己、清正廉洁、公道正派的领导者和带头人"②。

2.为了巩固共产党的执政地位、实现执政使命。共产党的执政能力和执政地位，从根本上都来源于人民，但党的历史方位的变化对党的执政能力提出了新要求，长期执政的考验摆在全党面前。为建设有中国特色的社会主义而奋斗，把我国建设成为富强民主文明的社会主义现代化国家，是党在现阶段的伟大历史使命。为此就要立党为公、执政为民，坚持党要管党、从严治党，全面加强党的思想建设、组织建设、作风建设、反腐倡廉建设、制度建设，确保党始终成为中国特色社会主义事业的坚强领导核心；就要加强党性锻炼，不断提高党的领导水平和执政水平、提高拒腐防变和抵御风险能力。

3.为了适应国际局势变化、应对挑战。中国共产党领导的事业是在复杂

① 《胡锦涛文选》第三卷，人民出版社2016年版，第653页。
② 《胡锦涛文选》第一卷，人民出版社2016年版，第279页。

多变的国际环境中进行的，一方面科技进步日新月异，世界多极化、经济全球化趋势给中国带来有利发展机遇；另一方面由此引发的综合国力竞争和国际冲突又使我们面临严峻挑战。为此，要求党员干部不断增强党性锻炼，提高政治素质，保持政治上的敏锐性，站稳政治立场，做好各方面工作。

4.为了解决党内存在的突出问题、推进伟大工程。进入 21 世纪，随着新党员和年轻干部数量的增加，党员、干部队伍出现一些新情况新问题。一些党员不能发挥先锋模范作用；一些领导班子和领导干部思想理论水平不高，依法执政能力不强，解决复杂矛盾本领不够；有的领导干部习惯于发号施令、做表面文章，形式主义、官僚主义严重；一些地方和部门腐败现象比较严重；一些领导干部作风上存在着宗旨意识不强、理论和实际脱节、责任心和事业心不强、政绩观不正确、个人主义严重、纪律观念淡薄等问题，这些问题说到底是党性问题。为此，迫切需要党员、干部加强党性修养和党性锻炼，全面推进党的建设新的伟大工程。

（二）关于党性教育的原则

胡锦涛指出："具有鲜明的党性，这是做合格共产党员的一个基本问题，更是做合格领导干部的一个基本问题。承认并愿意遵守党章、切实按党性原则要求自己的人才能入党。入了党的同志要严格执行党章，以党性原则来指导自己立身行事，并经常约束自己。"①坚持党性原则要从认识和实践上着重解决好以下几个突出问题：一是坚持正确政治方向，毫不动摇地走建设有中国特色社会主义道路；二是牢记党的根本宗旨，全心全意为人民群众谋利益；三是增强组织观念，严格按党的规矩行事；四是弘扬艰苦奋斗的创业精神，坚决同形形色色的消极腐败现象作斗争。

胡锦涛在回顾中国共产党八十多年的历程时，强调求真务实是党的活力之所在，也是党和人民事业兴旺发达的关键之所在；求真务实是辩证唯物主义和历史唯物主义一以贯之的科学精神，是党的思想路线的核心内容，也是党的优良传统和共产党人应该具备的政治品格。在坚持求真务实这个问题上，一要切实加强思想教育，不断提高党员、干部求真务实的自觉性；二要切实抓好工作落实，把求真务实体现到各项工作中去；三要切实建立健全制

---

① 《胡锦涛文选》第一卷，人民出版社 2016 年版，第 162 页。

度，为坚持求真务实提供体制保证。

（三）关于党性教育的内容

胡锦涛关于党性教育的内容主要有以下几个方面。

1.理论教育。即深入学习马克思列宁主义、毛泽东思想、中国特色社会主义理论体系，着力用马克思主义中国化最新成果（科学发展观）武装全党。

2.理想信念教育。即引导广大党员、干部做共产主义远大理想和中国特色社会主义共同理想的忠实践行者，坚定对马克思主义的信仰，对社会主义和共产主义的信念，坚守共产党人精神家园。

3.以人为本、执政为民教育。即坚持党的宗旨，牢固树立马克思主义的群众观点，始终坚持党的群众路线，自觉实践以人为本、执政为民的理念，做到权为民所用、情为民所系、利为民所谋，始终与人民群众同呼吸、共命运、心连心。

4.党内民主教育。即坚持民主集中制，健全党内民主制度体系，保障党员主体地位，扩大党内基层民主，推进党务公开。

5.纪律教育。即自觉遵守党章，自觉按照党的组织原则和党内政治生活准则办事，严格遵守党的政治纪律，纪律面前人人平等，自觉维护党的集中统一。

6.革命精神教育。即发扬光大雷锋精神；发扬井冈山精神尤其是弘扬实事求是、敢闯新路的精神，矢志不移、百折不挠的精神，艰苦奋斗、勇于奉献的精神；继承和发扬长征精神；学习弘扬焦裕禄精神。

7.党的作风教育。即大力倡导坚持和发扬理论联系实际、密切联系群众、批评和自我批评三大作风，始终坚持"两个务必"。

8.党史教育。即"抓好党性教育这个核心，学习党的历史，深刻认识党的两个历史问题决议总结的经验教训，弘扬党的优良传统和作风，教育引导党员、干部牢固树立正确的世界观、权力观、事业观，坚定政治立场，明辨大是大非"①。

9.道德教育。即践行社会主义荣辱观，讲党性、重品行、作表率，模范遵守社会公德、职业道德、家庭美德，做社会主义道德的示范者、诚信风尚

---

① 《胡锦涛文选》第三卷，人民出版社 2016 年版，第 654 页。

的引领者、公平正义的维护者。

10.反腐倡廉教育。即坚持中国特色反腐倡廉道路，标本兼治、综合治理、惩防并举、注重预防，加强警示教育和廉政文化建设，做到干部清正、政府清廉、政治清明。

（四）关于党性教育的路径

胡锦涛关于党性教育的路径的论述，主要包括以下要点。

1.建设学习型政党。他强调党员干部必须牢固树立终生学习的思想，按照建设马克思主义学习型政党的要求，抓紧学习人类社会创造的一切科学的新思想新知识。学习的方法，一是党的理论创新每推进一步，理论武装就更进一步；二是努力掌握马克思主义观察、分析、解决问题的立场、观点、方法；三是坚持理论与实际相结合，学以致用，党员干部应努力在建设学习型政党和学习型社会中走在前列，真正做到学以立德、学以增智、学以创业；四是端正学风，自觉用马克思主义指导改造主观世界。

2.开展保持共产党员先进性教育活动和深入学习实践科学发展观活动。以实践"三个代表"重要思想为主要内容的保持共产党员先进性教育活动，分三批进行，每批半年左右时间。集中学习教育分三个阶段进行：学习动员；分析评议；整改提高。在组织领导方面，建立四项制度，即建立领导责任制、党员领导干部联系点制度、督查制度、群众监督评价制度。深入学习实践科学发展观活动，先试点，再正式启动，自上而下分三批进行，经过学习调研、分析检查、整改落实三个阶段，实践特色突出，基本实现了提高思想认识、解决突出问题、创新体制机制、促进科学发展、加强基层组织的目标。

3.做好干部教育培训工作。通过党校进行马克思主义理论学习和有关课程学习，加强党性党风党纪教育，着重解决世界观、人生观、价值观问题。干部教育培训工作主要是增强责任感和紧迫感，在提高干部素质上狠下功夫，着力抓好领导干部和中青年干部教育培训，在继承和发扬优良传统的基础上不断探索干部教育培训的新路子。

4.抓党员队伍建设这一基础工程。着力加强基层党的建设，认真学习和遵守党章，增强党员意识；严格党内组织生活；建立党员党性定期分析制度；拓宽党员服务群众渠道，构建党员联系和服务群众工作体系；健全让党员经常受教育、永葆先进性长效机制；加强和改进流动党员管理，建立健全城乡一体党员动态管理机制。

5.加强党员、干部党性修养和党性锻炼。加强党员干部党性修养，自觉践行社会主义核心价值体系、社会主义核心价值观，坚持四个统一：坚持理论和实践相统一，坚持继承光荣传统和弘扬时代精神相统一，坚持改造客观世界和改造主观世界相统一，坚持加强个人修养和接受教育监督相统一。对党员干部加强责任意识、公仆意识、服务意识教育。引导党员干部理解权力就是责任、干部就是公仆、领导就是服务，凡是对人民群众有利的事情都要全力做好，凡是对人民群众不利的事情都坚决不做。加强道德修养，坚持自重、自省、自警、自励，始终保持高尚精神追求，常修为政之德、常思贪欲之害、常怀律己之心，生活正派、情趣健康。增强党性锻炼，提高党性锻炼的自觉性，搞清楚什么是党性。领导干部要按照政治家素质的要求锤炼自己，在为党和人民伟大事业努力奋斗中实现共产党人的人生价值。

6.加强机制建设。"建立党员党性定期分析制度，拓宽党员服务群众渠道，构建党员联系和服务群众工作体系，健全让党员经常受教育、永葆先进性长效机制，使党员真正成为牢记宗旨、心系群众的先进分子。加强和改进流动党员管理，加强进城务工人员中党的工作，建立健全城乡一体党员动态管理机制。"①

第三节　新时代中国特色社会主义党性教育思想

2015年12月，习近平总书记在全国党校会议上强调马克思主义是共产党人的"心学"，党性教育是共产党人修身养性的必修课。

一、新时代共产党人"心学"思想的形成

习近平从陕西省延川县文安驿公社梁家河大队开始他走向社会的第一步，从大队知青、党支部书记，到国务院办公厅、中央军委办公厅秘书，又到县委副书记、县委书记、副市长、地委书记、市委书记，再到省委副书

---

① 《胡锦涛文选》第二卷，人民出版社2016年版，第655页。

记、省长、省委书记、上海市委书记、中共中央政治局常委，最后到中共中央总书记、国家主席、中央军委主席，经历丰富。中共十九大认为，党的十八大以来的五年，以习近平同志为核心的党中央推动党和国家事业发生历史性变革，改革开放和社会主义现代化建设取得了历史性成就。十九大确立了习近平新时代中国特色社会主义思想的指导地位。党性教育思想是习近平新时代中国特色社会主义思想的重要组成部分。

习近平的党性教育思想，从历史背景看，中国发展所处的历史方位已经发生了重大变化，这种变化体现在，中国特色社会主义进入了新时代。新时代需要新的指导思想。从理论来源看，它是在推进马克思主义中国化进程中，在传承中华优秀传统文化、中国革命文化、社会主义先进文化中发展起来的，是对毛泽东思想、邓小平理论、"三个代表"重要思想、科学发展观关于党性教育思想的继承和创新。从实践基础看，它是习近平在数十年艰苦磨砺和从政实践中积累得来的，特别是从中共十八大以后的历史性成就和历史性变革中总结出来的。

（一）萌发：从中共十七大到中共十八大

早在河北省正定县工作期间，习近平就强调新的不正之风要彻底纠正，最根本的一条是抓好党性、党纪和党的根本宗旨教育，这是釜底抽薪的办法、治本的办法。担任党和国家领导人后，习近平高度重视党性教育。

2008年5月，在中央党校2008年春季学期第二批进修班暨师资班开学典礼上，习近平指出，高度重视学习、善于进行学习，是领导干部健康成长、提高素质、增强本领、不断进步的重要途径；领导干部要按照党章的要求认认真真学习、老老实实做人、干干净净干事。7月，他在出席全国干部教育培训工作会议时指出：干部教育培训工作是干部队伍建设的先导性、基础性、战略性工程；要坚持用党的优良传统和作风教育干部，引导干部讲党性、重品行、作表率；在干部教育培训中，理论教育是根本，知识教育是基础，党性教育是关键；要更加突出党性教育，帮助干部始终保持政治上的清醒和坚定，始终保持高尚的道德情操，始终保持共产党人的本色。11月，在中央党校2008年秋季学期第二批进修班开学典礼上，习近平强调，认真学习贯彻《中国共产党党校工作条例》，最根本的是要坚持党校办学的正确方向，坚持党校一切教学活动、科研活动、办学活动都要遵循党性原则、遵循党的政治路线、恪守党的政治纪律，为党校切实履行自己的职能服务，为建设高素质干部队伍服务；学风问题是关系党的事业兴衰成败的重大政治问题，各级党校要大力加强学风建设。

2009年3月，在中央党校春季学期开学典礼上，习近平强调，坚强的党性是成为高素质领导干部的首要条件；各级领导干部要加强理论修养、政治修养、道德修养、纪律修养、作风修养，提高综合素质。5月，在中央党校春季学期第二批进修班暨专题研讨班开学典礼上，习近平要求领导干部真正把读书学习当成一种生活态度、一种工作责任、一种精神追求，自觉做到爱读书、读好书、善读书，积极推动学习型政党、学习型社会建设。11月，在中央党校2009年秋季学期第二批进修班开学典礼上，习近平阐述了建设马克思主义学习型政党的主要依据和重大意义，建设马克思主义学习型政党的基本要求、重要着力点，强调要加强领导、精心组织、明确责任、狠抓落实。

2010年3月，在中央党校春季学期开学典礼上，习近平指出，党员领导干部真学真懂真信真用中国特色社会主义理论体系，既要真学真懂真信真用其基本内容，又要真学真懂真信真用贯穿其中的马克思主义立场观点方法。5月，在中央党校春季学期第二批入学学员开学典礼上，习近平提出领导干部要把改进文风作为一项工作要求，身体力行、勉力而为，在弘扬优良文风上不断取得新进步。7月，在全国党史工作会议上，习近平强调，把党史教育纳入干部教育培训的必修课。9月，他在浦东干部学院出席干部教育培训工作座谈会时指出，马克思主义理论素养是领导干部的必备素质，是保持政治上清醒坚定的基础和前提；实践是干部教育培训最好的课堂。他要求，干部教育培训工作既要坚持运用党在长期实践中创造积累的行之有效的传统方法，又要通过改革创新探索新的办法，不断提高教育培训科学化水平。他强调，干部教育培训工作要突出抓好马克思主义理论教育特别是中国特色社会主义理论体系教育和党性教育，引导干部牢固树立正确的世界观权力观事业观，始终保持艰苦奋斗精神和锐意进取的激情，始终保持道德品行的纯洁性，经受住各种考验，尽职尽责干好工作。

2011年5月，在中央党校春季学期第二批入学学员开学典礼上，习近平围绕领导干部要重视学习马克思主义经典著作进行了阐述。9月，在中央党校 2011 年秋季学期开学典礼上，习近平说，领导干部要学习中国历史，学习鸦片战争以来我国近现代历史和中共党史，还应该学习一些世界历史知识。学习历史要落实在提高历史文化素养、提高领导工作水平上。

2012 年 2 月，在全国组织部长会议上，习近平指出：要大力加强领导班子思想政治建设，特别是要大力加强对中国特色社会主义理论体系的深入学习，引导领导干部真正保持对马克思主义的坚定信仰，对社会主义、共产主义的坚定信念，对改革开放和社会主义现代化建设的坚定信心；要强化能力培训和实践锻炼，强化宗旨教育和群众路线教育，强化党风廉政教育。3 月，在中央党校 2012 年春季学期开学典礼上，习近平指出，保持党的纯洁性是马克思主义政党的本质要求，在新形势下要始终保持党在思想上组织上作风上的纯洁性，领导干部要以身作则带头保持纯洁性。9 月，在中央党校 2012 年秋季学期开学典礼上，习近平说，领导干部进党校，最重要的是学习党的基本理论，提高理论素养；同时，要坚持不懈地学习党的优良传统和优良作风，养成宽阔的胸襟和眼界、高尚的思想情趣、艰苦朴素的生活作风，永做人民的忠实公仆。在干部教育培训工作中，在突出抓好理论教育和党性教育的同时，还要坚持抓好干部的能力培训。以上这些论述，初步回答了为什么要进行党性教育、怎样进行党性教育的一系列问题。

（二）形成：从中共十八大到中共十九大

2012 年 12 月，新一届中央领导集体履新不到 20 天，习近平就召开政治局会议，作出了关于改进工作作风、密切联系群众的八项规定，对调研、会议、简报、出访、警卫、报道、文稿发表、勤俭节约等提出具体要求。这是改进作风的一个切入口和动员令。

2013 年 1 月，在中共十八届中央纪委二次全会上，习近平强调严明政治纪律，自觉维护党的团结统一；加强反腐倡廉教育和廉政文化建设，弘扬清风正气。3 月，习近平出席中央党校建校八十周年庆祝大会暨 2013 年春季学期开学典礼，强调要在全党大兴学习之风，依靠学习和实践走向未来。6 月，在党的群众路线教育实践活动工作会议上，习近平强调要集中整治"四风"——形式主义、官僚主义、享乐主义和奢靡之风。9 月，习近平在参加并指导中共河北省委常委班子专题民主生活会时，指出在作风问题上，起决定作用的是党性。衡量党性强弱的根本尺子是公、私二字。他围绕提高领导班子发现和解决自身问题的能力，强调了坚持民主集中制、开展批评和自我批评、严格党内生活、加强党性原则基础上的团结等问题。

2014年1月，在中共十八届中央纪委三次全会上，习近平强调，要强化反腐败体制机制创新和制度保障，严明党的纪律，坚持不懈纠正"四风"，保持惩治腐败高压态势。3月，习近平参加十二届全国人大二次会议安徽代表团审议时，提出"三严三实"（严以修身、严以用权、严以律己，谋事要实、创业要实、做人要实）要求。10月，在党的群众路线教育实践活动总结大会上，习近平指出，党的群众路线教育实践活动为我们进行具有许多新的历史特点的伟大斗争作了思想上组织上作风上的重要准备，党对新形势下如何开展党内集中教育活动取得了新的认识、积累了新的经验。

2015年1月，在中共十八届中央纪委五次全会上，习近平强调，遵守政治纪律和政治规矩，必须维护党中央权威、维护党的团结、遵循组织程序、服从组织决定、管好亲属和身边工作人员。同月，习近平同中央党校第一期县委书记研修班学员座谈时强调，做县委书记就要做焦裕禄式的县委书记，始终做到心中有党、心中有民、心中有责、心中有戒。9月，习近平提出，党员、干部都要按照"三严三实"要求鞭策自己。

2015年12月，习近平在全国党校工作会议上发表重要讲话，正式提出党性教育是共产党人的"心学"，同时阐述了党性教育的必要性和相关原则，对"心学"的内容进行了系统性概括，对"心学"的方法提出了明确要求。这篇讲话成为共产党人"心学"的问世之作。

2016年1月，在省部级主要领导干部学习贯彻党的十八届五中全会精神专题研讨班上，习近平针对一些干部"为官不为"，提出要加强对干部的教育培训，增强工作责任感和使命感。7月，在庆祝中国共产党成立九十五周年大会上，习近平讲到，面向未来，面对挑战，全党同志一定要不忘初心、继续前进，并提出了八个方面的要求。他强调，全党要以自我革命的政治勇气，着力解决党自身存在的突出问题，"我们要加强和规范党内政治生活，严肃党的政治纪律和政治规矩，增强党内政治生活的政治性、时代性、原则性、战斗性，全面净化党内政治生态。"①10月，在中共十八届六中全会

---

① 习近平：《在庆祝中国共产党成立95周年大会上的讲话》，《人民日报》2016年7月2日。

上，习近平就《关于新形势下党内政治生活的若干准则》和《中国共产党党内监督条例》作了说明。

2017年1月，习近平在十八届中央纪委七次全会上发表重要讲话，强调全面从严治党仍然任重道远，要坚持标本兼治，坚持共产党人价值观；强调修身立德是为政之基，要坚持政治立场和政治原则，要让正常的批评和自我批评成为党内政治空气的清洁剂。10月，在中国共产党第十九次全国代表大会上，习近平提出了新时代党的建设总要求，强调把党的政治建设摆在首位，用新时代中国特色社会主义思想武装全党，全党同志特别是高级干部要加强党性锻炼。以习近平新时代中国特色社会主义思想确立为党的行动指南为标志，习近平党性教育思想体系正式形成。

二、新时代共产党人"心学"思想的论述

习近平继承和发展了毛泽东等老一辈无产阶级革命家的党性教育思想，继承和发展了邓小平理论、"三个代表"重要思想、科学发展观的党性教育观，批判地继承和发展了中国传统"心学"思想，以"心学"统揽党性教育，创立了共产党人的"心学"体系。这一思想体系主要由以下几部分构成。

（一）关于"心学"

如前所述，习近平明确指出：党性教育是共产党人修身养性的必修课，也是共产党人的"心学"。"心学"之"心"，概括起来，就是诚心（或忠心）、初心、公心、中心、核心、信心、同心、戒心。"心学"之"学"，概括起来，就是学习、学养、学科。他在全国党校工作会议上的讲话中明确提出，"种树者必培其根，种德者必养其心。"各级党校要把党性教育作为教学的主要内容，党性教育单元要加大力度、增加分量，安排足够时间，形成党性教育课程体系，有效改进党性教育方式方法，提高党性教育实效。

（二）关于党性教育的迫切性

党性教育的迫切性，习近平主要从三个方面论述。

1. 世情使然。互联网的出现和发展，标志着人类文明正进入一个全新的时代——网信时代。网信事业代表新的生产力和新的发展方向，使机遇和挑战同在。"当前国际格局和国际体系正在发生深刻调整，全球治理体系正在发生深刻变革，国际力量对比正在发生近代以来最具革命性的变化。国

内外很多人都认为，这是世界自威斯特伐利亚和约以来的大变局。……大变局带来大挑战，也带来大机遇，我们必须因势而谋、应势而动、顺势而为。"①

2. 国情使然。"在新时代，中国共产党人把马克思主义基本原理同新时代中国具体实际结合起来，团结带领人民进行伟大斗争、建设伟大工程、推进伟大事业、实现伟大梦想，推动党和国家事业取得全方位、开创性历史成就，发生深层次、根本性历史变革，中华民族迎来了从富起来到强起来的伟大飞跃。"② 在中国由大向强发展的关键阶段，经济发展进入新常态，共产党领导人民进行伟大社会革命，涵盖领域的广泛性、触及利益格局调整的深刻性、涉及矛盾和问题的尖锐性、突破体制机制障碍的艰巨性、进行伟大斗争形势的复杂性，都前所未有。中国是一个大国，决不能在根本性问题上出现颠覆性错误。因此，迫切需要共产党将伟大自我革命进行到底。

3. 党情使然。"坚定中国特色社会主义道路自信、理论自信、制度自信、文化自信，不断夺取中国特色社会主义新胜利，是当代中国共产党人最核心的使命。"③ 中共十八大以来，虽然推进全面从严治党取得了显著成效，但远未到大功告成的时候。共产党面临的"四大考验""四种危险"是长期的、尖锐的，影响党的先进性、弱化党的纯洁性的因素也是复杂的，党内存在的思想不纯、政治不纯、组织不纯、作风不纯等突出问题尚未得到根本解决。"党员队伍中松散涣散、名不副实的情况还很多，意识淡薄、理想信念动摇、政治纪律涣散等问题也不是个别现象。一些党员不像党员、不在组织、不起作用、不守规矩；有的党员公开骂党，否定党的一些最基本的原则和立场，其中一些人不仅没有受到管教和批评，反而大行其道还受到热捧"。④ 因此，

---

① 中共中央党史和文献研究院编：《十八大以来重要文献选编》（下），中央文献出版社 2018 年版，第 9—10 页。

② 习近平：《在纪念马克思诞辰 200 周年大会上的讲话》，《人民日报》2018 年 5 月 5 日。

③ 中共中央党史和文献研究院编：《十八大以来重要文献选编》（下），中央文献出版社 2018 年版，第 383 页。

④ 中共中央党史和文献研究院编：《十八大以来重要文献选编》（下），中央文献出版社 2018 年版，第 178—179 页。

迫切需要加强党性教育。

（三）关于党性教育的目标和原则

1. 党性教育的目标。习近平主要从两个层面论述。一是党的奋斗目标层面。完成"两个一百年"奋斗目标，实现中华民族伟大复兴的中国梦，关键在于培养造就一支具有铁一般信仰、铁一般信念、铁一般纪律、铁一般担当的干部队伍。党性教育必须为党的奋斗目标服务。二是党的建设目标层面。"把党建设成为始终走在时代前列、人民衷心拥护、勇于自我革命、经得起各种风浪考验、朝气蓬勃的马克思主义执政党。"[1] 这是新时代党的建设的目标。党性教育必须承担不断提高党的建设质量的重任。

2. 党性教育的原则。习近平明确提出过以下原则。一是党性原则。他指出，立党性原则是每个党员、干部的责任，共产党人特别是领导干部都应自觉坚持党性原则。全党同志要强化党的意识，牢记自己的第一身份是共产党员，第一职责是为党工作。坚持党性原则是共产党人的根本政治品格，坚持党性原则必须自觉在思想上政治上行动上同党中央保持高度一致，坚持党性原则关键是立规矩、讲规矩、守规矩，批评和自我批评则是坚持党性原则、解决党内矛盾和问题的有力武器。二是看齐原则。习近平指出，毛主席说看齐是原则，有偏差是实际生活，这是很深刻的道理。党员、干部要增强看齐意识，自觉向党中央看齐，向党的理论和路线方针政策看齐，向党中央决策部署看齐。增强"四个意识"，最终要落脚在看齐上。三是民主集中制原则。习近平指出，民主集中制是中国共产党的根本组织制度和领导制度，是党最大的制度优势。他强调要坚持民主集中制原则，发扬党内民主和保障党员权利，严格按程序办事、按规则办事、按集体意志办事，着力解决发扬民主不够、正确集中不够、开展批评不够、严肃纪律不够等问题。

（四）关于党性教育的内容

党性教育的内容主要有以下几个方面。

1. 理论教育。即学习和掌握马克思列宁主义、毛泽东思想，特别是邓小

---

① 习近平：《决胜全面建成小康社会 夺取新时代中国特色社会主义伟大胜利——在中国共产党第十九次全国代表大会上的报告》，《人民日报》2017 年 10 月 28 日。

平理论、"三个代表"重要思想、科学发展观、新时代中国特色社会主义思想，特别是把马克思主义中国化最新成果作为理论教育中心内容，运用马克思主义立场、观点、方法观察、分析和解决问题。

2.理想信念教育。即把它作为思想建设的战略任务，自觉做共产主义远大理想和中国特色社会主义共同理想的坚定信仰者、忠实实践者，坚定社会主义和共产主义的信念。

3.党的宗旨教育。即把人民放在心中最高位置，以人民为中心，坚持一切为了人民、一切依靠人民，在任何时候任何情况下，与人民同呼吸共命运的立场不能变，全心全意为人民服务的宗旨不能忘，群众是真正英雄的历史唯物主义观点不能丢，始终坚持立党为公、执政为民。

4.党史、国史教育。即知史爱党，知史爱国，坚守中华文化立场，传承中华文化基因，弘扬中华优秀文化传统。

5.革命传统（红色基因）教育。即弘扬红船精神、井冈山精神、古田会议精神、长征精神、延安精神、抗战精神、西柏坡精神、"两弹一星"精神、载人航天精神等，铭记光辉历史、弘扬优良传统、传承红色基因，永葆共产党人政治本色。

6.道德品行教育。即弘扬社会主义核心价值观，弘扬和践行忠诚老实、公道正派、实事求是、清正廉洁等价值观，明大德、守公德、严私德，浚其源、涵其林，养正气、固根本。

7.法治思维教育。即基于法治理念、法治精神、法治原则，创制和运用法律规范来治国理政，将法律作为判断是非和处理事务的准绳，各级党组织和党员领导干部带头厉行法治，坚持依法治国、依法执政、依法行政共同推进，法治国家、法治政府、法治社会一体建设。

8.反腐倡廉教育。即教育党员干部搞清楚当官为什么、当官做什么，想当官就不要想发财，牢记为政清廉才能取信于民，做到公正用权、依法用权、为民用权、廉洁用权，拒腐蚀、永不沾。

9.党章党规党纪教育。即把党章学习教育作为经常性工作来抓，牢固树立党章意识，严明党的政治纪律、组织纪律、经济工作纪律、群众工作纪律，自觉遵守领导干部廉洁从政等各项纪律，遵守党的总规矩、国家法律、政治规矩、优良传统和工作惯例，使纪律成为带电的高压线。

（五）关于党性教育的方法

党性教育的方法主要包括以下几点。

1. 重视和善于学习。习近平提出，"全党同志特别是各级领导干部要更加自觉、更加刻苦地学习马克思列宁主义，学习毛泽东思想、邓小平理论、'三个代表'重要思想、科学发展观，学习新时代中国特色社会主义思想。要深入学、持久学、刻苦学，带着问题学、联系实际学，更好把科学思想理论转化为认识世界、改造世界的强大物质力量。共产党人要把读马克思主义经典、悟马克思主义原理当作一种生活习惯、当作一种精神追求，用经典涵养正气、淬炼思想、升华境界、指导实践。"①习近平还提出既向书本学也向实践学，既读有字之书又读无字之书，坚持学习、学习、再学习，坚持实践、实践、再实践。

2. 做好调查研究。习近平指出，调查研究是中国共产党的传家宝，是做好各项工作的基本功。要在全党大兴调查研究之风，推动全党崇尚实干、力戒空谈、精准发力，让改革发展稳定各项任务落下去，让惠及百姓的各项工作实起来，推动党中央大政方针和决策部署在基层落地生根。

3. 集中教育与经常教育相结合。中共十八大后，集中教育主要有：一是开展党的群众路线教育实践活动。习近平明确提出"照镜子、正衣冠、洗洗澡、治治病"的总要求。以为民务实清廉为主要内容，以作风建设为主要任务，集中解决形式主义、官僚主义、享乐主义和奢靡之风这"四风"问题，以整风精神开展批评和自我批评，坚持领导带头，注重建立长效机制。二是进行"三严三实"专题教育，主要抓四方面的工作：集中学习，专题党课，专题研讨，查摆整改。强调以上率下，立根固本，落细落小，修枝剪叶，从谏如流。

经常教育也有两种具体形式：一是开展"两学一做"学习教育，推动党内教育从"关键少数"向广大党员拓展。主要措施有：围绕专题学习讨论，创新方式讲党课，召开党支部专题生活会，开展民主评议党员，立足岗位作贡献，领导机关领导干部作表率。它要求层层落实责任，强化组织保障，注重分类指导，发挥媒体作用。二是通过主题党日活动、"三会一

① 习近平：《在纪念马克思诞辰200周年大会上的讲话》，《人民日报》2018年5月5日。

课"等进行经常教育。习近平强调，批评和自我批评是解决党内矛盾的有力武器，党员要通过批评与自我批评培养和树立"六种意识"（信仰意识、公仆意识、自省意识、敬畏意识、法制意识、民主意识）来增强自身的党性。

4.持之以恒转作风。习近平指出，优良作风就是中国共产党历来坚持的理论联系实际、密切联系群众、批评和自我批评以及艰苦奋斗、求真务实等作风，要坚持和发扬。中共十八大以后，作风建设从制定和落实中央八项规定做起，咬住"常""长"二字，持之以恒纠正"四风"。特别是抓住重要节点，警醒全党，加强日常监督检查，严肃查处违规违纪问题，并把家风建设作为党员领导干部作风建设重要内容。习近平强调："对那些盘根错节的复杂问题、年代久远的遗留问题、长期形成的惯性问题，要以燕子垒窝的恒劲、蚂蚁啃骨的韧劲、老牛爬坡的拼劲，坚持不懈，攻坚克难，善作善成。"①

5.示范与示警。习近平要求，党性教育要注重发挥先进典型作用，多讲讲革命烈士和英雄人物的崇高风范，多讲讲焦裕禄、杨善洲、谷文昌等各条战线优秀干部的模范事迹，多请一些先进模范人物来现身说法；要把革命烈士那些感人至深的文章、诗文、家书编辑成册，用于干部教育。同时，要加强警示教育，把一些反面典型跌入违纪违法泥坑的教训给大家说说透，让大家引为镜鉴、自觉自律。

6.善用互联网。习近平指出，各级领导干部要不断提高对互联网规律的把握能力，对网络舆论的引导能力，对信息化发展的驾驭能力，对网络安全的保障能力；要通过网络走群众路线，网上网下要形成"同心圆"。

7.加强党性修养。习近平强调，党员、干部要有追求，树立马克思主义的世界观、人生观、价值观，从本源上坚定共产党人的信仰；要有正气，坚守正道、维护正义，坚持以信念、人格、实干立身，对一切不正之风敢于亮剑；要有情操，学习邓小平同志的情怀感，学习雷锋同志的幸福感，学习孔繁森同志的境界感，学习郑培民同志的责任感，学习钱学森同志的光荣感；

---

① 习近平：《在第十八届中央纪律检查委员会第六次全体会议上的讲话》，人民出版社2016年版，第12页。

要有道德，对党、对群众忠诚老实，襟怀坦白、光明磊落，公道正派、表里如一；要有规矩，坚持原则、坚守底线，严格按党纪国法办事；要有毅力，艰苦奋斗、清正廉洁，正确行使权力，在各种诱惑面前经得起考验；要有戒惧，心存敬畏、手握戒尺，慎独慎微、勤于自省，任何时候、任何情况下都不越界、不越轨。

（六）关于党性教育的管理

在党性教育管理问题上，习近平主要强调以下几个方面。

1.完善党性教育体制机制。明确党委"一把手"抓党建管教育的责任主体，完善主次明确、责任清晰、衔接有序的党性教育管理体系，形成党性教育齐抓共管的局面。为建立健全党性教育的长效机制，中共十八大之后，先后修订或制定出台了《2013—2017年全国干部教育培训规划》《干部教育培训工作条例》《中共中央关于加强和改进新形势下党校工作的意见》《2018—2022年全国干部教育培训规划》等系列文件。

2.营造党性教育环境氛围。主要是认真贯彻落实全面从严治党要求，通过严肃党内政治生活、严格党内纪律、从严监督使用干部等措施，破除党内潜规则，纯洁党内政治文化。强化意识形态建设，通过社会主义核心价值观教育、良好家风家规家训教育等途径，促进世风、政风、家风与党风的良性互动。

3.实现四个统一。即实现思想建党与制度治党相统一；使命引领和问题导向相统一；抓"关键少数"和管"绝大多数"相统一；严格管理和关心信任相统一。

4.强化党性教育日常管理。习近平指出，要建立管思想、管工作、管作风、管纪律的从严管理体系，加强全方位管理，加强党内监督，管好关键人、管到关键处、管住关键事、管在关键时，特别是要把一把手管住管好。他强调，要用好组织生活这个经常性手段，认真落实"三会一课"、民主生活会、领导干部双重组织生活、民主评议党员、谈心谈话等制度，加强经常性教育、管理、监督。

5.加强党性教育的基础建设。习近平指出："许多同志讲，政治工作过不了网络关就过不了时代关。……要顺势而为、因势利导，研究把握信息网络时代政治工作的特点和规律，占领网络舆论阵地，推动政治工作传统优势与信息技术高度融合"。① 在全国党校工作会议上，习近平强调要切实解决党校系统基础设施落后、基础工作薄弱、基层党校脆弱的问题，要求抓好党校师资队伍建设，加大对党校基础设施和教学设备的经费投入，健全党校经费保障机制。

① 中共中央文献研究室编：《十八大以来重要文献选编》（中），中央文献出版社 2016 年版，第 205 页。

第四章　党性教育环境

党性教育环境是党性教育的一个重要范畴。党性教育的开展总是以一定的环境为依托，无论是党性教育活动的具体实施，还是党性教育对象思想观念的形成与塑造，都不可避免地受到各种各样环境要素的影响。这些环境要素性质不一、类型多样，共同构成了党性教育的整体环境，成为影响党性教育实践的客观基础。了解党性教育环境的含义、类型与特点，分析研究党性教育与环境的内在联系，有助于人们更好地认识和把握党性教育规律，使党性教育与环境相适应并在环境发展中与时俱进，切实发挥其功能并提升其质效。

第一节　党性教育环境概述

一、党性教育环境的提出

所谓环境是指周围的情况或条件。人类任何活动的开展都是在一定的环境下进行的，不同事物或行为主体面对不同的环境，不同环境对同一事物或行为主体会产生不同的影响。党性教育环境是指对党性教育这一特定活动产生影响的一切外部条件，具体是指对党性教育的主体、目标、过程、内容、效果等起到直接或间接促进、制约或调控作用的各种环境要素的总和。

党性教育环境的提出，主要是基于以下缘由。

（一）马克思主义对人与环境的认识

人与环境的关系是一个久远的思想命题和鲜活的实践命题。中国古人无论是秉持天命论，还是秉持天人合一论、人定胜天论，都是把人与环境联系起来，思考外部世界及其变化与人的生存和发展的关系。西方思想家无论是神性论者还是地理环境决定论者，都在探讨人与环境的关系。马克思恩格斯批判了西方思想家自然主义的历史观，开启了唯物的人本主义的历史观；批判了旧唯物主义和空想主义在社会环境教化问题上的机械论与唯心思想，确立了唯物的辩证的人与环境互动的思想；批判了费尔巴哈的直观唯物主义观和唯心史观，提出了人在实践中改造环境的同时也改造自身等重要观念。马克思恩格斯"人与环境"关系理论的核心观点有：一是人与环境具有双向互动性。这就是马克思恩格斯在《德意志意识形态》中指出的："人创造环境，同样，环境也创造人。"① 恩格斯说："人本身是自然界的产物，是在自己所处的环境中并且和这个环境一起发展起来的"。② 二是人与环境的关系应侧重社会性。马克思恩格斯承认自然环境的客观性和有用性，但是，他们认为，自然界的人的本质只有对社会的人来说才是存在的，社会是人同自然界的完成了的本质的统一。马克思恩格斯提出："既然人的性格是由环境造成的，那就必须使环境成为合乎人性的环境。既然人天生就是社会的生物，那他就只有在社会中才能发展自己的真正的天性，而对于他的天性的力量的判断，也不应当以单个个人的力量为准绳，而应当以整个社会的力量为准绳。"③ 三是人在人与环境的关系中具有主导性。马克思恩格斯指出："只有人能够做到给自然界打上自己的印记，因为他们不仅迁移动植物，而且也改变了他们的居住地的面貌、气候，甚至还改变了动植物本身"。④ 正因为如此，在处理人与环境的关系时，就既要看到环境的制约性，也要在可能的条件下充分发挥人的主观能动性。四是改变人与环境关系的是实践。马克思恩格斯强调，人类"在革命活动中，在改造环境的同时也改变着自己"⑤。因而，人与环境的关系本质上就是一种实践关系。马克思恩格斯的"人与环境"关系论，为党性教育提供了思想指南和理论指导。

（二）党性教育活动以一定的环境条件为基础

党性教育活动不是无源之水、无本之木，而是在一定环境条件下进行

---

① 《马克思恩格斯文集》第1卷，人民出版社2009年版，第545页。
② 《马克思恩格斯选集》第3卷，人民出版社2012年版，第410页。
③ 《马克思恩格斯全集》第2卷，人民出版社1957年版，第167页。
④ 《马克思恩格斯全集》第26卷，人民出版社2014年版，第478页。
⑤ 《马克思恩格斯全集》第3卷，人民出版社1960年版，第234页。

的。正如马克思所指出的："人们自己创造自己的历史，但是他们并不是随心所欲地创造，并不是在他们自己选定的条件下创造，而是在直接碰到的、既定的、从过去承继下来的条件下创造。"[①]构成党性教育环境的客观因素很多，具体来看，有的范围小，如一名党员的生理心理状态，有的范围大，如整个党、整个国家、整个世界；有的是物质的，如自然界、教育设施，有的是精神的，如党员的思维活动与能力；有的是有形的，如地理条件，有的是无形的，如世界观、人生观、价值观；有的是自然因素，如风雨雷电、资源和物产，有的是社会因素，如管理体制、治理状况。所以，环境呈现不同的特色，对党性教育的影响有大小、多少、直接、间接之分。环境可以高效地传递信息，既有可能将好的信息传递给每一个人，也有可能把不好的信息传递给每一个人。因此，环境所传输的信息就会显得尤其重要。

（三）好的环境具有育人作用

环境育人并非新鲜话题，在中国古代的教育思想与实践中早已出现。"近朱者赤，近墨者黑"，"入兰芷之室，久而不闻其香"，"入鲍鱼之肆，久而不闻其臭"，"梨园子弟易习歌舞，兵家儿女早识刀枪"，就是强调周围环境对人的影响。"父母正则子孙孝慈"——这是家庭环境育人。"天将降大任于是人也，必先苦其心志，劳其筋骨，饿其体肤，空乏其身，行拂乱其所为，所以动心忍性，曾益其所不能"——这是社会环境育人。"三人行，必有我师焉"，"见贤思齐"，"昔孟母，择邻处"——这是人文环境育人。古代思想家王守仁就重视环境对人的道德教育作用，特别留意用优美的自然环境与和谐的社会环境来感染人。在国民教育领域，西方教育家裴斯泰洛齐、蒙台梭利，苏联教育家马卡连柯，就是环境育人思想的代表人物。中国教育家陶行知认为生活即教育、社会即课堂，他倡导美化校容环境，使之井然有序，秩然有序，凛然有不可侵犯之威仪。20世纪80年代以后，中国教育界探索形成了"三全育人"的理念，即全员育人、全方位育人、全过程育人，分别从教育主体、教育载体和教育过程的视阈对育人工作进行科学统筹和系统实施。随着信息时代的到来，教育环境和教育对象发生了改变，"三全育人"理念对教育场域中的信息传播、观念影响、价值塑造和行为引导的内在本质

[①]　《马克思恩格斯选集》第1卷，人民出版社2012年版，第669页。

等研究不足,于是"全环境育人"理念应运而生。"全环境育人"强调网络虚拟环境的教育功能,其出发点在于扣紧"信息—观念—价值—行为"这一育人链条,打破传统的教育主体、客体、内容、形式的划分方式,形成家庭、社区或社群、学校及网络社会等既相互独立、又相互关联的育人场域,强调每个场域个性化作用的充分发挥,以期实现有效的信息传播、观念传递、价值传承和行为引导。"四全育人"(全员全过程全方位全环境育人)理念虽然是国民教育领域的教育理念,但对党性教育领域仍有借鉴意义。

如果说,党组织和党性教育工作者开展的党性教育属于"教而育",那么,环境属于"不教而育"。全党为每一个党员构建全方位的大教育系统,每个党员既是教员又是学员;让环境驱使党员自觉学习,在特定情境中进行自发性学习,在潜移默化中无意识学习;通过有选择地开发环境、有目的地建设环境、有计划地利用环境、有智慧地驾驭环境,促进党员提高党性——这就是环境育人的核心。事实上,在不同环境中,党性教育的育人效果是不一样的。例如,在课堂上讲"红军挑粮小道""朱德的扁担",与在井冈山现场教学讲同样的内容,效果明显不同。一些党员干部反映,看电视剧《红色摇篮》,在家中看印象不深,有时看不进去,但去中央苏区赣南、闽西,在那里看,一集不漏地全看了,印象深刻。从这里,可以看到党性教育基地因其独有的特殊环境而具有独特的价值与魅力。概括起来说,好环境的育人作用至少体现在这几方面:一是态度形成。党性教育环境中各种体现价值观的成分,都能够对党员干部的态度形成起到重要作用。二是情绪感染。良好的党性教育环境可以使党员干部产生热情、振奋、充满活力等感受。三是习惯养成。党性教育环境中各种显性与隐性的教育影响,可以对党员干部行为习惯的养成起到重要促进作用。四是人格塑造。党性教育的人文环境等最终会表现在党员干部人格特征的各个方面,起到春风化雨、润物无声的作用。所以,党性教育要进行人与环境相结合的研究,充分利用环境,通过党性教育实践发挥环境的育人功能。

二、党性教育环境的类型

研究党性教育环境,需要对其进行类型划分,了解各种环境要素对党性教育产生的不同影响,在此基础上形成对党性教育环境较为全面的认识。根据不同的标准，党性教育环境可以分为不同的类型。

（一）范围类型

按照环境的影响范围，党性教育环境可分为宏观环境和微观环境。宏观环境是指对整个党性教育系统、党性教育的总体活动产生影响的环境，包括政治环境、经济环境、文化环境、社会环境、自然环境、国际环境等。宏观环境提供了党性教育的整体大环境，对党性教育产生着广泛、全面、系统的影响。相对于宏观环境，对党性教育活动、党性教育对象产生影响和制约的特定的具体环境为微观环境。微观环境是局部的、小范围的环境，包括工作环境、家庭环境、学校环境、社区或社群环境等。比如党员干部在党校接受党性教育期间，党校课堂、集体生活、校园文化等要素就构成了党校这个特定空间的微观党性教育环境。与宏观环境相比，微观环境直接影响着人们的思想行为和党性教育活动的具体实践。

（二）形态类型

从环境的存在形态上，党性教育环境可以划分为物质环境与精神环境。党性教育的物质环境是指环绕并影响党性教育的一切物质因素的总和。物质环境具有客观实在性，为党性教育的开展提供物质载体，如党性教育实践活动所需的场所、设备、工具、技术手段等。物质环境的好坏、物质条件的发展水平对党性教育活动具有不同程度的影响作用。比如在过去物质较为匮乏的社会条件下，参观党性教育基地只是简单地看展览、看实物陈列，形式较为单一；现在随着经济社会的发展和科技水平的提高，不少革命纪念馆、革命教育基地将现代技术手段引入展陈中，使人们可以通过鲜活的直观体验受到生动的党性教育。如中共二大会址纪念馆引入了 AR 增强现实技术，观众戴上特制的设备，就仿佛回到中共二大的开会场景，"触摸"一下桌椅和茶杯，就可以"身临其境"地感受近百年前的党史风云。由于物质条件的改善，党性教育因此有了更为丰富多元的教育形式和方法。

相对于物质环境，党性教育的精神环境是指环绕并影响党性教育的一切精神因素的总和，包括社会精神面貌、社会风气、文化习俗、党员队伍心理动态等。精神环境对党性教育的影响是现实的也是潜在的，是有形的又是无形的。精神环境中的精神要素本身一方面为党性教育提供大量的现实的教育资源，成为党性教育的教育内容之一；另一方面又对党性教育产生着不同性质的影响：精神环境既可以成为推动党性教育发展的精神动力，也可以对党性教育造成思想障碍。

（三）空间类型

以环境的空间领域为标准，党性教育环境可分为现实环境与网络环境。现实环境是独立于人的主观意识存在的客观环境，传统的党性教育都是在一定的现实环境中开展的。网络环境是随着电子信息时代的到来和互联网的迅速普及与运用，所创造出的一种虚拟的新环境。网络环境的产生在深刻改变人们工作生活方式的同时，也给党性教育的现代化发展提出了时代课题，使党性教育呈现出新的特征。一方面，网络环境因网络信息传播和网络行为的超时空性突破了传统党性教育地域与空间的限制，极大拓展了党性教育的渠道与空间。同时，网络信息平台的构建也可以在更大程度上丰富整合各类教育资源，为多样化的教学形式提供技术手段支持。网络环境下的党性教育也有利于推进教育对象的自主学习，并能根据教育对象的个性化需求提供有针对性的学习内容，为党性教育的精准教学提供了可能。另一方面，网络环境在为党性教育创造新的机遇的同时，也使党性教育面临着诸多新问题。如网络传播载体的私人化、传播对象的自由化，造成大量不良信息在网络上传播，且无法有效阻断，使党性教育环境更趋复杂；网络信息接触的广泛性、模式的开放性使得传统的教育信息垄断被打破，教育者在信息方面的优势不复存在；等等。这些问题都给党性教育工作增加了难度、带来了挑战。无论是现实空间，还是虚拟空间，都有大中小之分，呈现出丰富而复杂的状态，都需要党组织和党性教育工作者创造性地、开拓性地研究新情况、解决新问题。

（四）性质类型

以环境的性质为标准，党性教育环境又可分为良性环境与恶性环境。按照辩证唯物主义的观点，世界上不纯是绝对的，纯是相对的，不纯才成其为自然界，成其为人类社会。党性教育环境也是一样，从来都不是纯而又纯的，而是正面影响与负面影响并存、良性结果与恶性结果同在。正面影响即是良性环境，负面影响即是恶性环境。良性环境是指对党性教育的实施与开展起到积极促进作用的环境因素。它为党性教育的开展提供了有利条件，是党性教育得以顺利推进的重要保障。与之相反，恶性环境是对党性教育造成干扰、阻碍，对党性教育产生消极影响的环境因素。这就意味着，在党性教育中，针对环境影响的两重性，要积极利用有利环境，实现优势互补；同时，也要善于抑制和克服环境影响的负面效应，使党性教育排除干扰，顺利推进。

三、党性教育环境的特点

党性教育环境是一个复杂的开放系统，由诸多环境因素构成，这些因素相互关联、相互作用，形成环境合力，呈现出多元化的特点。

（一）复杂性与可控性的统一

党性教育环境是由不同类型、不同层次的环境要素相互联系构成的复杂系统。这些要素相互交织、共同作用于党性教育活动与过程，使得党性教育环境呈现出复杂性。这种复杂性又可具体体现在影响要素的多样性、影响性质的多重性、影响方式的多元性等方面。并且，受教育者对环境影响的选择和适应有所不同甚至存在很大不同，这也是环境影响复杂性的体现。与此同时，党性教育环境尽管复杂，但并非不可控制。这是因为党性教育的具体实践活动总是在某一个特定而细微的场景中进行的。这种环境的特定化与具体化使得影响党性教育活动的环境要素能够被人们所认知和了解，并在此基础上进一步加以利用。这就是党性教育环境可控性的体现。这种可控性还体现在教育者可以充分发挥自己的主观能动性，去改变环境和创造环境，也就是说，环境是可以营造的。也正是因为这种可控性，将复杂的党性教育环境相对简单化，使教育者能在把握具体环境特殊性的基础上有针对性地提升党性教育效果。

（二）整体性与局部性的统一

党性教育环境是整体环境与局部环境的统一体。整体是相对于局部而言，局部是在整体这个大环境、大气候中的局部。党性教育环境的整体性体现在：构成党性教育环境的要素是多层次、多侧面的，而各个要素之间又是相互联系、密不可分的。尽管按照不同的分类标准，党性教育环境可被划分为不同的类型，但这种划分只是形式上或理论上的区分，更多是为了人们认识的需要。在党性教育实践中，这些环境要素并不是泾渭分明、彼此互不干扰，而是你中有我、我中有你，相互作用、相互影响，共同构成影响党性教育的整体合力。如果非要生硬地、机械地将它们割裂开来，势必会直接影响对党性教育环境的判断认知乃至党性教育的具体实践。

(三) 稳定性与动态性的统一

党性教育环境既具有一定的稳定性，又具有持续的动态性。稳定性是指党性教育环境并不是倏忽即变的，而是在一定的时间和空间范围内保持相对不变的状态，对党性教育持续影响。在保持一定稳定性的同时，党性教育环境又是具体的、历史的，由世界运动变化的特点所决定，党性教育环境总是处于不断的发展变化中，不仅各个要素及其相互关系处于运动变化发展中，而且教育主体也在推动党性教育环境发生变化。党性教育环境的稳定性使人们能够研究环境中稳定不变的因素，从中探究发现党性教育的规律。同时，党性教育环境的动态性又不断地给党性教育提出新的任务和要求，需要党性教育主动适应环境形势的变化，不断与时俱进，以变应变。

(四) 开放性和封闭性的统一

党性教育环境的开放性和封闭性是辩证的统一。没有开放性就没有封闭性，反之也是一样。党性教育的一个重要任务就是根据现实需要调整和改变环境的开放或封闭状态，以达到充分利用环境做好党性教育工作的目的。在一定的情况和条件下，党性教育环境可以是相对封闭的。如党性教育的课堂教学就是在人为设定的、相对封闭的微观环境中，就特定的内容开展教育。但与此同时，党性教育环境又是开放的。其开放性主要体现在，自然界是向人类开放的，社会是开放的，思想也是开放的，即使是封闭环境中的党性教育，其要素从总的趋势上来讲，始终是要与外界进行交换或交流的。因此，从总体上看，党性教育环境呈现出开放的状态与特征。

(五) 客观性和主观性的统一

党性教育环境是由客观存在的现实事物和具有主观意识的人所组成，本身就是主观见之于客观。即使是虚拟世界也是一种客观存在，是客观与主观的结合体。客观性的物的因素与具有主观色彩的人的思想意识的因素，共同构成党性教育环境客观性与主观性的统一。在党性教育过程中，党性教育脱离不开客观存在的现实事物，同时也脱离不开人的主观思想或意识。这其中，人是核心因素。人的思想、观念、心理和意识自始至终贯穿于党性教育全过程，在影响党性教育活动的同时，也构成了党性教育的主观环境。

第二节　党性教育环境要素

一、宏观环境

宏观环境为党性教育提供了现实的"大舞台"，构成了党性教育开展的宏阔的时代大背景，对整个党性教育系统具有主导作用。它不仅决定着党性教育的方向、任务和基本内容，还对党性教育过程的各个环节都具有广泛而深刻的影响。宏观环境的变化要求整个党性教育系统都要与之相适应作出调整。从内容上来说，宏观环境主要包括政治环境、经济环境、文化环境、社会环境、自然环境、国际环境等。

（一）政治环境

政治环境是指环绕并影响党性教育的政治因素的总和，包括政治法律制度、政治理论、方针政策与现实的政治状况等。党性教育是具有鲜明政治属性的教育，在整个党性教育环境中，政治环境具有直接和决定性的影响。不同的国体、政体、政党制度、法律制度、政治形势等对党性教育的价值导向、目标选择、内容方式具有不同的影响。

在政治环境要素中，国家政权具有核心地位。国家政权的性质即社会各阶级在国家中的地位，决定了人们不同的政治立场和政治态度，也赋予了不同政治背景下党性教育的时代内涵。在新民主主义革命时期，中国处于半殖民地半封建社会，中国共产党提出了反帝反封建的革命纲领。与党的革命目标和革命任务相一致，党性教育突出的是阶级性与革命性，强调通过教育使全党与一切欺压人民的反动势力进行毫不妥协的斗争，同一切剥削阶级思想彻底决裂，在党的领导下团结带领全国人民，推翻帝国主义、封建主义、官僚资本主义三座大山，建立一个无产阶级领导的、各革命阶级联合专政的新民主主义的共和国。在改革开放时期，党性教育则立足于执政党建设和治国理政的形势任务要求，不断强化和平时期如何坚守理想信念；突出强调执政条件下如何践行好党的宗旨、始终保持党和人民群众的密切联系；更加注重作为掌握着国家权力的执政党，如何应对市场经济的考验增强拒腐防变能力；深入思考在全面推进依法治国背景下，如何提高党员干部法治思维和依法办事能力，从而推进国家治理体系和治理能力现代化等问题。

而在整个党性教育政治环境中，政治生态构成其中非常重要的一部分。"政治生态"作为一个政治术语进入人们的视野，并成为党的建设的高频词，是在中共十八大以后。2013 年 1 月 22 日，习近平在第十八届中央纪律检查委员会第二次全体会议上指出，改进工作作风，就是要净化政治生态，营造廉洁从政的良好环境。此后他频繁提到政治生态，强调自然生态要山清水秀，政治生态也要山清水秀。中共十九大报告肯定党内政治生态明显好转，要求营造风清气正的良好政治生态。所谓政治生态，是指一定政治系统内各个政治行为体之间，以及政治行为体与其他社会行为体之间互动而形成的政治行为的环境与状态。党内政治生态之所以重要，是因为党员所受到的各种影响中，最大的影响是来自党内；政治生态影响党风、政风，事关党心、民心；政治生态同自然生态一样，稍不注意就容易受到污染，出现问题再想恢复就要付出很大代价。政治生态清明，从政环境就优良，人心就顺、正气就足；政治生态污浊，就会滋生权欲熏心、阳奉阴违、结党营私、团团伙伙、拉帮结派等一系列问题，就会人心涣散、弊病丛生。当年，"延安作风"打败"西安作风"，某种意义上就是历史和人民对不同政治生态作出的选择。可以说，净化政治生态是管党治党、兴党强党的基础性工程，是旗帜鲜明讲政治、坚决维护党中央权威和集中统一领导的政治要求，是锻造优良党风政风、确保改革发展目标顺利实现的重要保障。

与其他环境要素相比，政治生态对党性教育的影响是直接而深刻的。正所谓"蓬生麻中，不扶而直；白沙在涅，与之俱黑"，一个好的政治生态对党员、党员干部的影响是潜在的、巨大的，能够使党员、党员干部在潜移默化的教育中激浊扬清、扬善扶正；反之，如果政治生态被污染，正面的规则无法容身，形形色色的潜规则大行其道，就容易使党员、党员干部在整体大环境中随波逐流。过去，党内发生的系统性腐败、塌方式腐败正是因为当地政治生态整体上由表及里都出现了问题，"劣币驱逐良币"的逆淘汰致使党员干部走偏走邪，出现政治上的变质、经济上的贪婪、道德上的堕落、生活上的腐化。而当这种现实环境与党性教育的正面倡导、科学理论形成强烈反差时，对党性教育的冲击是巨大的。因此，要把净化党内政治生态摆在更加突出的位置。与中共中央提出的要求相比，一些地方或单位的政治生态净化、修复和重建，需要付出更为艰苦的努力。中国共产党人要以永远在路上的奋斗姿态，深化全面从严治党，全面净化党内政治生态，形成和维护政治上的绿水青山。

（二）经济环境

经济环境是指环绕并影响党性教育的经济因素的总和，包括物质技术、经济活动、经济关系、经济制度等。根据马克思主义历史唯物论的观点，经济基础决定上层建筑。在整个环境中，经济环境决定着政治环境、文化环境等其他环境，处于始源性地位，是党性教育活动所面对的最根本的外部环境条件。

改革开放和社会主义市场经济体制的建立与发展，已经从根本上塑造了今天党性教育所处的经济环境。社会主义市场经济取代传统的计划经济，成为不可逆转的、主导人们社会经济生活的经济运行形式，在深刻改变人们的思想观念、生活方式的同时，也成为深刻影响党性教育的一种客观的物质力量。经济环境的改变既对党性教育产生着积极影响，也使党性教育必须直面新情况新问题。

在积极层面的影响上，一是经济体制改革带来了生产力的极大解放和发展，促进了经济繁荣，提高了物质生活水平，使人们更加感受到社会主义制度的优越性，从而有助于坚定社会主义信念、增强党性观念。二是经济的发展为党性教育提供了良好的现代物质条件，丰富、拓展了党性教育的方法途径，有助于党性教育效果的提升。再者，市场经济的发展促进了人们新思想、新观念的形成。市场经济作为一种经济发展手段、一种资源配置方式，无论是与资本主义结合，还是与社会主义结合都有其固有的特征，包括商品等价交换原则、竞争性、开放性、法制性等。这些原则随着市场经济的深入发展，不断冲击和改变着计划经济时代的某些陈旧观念与陋习。比如，市场经济的商品等价交换原则有利于消除等级观念、特权思想，促进民主意识的增长；市场经济的竞争性有利于破除官僚主义、形式主义作风，提升效率意识；市场经济的开放性，有利于破除封闭保守、故步自封，促进开拓创新、讲求实效等新风尚的形成。这是市场经济原则与党性原则、党性要求相一致的地方，对党性教育能够起到正向的促进作用。

但与此同时，市场经济原则与党性原则也有对立、冲突的一面。如经济生活中，通行的是等价交换、按劳付酬；但在党内生活中，作为一名共产党员，不能搞等价交换，应做到吃苦在前、享受在后，多作贡献，必要时能作出自我牺牲。经济生活中，市场主体遵循价值规律；但在党内生活中，党员都要遵循民主集中制。经济生活中，所有经济活动的开展都是为了实现利润最大化；但在共产党员的义务中，则要求坚持党和人民的利益高于一切、个人利益服从党和人民的利益。两者之所以具有如此大的区别，归根到底，市场经济原则和党性原则是两个不同的范畴。市场经济原则属于社会经济范畴，本身不具有阶级性和政治性；党性原则属于社会政治范畴，具有鲜明的阶级性和政治性。共产党人固然可以吸取市场经济原则中积极合理的因素，但不能把市场经济原则同共产党的党性原则混同起来。在党内搞权权交换、将同志关系异化为人身依附关系，搞权钱交易、导致贪污腐败，搞权情交换、造成社会风气恶化等问题，就是不能正确处理两者的关系，用市场经济原则直接替代了党性原则，造成对党内政治生活的严重侵蚀和破坏。为此，中共十八届六中全会审议通过的《关于新形势下党内政治生活的若干准则》中明确提出"决不能把商品交换那一套搬到党内政治生活和工作中来"，中共十九大报告中明确要求自觉抵制商品交换原则对党内生活的侵蚀。当市场经济已成为时代发展的大势时，如何顺应这股时代潮流，充分发挥党性教育的能动作用，对党员的思想观念进行正确的有效的引导，是中国共产党人不能回避的时代课题。

（三）文化环境

文化环境是指影响一个社会的基本价值观念、宗教信仰、道德情操、行为规范、风俗习惯及其他精神产品的总和。它反映人类生存和发展的价值规范和行为态度、教育科学文化发展的程度和趋势。文化由人创造，同时又塑造着人。当人创造的物质财富和精神财富不断积累并传承积淀，就形成了文化环境。文化环境一经形成，又会以特定的文化传统、文化模式潜移默化地影响社会、改变社会、塑造社会。这种影响是广泛而深远的，上至国家政治、经济、社会发展的理念、目标、方法和途径，下至人们思维方式、行为模式的选择、生活方式和生活习惯的养成等无不受到文化环境的影响与制约。

从文化环境的角度去看党性教育，可以发现两者密切的内在关联性。一是党性教育本身具有明显的文化属性。"党性"不仅是一个政治学概念，也是一个哲学概念，是政治属性与精神属性、文化属性的统一。从政党层面而言，党性是内在于政党组织实体中的精神层面的东西，是政党的"精神"属性。政党没有了党性，也就没有了精气神，只会空剩一副架子。对党员来说，党性是政党的精神属性在个人身上的体现。党性教育的目的即在于通过教育使党员个体的价值观、价值追求与政党的价值追求达到高度一致，在精神属性上高度契合。二是党性教育的教育对象本身是具有文化属性的社会人。党员是政党组织中的一员，同时也是成长并生活于特定社会文化环境中的社会人。其思想意识、价值观的形成都不由自主地受制于特定文化背景的影响，其生活方式、行为模式也不可避免地受到社会风俗习惯、行为方式和交往规范的引导。因此，党性教育中的受教育者并不是一张白纸，而是已被深深地打上了文化的烙印。如某些党员干部身上存在的特权思想、官僚主义，从文化根源进行分析和探究的话，可以发现传统"官本位"文化的深层次影响。"官本位"文化是封建时代君主集权制与官僚制的产物，它把是否为官和官阶的高低作为衡量个人社会地位与价值的判断标准。这种价值文化与中国共产党所倡导的党员干部的"人民公仆"本色、全心全意为人民服务的宗旨、民主集中制的组织原则和制度等是格格不入的。扫除"官本位"文化是一个历史过程。

正因为党性教育受到文化环境影响，具有鲜明的文化属性，所以在党性教育中要重视以文化育人，积极构建有助于提升党性意识的党性教育文化融入机制。以文化融入为引领，借助文化的优势和文化建设的有益经验与方法，推动党性教育的改革和创新。以党性教育与文化内容的有效融合为取向，大力推动社会主义核心价值观体系、中国特色社会主义文化的教育。积极探索党性教育与文化领域相互衔接、相互整合的方法和策略，利用各种文化活动载体，将党性教育内容以丰富多样的形式融入党性教育过程中。

（四）社会环境

社会环境有广义和狭义之分。广义的社会环境就是人们所处的社会政治环境、经济环境、文化环境、心理环境等的总和。狭义的社会环境是指组织和人生存与发展的具体环境，包括现实社会环境和虚拟社会（或网络社会）环境。现代化进程中所催生的现代社会是党性教育开展的社会场域。有别于高度一体化、同质化的传统社会，多元、异质是现代社会的典型特征，具体表现在社会阶层结构的分化、社会成员主体性自主性意识的提升、价值多元与利益差异性等社会诸多领域和层面。现代社会的多元、异质为党性教育提供了一幅纷繁复杂的社会图景，同时也使党性教育面临着多重因素的影响和冲击。

1. 社会价值观的纷争博弈对党性教育的影响。改革开放以来，中国社会的整个价值体系早已突破过去的单一认知，在一系列的重估与重构中，于社会主流价值观之外产生了多样化的非主流价值观，形成今天价值多元并存、新旧冲突的竞争格局。这种不同价值观之间的相互碰撞与博弈，一方面使党员个体面临着"乱花渐欲迷人眼"的价值选择，易出现价值观的混乱和迷失；另一方面也对党和国家所倡导的主流价值观形成挑战。尤其是当与主流价值观相异的价值理念在党内外弥漫时，削弱的是主流意识形态给予党的执政合法性的支持能力与力度。因此针对现代社会价值观的多元化发展，通过加强党性教育，帮助引导党员作出合理、正确的价值选择是现实的迫切需要。

2. 生活方式多样化的影响。生活方式是一个人或群体模式化的生存方式、活动风格，体现于个人是其思想行为的外显标志。由于它具有直观性、易于感知，群众往往根据党员、党员领导干部的生活方式来评价整个党员队伍乃至党。生活方式就像党员、党员领导干部的一面镜子，映照出了党员、党员领导干部的思想、作风。随着经济发展和生活水平的提高，过去一些传统的生活观念也发生了重大变化，生活方式呈现出多样化和个性化的趋势。人们对自我生活方式的选择本无异议，但党员、党员领导干部有特殊的身份要求。事实证明，党员"八小时"外的生活并不仅仅是"私人生活"，党员生活作风上出现的问题也不是"小节""私事"。众多案例表明，"生活腐化""奢靡享乐""趣味低俗"等成为一些违纪党员领导干部的"标配"。生活上的不正之风往往是滋生腐败的温床，许多腐败分子都是集信念上崩塌、政治上膨胀、经济上贪婪、生活上奢侈糜烂于一身。为此，《中国共产党纪律处分条例》在六大纪律中单设生活纪律一章，对全体党员的日常生活和社会交往提出要求，为党员在生活中划出了明确的底线。

3. 社会利益分化的影响。社会分化的一个显著表现就是社会利益分化格局的形成，包括城乡利益分化、区域利益分化、阶层利益分化、职业利益分化等。利益分化是改革开放过程中政府政策导向和经济发展双重因素作用下的结果，利益分化也是一把"双刃剑"。一方面，合理适度的利益分化有助于发挥社会利益激励作用，调动社会成员参与经济生产的积极性，为经济社会发展注入强大动力。另一方面，严重的利益分化也会造成激烈的利益矛盾与冲突，影响到经济社会的发展与稳定。社会利益分化对党性教育的具体影响体现在：一是党员队伍由不同社会阶层的党员所构成，队伍内部存在不同的利益群体，容易导致党内的思想分化和阵营分化，从而对党性教育带来障碍。二是社会利益群体的贫富悬殊引发社会心理失衡，导致某些党员领导干部身上出现不正常的攀比心态，也对党性教育产生负面影响。比如有的为社会上灯红酒绿、挥金如土的现象所诱惑，自觉付出与收益不成正比，也开始追求物质上的享受；有的在和商人、企业家的交往中，看到能力不比别人差，收入却与对方的一掷千金形成巨大反差，逐渐走上贪污腐化的道路。因此，在党性教育中，要重视利益观教育，通过教育改造党员、党员领导干部不合理的利益需求，引导党员、党员领导干部正确处理不同利益关系，树立正确的利益观。

多元、异质的社会环境无疑增加了党性教育的复杂性、艰巨性，这就要求党性教育要紧贴时代发展，重视社会发展中出现的新思想、新情况的分析研判，深入了解党性教育对象思想动态，主动适应社会现实变化，提高党性教育的针对性。

（五）自然环境

自然环境这里是指环绕党性教育活动的各种自然物质、能量和现象的总和。自然环境是党性教育赖以存在的基础和前提，是党性教育的重要影响因素。自然条件如日月之光、气候变化、地形地貌、国土疆域、江河湖海、声音、色彩、景观等，会让人触景生情，产生观感，乃至激发爱国主义精神。土地资源、生物资源、水资源、矿产资源、气候资源等，为人提供生存条件。而各种自然灾害，又是突发事件的重要类别，影响人的安全和心理。具体来看，自然环境对党性教育的影响，除了影响人的生存、安全和精神状态之外，还在于：一是为党性教育活动提供所需信息。即信息的输出、输入、反馈、储存，在一定程度上受自然环境制约。二是为党性教育活动提供教育资源。它包括人工生态系统，也包括党员情感。比如，党校、干部院校、高校为党性教育提供阵地，雕塑、沙盘等复原人物、场景，为党性教育提供直观印象。又比如，毛泽东诗词《忆秦娥·娄山关》《七律·长征》《沁园春·雪》等，都是借景抒情。所以，党性教育不可能离开自然环境。

（六）国际环境

国际环境是指一个国家与世界各国、各地区之间在政治、经济、文化、自然地理等方面的相互关系及国与国之间的交往关系。随着中国日益走近世界舞台中央，更加深入地参与到国际事务中，国际环境对党的领导与执政地位、党的自身建设所造成的影响愈发深远。准确把握国际形势、积极应对国际环境提出的考验与挑战是党性教育的必然要求。

在世界大发展大变革大调整的新形势下，中国共产党所面临的国际环境更加复杂。一是经济环境复杂多变。经济全球化持续发展，世界经济格局深刻演变，面临诸多不确定、不稳定因素。国际金融危机深层次影响依然存在，单边主义、贸易保护主义、逆全球化思潮不断有新的表现。二是政治秩序不确定性增加。一方面新兴大国作用进一步加强，世界多极化取得重要进展，国际关系民主化成为不可阻挡的时代潮流，国际政治格局渐趋平衡；但另一方面民粹主义、极端主义、保守主义、分离主义、排外主义、反全球化思潮涌动，引发国际不稳定局势。霸权主义、冷战思维至今余波未平，某些外部势力对中国颠覆破坏的图谋没改。三是安全形势不容乐观。国际环境总体稳定，但安全威胁依然严峻。一方面传统的国家之间的军事冲突与战争依然存在；另一方面恐怖主义、国际有组织犯罪等非传统安全威胁不断加剧，尤其是信息安全、环境安全问题的凸显，对中国政治安全形成挑战。四是文化安全任务艰巨。全球化趋势下，国与国之间文化交流交融交锋日益频繁，中华民族文化在走向世界迎来新的发展机遇时，也遭受到西方文化殖民主义的文化渗透、文化侵略、文化扩张，文明冲突、文明优越等论调不时沉渣泛起，对中国的思想文化、意识形态等形成强烈的冲击，对我国文化安全构成严重威胁。如何应对这些外部考验和挑战，党员、党员领导干部应首先考虑并应对。这就要求党性教育必须具有国际视野，要将"世界眼光"贯穿其中，通过党性教育使党员、党员领导干部在思想上筑起坚固防线，坚定"四个自信"，学会运用马克思主义立场、观点和方法观察问题、分析问题，不被历史长河中的旋涡和湍流所迷惑。要通过党性教育使党员、党员领导干部在世界大潮中增强把握世界形势发展的本领，善于从国际形势和国际条件的发展变化中把握发展方向、用好发展机遇、创造发展条件、掌握发展全局，无论外部环境是顺境还是逆境都能够灵活、果敢、理性应对。

二、微观环境

党性教育实践活动除了受到宏观大环境的影响，也受到各种具体微观环境的影响和制约。因为党性教育的对象是最终以个人身份呈现的党员个体，个体的思想观念往往形成和发展于各种特定环境的具体关系中。对于党员个体而言，这些特定环境主要包括组织环境、家庭环境、党校环境等，这些环境以其特有的场域共同构成了党员个体的生活实践范围，对党性教育产生着最为直接、经常、频繁的影响。

（一）组织环境

组织是人们为了达到特定的目标有计划建立起来的机构或单位。党员是由多重组织身份所构成的个体，受到多种组织环境的影响。这里主要分析党员所处的工作环境、党组织环境对党员和党性教育的影响。在这些组织环境中，对党员和党性教育的影响往往来自于三个层面。

1. 组织规范的影响。组织规范既包括正式成文的规章制度，也包括约定俗成的非正式规范，比如组织风气。组织规范对组织成员具有强制的约束力，规定着组织成员能做什么、不能做什么，对组织成员个人的行为准则和价值标准有着明确的导向性，是一种直接的、潜移默化的影响。如果组织规范所体现出的价值指向是与党员应具有的价值理念相契合的，那么党员的思想言行会在这样的组织氛围中得到进一步正确的导引和强化；反之，如果整个组织内部都弥漫着一股不正之风，由于组织的权威和趋同心理，党员很有可能出现与党员标准相背离的行径。

2. 组织权威者的影响，也就是领导者的影响。一是领导者个人的思想品格、言行举止对组织内的其他成员具有强大的示范和导向效应。二是领导者对于党性教育的重视程度与推进力度至关重要。有些单位党性教育抓得颇有成效，与领导的重视有着密切关系。但在有些单位，党性教育在领导者看来"说起来重要、干起来次要"，上级有要求时就抓一抓，没有要求时就放一放，习惯于走形式走过场，党员参加党性教育也不认真积极。因此，只有抓住党员领导干部这个"关键少数"，强化全面从严治党的责任落实，党性教育才能真正落地。

3. 组织成员的影响。组织其他成员的思想、言行对党员个体来说，具有重要的参照效应。尤其是所处情况越类似，具有的地位、身份越接近，比照性越强、影响也越大。好比"照镜子"，党员个体会趋向于以同类的行为为尺度来评价和调整自己的行为。这种影响既有积极的，也有消极的，在党性教育中可以通过主动转化应用，使其变为促进党性教育的积极因素。比如不少地方在党性教育中采用"身边人说身边事"就取得了很好的效果。因为是身边人、身边事，真实熟悉、可感可知，所以生动鲜活，教育性极强。不管是先进典型的榜样作用，还是发人深省的警示教育，都可以给人内心以触动。

（二）家庭环境

家庭环境这里是指影响和制约着党员、党员领导干部的党性修养的各种家庭因素的总和。家庭是构成社会的细胞，是最基本的社会生活组织形式。在个体所处的多场域的生活实践范围中，家庭是个体接触社会的第一个环境，也是伴随其时间最长的生活环境。家庭环境对党员、党员领导干部的影响具有基础性、普遍性、长远性、渗透性。正如习近平指出的，家庭是人生的第一所学校。不论时代发生多大变化，不论生活格局发生多大变化，党员和党员领导干部都要重视家庭建设，注重家庭、注重家教、注重家风。

一个家庭或一个家族在世代繁衍的过程中会逐步形成较为稳定的行事风格、道德风尚、为人处世之道，也就是家风。家风是家庭环境的核心体现，是每个家庭成员"三观"的基石。正所谓"家风纯正，雨润万物；家风一破，污秽尽来"。事实证明，健康向上的家庭环境、清正廉洁的良好家风对一个党员的党性涵养起着引导、教育、激励、规约作用。在过去长期的革命建设实践中，许多老一辈无产阶级革命家、老共产党员以自己的身体力行和言传身教，不仅给晚辈树立了为人处世的风范、确立了红色价值准则，也给社会留下了弥足珍贵的精神财富。学习和弘扬这些红色家风，对当下提升党员的党性修养有着重要的现实指导意义。

如果说良好的家风是为党员抵制不良风气的侵蚀安装了一个"安全阀"，那么，败坏的家风则往往成为牵引党员自身及家属走向违纪违法的绳索。从大量揭露的违纪违法案件来看，家风问题已经成为党的领导干部作风问题滋生、腐败现象蔓延的重要根源之一。2015 年 10 月 17 日，中央纪委在对河北省委原书记、省人大常委会原主任周本顺被"双开"的通报中，首次使用了"家风败坏"这个词。父子兵、夫妻档、兄弟帮，甚至"全家总动员"，家规不严、家风不正，家属亲属相互影响、恶性循环，往往形成家族式窝案、家族式腐败，最终一起走上不归路。

对于党员、党员领导干部而言，家风更不是个人小事、家庭私事，而是党员、党员领导干部作风的重要表现，尤其是领导干部的家庭对社会风气有着重要影响，在一定程度上起着引导和示范作用。普通家庭家风不正、管教不严，子女易招惹祸端；而领导干部家庭，如果家风崩毁，则不仅祸害家族，而且还直接损害党和政府的形象。

正因为家庭环境、家风在党员、党员领导干部的党性养成、作风锤炼上扮演着重要角色，更因为党员、党员领导干部的家风连着党风、系着政风，所以，在党性教育中注重家风建设，充分发挥家庭环境的积极影响、克服消极影响就显得尤为重要。

（三）党校环境

党校环境是党性教育中一个非常特殊的环境。根据党校的职能定位，党校姓党，理论教育和党性教育是党校的主业主责主课。党校是有目的、有计划、有组织地对党员、党员领导干部进行党性教育的机构，是着意营造的党性教育环境。无论是课堂教学、教辅活动，还是学员管理、校园文化等，这些有形无形的环境要素都是围绕特定的教育目标精心设计而成，目的在于使参加培训的学员在党校这个"熔炉"中锻炼党性与提升党性。因此，相对于其他自然而成的党性教育环境，党校的党性教育环境对党员、党员领导干部党性意识的强化有着鲜明的导向作用，对党性教育有着直接的影响。

党校党性教育环境设计得好，多个环境要素能相得益彰、形成合力，对党性教育效果的提升就是一个倍增器。反之，如果这些环境要素偏离于党性原则，对党性教育将产生负向作用。过去，党校的学员管理在很大程度上受到"宽松软"大环境的影响，造成党性教育成果的削弱或抵消。为此，中共十八大以来，党中央反复强调各级党校要把坚持从严治党要求与从严治校方针紧密结合起来，严格校纪校规，加强学员管理。

党校不仅仅是党员干部个体接受党性教育、进行党性锤炼的阵地，其党性教育的成效也具有社会辐射效应。正如习近平在全国党校工作会议上的讲话中所指出，从中央到县四级共有党校近3000所，如果都能发挥改进和纯洁作风的作用，学员们回到单位和社会之后都能发挥"宣传队"作用，那么这股力量就不得了。所以，各级党校一方面应加强自身党性教育环境的构建与优化，提高党性教育的质量；另一方面也要积极营造开放的、多元参与的党性教育环境，积极发挥培训主管部门、用人单位、各级党组织的力量，在齐抓共管、协同合作中形成对学员加强党性修养的压力和动力，提高党性教育的针对性和实效性。

第三节　环境与党性教育的关系

一、环境对党性教育的影响

党性教育作为一种特定的社会实践，始终是处于一个多层次、多要素并不断动态发展的环境系统中。环境对党性教育的影响是普遍的、客观的、必然的。

（一）环境影响党性教育的体现

党性教育实践的整个过程和全部环节都置于一定环境的影响之下。这种影响主要体现在以下几个方面。

1.环境是党性教育目标制定的现实依据。不管在什么环境下，党性教育都是以培养和塑造党员的党性、引导党员成为一名合格的共产党员为最终目标的。但与此同时，在某一特定的阶段，党性教育究竟是以什么为中心任务、要解决哪些具体问题，以及用什么方式去解决等，则应根据当时环境下党性教育对象的思想现状与社会发展要求之间的矛盾、与党组织要求之间存在的差距，以及环境对党性教育对象的影响来确定。在党不同的历史发展阶段，由于党所处的环境不同，所面临的形势任务不同，党性教育的具体目标也与之相适应调整变化。革命斗争环境下，党性教育更加突出对党员革命意志、奉献牺牲精神、组织纪律意识的培养；执政建设环境下更加强调党员理想信念、宗旨意识、先锋模范作用的发挥、拒腐防变能力等方面的强化教育。正确认识和把握环境与党性教育目标、任务之间的内在联系，对于党性教育目标的科学制定具有重要的意义。

2.环境是党性教育内容信息的重要来源。在党性教育的具体实践过程中，教育对象所接受到的各种内容信息并不是教育者主观想象的产物，而是教育者对客观环境提供的大量信息进行选择、整理、概括、提炼的结果。无论是教育内容中的正面典型还是反面例子、是统计数字还是语言文字、是影像资料还是现场考察，都是教育者基于党性教育的目标和任务，有意识地对环境提供的各种资料进行的精心选择、重组、设计与安排。比如党性教育活动的开展必须依托一定的实际场景，这些实际场景包括场所的布置、教育时机的选择、教育技术工具的运用等，都是根据教育目标、内容的需要，对各种环境条件筛选并加以创造，从而求得党性教育的最佳效果。即便是党性教育中所要传播的理论观点，也是对一定环境下社会实践进行高度概括总结的产物。

3.环境是党性教育方式方法的基本前提。党性教育内容要以具体的方式方法为中介进行传递和输送。有什么样的方式方法、能够选择什么样的方式方法，同样受到环境的影响与制约。比如，当社会生产力水平较低、物质条件较为落后时，党性教育方式方法也较为局限和单一，可供选择的余地很小。但随着社会生产力水平的提高，社会为党性教育提供的物质条件越来越丰富，党性教育方式方法的选择范围也不断拓展，层次也不断提高，从而极大地丰富了党性教育内容的表现力。同时，随着科学理论的发展与新兴学科的出现，不同的学科、不同的领域为党性教育的方式方法提供了更多的借鉴，比如心理学、教育学、行为学、现代管理学等多学科的理论与方法被逐渐引入到党性教育的教学和研究中，使党性教育科学化水平不断提升。

4.环境是影响党性教育成果转化的重要因素。党性教育成果转化包括理论成果转化、实践成果转化、制度成果转化和人才成果转化。它需要有成果转化的支持环境、需求平台和有效载体。如何把训、研、用结合起来，开启成果转化的直通车？如何搭建成果分享的平台，打造成果转化的加速器？如何发挥参训单位的作用，建好成果转化的试验场？如何开展成果转化宣传，推广党性教育成果？这些都取决于具体环境状况，尤其是转化机制完善与否。此外，党性教育成果的转化，还涉及党性教育内容与环境的契合度。当党性教育环境与教育内容相匹配并形成相互支撑时，党性教育环境能对教育对象产生认知导向、行为规范、情感陶冶、榜样示范等正向激励作用，促进教育对象对教育内容的吸收与转化；而当环境与教育内容形成强烈反差时，就会阻碍教育对象对教育内容的接受意愿，削弱甚至抵消党性教育效果。

（二）环境影响党性教育的特点

环境对党性教育的影响具有以下几个明显的特点。

1. 影响的全方位性。党性教育始终处于各种环境的"包围"中，从宏观环境到微观环境，从物质环境到精神环境，从现实环境到虚拟环境，等等，这些大大小小、各式各样的环境因素交织组成党性教育环境系统，全方位、立体式、持续不断地对党性教育过程产生着影响。

2. 影响的多重性。党性教育环境由不同要素构成，这些环境要素以各自特有的方式和途径影响着党性教育主体，影响着党性教育的开展与实施。要素的多样性造成环境对党性教育的影响具有多重性，既有宏观影响，又有微观影响；既有深层影响，也有浅层影响；既有积极影响，也有消极影响；等等。

3. 影响的可变性。环境对党性教育的影响不是固定不变的。环境在动态发展，环境对人们思想和行为产生的影响也在不断发展变化。这种影响体现在党性教育对象思想观念形成的过程中，成为构建党性教育对象内在思想结构的重要基础。随着党性教育对象思想状况的调整变化，党性教育就需要与时俱进。

4. 影响的渗透性。环境对党性教育的影响与制约更多是一种"润物细无声"的熏陶和浸染。只有当环境因素发生较为强烈的改变，并被党性教育对象较为关注和接受时，环境对党性教育的影响才是一种显性的，是被党性教育对象所自觉意识到的。但在大部分的情况下，各种环境因素是通过与党性教育对象发生接触，在日积月累中产生量变到质变的影响，这种影响是逐渐渗透的、潜移默化的。

二、党性教育对环境的改造

马克思主义环境论告诉我们，一方面，人在实践中具有接受环境影响和制约即受动性的一面，人不能脱离环境而生活，必须接受为自己准备好的环境；另一方面，人本身具有主观能动性，能反作用于环境，积极地影响客观环境，并能创造出适宜于人类生存发展的新环境。同样，在党性教育过程中，党性教育必须以一定的环境和条件为基础来开展，但同时，党性教育过程并非只有对环境的被动选择，而是可以反作用于环境，通过对环境的分析、辨别、利用乃至改造，构建出有利于党性教育开展和党性教育效果提升的教育环境。

（一）党性教育对环境的认识与把握

党性教育对环境能动的认识与把握是党性教育反作用于环境的基础和前提。在党性教育过程中，无论是教育者还是受教育者始终置身于纷繁复杂的环境中，被大量的、庞杂的环境信息所包围和环绕。只有教育者、受教育者发挥主观能动性，主动、自觉地对环境进行认识、辨别、分析和把握，才能取其所需，有效利用环境因素中的正向功能、最大限度地减少环境因素中的消极作用与负面影响。在党性教育的具体实践中，对于党性教育环境的状况、类型、性质、特点等，都可以通过发挥教育者和受教育者的认知功能加以辨识、掌握。一是对客观存在的各种各样性质、内容的环境因素进行分辨，在对各种环境因素深刻把握的基础上，结合各种环境因素的影响状况，去修订教育目标、选择教育内容、制订教育计划，从而提升党性教育的实效性。二是认识、把握环境的发展变化。由于经济社会的快速发展与社会变革的推进，党性教育环境也处于不断的变化发展中，一方面给党性教育提出了种种新问题，另一方面也给党性教育提出了新的任务和要求。只有主动把握这些新情况、回应这些新问题，才能推动党性教育与时俱进向前发展。如果离开了对客观环境的认识与把握，党性教育就会成为理论与实际相脱离的"两张皮"，变成关起门的"自说自话、自弹自唱"。只有在对党性教育环境充分了解的基础上，才能科学并客观地分析环境对人的思想言行的影响，提出优化党性教育的对策，提高党性教育的效能。

（二）党性教育对环境的选择与利用

党性教育对环境的选择与利用是指在对党性教育环境充分认识的基础上，根据党性教育目标的需要，挑选并利用环境中的有利因素服务于党性教育的活动。比如信息网络技术的发展，给党性教育造成挑战的同时，也为党性教育的发展带来了新契机。将信息网络技术充分、有效运用于党性教育，可以有效弥补传统党性教育工作的不足，为党性教育的现代化提供新方法、新模式、新途径。

正因为党性教育环境复杂多变，因此只有主动选择、利用环境中的积极因素，抑制、防范环境中的消极影响，才能促进党性教育活动的开展。要实现对党性教育环境的有效选择，就要紧扣党性教育的目标要求，围绕教育目标的设定具体分析与之相关联的各种环境因素，筛选利用与党性教育活动相适应的环境要素，为党性教育目标的实现营造良好的外在条件。同时，必须加强对党性教育正负环境因素的综合研究，在此基础上，汇集、推广、弘扬环境中的积极要素、正面典型，梳理、剖析、批判环境中的消极因素、反面典型，形成党性教育环境中积极因素的最大化。

（三）党性教育对环境的改造与建设

党性教育对环境的改造与建设是党性教育对环境的能动作用的鲜明体现，是指党性教育并非被动地限制于已有的环境，而是能够通过对现有环境的主动改变，创造出适宜于党性教育发展的新环境。从本质上来讲，党性教育既是一种教育行为，也是一种社会行为。教育过程的实施就是将教育内容和教育效果社会化的过程。

以党校的党性教育为例。学员在党校中所接受到的党性教育就是在一个被有意识地主动设计与建构的环境中开展教育的过程。无论是充满红色元素的校园环境的营造，还是课堂教学的设计、学员管理的强化，多种环境场景不断变换，但都具有党性的共同指向，同时削弱屏蔽了不适应于党性教育的各种环境要素，在积极吸纳和整合各种环境资源中，构建起立体化、多层次的党校党性教育环境并形成党性教育环境的系统合力。党校党性教育活动结束后，教育效果又通过回到单位中的教育对象的思想言行扩散到社会中，在产生党性教育的社会辐射力的同时，也对环境产生积极影响，强化环境中的积极因素。

综上所述，可以得出以下几点结论。

结论一：环境为党性教育的开展提供了可能，是党性教育实践的"舞台"，同时，各种环境也对党性教育活动构成了大小不等的限制与制约。这种影响与制约是具体的。不同时间、不同场合、不同内容、不同对象的党性教育活动，影响其运行及成效的环境要素不尽相同。即使在同一个党性教育活动的具体实践中，不同的环境要素也是在以不同的途径和方式作用于党性教育，产生着不同程度的影响。这些环境要素之间并非割裂、孤立的存在，而是在相互联系、相互作用中构成了丰富、立体、多维的党性教育环境系统，共同影响着党性教育对象的思想言行，共同制约着党性教育的过程实施与效果呈现。

结论二：党性教育与环境之间并非单向度的影响和制约关系，而是相互影响、相互作用的。究其原因，党性教育的主体是"人"。人具有环境所难以企及的主动性和主导性，这是由人的本质及其根本属性所决定的。围绕着党性教育目标的实现，不管是教育者还是受教育者都能够能动地对环境加以选择和利用。而通过教育活动的有效实施，受教育者理论水平、党性修养的提高又将有助于对环境现状的改造和优化。

结论三：在党性教育实践中，要辩证地看待环境与党性教育两者的关系。既不能片面强调环境的影响和效用，以至于发展为"环境决定论"；也要防止否定环境客观制约性、过分夸大党性教育能动作用的"精神万能论"。共产党人作为党性教育的主体，应在自觉遵循事物客观规律的基础上，充分调动和发挥主体性与能动性，去积极营造、构建一个有利于教育人、培养人的良好的党性教育环境。

第五章 党性教育体系

党性教育体系是指党性教育系统中各种教育要素的有序组合。党性教育是一个系统工程，需要进行系统集成，打好"组合拳"。党性教育体系主要包括内容体系、课程体系和保障体系。内容体系解决教什么的问题，课程体系解决怎么教的问题，保障体系解决凭什么教的问题。中国共产党的党性教育发展到如今，需要根据新形势新任务，努力从党性教育的具体内容、课程设置、保障供给等方面进行完善，充分体现时代性和科学性。

第一节 党性教育内容体系

一、党性教育的主要内容

(一) 深入开展马克思主义理论教育

深入开展马克思主义理论教育，应从以下方面入手。

1. 要正确认识马克思主义理论教育的战略地位。它是确保党的各项事业健康发展的根本前提，是巩固马克思主义指导地位的根本举措，是夺取中国特色社会主义事业伟大胜利的重要保证。马克思主义理论教育具有政治性、时代性和实践性特征。马克思主义理论教育必须遵循理论教育的适应规律，遵循理论教育的统一规律。

2. 要努力掌握马克思主义理论教育的根本内容。它包括：马克思主义基本原理，毛泽东思想基本原理，中国特色社会主义理论体系基本原理。邓小平理论、"三个代表"重要思想、科学发展观、习近平新时代中国特色社会主义思想，都是中国特色社会主义理论体系的范畴。

3. 要充分重视马克思主义理论教育的指导原则、基本目标和主要环节。

马克思主义理论教育必须坚持整体性原则、理论与实践的统一原则和学马列要精、要管用原则。加强马克思主义理论教育的目标，是要使受教育者把握马克思主义的基本原理、世界观和方法论，培养马克思主义的坚定信仰者，造就马克思主义的理论教育者，锻造马克思主义的忠实实践者，为中国特色社会主义伟大事业服务。马克思主义理论教育，应牢牢把握目标的确立、计划的制订、方案的落实和成效的评价等环节，提高其实效性。

4.要认真研究马克思主义理论教育的主客体关系，解决马克思主义理论教育的时代课题。马克思主义理论教育的主体，在中国就是中国共产党及其理论教育工作者。因此，在马克思主义理论教育实践中，主体通常表现为两种形式：一是以组织形式存在的主体，即进行马克思主义理论教育的组织机构，主要有党的各级组织及职能部门、理论研究机构、专门教育机构等。二是以群体形式存在的主体，即从事马克思主义理论教育的专职或兼职理论队伍，主要有党团校的教研人员、高中级院校的政治教员、党的政治工作干部、党员领导干部、党报党刊编研人员等。马克思主义理论教育的教育对象即相对客体，是党员和党员领导干部。具体包括工人党员、农民党员、知识分子党员（含青年学生党员）、新社会阶层中的党员、党员领导干部。马克思主义理论教育是一个时代课题，中国共产党人必须牢牢把握中国特色社会主义新的历史方位，适应中国社会主要矛盾的变化，围绕党和国家的工作中心，用马克思主义中国化最新理论成果武装全党，从而开辟中国特色社会主义的新境界，开启中国特色社会主义迈向新征程的新篇章。

（二）深入开展理想信念教育

深入开展理想信念教育，应从以下方面入手。

1.要认识坚定理想信念的极端重要性。对马克思主义的信仰，对社会主义和共产主义的信念，是中国共产党人的精神支柱，也是党和国家的精神支柱。理想信念是阶级属性的本质要求，是共产党人的政治灵魂，是保持党的团结统一的思想基础。理想信念是中国共产党人安身立命的根本，是中国共产党人精神上的"钙"，它使共产党人有远大目标，有宏伟抱负，有前进动力，有昂扬斗志。

2.要聚焦理想信念教育的相关内容。它包括：马克思主义信仰教育。通过深入开展马克思主义理论教育，引导党员与党员领导干部建立对科学理论的理性认同，对马克思主义真懂真信，防止在封建迷信、宗教影响、各种反马克思主义思想鼓噪下迷失方向、失去自我。共同理想和最高理想教育。通过深入开展世情、国情、党情教育，引导党员和党员领导干部在不同社会制度、不同发展道路的比较中鉴别优劣、认清趋势、分清界限，深化对中国特色社会主义共同理想的认同、对共产主义最高理想的认同。社会主义和共产主义必胜的信念教育。通过对历史的学习和把握，引导党员与党员领导干部深入了解党和国家事业发展的来龙去脉，深刻认识共产党执政规律、社会主义建设规律、人类社会发展规律，坚定社会主义和共产主义必胜的信念。

3. 要选好着力点。要解决好"总开关"问题，加强思想建设，强化理论武装，提高道德修养；要解决好保持共产党人本色问题，始终坚定理想信念，对党绝对忠诚，始终牢记根本宗旨，主动担当尽责，始终做到清正廉洁，保持艰苦奋斗；要解决好认识论问题，深化对三大规律的认识；要解决好动能问题，向榜样学习，向人民群众学习。

4. 要强调坚守共产党人的精神家园。坚持远大理想和共同理想的统一，坚持"四个自信"和民族复兴的融合，坚持民族精神和时代精神的弘扬，坚持伟大事业和伟大工程的共创，坚持登高望远和脚踏实地相结合。

（三）深入开展党的宗旨教育

深入开展党的宗旨教育，应从以下方面入手。

1. 要明确党的宗旨有其自身的形成过程和内容。全心全意为人民服务，是中国共产党的根本宗旨，是共产党人党性的集中体现，是党性教育的根本问题，也是中国共产党区别于其他政党的显著标志之一。作为党的宗旨，"全心全意为人民服务"内涵极其丰富而又深刻。中国共产党是服务型政党，服务对象是工人阶级和最广大的人民群众，服务的基本要求是全心全意、完全彻底，服务的实质是为人民谋利益、谋幸福，服务的工作路线是群众路线。

2. 要认清新时期加强党的宗旨教育的重大意义。全心全意为人民服务的宗旨是共产党人最高利益、核心价值的体现，是共产党人增强党性修养的根本问题，是党领导全面深化改革的基本保障，也是党防范化解各类风险的重要前提。

3. 要把握加强党的宗旨教育的要求。要牢固树立宗旨意识，这是全心全意为人民服务的前置条件。要站稳人民立场、增进群众感情，这是区分唯物史观和唯心史观的分水岭，是判断真假马克思主义政党的试金石，是观察党心民心的晴雨表。要坚持为民务实清廉，这是共产党人精气神的集中体现，是党的先进性和纯洁性的具体表现，是党的作风的鲜明呈现。要掌握群众工作的方式方法，这是马克思主义群众观的基本要求，是中国共产党群众路线的贯彻落实，是共产党人为民服务本领的集中展示。在新的历史时期，面对新形势、新任务，每个共产党员都要时刻牢记党的宗旨，自觉实践党的宗旨，以全心全意为人民服务的实际行动，续写中国特色社会主义的历史新篇章。

（四）深入开展党史国史教育

深入开展党史国史教育，应从以下方面入手。

1. 要厘清党史国史的资政育人价值。习近平指出："各级领导干部还要认真学习党史、国史，知史爱党，知史爱国。要了解我们党和国家事业的来龙去脉，汲取我们党和国家的历史经验，正确了解党和国家历史上的重大事件和重要人物。"[①] 党史国史的资政育人价值在于：铭记历史，祛疑释惑，铸魂筑基，实现"必修"与"修好"的有机统一、"弘扬"与"坚守"的有机结合；吸取我国历史上治国理政的经验和中华传统文化的优秀成果，为推进国家治理现代化提供有益借鉴；培养党员干部高度自觉的历史意识、以史为鉴的历史思维，树立深见远虑的历史眼光。

2. 要突出党史国史教育的重点。党史教育的重点，是加强党的奋斗发展史教育、党的理论创新史教育、党的自身建设史教育。国史教育的重点，是要把握历史周期率困局中的历代王朝更替的规律，把握百年屈辱与抗争中的共产党执政地位确立的历史过程，把握艰辛探索与奋斗中的中国特色社会主义道路开辟的成功经验。党史国史教育的重点对象，是加强各级党员领导干部和广大青年党员的教育，引导他们从党史国史中不断汲取开拓前进的智慧和力量。

3. 要抓实党史国史教育的举措。要制订开展党史国史教育规划，有计

---

① 《习近平在中央党校建校 80 周年庆祝大会暨 2013 年春季学期开学典礼上的讲话》，《人民日报》2013 年 3 月 3 日。

划、有步骤地开展教育。要把握开展党史国史教育的主线，即党团结带领全国各族人民争取民族独立、人民解放和实现国家繁荣富强、人民共同富裕两大历史任务而不懈奋斗的历程。要整合红色资源，丰富党史国史教育活动；整合师资资源，优化党史国史教育队伍。要构建党史国史教育工作机制，发挥课堂教学主渠道作用，夯实党史国史知识体系，发挥网络便捷互动优势，创新党史国史教育方式，发挥实践活动育人功能，深化党史国史教育实效。要创新党史国史教育形式，针对新的形势和任务，与时俱进，做到四个"结合"：将党史国史教育与党的基本理论教育相结合，与新时代相结合，与党性教育相结合，与提高党员干部的工作能力相结合，以此增强党史国史教育的时代性、针对性、实效性。

（五）深入开展革命传统教育

深入开展革命传统教育，应从以下方面入手。

1.要明了革命传统教育的时代价值。它有利于巩固马克思主义在意识形态领域的指导地位，有利于巩固中国共产党的执政基础，筑牢共产党的组织基础，弘扬共产党的政治文化，温润共产党人的初心。革命传统教育时代价值的实现，必须通过多种多样的形式进行，如深入挖掘地方革命传统教育资源，充分发挥其价值观教育的作用；加大红色基地的建设力度，充分发挥红色基因的传承作用；利用课堂教学形式，充分发挥党校、干部院校的革命传统教育的阵地作用。

2.要发掘革命传统教育的丰富内容。中国共产党在领导中国人民进行民主革命、社会主义革命和建设的长期斗争实践中，形成了革命传统精神系列，包括红船精神、井冈山精神、古田会议精神、长征精神、延安精神、抗战精神、西柏坡精神、"两弹一星"精神、载人航天精神等。传承它们就要进行革命精神教育。革命先烈、革命先辈和党内英雄模范人物的事迹感天动地，要进行革命事迹教育。中国共产党保持了实事求是、调查研究的传统，党的工作中的群众路线的传统，独立自主、自力更生的传统，思想建党、政治建军的传统，民主集中制的传统等；形成了理论联系实际、密切联系群众、批评与自我批评的优良作风，谦虚谨慎、不骄不躁的作风，艰苦奋斗的作风。弘扬它们就要进行优良传统和作风教育。这些优良的革命传统是党的宝贵精神财富，是鼓舞党员干部积极为新时代中国特色社会主义事业奋斗的巨大动力。

3.要探索革命传统教育的路径。开展革命传统教育的路径主要有革命传统教育基地教育培训，英雄烈士纪念活动，优秀文艺作品传播，革命传统教育研讨交流和体验活动，网络教育，革命传统教育协作活动，等等。

4.要抓住开展革命传统教育的结合点。要把历史与现实结合起来，在弘扬"开天辟地、敢闯新路的首创精神"时，必须结合改革开放中所遇到的困难，大胆创新；在弘扬"坚定信念、百折不挠的奋斗精神"时，必须结合"两个一百年"奋斗目标和实现中华民族伟大复兴中国梦，勇往直前；在弘扬"依靠群众、忠诚为民的奉献精神"时，必须结合"以人民为中心"的发展思想，牢固树立公仆意识。要把感性和理性结合起来，在"认清"上下功夫，形成革命传统的初步认识；内化于心，提高革命传统教育的认同感；外化于行，用革命传统精神指导实践。要把革命精神和时代精神结合起来，大力开展革命精神的教育和改革创新精神的教育，坚持继承和发扬并重，激发革命传统教育活力。要把传承红色基因和担当时代重任结合起来，传承红色基因，坚定理想信念，坚持为民宗旨，弘扬奋斗精神，培育优秀品质。通过开展革命传统教育，引导党员干部牢固树立全心全意为人民服务宗旨，自觉为中国特色社会主义伟大事业努力奋斗。

（六）深入开展道德品行教育

深入开展道德品行教育，应从以下方面入手。

1.要充分认识道德品行教育的重大意义。党员干部的道德品行是社会道德建设的风向标，也是政治生态的导航仪。"讲道德、有品行"是对党员干部提出的两个有机统一的要求，二者各有侧重，"讲道德"侧重强调思想认识上要"知德明德"，"有品行"侧重强调现实实践中要"守德行德"。在新的历史时期，面对西方敌对势力加紧对中国实施西化、分化战略，面对意识形态领域的尖锐较量，面对艰巨繁重的改革发展稳定任务，面对网络信息时代多元多变的社会思想，必须加强党员干部的道德品行教育。党员干部道德品行状况不仅关系着党在人民心目中的形象，关系着党的创造力、凝聚力和战斗力，而且关系着党和国家事业的兴衰成败。

2.要突出推介道德品行教育的主要内容。要在党员干部中广泛开展政治品质教育、社会主义核心价值观教育、中华优秀传统文化教育、厉行节约反对浪费教育。通过教育提升干部政治素质、道德境界，凝魂聚气、强基固本。

3. 要认真掌控道德品行教育的基本途径。要充分发挥党校（行政学院）、干部学院在党员干部道德品行教育中的主渠道、主阵地作用，全面优化教育过程；要充分发挥道德模范的引导作用，树立先进典型，广泛开展学习宣传道德模范的活动；要建立健全长效机制，把党员干部的道德品行教育作为一项重要政治任务常抓不懈。

（七）深入开展法治思维教育

深入开展法治思维教育，应从以下方面入手。

1. 要清楚法治思维教育的前置条件。建设法治中国是全球化进程的客观需要，是国家治理能力现代化的重要途径，是实现中国梦的制度保障。法治中国由法治经济、法治政治、法治文化、法治社会、法治生态文明等要素构成，具有统一性、主体独立性、统摄性、渐进性、包容性特征。法治中国的精神内核在于：全面实现人民当家作主是法治中国的本质要义，良法善治是法治中国的精神与精髓，公平正义是法治中国的价值追求。中国共产党人要自觉把握中国特色社会主义法治体系，包括完备的法律规范体系、高效的法治实施体系、严密的法治监督体系、有力的法治保障体系和完善的党内法规体系。

2. 要明晰法治思维教育的主要内容。它包括：法治思维重要性教育，规则思维教育，合法思维教育，程序思维教育，权赋思维教育，权限思维教育，善治思维教育，等等。

3. 要推出法治思维教育的措施。要优化法治环境，包括优化立法、执法和司法环境，优化党员干部法治思维能力的考核评价环境。要通过多种渠道排除法治思维的主要制约因素。要正确处理党的领导与依法治国的关系，依法治国与以德治国的关系，法治思维与大局思维的关系，法治思维与应急思维的关系，法治思维与改革、发展、稳定的关系。要建立常态化的法治学习教育体系，包括明确党员干部法治学习教育的主要内容，创新党员干部法治学习教育的方式方法，提升党员干部法学教育培训师资队伍的水平，建立健全党员干部法治学习教育的长效机制，以保障法治教育长期、稳定、顺利开展。要构建"不能为"的法治监督体系，加强对权力运行的制约和监督，把权力关进制度的笼子；建立严格的责任追究机制，切实做到权责相一致、有权必有责、失职要问责、违法必追究，彰显监督和责任追究的严肃性与权威性。

（八）深入开展反腐倡廉教育

深入开展反腐倡廉教育，应从以下方面入手。

1.要了解反腐倡廉教育的相关理论与实践问题。作为党性教育的重要内容，反腐倡廉教育是对中国共产党建设优良传统的有力弘扬，是构建惩治和预防腐败体系的重要内容，是构筑拒腐防变思想道德防线的根本途径。反腐倡廉教育具有鲜明的阶级性、长期性、复杂性，是强制性与非强制性的统一。中国共产党的反腐倡廉实践，起于安源工人运动期间。1923年7月至1924年年底，刘少奇、李立三、毛泽民、朱少连在安源路矿工人俱乐部集中开展了以整顿作风、清理账目、反对侵占集体经济利益、建章立制为主要内容的反腐倡廉工作，取得了显著成效。在第一次国共合作中，中国共产党就警惕和预防党员干部的堕落，1926年8月，中共中央发布了第一个反腐败文件——《中共中央扩大会议通告——坚决清洗贪污腐化分子》，全党范围内的反腐败由此发端。1932年年初至1934年秋，毛泽东领导的中华苏维埃共和国临时中央政府开展反腐倡廉宣传教育，对消除官僚主义，培育革命新风，密切政群干群关系，完成各项中心任务，产生了良好影响。延安时期陕甘宁边区的反腐倡廉宣传教育，保证了革命和边区建设事业的发展。新中国成立初期的反腐倡廉宣传教育，统一了全党的思想认识，为反腐败斗争的健康发展提供了思想保证，巩固了新生的人民政权。改革开放以后，中国共产党认真总结新中国成立以来的反腐倡廉教育的经验教训，始终高度重视反腐倡廉教育，反腐倡廉工作不断取得新进展，并呈现出鲜明的阶段性特征。反腐倡廉教育的实践经验启示我们，反腐倡廉教育必须以马克思主义和马克思主义中国化理论成果为指导，必须紧紧围绕党的中心任务进行，必须为实现党的执政使命服务，必须坚持以党员领导干部为重点，发挥"关键少数"的表率作用，必须坚持反腐倡廉教育与制度、监督的有机结合，增强教育的实效性。

2.要把握反腐倡廉教育的内容与手段。反腐倡廉教育的内容主要包括：廉政法规制度教育，廉政党课，廉洁谈话，警示教育，廉政文化教育，专题活动教育。开展反腐倡廉教育，要综合运用多种手段，比如坚持"老虎""苍蝇"一起打，开展正反典型教育，借鉴历史智慧，运用"互联网+"，用好监督执纪"四种形态"，等等，提高反腐倡廉教育的实效性。

3.要完善反腐倡廉教育的组织与制度保障。加强反腐倡廉教育的组织领导，建立和完善各级党委政府为主体、纪委组织协调、职能部门紧密配合的反腐倡廉教育领导体制；加强反腐倡廉教育的制度保障，完善基本制度，构建常态化教育培训机制，健全教育培训体系，建立和完善教育培训工作保障机制；进一步完善监督约束机制，优化评价考核体系，建立和完善激励和责任追究机制，形成一级抓一级、层层抓落实的责任体系。

（九）深入开展党章党规党纪教育

深入开展党章党规党纪教育，应从以下方面入手。

1.要弄清党章党规党纪教育的基本要义。对于一个政党而言，纪律是生命线；对于一个党员而言，党章党规党纪是高压线。中国共产党历来强调守纪律讲规矩，从成立之初就非常注重纪律建设。中共十八大以来，党把守纪律讲规矩摆在更加重要的位置，强调党章是全党必须遵循的总章程、总规矩，在党内具有最高的权威性和最大的约束力，是维护全党的团结和统一的根本保证。党的纪律是铁的纪律，必须把它摆在更加突出的位置，树立"把党的纪律挺在前面"的理念，深刻理解党的纪律的内涵，切实加强党的纪律建设。法律红线不可逾越，时刻牢记法定职责必须为、法无授权不可为的理念，学法懂法，对法律怀有敬畏之心，深刻领会触碰法律红线必究法律责任的道理。

2.要明确遵守党章党规党纪教育的基本要求。要强化党章党规党纪意识，履行党员权利义务，坚持民主集中制，维护中央权威，维护党的团结，遵循组织程序，服从组织决定，管好身边的人，严肃党的纪律。

3.要营造党章党规党纪教育的良好氛围。可以组织汇编党章党规党纪资料，为更好履行监督执纪问责和监督调查处置职责生动力、添助力；要讲好党章内外的故事，了解党章沿革的过程及其背后的故事，引导党员干部更好地理解党章的内容和条文，从中汲取营养和智慧；要增强党内生活的政治性、原则性和战斗性，严肃党内生活；要切实加强监督检查，强化党的自我监督和群众监督，增强党的自我净化能力。

这里特别需要注意的是，党内政治文化教育作为党性教育的重要内容，应贯穿于理想信念教育、党的宗旨教育、革命传统教育、道德品行教育、反腐倡廉教育等具体内容之中，以弘扬忠诚老实、公道正派、实事求是、清正廉洁等价值观，引导党员干部自觉增强党内政治生活的政治性、时代性、原则性、战斗性。世情国情党情教育对党员干部把握三大规律、坚定理想信念，深化对党史国史、党的优良传统的认识有辅助作用，可以列入党性教育的内容。党的作风与党性有相关性，由于"党的建设"课程中作风建设是其重要内容，故"党性教育学"不作专章列入，党的作风教育可在革命传统教育中列入，或在进行党的宗旨教育时列入。

二、党性教育内容的实现途径

(一) 加强宣传引导，通过灌输和激发"提升人"

灌输是党的宣教工作中的一种基本的方法，是党的宣教工作的重要历史经验，也是党的宣教工作的重要原则和方法。一般来说，灌输的方式有三条：一是文字灌输。包括网络、报刊、书籍以及板报、标语等。文字灌输直接传播思想观点，不受时间和空间的限制，而且表达的思想准确、精练、容量大。其中，网络传播是影响最广的一种传播方式和途径，它以全球海量信息为背景、以海量参与者为对象，参与者同时又是信息接收者与发布者并随时可以对信息作出反馈，对党员的影响广泛而深刻。网络传播的特征表明，通过网络开展党性教育面临的任务是十分艰巨的，必须不断创新方式方法，提高灌输的实效性。二是语言灌输。包括讲课、演讲、座谈等。语言灌输对象明确，有特定的环境和直观的表达方式。集中辅导是各级党组织党性教育最常用的灌输教育形式，但这种形式对讲课人要求较高，讲课人不但要有深厚的理论功底，而且要具有一定的讲课艺术，只有把问题说透了，党员干部才能接受。党性教育要把知识内化为信念、外化为行动。这不同于普通技能性教育，它要求党员干部真学、真懂、真信、真用。由于理论与现实在某些方面的差距，以及由此造成的人的消极体验，使一些党员干部对党性教育的功效产生怀疑，没有兴趣"学"，没有办法"懂"，感觉不可能"信"、不可能"用"，只有循着道理讲、带着感情讲、透着艺术讲，才能抵消这种负面效应。三是形象化灌输。包括电影、电视以及其他文学艺术手段等。形象化灌输往往润物无声，潜移默化，通过艺术形式提高党员干部接受灌输教育的兴趣和积极性，从而达到提高思想认识的目的。要善于运用国内外优秀的艺术作品，通过作品蕴含的积极思想，提高党性教育效果。

一般说来，中国共产党的党员不乏热情、豪气和积极性、主动性、创造性，只不过有时候它处于"沉睡"状态，需要"点火"激发。这就要求教育者以科学的手段，激发党员的内在潜力或潜能，例如，用故事、成语、谚语、名言警句、笑料段子，提问启发、换位思考，抓住人的爱好、调动好奇心，变换环境、捕捉灵感，推出新方法新技能或新创意，定期激励、付之奖惩，举行仪式、开展各种有意义的活动，等等，都是行之有效的激发方式。

（二）强化纪律约束，通过严格要求"净化人"

纪律，是党员干部在政治立场、方向和行动上的刚性约束与依据标准。中共十八大以来查处了一系列的腐败案件，其中有拉帮结派、结党营私的，有无视组织、唯我独尊的，有口无遮拦、肆意妄为的，等等。这些现象之所以发生，是因为这些党员干部纪律规矩意识缺乏、法律法纪观念淡漠，守不住底线，逾越了红线，最终才滑向了违法犯罪的深渊。强化党员干部的纪律约束，一是深入开展纪律教育，使党员、党员领导干部增强纪律意识，养成纪律自觉，形成遵守党纪的良好习惯；二是把纪律和规矩立起来、严起来、执行起来；三是用纪律和规矩管住大多数，做到党内监督不留死角、没有空白；四是重点强化政治纪律和组织纪律，带动其他纪律严起来；五是以纪律为尺子衡量党员、党员领导干部的行为，对违纪问题发现一起就查处一起，维护纪律严肃性。

（三）开展党性分析活动，通过自我剖析"陶冶人"

从广义上看，党性分析是指党组织和党员根据党性原则和党组织、党员行为规范对照检查，找出自身存在的不足或差距，剖析问题的根源，提出整改措施，提升党性修养的过程。从狭义上看，它是指党员与党员领导干部按照党章对党员的要求和对党的干部的要求，进行自我剖析的党性教育活动。进行党性分析是增强党性修养的重要环节，是中国共产党党性教育的基本经验，是保持党的先进性和纯洁性的内在需要，也是党员的必修课。它有助于党员和党员领导干部坚定理想信念、提高思想觉悟，加强理论修养、提升理论水平，勇于自我革命、解决突出问题，增强组织观念、严格遵守纪律。党性分析重在站在党性的高度、理论的高度、世界观人生观价值观的高度进行理性思考，重在查摆问题具体、检讨过程具体、分析原因深刻，重在党性分析步骤扎实、整改措施针对性强、行动快成效大。

开展党性分析活动要抓好以下几个方面的工作：一是制订党性分析活动计划。引导党员明确党性分析任务、基本要求和路径方法，增强党员通过党性分析活动实现党性锻炼目的的自觉性。二是组织集中学习。组织党员集中学习党章党规党纪，学习党组织规定的理论书刊、党内文件，进一步明确党性基本要求。三是广泛征求并如实反馈群众意见。要坚持发扬党内民主，坚持从群众中来、到群众中去，认真听取群众的意见，接受群众的评议和监督。认真听取群众的意见可采取问卷调查、座谈会、个别访谈、设意见箱等各种方式。党组织将意见汇总后，要如实向党员和党员领导干部反馈。四是组织党员交心谈心。要引导党员聚焦党性分析主题，进行有针对性的谈心谈话，坦诚相见、交流思想、相互帮助。五是撰写党性分析材料。党性分析材料是党员参加组织生活会前的重要准备，是党员党性锻炼成果的重要体现。党员在撰写党性分析材料时，必须立足自身岗位职责，对自己党性状况进行深入剖析，要整理自己的思想，触动自己的灵魂。要联系自己思想和工作实际，进一步找差距、知不足，找准思想根源对症下药。六是召开专题组织生活会。在专题组织生活会上，要开展批评和自我批评。引导党员讲真话、实话、管用的话，不讲空话、假话、套话；要引导党员坚持问题导向，坦诚剖析自我、进行自我批评，进一步增强自我净化、自我完善、自我革新、自我提高能力，进一步提高党性修养。要根据民主评议党员的制度规定，依照学习教育、自我评价、民主评议、组织考察、表彰和处理的基本方法行事。

（四）开展实践教育活动，通过思想历练"锻炼人"

理论联系实际是党的优良传统和作风，坚持理论教育和实践教育相结合是党性教育的一项基本原则。党员干部应该带头深入基层，通过调查研究了解基层实际状况，深化对党的路线方针政策的认识，坚定在中国共产党领导下，走中国特色社会主义道路，实现中华民族伟大复兴的共同理想和信念，增强历史使命感和社会责任感。实践教育活动的主要特点是让党员干部亲身感受并有所体验。多年来，各级党组织积极探索，总结出很多有效的实践教育形式：一是生活体验。组织党员干部进村入户，与农民同吃同住同劳动，体验农民生活，了解农民的生产、生活状况，了解农民的所想所盼，并从中受到教育。二是工作体验。组织党员干部到企业参观学习，走进车间，体验工人的劳动状况，感受工人的辛苦。三是调研体验。确定不同的专题，组织党员干部深入基层开展调研活动，让党员干部多了解本地的实际情况，引导党员干部树立为本地经济和社会发展作贡献的信心。四是警示体验。组织党员干部参观看守所、监狱等场所，通过了解服刑人员的反面典型案例，揭示违纪违规问题的思想根源，释放纪律的震慑力量，让党员干部认识到"手莫伸，伸手必被捉"的道理，逐步形成对腐败的警惕、对纪律的尊崇、对权力的敬畏。

第二节　党性教育课程体系

课程体系是指在一定的教育价值理念指导下，将课程的各个构成要素加以排列组合，使各个课程要素在动态过程中统一指向课程体系目标实现的系统。课程体系是实现培养目标的载体，是保障和提高教育质量的关键。课程门类排列顺序决定了党员干部通过学习将获得怎样的知识结构。课程体系是党性教育活动的统筹安排，是培养目标的具体化和依托，它规定了培养目标实施的规划方案。课程体系主要由课程目标、课程结构和课程形式所组成。

一、党性教育课程目标

党性教育课程目标是指课程本身要实现的具体目标和意图。它规定了党员干部通过课程学习以后，在党性方面期望实现的程度，它是确定课程内容、教学目标和教学方法的基础。从某种意义上说，所有教育目的都要以课程为中介才能实现。简言之，课程是使党员干部达到教育目的的手段。所以，党性教育课程目标是决定整个课程编制过程最为关键的环节。

（一）党性教育课程目标的价值取向

1.社会价值取向。一是坚定正确的政治方向是党性教育课程的政治价值取向。党性教育课程必须坚定正确的政治方向，政治方向是指南针、是根本保证。党性教育课程的确立要严格遵守政治纪律和政治规矩，牢固树立政治意识、大局意识、核心意识、看齐意识，始终坚持坚定正确的政治方向，自觉维护党中央权威和党的领导核心，始终在思想上政治上行动上同党中央保持高度一致。二是培育和弘扬社会主义核心价值观是党性教育课程的思想道德价值取向。社会主义核心价值观是社会主义核心价值体系的内核，体现社会主义核心价值体系的根本性质和基本特征，反映社会主义核心价值体系的丰富内涵和实践要求，是社会主义核心价值体系的高度凝练和集中表达。带头践行社会主义核心价值观是共产党员的重要责任，也是新时期合格党员的基本要求。三是坚守共产党人的精神家园是党性教育课程的党内文化价值取向。中国共产党人的精神家园，是对马克思主义的信仰，对社会主义和共产主义的信念，对党和人民的事业必胜的信心；是以爱国主义为核心的民族精神和以改革创新为核心的时代精神；是中国共产党人的革命精神和革命气节。不忘初心、牢记使命，是坚守共产党人精神家园的永恒主题。党性教育课程要不忘从政治上、思想上建党，为党内文化筑基，为共产党人铸魂。

2. 个体发展价值取向。一是约束规范行为。党性教育要有明确的规范要求，明确哪些行为可以为，哪些行为不可为，把党员干部的思想和行为引导到正确的轨道上来。二是激发精神动力。包括民主激励，引导党员干部切实行使主人翁权利，广泛参与重大问题的决策和管理；榜样激励，通过典型示范，引导党员干部提高思想品德水平，规范自己的行为；情感激励，注重党员干部的合理需求，关心、理解、尊重党员干部的思想。通过需求调研，把握党员干部的个性需求，把学习者的个性发展纳入课程设置目标。三是塑造个体人格。党性教育要塑造党员干部个体健全人格，引导党员干部形成崇高的精神境界和健康的心理品质，能正确认识社会、认识人生、认识自己，提高适应和改造客观世界的能力。帮助党员干部充分挖掘自身潜能，实现自身人格完善。

3. 学科发展价值取向。党性教育学科具有三个方面的显著特点，一是目的性。党性教育的目的是服务工人阶级执政党建设，提升党的整体战斗力，培育忠诚干净担当的党员干部，提高党员干部的党性修养，激励党员干部为建设中国特色社会主义、最终实现共产主义而奋斗。这一目的贯穿在整个党性教育过程之中。二是实践性。党性教育系列课程是建立在党长期的党性教育实践基础上的，是对党领导革命、建设和改革过程中形成的经验与教训的总结、概括、升华。同时，党性教育理论又反作用于党性教育实践，促进党性教育的发展。三是综合性。一方面，党性教育总是受到其他社会因素、心理因素和自然环境因素的影响，党性教育课程要从多方面加强综合研究，完善课程体系。另一方面，他山之石，可以攻玉。党性教育课程目标的实现，要综合运用政治学、社会学、教育学、心理学等学科的相关知识，提高党性教育的科学性。因此，要注重构建学科逻辑与实践逻辑、理论知识与现实生活相结合的学科课程，把理论观点的阐述寓于社会实践的主题之中，让党员干部在践行正确价值观的过程中逐渐内化成为自觉的价值取向。

（二）党性教育课程目标的具体内容

党性教育课程目标的具体内容必须坚持问题导向和需求导向，遵循党性教育课程目标的价值取向，有目的、有计划地科学确定。

一是从社会价值的角度看，其目标要着重解决党员干部对马克思主义的信仰、对社会主义和共产主义的信念问题，对中国特色社会主义道路、制度、理论和文化的信心问题，提升党性。主要内容包括马克思主义基本原理，毛泽东思想基本原理，中国特色社会主义理论体系基本原理，把马克思主义中国化最新成果作为课程学习的重中之重。同时，开设理想信念、党的宗旨、党史国史、革命传统、道德品行、法治思维、反腐倡廉、党章党规党纪等方面的课程。

二是从党员干部个体发展价值来看，其目标要着重解决党员干部的心理素质问题、团队精神问题、个体人格问题；等等。主要内容包括管理心理学、组织行为学、能力拓展培训等方面的课程。

三是从学科发展价值来看，其目标要着重解决党性教育的科学性问题。主要内容包括两个方面：一方面是根据实践性确定的内容，围绕党员干部工作实践开设的课程，如公共管理、领导学等；另一方面是根据综合性确定的内容，借鉴其他学科知识开设的课程，如政治学、社会学及其他课程。

二、党性教育课程结构

党性教育课程结构是党性教育课程目标转化为教育成果的纽带，是党性教育课程实施活动顺利开展的依据。党性教育课程结构是课程各部分的配合和组织，它是课程体系的骨架，主要规定了组成党性教育课程体系的分类以及各类内容的比例关系，体现出党性教育理念和课程设置的价值取向。课程结构是针对整个党性教育课程体系而言的，课程的知识构成是课程结构的核心，课程的形态结构是课程结构的骨架。

（一）党性教育课程的知识构成

党性教育的知识构成应根据教育培训对象、任务、时间长短等多项因素而定，在不同的培训教育场合，党性教育的知识构成应当有所不同。根据党性教育课程目标的具体内容，党性教育课程的知识构成有三个方面：一是从社会价值角度，围绕马克思主义理论教育等九个方面开设课程，在党性教育全部课程中大体占80%；二是从党员干部个体的发展价值角度，开设党员干部心理素质教育辅导和提升党员干部个体人格的课程，在党性教育全部课程中大体占10%；三是从课程的学科发展价值角度，运用公共管理、领导学、政治学、社会学及其他学科知识开展党性教育的课程，在党性教育全部课程中大体占10%。

（二）党性教育课程的形态结构

党性教育课程的形态结构按不同维度（不同场地）来划分，主要分为课内教学课程与课外教学课程。

1. 课内教学课程主要分类。一是学科课程。主要包括：马克思主义理论教育；党的路线、方针、政策教育；党纪国法教育。二是特设课程。主要包括：特色讲堂类。如开设"道德讲堂"，请英雄模范人物作报告；开设警示教育课，请纪委、政法机关领导作案例分析报告；等等。实践活动类。如主题演讲活动、党性分析活动等。

2. 课外教学课程主要分类。一是参观学习类。包括组织学员到红色教育基地接受革命传统教育，组织到看守所、监狱接受警示教育等。二是社会实践类。包括组织党员干部深入基层参加劳动、参加相关活动（如精准扶贫、社区活动）等。三是课外活动类。包括开展唱红歌、讲革命故事、文艺活动等。

三、党性教育课程形式

新形势下党性教育工作面临的环境更加复杂，任务更加艰巨，要求教育者付出更加艰辛的努力，不断创新课程形式，提高党性教育实效。党性教育课程形式以课程目标和课程结构为依托，课程形式的多样性、课程目标的统一性和课程结构的逻辑性是构成党性教育体系的核心要素。在教学内容及其进程安排从观念转化成行动的过程中，党性教育课程可以表现为多种形式。

（一）文本形式

党性教育课程内容有三种文本表现形式：即课程计划、课程标准和教材。

1. 课程计划。党性教育课程计划是课程设置的整体规划。党性教育课程计划大致分两类：一是单位课程计划。即各级党组织在党员干部正常开展工作的前提下，制订的党员干部党性教育课程计划。它对本单位、本部门的工作及党性教育活动作出全面安排，具体规定党性教育的课程目标、课程内容、时间安排以及党性教育活动和各项工作的衔接等。二是党校、干部院校课程计划。即党的组织部门或相关党组织安排的各级党校、干部院校集中培训计划，时间大多不超过三个月。具体规定教学目标、指导思想、教学内容、课程安排等。

2. 课程标准。课程标准是规定党性教育的课程性质、课程目标、内容目标、实施建议的教学指导性文件。它是课程计划的具体化，是党性教育教材编写、教学、考核评价的依据，是管理和评价课程的基础。制定党性教育课程标准，要依据党员干部的特点和党性教育规律，结合具体内容，加强党性教育的针对性、实效性和规范性。

3. 教材。党性教育教材是党性教育工作者和党员干部据以进行教学活动的材料，包括教科书、讲义、讲授提纲、参考书、活动指导书以及各种视听材料。教材编写一般要把握四个原则：一是科学性原则。教材的内容要反映事物的本质和规律，符合党性教育的要求。二是实用性原则。要理论联系实际，注重理论在实践中的运用，提高党员干部运用知识解决实际问题的能力。三是系统性原则。要把党性教育知识按照一定的关系组织起来，形成知识体系，引导党员干部对知识学习、理解和掌握。四是可读性原则。行文深入浅出，通俗易懂，语言生动形象，规范优美，便于党员干部阅读和理解。

（二）实践形式

美国教育家古德莱德对课程概念体系进行了划分，得出了不同类型的课程：理想的课程、正式的课程、领悟的课程、运作的课程与经验的课程。古德莱德的课程层次理论，对我们研究党性教育课程形式有一定的意义，值得借鉴。

1.理想的课程。在党性教育过程中，理想的课程非常重要，它规定了党性教育要达到的目标。理想的课程的设计建立在教育学、心理学、社会学、政治学等原理基础之上，从理论和实践的角度论证党性教育课程的必要性。为了能够具有实践价值并发挥作用，在制定的时候必须有一定活动与过程指导的相关内容。

2.正式的课程。与理想的课程相比，正式的课程在内容上并没有作多少修改，但是它是已经实施的课程。在党性教育过程中，教育者制定的教学计划、教学目标、规定的教学内容、安排的教学课程、确定的使用教材等，就是正式的课程。

3.领悟的课程。领悟的课程指的是教育者对正式的课程有所领悟而形成的课程，通俗点说就是教师的教案。由于不同教师对于正式的课程有着不同的理解与解释的方式，所以他们对课程的领会与正式的课程之间会有一定的差异，而这个差异就会影响课程最后达到的效果。

4.运作的课程。运作的课程指的是教师在课堂上所实际实施的课程，也就是教学。教师领会的课程与所实施的课程之间的差距可能很大，此差距的产生很大程度上受教师的理论认识、理解深度、实践教学能力、党性教育条件以及党员干部的发展水平的影响。

5.经验的课程。经验的课程是指党员干部在课程学习过程中实际体验到的东西。即党员干部从教师那里得到的知识。由于党员干部工作经历不一样，知识层次、年龄层次各异，有着不同的经验基础而形成了自己对事物特定的理解，不同的党员干部听同一堂课会有不同的体验或是学习经验。并且这些经验才是该课程最终对党员干部的实际影响，决定了课程对党员干部的作用以及效果。

（三）网络课程

网络课程是一种通过网络表现教学内容和实施教学活动的课程形式。根据网络课程的表现形式，从教学的角度，可以将网络课程分为三种类型：授课型、自学型、共研型。

1.授课型课程。授课型课程是以教师讲授为主、通过网页浏览器播放的课程。这种类型的网络课程，根据教学的整体需要，除了提供讲课视频和课程内容之外，还配有其他有助于党员干部学习的辅助栏目，如课程简介、课堂练习、案例分析材料等。授课型课程主要特点是以教师为中心，教师一般都经过认真挑选，是党性教育研究领域的专家。在授课之前，教师都作了充分的准备，讲课重难点突出，条理清晰，层次分明，教学效果较好。但由于受时空限制，这类课程不利于师生互动，教师不能得到学习者的情况反馈。

2. 自学型课程。自学是远程教育中的一种主要学习方式。自学型网络课程按照以党员干部为中心的思想来进行设计。以 Web 页面组织、整合党性教育课程的内容，栏目包括课程简介、课程内容、案例分析等，提供丰富的学习资源，并有相关网站的链接。党员干部可以通过练习和自测题进行自我评价，根据反馈信息了解自己对课程的掌握程度。在遇到问题时，可以通过 Email、BBS、QQ、微信等向教师求助。自主学习型课程强调人机互动式学习，以文本为主要表现形式，适当辅以声音和图像，并提供大量的相关资料，满足党员干部个性化学习的需要。这种课程最大特点是强调互动学习，但由于学习方式是个体化学习，缺乏监督和管理，如果有些党员干部学习不认真，就达不到教育效果。

3. 共研型课程。协作学习是基于人类对学习活动的不断认识，逐步形成的一种现代学习方式，强调学习者的主动探究和亲身体验以及基于真实任务的研究与问题的解决。共研型课程是党员干部在教师指导下，共同选择与课程内容相关的专题进行研究，并在此过程中主动获取知识、应用知识、解决问题的学习活动。利用协作学习的方式进行研究性学习，就是针对所要研究的问题，同一协作小组内各个成员或不同协作小组针对研究问题的不同方面，进行任务分工，担任不同的研究工作，协作交流，最终达到学习党性教育课程的目的。共研型课程着重营造网络协作环境，注重培养党员干部的协作学习能力和创新性思维。这种课程最突出的特点是协作性和研究性，但也存在着责任不明、缺乏教师有效指导的问题，影响党性教育效果。

第三节　党性教育保障体系

党性教育保障体系是指支撑和支持党性教育的各个部分、各个环节组成的总体。完善的党性教育保障体系是加强党员干部党性教育的重要条件，关系着党性教育的成效。党性教育的保障体系，包括制度保障、机制保障、师资保障、后勤保障等。这几项保障是相互联系、相辅相成的。保障体系是党性教育不可或缺的组成部分，对党性教育的发展有着重要的意义。

一、党性教育的制度保障

党性教育制度建设是带有根本性、稳定性、全局性、长期性的建设。只有制定和完善党性教育各项制度，不断提高党性教育制度建设的科学化水平，党性教育活动才能顺利开展，党性教育工作才能规范运行。

（一）党性教育制度建设的要求

制定党性教育制度时，需要把握三个方面：一要把握它的指导性和约束性，明确党性教育工作者和党员干部应该做什么、不应该做什么，违反制度应该受到什么处罚。由此，引导党性教育工作者和党员干部自觉遵守党性教育制度，严格按照党性教育制度要求办事。二要把握它的鞭策性和激励性，鞭策和激励党员干部遵守纪律、努力学习、勤奋工作。三要把握它的规范性和程序性，不仅制度文本要规范，制度制定程序也要规范，工作流程要科学合理，要为党性教育提供可资遵循的依据，使党性教育工作者和党员干部按照规定的程序与要求开展党性教育活动。

（二）党性教育制度建设的任务

党性教育制度包括思想政治工作制度、学习管理制度、组织管理制度和生活管理制度。思想政治工作制度要紧紧围绕"全员学习、全程学习、终生教育、工作学习化、学习工作化"的教育理念，紧密结合工作目标和任务，适应新形势，解决党员干部突出的思想问题，保证思想政治工作贯穿于党员干部教育管理全过程。学习管理制度要规范学习要求，充分调动党员干部的学习积极性，增强教育效果。组织管理制度要完善并严格党员干部学习、考勤等制度，保障党性教育的组织纪律性。生活管理制度要提倡党员干部艰苦奋斗，认真组织开展文体活动，活跃党员干部培训学习期间的业余生活。除此之外，还要制定完善的后勤管理制度、经费保障制度等，保证党性教育活动的正常开展。

（三）党性教育制度的落实

党性教育制度之所以可以保证教育活动顺利进行，是以有效的执行力为前提的，即有强制力保证其实施。党性教育制度的落实需要抓住以下几个关键：一是制度的制定要全面、完整、科学，具有可操作性。二是制度要与时俱进，及时修订。制度不能一成不变，要根据党性教育的发展，及时调整、补充、丰富和完善，使之符合实际情况的需求，具有生命力。三是制度的执行要公开、公平、公正。党性教育制度的制定要公开，要广泛征求党员干部的意见，发扬民主。党性教育制度的执行也要公开，日常管理要把党员干部接受党性教育执行纪律的情况公开公布。同时，对党员干部在接受党性教育过程中的违规违纪，要及时处理，组织处理的情况也应在规定范围内公开。所有党员干部，无论职务高低，都要遵守党性教育制度，如果违反了，就要接受组织处理或教育，没有例外，这叫公平。党员干部无论职务高低，只要违反了党性教育制度，就要视情节接受处理，处理的轻重视情节而不是视地位，这叫公正。四是建立完善的监督机制，保证规章制度的正确执行。五是领导干部必须做好表率，率先垂范，带头执行。六是建立完善的考核、评价机制。

二、党性教育的机制保障

机制在社会系统是指一定社会领域的运作规制和驱动系统，具有相对性、社会性、关联性、运动性和技术性等特点。党性教育机制是党性教育领域各构成要素的运作规制和驱动系统。党性教育是一个永恒课题，不可能一蹴而就、一劳永逸，要把建立长效机制作为一个关键环节。同时，党性教育也不可能单兵突进，要坚持统筹联动，改善党性教育的体制机制和环境。

(一) 建立健全"一岗双责制"

有权就有责，权责要对等。各级党组织主要负责人应把党员干部的党性教育作为主要任务来抓，其他班子成员在抓好分管工作的同时，也要抓好党员干部的党性教育工作，这是"一岗双责制"的根本要求。各级党委（党组）要牢固树立抓好党性教育工作是本职、不抓党性教育工作是失职、抓不好党性教育工作是渎职的观念，自觉把落实党员干部党性教育责任记在心上、扛在肩上、落实在行动上，推动党性教育工作不断深入、取得实效。落实党性教育工作责任，关键是要把党的领导落到实处。各级党组织要强化党性教育工作的主业意识，把党性教育工作当作分内之事、应尽之责，真正把担子担起来，种好自己的"责任田"。要在思想认识、责任担当、方法措施上落实党性教育工作要求，担负起责任；健全党性教育工作责任制，建立有利于干部敢抓敢管、有利于党委（党组）担责任的制度，细化责任、以上率下，层层传导压力，级级落实责任，把责任传导给所有班子成员，压给下面的书记，确保责任落到实处。党委（党组）书记作为第一责任人，要履行好第一责任人职责，领好班子，带好队伍，督促各级领导班子成员落实党性教育工作责任。

（二）建立统筹协调机制

党性教育是一项带有全局性、整体性的系统工程，需要各部门相互配合，形成合力，共同完成。一是各职能部门要结合本部门的实际，抓好本部门党员干部的党性教育工作。二是抓好统筹协调。各级党政部门、群团部门、企事业党组织在抓好自身党性教育工作的同时，要把党性教育力量整合起来，对党员干部党性教育工作从人员分类、组织实施、中途推进、后续宣传等环节进行统揽部署和协调，做到内外兼顾、通盘谋划、统筹实施。三是充分发挥党校、干部院校在党性教育工作中的主渠道作用。充分利用党校、干部院校的硬件条件、师资力量、管理经验等有利条件，开展党性教育培训工作，教育对象不能仅限于行政事业单位的党员干部，还要把企业特别是民营企业的党员、农村党员纳入培训范围。四是发挥组织、纪检监察等职能部门的作用，履行好干部选拔和干部监管职责，巩固党性教育效果。

（三）构建评价监督应用机制

党员干部党性教育效果怎么样、社会反映好不好、群众满不满意是评价党性教育是否有成效的重要标准，这就需要有一个合理的评价监督应用机制。一要建立一套完善的评价机制。要根据中共中央关于党员干部教育的相关文件精神，结合《干部教育培训工作条例》和全国干部教育培训规划（如《2018—2022 年全国干部教育培训规划》）等文件要求，以及党的主要领导人关于党员干部党性教育的讲话精神，制定考核评价标准，使评价的内容更具体、评价的标准更明确、评价的方法更科学。评价范围包括教学工作评价、学员结业评价、管理服务评价等。二要建立一套完善的监督机制。党员干部党性教育要坚持教育和监督双管齐下，完善监督工作规则，及时发现纠正教育过程中存在的问题，不断拓宽监督的形式和渠道，改进监督手段，创新监督机制，把自我监督、组织监督、群众监督和社会舆论监督等有机结合起来，形成多层面监督的整体合力。三要建立一套完善的应用机制。按照党性教育目标和原则，创新党性教育方式方法，形成党性教育系统完整的经验。加大党性教育工作经验的推广应用力度，重视应用效果，重点考量应用可行性和可创造性，把新时期党员干部党性教育工作抓出成效、抓出特点、抓出亮点。

（四）建立健全激励约束机制

党性教育必须牢牢把握"制度机制是外力，内化自省是根本"的教育理念，充分调动每一名党员干部作为党性教育对象的自身内生动力。一是建立党员干部党性教育激励机制。要大力表彰党性教育工作的先进典型，评选优秀党性教育工作者和优秀党员干部，通过主流媒体大力宣传他们的先进事迹，激发党性教育工作者和党员干部接受党性教育的积极性。奖励先进、鞭策后进，在党员干部队伍中形成良好的讲党性、重修养、做表率，人人争当党的优秀干部的良好氛围。二是建立党员干部党性教育考核约束机制。重视党员干部党性教育情况考核结果的运用，将其纳入干部任职考察内容。各级组织人事部门要把干部党性教育的考核情况作为干部任用考察的内容和任职、晋升、奖惩的重要依据之一，促进干部培训与干部使用更好地结合。要把干部党性教育考核结果与对干部实施惩罚措施相结合，对没有完成教育培训任务或者培训考核评价不合格的干部，提拔任用时不予推荐提名，不能参与年度评优评先活动，或不得确定为优秀等次。引导党员干部在思想上重视党性教育，在行动上自觉接受党性教育。

三、党性教育的师资保障

党性教育教师是党性教育的重要力量，师资队伍建设如何，直接影响到党性教育的质量和水平。党性教育对教师队伍在学识水平、道德品行上都提出了更高的要求，打造一支德才兼备、结构合理的高素质师资队伍，是决定党性教育成效的关键性因素。

（一）加强组织建设

组织建设是党性教育教师队伍建设的基础，组织起来的教师队伍才能握成拳头，形成突击力量。党性教育教师队伍是由从事党性教育的专职或兼职理论工作者构成的，主要有党校、干部院校的教研人员，高等院校和相关研究机构的专家学者、党的政治工作干部、党员领导干部、党报党刊编研人员等。在党性教育过程中，这支队伍发挥了重要作用。从现实状况看，党性教育教师队伍也面临着人员不稳定、年龄结构不大合理、师资力量不够强等诸多问题。因此，必须进一步完善教师队伍的结构，把更多优秀人才吸引到党性教育事业中来。要拓宽教师来源渠道，坚持严格的政治标准和业务标准，注重从高等学校优秀毕业生中招录青年教研人员，从高等学校和其他部门引进优秀人才。要把政治素质过硬、理论水平较高、善于课堂讲授的党政军领导干部、企事业单位领导人员，纳入党性教育教师队伍并加强管理，选聘先进典型人物、知名专家学者，深入基层，开展党性教育专题辅导。特别要从以下几个方面加强组织建设：一要推进组织人事制度改革，进一步形成民主、公开、竞争、择优的选人用人机制。二要多途径培育，如定期组织党性教育教师参加专业理论培训、挂职锻炼等。三要严格管理，建立健全岗位责任、职称评定、进出交流、提职提薪、考核监督的体制机制，强化规范管理，提高管理质效。

（二）加强思想建设

加强党性教育教师队伍思想建设，对于造就一支政治强、业务精、纪律严、作风正的过硬队伍，具有紧迫而深远的意义。一要树立马克思主义的世界观、人生观和价值观。树立马克思主义"三观"是党性教育教师应有的思想品质，也是党对党性教育教师的基本要求。二要严明政治纪律和组织纪律。坚持学术研究无禁区、讲坛论坛有纪律，严格要求教师正确宣传党的理论和路线方针政策，在大是大非问题面前旗帜鲜明、在思想上政治上行动上与党中央保持高度一致。三要弘扬优良思想作风。要坚持实事求是的优良作风，根据党员干部的思想特点和现实需求加强教育，反对形式主义等不正之风。要坚持群众路线的优良传统，把"从群众中来，到群众中去"的立场和方法，贯穿在党性教育的全过程之中。四要加强师德师风建设。推动教师明大德、守公德、严私德，恪守职业道德，坚持为人师表，自觉维护党的形象。

（三）加强能力建设

党性教育教师队伍能力强弱，影响党性教育过程，决定党性教育效果，所以党性教育教师队伍能力建设十分重要。党性教育教师要具备三个素质：一要有系统的专业知识。党性教育教师要能够系统掌握马克思列宁主义、毛泽东思想、邓小平理论、"三个代表"重要思想、科学发展观、习近平新时代中国特色社会主义思想。还要学习教育学、心理学、政治学、公共管理学、社会学及相关理论，增强党性教育的科学性。二要有热爱党性教育事业的情怀。努力培养党性教育的专业兴趣，做到喜欢它、钻研它，把它当作一门事业来做。这样才能作出成绩，不负党和人民重托。三要有良好的职业精神。要树立正确的教育理念，以谦逊姿态对待受教育者。

党性教育教师要主动适应国际国内形势变化，适应受教育者的特点和要求，提高教育实效。特别要注重从以下几个方面提高能力：一要提高学习能力。学习能力和学习的动力、毅力，是一个社会组织的生命力和竞争力之根，也是现代人安身立命、成长发展之源。党性教育教师要善于补充新知淘汰旧知，在学习中收获思想。二要提高调查研究能力。毛泽东说过："做宣传工作的人，对于自己的宣传对象没有调查，没有研究，没有分析，乱讲一顿，是万万不行的。"[1]党性教育的一切决策、活动都依赖于调查研究，没有必要的、充分的调查研究，就不能准确地掌握党员干部的思想状况，就无法开展有针对性的党性教育。党性教育教师一定要有正确的调研理念，掌握科学的调研方法，提高科学研究水平。三要提高说服教育能力。说服是党性教育的主要手段，说得好、能说服是党性教育教师的看家本领。党性教育教师要提高说服能力，不仅要有严谨的逻辑思维，而且要有较强的语言表达能力。四要掌握科学的方式方法。党性教育教师思维方式是否科学，将决定其工作思路是否开阔、方法是否正确、活动是否有效。党性教育教师一定要提高历史思维、辩证思维、战略思维、创新思维、底线思维能力，努力掌握马克思主义思想方法和工作方法。实施"名师工程"，切实提高师资水平，以学科学术带头人为主体，着力培养政治强、业务精、作风好的知名教师。

四、党性教育的后勤保障

党性教育是一项系统的复杂工程，要求各部门统一思想，协调行动，通

---

[1] 《毛泽东选集》第三卷，人民出版社1991年版，第837页。

力合作和配合，形成齐抓共管的工作格局，后勤工作是其中重要的一环。

（一）秉持先进理念

后勤服务是没有讲台的课堂，后勤员工是不上讲台的教师，是党性教育培训机构的支撑者和参与者。每个后勤员工高水平、高质量的服务，都能给学员起到一种榜样示范作用和潜移默化的影响。后勤部门应秉持立德树人的教育服务理念，牢固树立全心全意为教学、科研和师生生活服务的工作理念，形成服务育人、管理育人、环境育人的"三育人"体系。要提高政治站位，提升后勤保障服务能力和水平；培育服务文化，营造良好服务环境；坚持需求导向，保障工作运行；锐意改革进取，实现服务精细化、标准化、现代化。

（二）营造学习环境

无论是在机关、学校、企业，还是在农村，党性教育都需要有一个良好的环境。一要搞好基础设施建设。学员教室、学员宿舍、学员食堂、教职工办公室等设施是党校、干部院校正常办学必需的基础设施，应当充分予以保障，相关经费由同级财政资金等途径解决。二要搞好卫生环境建设。要经常组织打扫卫生活动，保证学习场所干净整洁。三要搞好绿化环境建设。要利用闲置空间栽花种树，绿化美化学习场所。四要搞好文化环境建设。高度重视软环境建设，通过建学习专栏，利用围墙、场地制作语录牌、宣传标语等，让党员干部置身于党性教育的良好环境氛围中。在信息社会和智慧城市建设的大背景下，应创设智慧学习环境，为党性教育提供现代化手段。

（三）改善学习条件

中国经济的发展带来了党员干部学习条件的改善。干部教育培训机构要充分利用经济发展的成果，不断完善党员干部的学习条件。一要加强教材建设。充分利用党校、干部院校、国民教育高等院校和科研机构的教研人员与党建专家，编写一批党性教育教材，组织党员干部学习。二要加强图书馆建设。要逐年增加一部分反映前沿理论的书籍，增加图书的种类和数量。要经常组织党员干部开展读书活动，提高图书的利用率。有条件的单位应加大电子阅览室的建设，提高党员干部学习的广度和深度。三要完善教学现代化手段。要配备电视、电脑、投影仪等现代化教学设备，提高党性教育的实效性。

（四）提高服务质量

后勤是为保障党性教育活动正常进行而提供的以服务为主要目的的工作。主要服务工作包括：一是学习场地布置。包括会场卫生、会标布置、音响和投影调试等。二是学习准备。为党员干部学习提供必要的学习资料、学习用品等。三是生活安排。为党员干部学习期间提供就餐以及食品安全管理。四是外出学习的管理。包括党员干部外出学习的车辆安排，协助对外联络等工作。五是接待工作。负责外请教师的生活安排、往返交通安排等。提高后勤服务质量，后勤员工首先要切实履职尽责，打造规范后勤；强化红线意识，打造平安后勤；落实环保理念，打造绿色后勤；力推技术创新，打造智慧后勤；突出服务为本，打造育人后勤。

第六章 马克思主义理论教育

马克思主义理论教育是中国共产党的一项强基固本的战略性工程,目的是使党员、干部坚定共产主义信仰。建党以来,中国共产党始终把马克思主义理论作为自己的行动指南,并在实践中不断丰富和发展马克思主义,保证了中国新民主主义革命和社会主义革命、建设和改革事业不断从胜利走向胜利。马克思列宁主义、毛泽东思想、邓小平理论、"三个代表"重要思想、科学发展观、习近平新时代中国特色社会主义思想,是马克思主义理论教育的基本内容。马克思主义理论教育需要把握一般规律、原则、方法和过程,研究主体、客体及其相互关系,解决时代课题,为中国特色社会主义伟大事业注入精神动力,为实现强国梦凝聚奋进力量。

第一节 马克思主义理论教育的地位、特征和规律

一、马克思主义理论教育的战略地位

马克思主义理论教育,是指马克思主义政党用马克思和恩格斯创立并为后继者所不断发展的科学理论体系,有目的、有组织、有计划地对党员进行的教化培育,是一种提高党员思想政治素质的社会实践活动。在开启全面建设社会主义现代化强国的新征程上,为了进一步统一思想、凝聚共识,进一步进行伟大斗争、建设伟大工程、推进伟大事业、实现伟大梦想,中国共产党必须深入开展马克思主义理论教育,充分认识马克思主义理论教育的战略地位。

（一）历史维度：马克思主义理论教育是确保党的各项事业健康发展的根本前提

马克思主义理论教育是中国革命负重前行的指路灯。十月革命一声炮响，给中国送来了马克思列宁主义，点燃了中华大地共产主义信仰的火种，给黑暗的中国带来了光明，给中国革命带来了希望。中国共产党自成立之日起，就高擎马克思主义真理的火炬，把在党内、在无产阶级和劳动群众中开展马克思主义理论教育摆在革命事业的首位。中国共产党从思想上建党，首先是依靠马克思主义特别是中国化的马克思主义教育全党。在 1938 年的中共六届六中全会上，毛泽东指出："我们的任务，是领导一个几万万人口的大民族，进行空前的伟大的斗争。所以，普遍地深入地研究马克思列宁主义的理论的任务，对于我们，是一个亟待解决并须着重地致力才能解决的大问题。"[1] 为此，他要求全党都要加强马克思列宁主义的学习和宣传。正是通过马克思主义理论教育，中国共产党人以坚定的信仰、大无畏的精神铺就了中国革命的胜利之路。

马克思主义理论教育是中国建设艰辛探索的启明星。中华人民共和国成立后，中国共产党丝毫没有放松马克思主义理论教育。1951 年 2 月，《中共中央关于加强理论教育的决定（草案）》指出：党内现在的理论教育状况是完全不能令人满意的，"现在国内战争已经基本结束，党正面临着建设新中国的复杂任务，全党有系统地学习理论，比较过去任何时候都有更好的条件，也更加迫切需要。"[2] 中共中央要求党员循序渐进地开展理论学习，党的高级干部应当是全党勤奋钻研马克思列宁主义、毛泽东思想的模范。为了保证理论学习有序进行，规定实施学年制和考试制。此后，马克思主义理论教育一直没有放松。正是这样的教育，巩固了党的组织，巩固了人民政权，保障了党的事业在曲折中前进。

马克思主义理论教育是改革开放破浪前行的航向标。为社会发展定向，是马克思主义理论教育的重要功能。改革开放后，面对建设有中国特色社会

---

[1] 《毛泽东选集》第二卷，人民出版社 1991 年版，第 533 页。

[2] 《中共中央文件选集（一九四九年十月——一九六六年五月）》第五册，人民出版社 2013 年版，第 308 页。

主义的新形势新任务，邓小平向全党提出了重新学习的要求。他强调干部和党员学经济学、学科学技术、学管理等，但"根本的是要学习马列主义、毛泽东思想，要努力把马克思主义的普遍原则同我国实现四个现代化的具体实践结合起来"①。江泽民强调把思想建设放在党的建设的首位，要在全党系统地深入地进行马克思列宁主义、毛泽东思想基本理论的教育，进行邓小平理论和"三个代表"重要思想的教育。胡锦涛强调全党要认真学习马克思列宁主义、毛泽东思想、中国特色社会主义理论体系，加强科学发展观教育，着力用马克思主义中国化最新成果武装全党。正是这样的教育，指引着改革开放的正确方向，保证了改革开放的顺利进行。

（二）现实维度：马克思主义理论教育是巩固马克思主义指导地位的根本举措

中共十九大通过的《中国共产党章程》规定："中国共产党以马克思列宁主义、毛泽东思想、邓小平理论、'三个代表'重要思想、科学发展观、习近平新时代中国特色社会主义思想作为自己的行动指南。"②这一立党立国的根本指导思想，是中国共产党团结前进的精神旗帜，是改造客观世界和主观世界的强大思想武器，中国共产党人必须坚定不移地坚持，决不背离或放弃。但现实情况是复杂的，社会上不时有人抛出"马克思主义过时论""马克思主义无用论""指导思想多元论"，企图动摇党本国本。对此，需要通过马克思主义理论教育正本清源，旗帜鲜明地回击反马克思主义的言论和思潮。衡量一种思想理论是否过时、有用无用，最根本的是看其是否顺应时代发展潮流并与时俱进，是否开辟了通向真理的道路，是否具有当代价值；人类有史以来，尽管思想是多元的，但指导思想从来都是统治阶级的思想，西方国家思想自由、价值多元是表象，资产阶级思想的统治是实质。在国内外形势发生深刻复杂变化的环境下，在面临严峻挑战、新问题层出不穷的形势下，在党员、干部中还存在一些思想认识上的困惑的情况下，巩固马克思主义指导地位，仅将其载入党章、宪法是不够的，停留在一般性号召和宣传上也是难以长久的，必须大力加强马克思主义理论教育，健全或完善巩固马克

---

① 《邓小平文选》第二卷，人民出版社1994年版，第153页。
② 《中国共产党章程》，《人民日报》2017年10月29日。

思主义指导地位的教育、宣传和研究保障体系。

（三）未来维度：马克思主义理论教育是夺取中国特色社会主义事业伟大胜利的重要保证

在中国特色社会主义新时代，加强马克思主义理论教育的实质，是用习近平新时代中国特色社会主义思想武装全党，推动中国特色社会主义事业不断发展。也就是说，马克思主义理论教育归根到底是为中国特色社会主义实践服务的，是为实现中国共产党"两个一百年"的奋斗目标服务的。马克思主义理论教育为全面建成小康社会、建设富强、民主、文明、和谐、美丽的社会主义现代化强国提供精神动力，为全面深化改革提供方向保证，为全面依法治国提供理论支持，为全面从严治党提供根本指引。虽然时代在变化，社会在发展，但马克思主义基本原理依然是中国共产党的事业不断发展的参天大树之根本，是党和人民不断奋进的万里长河之源泉。面对人民日益增长的美好生活需要，面对中华民族伟大复兴的光明前景，中国共产党只要加强马克思主义理论教育，深入学习贯彻习近平新时代中国特色社会主义思想，以新思想引领新发展，就能够帮助党员、干部坚定马克思主义理想信念、振奋精神，引导社会形成共识，凝聚力量，保证全党全国各族人民同心同德为夺取中国特色社会主义事业伟大胜利而奋进。

二、马克思主义理论教育的基本特征

特征是事物本质的外在表现，是事物可供识别的特殊的象征或标志。全面揭示马克思主义理论教育的基本特征，是区分马克思主义理论教育与其他教育的基础，是构建科学形态的马克思主义理论教育的前提，能否做到这一点，关系到马克思主义理论教育的正确方向，关系到马克思主义理论教育功能作用的充分发挥。

（一）马克思主义理论教育的政治性

马克思主义理论教育的政治性表现在：一方面，马克思主义理论教育是信仰教育。在中国共产党党内进行马克思主义理论教育，旨在坚定党员、干部对马克思主义的信仰或对共产主义的信念，引导中国共产党人为共产主义奋斗终生。它不仅让党员、干部知道马克思主义理论如何说，而且知道自己应当如何做。另一方面，马克思主义理论教育为现实政治服务。马克思主义理论教育由中国共产党领导，由党组织、党员领导干部、党的理论工作者和党的教育机构实施，始终同党和国家的中心任务紧密结合，为革命、建设和改革服务。在当代，它为中国共产党人提供科学的世界观和方法论，为坚持和发展中国特色社会主义指明方向，为工人阶级和最广大的人民大众服务，为中国共产党人和中国人民实现中国梦凝心聚力。

（二）马克思主义理论教育的时代性

马克思主义理论教育的时代性表现在：一是与马克思主义的与时俱进相适应。与时俱进是马克思主义的基本理论品格。马克思主义与中国革命实际相结合，创立了毛泽东思想。正是在这一理论的教育和引导下，中国共产党领导中国人民取得了新民主主义革命的伟大胜利。马克思主义与中国改革开放的实际相结合，形成了中国特色社会主义理论体系，为新时期马克思主义理论教育提供了新的符合时代发展要求的内容，推动着中国特色社会主义伟大事业不断前进。二是立足时代发展变化。改革开放几十年来，中国社会发生了全方位变革，这在中华民族发展史上前所未有，在人类发展史上绝无仅有，马克思主义理论教育站在时代高处，立足社会实际，讲好"中国故事"，以马克思主义中国化的新成果武装党员、干部，引领着社会思潮。三是满足时代发展需要。新时代的社会主要矛盾对党和国家的工作提出了新使命与新要求。解决时代课题，走中国道路、弘扬中国精神、凝聚中国力量，举旗定向就靠新时代中国特色社会主义思想，靠坚持不懈的理论教育。

（三）马克思主义理论教育的实践性

实践性是马克思主义理论的特征，也是马克思主义理论教育的特征。马克思主义理论教育的实践性表现在：一是马克思主义理论教育是在社会实践的基础上产生的。它深深扎根于实践，是中国共产党顺应中国革命、建设和改革的需要而产生的，旨在以马克思主义的理论、观点和方法教化人、改造人，使人们自觉成为马克思主义理论的实践者，进而改造客观世界。从本质上看，马克思主义理论教育是一种"主观见之于客观的活动"，即实践活动。二是马克思主义理论教育是随着社会实践的发展而发展的。马克思主义理论教育的对象是党员，是为了培养具有马克思主义理论素养的忠诚共产主义战士，造就中国特色社会主义事业的建设者和接班人，最终目标是为了实现人的自由而全面的发展。仅仅局限于教科书，不会真正理解马克思主义理论，也成不了真正的马克思主义者。马克思主义理论教育立足于社会主义革命、建设和改革的实践，并随着革命、建设和改革实践的发展而发展，因而它才有生机与活力，它的意义和价值才得到彰显。三是马克思主义理论教育的效果需要用社会实践来检验。党员、干部的思想政治素养提高与否，关键是以他们的实践活动作为客观的衡量标准，从实践中检验个人的思想行为是否符合党和国家事业发展的要求。马克思主义理论教育价值的实现，也必须坚持实践标准。只有如此，才能真正发挥理论的导向和激励作用，从而推动个人素养的提升和社会的进步。

三、马克思主义理论教育的基本规律

马克思主义理论教育作为一种客观的社会行为，它的存在、发展、变化受马克思主义理论的发展变化和与它相关的客观社会环境因素变化制约。研究马克思主义理论教育的客观规律，实际上就是探索马克思主义理论教育内在各因素间、马克思主义理论教育同环境因素之间的关系。现行研究中，有学者对马克思主义理论教育的客观规律进行了有益的探讨。例如，有的提出了马克思主义理论教育随时代的发展而发展的规律，马克思主义理论教育必须适应社会主义市场经济发展变化的规律；在探索马克思主义教育诸因素的关系时，提出了教育者继续受教育的规律、马克思主义理论教育过程规律、马克思主义理论教育方式方法规律。有的提出了马克思主义理论教育的历史逻辑规律（理论教育与历史进程的辩证统一，理论教育与历史使命的耦合）、马克思主义理论教育的理论逻辑规律（理论教育与理论本体的共生，理论教育逻辑与历史逻辑的共促）、马克思主义理论教育的主客体结合规律（理论教育的主体自为，理论教育的客体他律，理论教育的主客体互动）、马克思主义理论教育的方法论规律（教育方法论普适性与差异化并存，教育方法稳定性和创新性结合，教育方法时代性和现代性结合，教育与传播的独立性和交叉性融合）。就马克思主义理论教育的一般规律而论，存在着理论教育与马克思主义发展相适应的规律、与受教育者特点相适应的规律，理论教育内容与形式相统一的规律、教育环境与教育情景相统一的规律。它们可以简化为理论教育的适应规律和理论教育的统一规律。

（一）理论教育的适应规律

1.理论教育与马克思主义发展相适应的规律。理论教育与马克思主义发展相适应，是指与马克思主义发展的历史进程和发展阶段相适应，与马克思主义发展的时代内容(时代课题、时代命题、时代语境)和最新成果相适应。它是马克思主义理论教育的最基本规律。搞好马克思主义理论教育，就要在实践中自觉遵循这一规律，深化对这一规律的认识。

马克思主义的理论品质决定了马克思主义理论教育要与马克思主义理论发展相适应。马克思主义是一种革命的批判的理论。它对人类文明的优秀成果进行了批判性继承和革命性改造，并在批判旧世界中发现新世界，创立了崭新的科学理论体系，不仅揭示了自然界、人类社会和思维发展的一般规律，引起了人类认识史上的伟大变革，而且为人类在实践中不断认识真理开辟了道路。这就决定了马克思主义必然是一种生生不息、不断发展的理论。马克思主义本质上还是一种实践的开放的理论。它立足现实、面向世界、面向未来，具体问题具体分析。这就决定了马克思主义必然随着社会实践的发展、随着时间和空间的变化而不断丰富与发展。正如邓小平所说："马克思主义理论从来不是教条，而是行动的指南。它要求人们根据它的基本原则和基本方法，不断结合变化着的实际，探索解决新问题的答案，从而也发展马克思主义理论本身。"[1] 所以，中国共产党进行马克思主义理论教育，要体现批判性和革命性，坚持实践性和开放性，按照理论教育与马克思主义发展相适应的规律，不仅自觉坚持马克思主义与时俱进的理论品质，而且始终自觉地坚持以马克思主义中国化最新成果作为理论教育的中心内容。

2.理论教育与受教育者特点相适应的规律。铸魂育人是马克思主义理论教育的本质属性。中国共产党对党员、干部进行马克思主义理论教育，是要使他们接受马克思主义，坚定信仰和信念，树立正确的世界观、人生观和价值观，改造客观世界和主观世界，为共产主义事业奋斗不息。但是也要看到，受教育者差异性大，年龄、学历、经历、职业各不相同，思想认识也不相同，理论教育要真正取得实效，必须充分考虑教育对象的不同特点，与他们的年龄、学历、经历、职业特点和认识层次相适应。这是马克思主义理论

---

[1] 《邓小平文选》第三卷，人民出版社1993年版，第146页。

教育必须遵循的又一基本规律。

在中国共产党历史上，对党员、干部的马克思主义理论教育历来是分层次的。比如，党校理论教育对干部进行分层培训，以马克思主义理论特别是中国特色社会主义理论体系为主课，培养忠诚于中国特色社会主义事业、德才兼备的党员领导干部和理论干部。通过理论教育使党校学员掌握马克思主义的立场、观点、方法，具有履行职责所需的马克思主义理论水平。对于党的高级干部和马克思主义理论工作者，要求他们系统地、实际地学会马克思主义，特别是系统地、实际地学习领会马克思主义中国化的最新成果，"坚持用马克思主义观察时代、解读时代、引领时代，用鲜活丰富的当代中国实践来推动马克思主义发展，用宽广视野吸收人类创造的一切优秀文明成果，坚持在改革中守正出新、不断超越自己，在开放中博采众长、不断完善自己，不断深化对共产党执政规律、社会主义建设规律、人类社会发展规律的认识，不断开辟当代中国马克思主义、21世纪马克思主义新境界"。① 又比如，对普通党员进行马克思主义大众化教育。马克思主义理论教育大众化的途径，是出版马克思主义通俗读物，整顿学风，进行马克思主义的文学艺术宣传，开展中国特色社会主义理论体系宣传普及活动，利用广播影视、互联网进行马克思主义大众化教育，等等。与此同时，又要求"共产党人要把读马克思主义经典、悟马克思主义原理当作一种生活习惯、当作一种精神追求，用经典涵养正气、淬炼思想、升华境界、指导实践"②。无论是过去、现在还是将来，理论教育与受教育者特点相适应都是不能回避、不可忽视的，否则理论教育就会事倍功半甚至劳而无功。

（二）理论教育的统一规律

1.理论教育内容与形式相统一的规律。理论教育内容与形式相统一，是指理论教育的内容决定教育形式，教育形式依赖教育内容，对教育内容有反作用，并随着教育内容的发展而发展，二者相互依存、相互作用，统一于理论教育过程中。它是马克思主义理论教育的基本规律之一。

马克思主义理论教育的内容解决"教什么"的问题。新民主主义革命时

---

① 习近平：《在纪念马克思诞辰200周年大会上的讲话》，《人民日报》2018年5月5日。

② 习近平：《在纪念马克思诞辰200周年大会上的讲话》，《人民日报》2018年5月5日。

期，中国共产党在党内进行马克思主义、列宁主义、毛泽东思想基本理论教育，出版了一系列马克思恩格斯的著作，列宁和斯大林的一批著作（包括《斯大林选集》1—5卷）、《毛泽东选集》（各根据地自行编辑、出版）等。社会主义革命和社会主义建设时期，出版《毛泽东选集》第一版、《马克思恩格斯全集》第一版（1—39卷）、《列宁全集》第一版、《斯大林全集》（1—13卷）等，用于教育党员、干部。改革开放时期，出版《马克思恩格斯全集》第二版、《列宁全集》第二版、《斯大林选集》（上卷、下卷）和《斯大林文集》《毛泽东选集》第二版和《毛泽东文集》《毛泽东军事文集》《邓小平文选》《江泽民文选》《胡锦涛文选》《习近平谈治国理政》（1—2卷）等，用于教育党员、干部。

马克思主义理论教育的形式解决"怎么教"的问题。为了更好地将科学的马克思主义理论传授给党员、干部，达到入脑入心入行，中国共产党在开展马克思主义理论教育的过程中，注重方式方法的创新、教学手段的创新和教育载体的创新。比如：脱产学习、短期培训和平时学习教育相结合；课堂教学、自学和讨论交流相结合；强调理论联系实际的教育方法；开设讲坛，强化理论学习；开展主题教育活动，深化系列教育；运用现代化教学手段，细化教育内容；组织寓教于乐活动，丰富教育内涵；等等。同时，注重交叉学科教学的优势，充分吸收和借鉴教育学、社会学、心理学、传播学等相关学科的方法和手段，不断改进和完善马克思主义理论教育形式。

2.教育环境与教育情景相统一的规律。理论教育环境是指理论教育的外在因素，是所有外部相关因素和条件的总和，包括经济环境、政治环境、思想文化环境、社会环境和国际环境，或者说就是理论教育所面对的世情国情党情，它具有客观性。理论教育情景是指理论教育的内在因素，是教育主体的现实状况及其所营造的教育氛围，包括教育者和教育对象的智商、情商情况和思想状态、教与学的互动情况、教育场景设计情况等，它的主观性较强。教育环境与教育情景相统一，是指理论教育环境影响理论教育情景，理论教育情景适应理论教育环境，二者相伴相生、相辅相成，统一于理论教育的实践中。它也是马克思主义理论教育的基本规律之一。

在历史长河中，理论教育环境和理论教育情景都不是一成不变的，而是随着时间地点条件的变化而变化的。但在特定的时间地点条件下，二者又具有相对稳定性。所以，马克思主义理论教育环境与教育情景，是变与不变的统一。早在新民主主义革命时期，毛泽东就特别强调研究和宣传马克思主义，开展马克思主义理论教育必须与中国革命的具体环境相结合，指出："马克思列宁主义的伟大力量，就在于它是和各个国家具体的革命实践相联系的。对于中国共产党说来，就是要学会把马克思列宁主义的理论应用于中国的具体的环境。"① 在改革开放过程中，邓小平反复强调马克思主义理论教育要不断结合变化着的实际，创新理论，探索解决新问题的答案。中共十八大以来，中国社会主义现代化建设的国际、国内环境发生了重大变化，马克思主义理论教育环境也发生了重大而深刻的变化，面临的机遇和挑战都是前所未有的，这就需要在适应环境施教的同时，不断创设马克思主义理论教育的具体情境。马克思主义理论教育只有正视世情国情党情，一切从实际出发，最大限度地发挥主观能动性，为实现理论教育目标而有计划地创设具体教育条件和教育活动场景，才能使受教育者在特定的情境中学有所获、学有所成。

第二节　马克思主义理论教育的基本内容

一、马克思主义基本原理

马克思主义基本原理是马克思主义理论的思想精髓和精神实质的集中体现。马克思主义的基本立场、观点和方法，最能体现马克思主义基本原理的内容。基本立场是马克思主义基本原理的立论之本，基本观点是其立论之魂，基本方法是其立论之策。这三方面有机统一，充分体现了马克思主义基本原理的整体性和科学性。

（一）基本立场：马克思主义基本原理的立论之本

现实的人是马克思主义基本立场的出发点。马克思和恩格斯将人类历史的前提确定为现实的人，指出"我们的出发点是从事实际活动的人"②。人类

---

① 《毛泽东选集》第二卷，人民出版社 1991 年版，第 534 页。
② 《马克思恩格斯选集》第 1 卷，人民出版社 2012 年版，第 152 页。

社会的历史就是人能动地认识自然和社会、改造自然和社会的活动过程。只有以现实的人为分析社会历史问题的前提和出发点，才能科学说明人的存在、活动及其本质，才能正确认识人类历史变化发展的进程及规律。这是马克思主义基本原理的立论基点。

无产阶级和人民大众是马克思主义基本立场的立足点。马克思主义是研究无产阶级解放运动的科学，它的立足点是无产阶级和人民大众，人民立场是马克思主义的根本立场。恩格斯曾明确指出："完成这一解放世界的事业，是现代无产阶级的历史使命。深入考察这一事业的历史条件以及这一事业的性质本身，从而使负有使命完成这一事业的今天受压迫的阶级认识到自己的行动的条件和性质，这就是无产阶级运动的理论表现即科学社会主义的任务。"① 马克思主义阐明了无产阶级的历史作用，指出无产阶级只有解放全人类，才能最后解放无产阶级自己。这一立足点鲜明体现了其理论价值和生命力。

人的自由而全面发展是马克思主义基本立场的归宿点。马克思主义主张无产阶级要在全世界消灭阶级压迫和剥削，最终建立人人自由而全面发展的联合体。《共产党宣言》就明确指出："代替那存在着阶级和阶级对立的资产阶级旧社会的，将是这样一个联合体，在那里，每个人的自由发展是一切人的自由发展的条件。"② 实现人的自由而全面发展，是贯穿马克思主义理论始终的重要思想。人是社会历史发展的主体，社会历史发展的目的性也在于满足人自身的需要。人自身需要的最高表现就是每个人都能实现自由而全面的发展，这是马克思主义理论的最高价值目标。

（二）基本观点：马克思主义基本原理的立论之魂

关于自然界、人类社会和思维发展规律的理论。马克思主义认为，世界的本原是物质的，物质世界具有多样性，是普遍联系和变化发展的，内容与形式、本质与现象、原因与结果、必然与偶然、现实与可能是联系和发展的基本环节；对立统一规律是事物发展的根本规律。人的认识是对客观世界的能动反映，是随着实践的发展而不断发展的。真理是客观的，既具有绝对性

---

① 《马克思恩格斯选集》第 3 卷，人民出版社 2012 年版，第 817 页。
② 《马克思恩格斯选集》第 4 卷，人民出版社 2012 年版，第 647 页。

又具有相对性，实践是检验真理的唯一标准。物质生产活动是人类社会存在和发展的基础，生产力和生产关系的矛盾、经济基础和上层建筑的矛盾是社会发展的基本矛盾和根本动力。科学技术是历史的有力的杠杆和最高意义上的革命力量。人民群众是历史的创造者。这些基本观点揭示了世界运动变化的规律和趋势，为人们正确认识世界、推动世界的发展提供了理论指导。

关于资本主义的本质及规律的理论。资本主义经济制度是以资本主义私有制和雇佣劳动为基础的剥削制度，追求剩余价值是资本主义生产的直接目的和决定性动机，生产剩余价值是资本主义生产方式的绝对规律。资本主义的基本矛盾是生产社会化和生产资料资本主义私人占有之间的矛盾。这一基本矛盾导致资本主义的经济危机周期性爆发。资本主义的内在矛盾决定了资本主义必然被社会主义所代替，从历史发展趋势看，"资产阶级的灭亡和无产阶级的胜利是同样不可避免的。"[1] 这是马克思主义的一条基本原理，也是马克思恩格斯运用历史唯物主义的观点和方法对资本主义经济运行规律进行科学分析后得出的结论。

关于社会主义的发展及其规律的理论。社会主义代替资本主义是一个长期的历史过程。无产阶级肩负着推翻资本主义、实现社会主义的历史使命。无产阶级革命的第一步是使无产阶级上升为统治阶级，以新的真正民主的国家政权来代替旧政权。然后，集中力量发展社会生产力，尽可能快地增加生产力的总量，生产以所有人的富裕为目的，同时进行思想文化建设，给所有人提供健康而有益的工作，提供充裕的物质生活和闲暇时间，提供真正的充分的自由，还要处理好人与自然的关系。社会主义社会不是一成不变的东西，是经常变化和改革的社会。

关于共产主义崇高理想及其最终实现的理论。共产主义社会是人类社会发展的最高阶段，是人类历史发展的必然趋势，是马克思主义最崇高的社会理想。马克思恩格斯在剖析资本主义旧世界的过程中阐发未来新世界的特点，认为共产主义社会将是物质财富极大丰富、消费资料按需分配的社会，是阶级消灭和国家消亡的社会，是人们精神境界极大提高、实现人的自由而全面发展的社会，是人类从必然王国进入自由王国的飞跃。实现共产主义是

[1] 《马克思恩格斯选集》第1卷，人民出版社2012年版，第413页。

长期的历史过程，全世界无产者要联合起来，为共产主义理想而奋斗。

(三) 基本方法：马克思主义基本原理的立论之策

恩格斯说过："马克思的整个世界观不是教义，而是方法。它提供的不是现成的教条，而是进一步研究的出发点和供这种研究使用的方法。"[1] 马克思主义考察和分析问题、研究和论述问题、解决和预示问题的基本方法，是实事求是的方法、辩证分析的方法、阶级分析的方法，此外还有抽象的方法、实证的方法等。只有掌握了马克思主义的基本方法，才能灵活有效地运用马克思主义，创造性地坚持和发展马克思主义。

1. 实事求是的方法。实事求是是马克思主义的精髓。它不是从原则或者理性出发，而是"从现实的前提出发，它一刻也不离开这种前提"[2]。它强调理论与实际相结合、认识与实践相统一。实事求是使马克思主义具备全球视野和开放胸怀，把一国工人阶级的斗争放在国际环境中去考量，并把自己的理论看作是发展着的理论。因此，马克思主义是从客观实际产生出来又在客观实际中获得了证明的最正确最科学最革命的真理，是人类社会发展客观规律的反映，是改造客观世界和主观世界的精神力量，而不是某些改革家的幻想，从而使其具有了真正的科学价值和实践意义。

2. 辩证分析的方法。辩证分析的方法，就是运用唯物辩证法，以全面的、联系的、发展的眼光来看问题。恩格斯指出："要精确地描绘宇宙、宇宙的发展和人类的发展，以及这种发展在人们头脑中的反映，就只有用辩证的方法"。[3] 马克思曾经这样概括辩证法的本质："在对现存事物的肯定的理解中同时包含对现存事物的否定的理解，即对现存事物的必然灭亡的理解；辩证法对每一种既成的形式都是从不断的运动中，因而也是从它的暂时性方面去理解；辩证法不崇拜任何东西，按其本质来说，它是批判的和革命的。"[4] 正是在批判和改造德国古典哲学、英国古典政治经济学、法国和英国空想社会主义的基础上，马克思恩格斯创立了马克思主义；正是在批判旧世界的基础上，马克思恩格斯发现了新世界。

---

[1] 《马克思恩格斯选集》第4卷，人民出版社2012年版，第664页。

[2] 《马克思恩格斯选集》第1卷，人民出版社2012年版，第153页。

[3] 《马克思恩格斯选集》第3卷，人民出版社2012年版，第793页。

[4] 《马克思恩格斯选集》第2卷，人民出版社2012年版，第94页。

3.阶级分析的方法。在人类进入阶级社会后，阶级关系成为人际关系的一种客观现象。每一社会历史阶段的基本阶级关系，是基于彼此经济利益的对立而形成一种压迫与反压迫、剥削与反剥削的关系。阶级分析方法是在承认人类社会发展到一定历史阶段划分为阶级并由此产生矛盾冲突的前提下，运用阶级和阶级斗争的观点，观察和分析纷繁复杂的社会现象，剖析社会矛盾，揭示社会演化的趋势和规律的方法。按照马克思主义的观点，阶级的存在仅仅同生产发展的一定历史阶段相联系；阶级的划分是以在社会生产体系中所处地位不同而定的，同一阶级内部又有不同的阶层；阶级斗争"是历史的直接动力"，"是现代社会变革的巨大杠杆"[1]，它必然导致无产阶级专政；这种专政不过是达到消灭一切阶级和进入无阶级社会的过渡。阶级分析方法适用于研究阶级社会的历史。

二、毛泽东思想基本原理

毛泽东思想是马克思列宁主义基本原理和中国革命具体实际相结合的产物，是马克思列宁主义在中国的运用和发展，是被实践证明了的关于中国革命的正确的理论原则和经验总结，是中国共产党集体智慧的结晶。毛泽东思想具有多方面的内容，其活的灵魂是实事求是、群众路线、独立自主。在理论教育中，除着重把握毛泽东思想的活的灵魂外，还要抓好以下几个方面的教育。

关于新民主主义革命理论。毛泽东发展了马克思列宁主义关于无产阶级在民主革命中的领导权思想，创立了无产阶级领导的，工农联盟为基础的，人民大众的，反对帝国主义、封建主义和官僚资本主义的新民主主义革命理论。这个理论认为，中国资产阶级分为依附于帝国主义的大资产阶级和既有革命性又有妥协性的民族资产阶级；武装斗争是中国革命的主要形式；统一战线、武装斗争和党的建设，是中国共产党在中国革命中战胜敌人的三大法宝。

关于社会主义革命和建设理论。毛泽东采取社会主义工业化和社会主义改造并举的方针，实行逐步改造生产资料私有制的具体政策，从理论上和实

---

[1] 《马克思恩格斯选集》第3卷，人民出版社2012年版，第739页。

践上解决了在中国这样一个经济文化落后的大国建立社会主义制度的艰难任务。他提出的人民民主专政的理论，丰富了马克思列宁主义关于无产阶级专政的学说。在社会主义制度建立以后，毛泽东又提出了一系列具有战略意义的正确思想和方针，其中包括：严格区分和正确处理敌我矛盾和人民内部矛盾的思想；调动一切积极因素，化消极因素为积极因素，团结全国各族人民建设社会主义强大国家的思想；等等。

关于革命军队建设和军事战略理论。毛泽东规定了全心全意为人民服务是人民军队的唯一宗旨，规定了党指挥枪的原则，制定了三大纪律八项注意，提出和总结了一套军队政治工作的方针和方法。他系统地提出了建设人民军队的思想，提出了以人民军队为骨干、依靠广大人民群众、建立农村根据地进行人民战争的思想。他制定了一系列人民战争的战略战术，总结出著名的十大军事原则。他提出必须加强国防、建设现代化革命武装力量（包括海军、空军以及其他技术兵种）和发展现代化国防技术（包括用于自卫的核武器）的重要指导思想。

关于政策和策略理论。毛泽东精辟地论证了革命斗争中政策和策略问题的极端重要性，指出政策和策略是党的生命，必须根据政治形势、阶级关系和实际情况及其变化制定党的政策，把原则性和灵活性结合起来。他在对敌斗争和统一战线等方面，提出了许多重要的政策和策略的思想。比如：战略上要藐视敌人，战术上要重视敌人；对敌人要区别对待、分化瓦解，实行利用矛盾、争取多数、反对少数、各个击破的策略；无产阶级及其政党要实现自己对同盟者的领导，必须具备两个条件；等等。

关于思想政治工作和文化工作理论。毛泽东根据马克思主义关于文化与经济、政治相互关系的原理，提出了许多具有长远意义的重要思想。例如：关于思想政治工作是经济工作和其他一切工作的生命线；关于发展民族的科学的大众的文化，实行百花齐放、百家争鸣和古为今用、洋为中用、推陈出新的方针；等等。

关于党的建设理论。毛泽东建党学说特别注重从思想上建党。他指出，理论和实践相结合的作风，和人民群众紧密地联系在一起的作风，以及自我批评的作风，是中国共产党区别于其他任何政党的显著标志。他创造了在全党通过批评与自我批评进行马克思列宁主义思想教育的整风形式。新中国成立前夕和新中国成立以后，他多次提出要继续保持谦虚谨慎、戒骄戒躁、艰苦奋斗的作风，警惕资产阶级思想的侵蚀，反对脱离群众的官僚主义。

三、中国特色社会主义理论体系

中国特色社会主义理论体系，形成于中国改革开放历史时期，在中共十八大以前，是包括邓小平理论、"三个代表"重要思想和科学发展观等重大战略思想在内的科学理论体系。它坚持和发展了马克思列宁主义、毛泽东思想，凝结了几代中国共产党人带领人民不懈探索实践的智慧和心血，是马克思主义中国化最新成果，是党最宝贵的政治和精神财富，是全国各族人民团结奋斗的共同思想基础。

（一）中国特色社会主义理论体系探索和回答了什么是社会主义、怎样建设社会主义的基本问题

在改革开放的征程上，在发展社会主义市场经济的环境下，在日趋激烈的国际较量和竞争中，如何科学总结国内外建设社会主义正反两方面的经验，回答好什么是社会主义、怎样建设社会主义这个基本问题，是中国共产党人面临的一个重大课题。邓小平理论紧紧抓住这个基本问题，深刻揭示了社会主义的本质，即解放生产力，发展生产力，消灭剥削，消除两极分化，最终达到共同富裕。邓小平理论立足时代特征和中国社会主义初级阶段，第一次比较系统地初步回答了在中国这样经济文化比较落后的国家如何建设社会主义、如何巩固和发展社会主义的一系列基本问题。"三个代表"重要思想创造性地运用马克思主义中国化理论成果，紧密结合时代发展的新形势、中国改革开放和现代化建设的新实践继续进行探索，从建立社会主义市场经济体制到推进经济结构战略性调整和经济增长方式转变，从发展社会主义民主政治到建设社会主义法治国家，从发展社会主义先进文化到推动社会主义物质文明、政治文明、精神文明协调发展等，形成了一系列富有独创性的理论成果，进一步回答了什么是社会主义、怎样建设社会主义这个基本问题。科学发展观坚持以邓小平理论和"三个代表"重要思想为指导，准确把握进入 21 世纪后的世界大势和中国的发展变化，顺应人民过上更好生活的新期待，提出以人为本、实现全面协调可持续发展、建设社会主义核心价值体系和倡导社会主义核心价值观、构建社会主义和谐社会、建设美丽中国

等思想，用新的观点回答了什么是社会主义、怎样建设社会主义这个基本问题。

（二）中国特色社会主义理论体系探索和回答了建设什么样的党、怎样建设党的基本问题

马克思主义政党执政以后如何加强自身建设，如何认识、把握和运用共产党执政规律，提高党的执政能力，巩固党的执政地位，完成党的执政使命，是关乎政党生死存亡、必须下大气力解决好的重大问题。邓小平强调要把党建设成为有战斗力的马克思主义政党，成为领导人民进行社会主义物质文明建设和精神文明建设的坚强核心。江泽民提出在新的历史条件下加强党的建设，必须坚持以时代发展的要求审视自己，以改革的精神加强和完善自己，切实解决好提高党的领导水平和执政水平、提高拒腐防变和抵御风险能力这两大历史性课题，全面推进党的建设新的伟大工程，把党建设成为用邓小平理论武装起来、全心全意为人民服务、思想上政治上组织上完全巩固、能够经受住各种风险、始终走在时代前列、领导全国人民建设中国特色社会主义的马克思主义政党。胡锦涛明确提出党的先进性建设是马克思主义政党生存、发展、壮大的根本性建设，必须把党的执政能力建设和先进性建设作为主线，以改革创新精神全面推进党的建设新的伟大工程，使党始终成为立党为公、执政为民，求真务实、改革创新，艰苦奋斗、清正廉洁，富有活力、团结和谐的马克思主义执政党。

（三）中国特色社会主义理论体系探索和回答了实现什么样的发展、怎样发展的基本问题

发展是时代的主题。中国作为一个社会主义国家和世界上最大的发展中国家，长期面临着西方国家的巨大政治压力和经济压力，担负着增强综合国力、改善人民生活的繁重任务，发展问题尤为突出。邓小平理论高度关注发展问题，明确提出发展才是硬道理，发展对于中国特色社会主义具有决定性意义。邓小平理论科学谋划中国的发展战略，明确提出分"三步走"基本实现现代化的战略目标、战略重点和战略步骤。"三个代表"重要思想把发展问题同党的性质、党的执政理念联系起来，明确提出发展是中国共产党执政兴国的第一要务，必须把坚持党的先进性和发挥社会主义制度的优越性落实到发展先进生产力、发展先进文化、实现最广大人民的根本利益上来，推动

社会全面进步，促进人的全面发展。科学发展观提出要坚持以人为本、全面协调可持续的发展，提出"五个统筹"，强调要正确认识和妥善处理中国特色社会主义事业中的重大关系，努力实现科学发展、和谐发展、和平发展。中国特色社会主义理论体系对什么是发展、为什么发展、怎样发展，发展为了谁、发展依靠谁、发展成果由谁享有等重大问题进行了富有创造性的探索，取得了丰硕的理论成果。

四、习近平新时代中国特色社会主义思想

经过长期努力，中国特色社会主义进入了新时代。为解决新时代坚持和发展什么样的中国特色社会主义、怎样坚持和发展中国特色社会主义这一重大课题，习近平新时代中国特色社会主义思想应运而生。这一思想的历史地位，中共十九大通过的《中国共产党章程》已经作了明确界定。党性教育进行理论教育，要在系统教育的基础上，突出以下三个重点。

（一）习近平新时代中国特色社会主义思想的核心要义

坚持和发展中国特色社会主义，是改革开放以来党的全部理论和实践的鲜明主题，也是习近平新时代中国特色社会主义思想的核心要义。中共十八大以来，党的全部理论和实践探索都是围绕这个主题来展开、深化和拓展的。坚持和发展什么样的中国特色社会主义？就是既坚持科学社会主义基本原则，又具有鲜明实践特色、理论特色、民族特色、时代特色的社会主义，就是中国特色社会主义道路、理论、制度、文化四位一体的社会主义，就是统揽伟大斗争、伟大工程、伟大事业、伟大梦想的社会主义。怎样坚持和发展中国特色社会主义？就是要明确坚持和发展中国特色社会主义的总目标、总任务、总体布局、战略布局和发展方向、发展方式、发展动力、战略步骤、外部条件、政治保证等基本问题。

（二）习近平新时代中国特色社会主义思想的核心内容

习近平新时代中国特色社会主义思想内容十分丰富，涵盖了经济、政治、法治、科技、文化、教育、民生、民族、宗教、社会、生态文明、国家安全、国防和军队、"一国两制"和祖国统一、统一战线、外交、党的建设等各方面。其中最重要、最核心的内容就是党的十九大报告概括的"八个明确"，即明确坚持和发展中国特色社会主义，总任务是实现社会主义现代化

和中华民族伟大复兴，在全面建成小康社会的基础上，分两步走在本世纪中叶建成富强民主文明和谐美丽的社会主义现代化强国；明确新时代我国社会主要矛盾是人民日益增长的美好生活需要和不平衡不充分的发展之间的矛盾，必须坚持以人民为中心的发展思想，不断促进人的全面发展、全体人民共同富裕；明确中国特色社会主义事业总体布局是"五位一体"、战略布局是"四个全面"，强调坚定道路自信、理论自信、制度自信、文化自信；明确全面深化改革总目标是完善和发展中国特色社会主义制度、推进国家治理体系和治理能力现代化；明确全面推进依法治国总目标是建设中国特色社会主义法治体系、建设社会主义法治国家；明确党在新时代的强军目标是建设一支听党指挥、能打胜仗、作风优良的人民军队，把人民军队建设成为世界一流军队；明确中国特色大国外交要推动构建新型国际关系，推动构建人类命运共同体；明确中国特色社会主义最本质的特征是中国共产党领导，中国特色社会主义制度的最大优势是中国共产党领导，党是最高政治领导力量，提出新时代党的建设总要求，突出政治建设在党的建设中的重要地位。这"八个明确"，高度凝练、提纲挈领地点明了习近平新时代中国特色社会主义思想的主要内容，构成了系统完备、逻辑严密、内在统一的科学体系。

（三）新时代坚持和发展中国特色社会主义的基本方略

习近平在中共十九大报告中要求全党深刻领会新时代中国特色社会主义思想的精神实质和丰富内涵时，提出了新时代坚持和发展中国特色社会主义的基本方略，即"十四个坚持"：坚持党对一切工作的领导；坚持以人民为中心；坚持全面深化改革；坚持新发展理念；坚持人民当家作主；坚持全面依法治国；坚持社会主义核心价值体系；坚持在发展中保障和改善民生；坚持人与自然和谐共生；坚持总体国家安全观；坚持党对人民军队的绝对领导；坚持"一国两制"和推进祖国统一；坚持推动构建人类命运共同体；坚持全面从严治党。"十四个坚持"是新时代中国共产党的行动纲领，系统回答了在新时代怎样坚持和发展中国特色社会主义。它同改革开放以来党的基本纲领、基本经验、基本要求是继承与发展的关系，全方位、多维度体现了中共十八大以后党的理论创新、实践创新、制度创新成果的大力度整合和全息化覆盖，深化了对共产党执政规律、社会主义建设规律、人类社会发展规律的认识。全党必须全面贯彻党的基本理论、基本路线、基本方略，更好地引导党和人民事业的发展。

习近平新时代中国特色社会主义思想是中国特色社会主义理论体系的重要组成部分，是全党全国人民为实现中华民族伟大复兴而奋斗的行动指南，必须长期坚持并不断发展。学习贯彻习近平新时代中国特色社会主义思想是全党的重大政治任务，也是增强政治意识、大局意识、核心意识、看齐意识，维护党中央权威和集中统一领导，在思想上政治上行动上同以习近平同志为核心的党中央保持高度一致的实际举措。中国共产党人要以高度的使命感和责任感，系统学习、深入学习，切实把思想和行动统一到习近平新时代中国特色社会主义思想上来。

第三节　马克思主义理论教育的原则、目标和环节

一、马克思主义理论教育的原则

原则是对事物本质和规律的理论反映，是人们认识世界和改造世界所依据的准则。马克思主义理论教育原则，是进行马克思主义理论教育所依据的准则或标准。从党性教育实践看，进行马克思主义理论教育必须坚持以下原则。

（一）整体性原则

整体性原则要求把马克思主义的各个组成部分作为一个有机的整体，从整体与要素的相互依赖、相互联系、相互制约的关系中揭示马克思主义的整体性质。马克思主义是科学的理论体系，是内容严谨的有机整体，任何肢解马克思主义整体性的做法都是违背马克思主义本意的。邓小平在深刻总结历史经验的基础上多次强调，马克思主义是一个完整的科学体系，它的各个部分是一个有机的统一体，为了防止割裂和歪曲马克思主义，必须完整地准确地掌握马克思主义，学习、掌握和运用马克思主义理论体系来指导工作。因此，开展马克思主义理论教育，必须坚持整体性原则，把马克思主义作为一个整体向党员、干部传授，使他们真正理解马克思主义理论的核心内容，使他们能够从整体性上深刻理解马克思主义理论的精神实质，使他们获得关于什么是马克思主义的正确观念，掌握马克思主义的立场、观点、方法。

（二）理论与实践的统一原则

理论与实践的统一，是马克思主义的一个最基本的原则，也是马克思主义理论教育的一个最基本的原则，是区别科学的理论教育与教条的理论教育的根本点。中国共产党强调理论与实践的统一，集中体现为把马克思主义基本原理同中国具体实际相结合。马克思主义是科学的世界观和方法论，为共产党人分析问题、解决问题提供了伟大的认识工具，但不能直接提供解决革命、建设和改革中的问题的现成答案，必须与中国的具体实际相结合，以马克思主义中国化的理论成果指导实践。毛泽东指出："我们要学的是属于普遍真理的东西，并且学习一定要与中国实际相结合。如果每句话，包括马克思的话，都要照搬，那就不得了。我们的理论，是马克思列宁主义的普遍真理同中国革命的具体实践相结合。"[①]坚持理论与实践的统一，才能把理论教育、理论建设和理论指导统一起来，发挥理论的重要作用。离开理论同实践的统一，理论教育、理论建设就会走偏方向。

（三）学马列要精、要管用原则

学马列要精、要管用，是邓小平提出的，"精"是指要学习马克思主义的基本原理，掌握马克思主义的立场、观点、方法，抓住马克思主义的精髓，其高级境界是精通马克思主义；要把普通党员、干部理论学习同专业理论工作者的学习区分开来，普通党员、干部的马列主义理论学习要少而精。"管用"是指对解决现实问题、推动实际工作有用，对校正思想航向、改造主观世界有用。"精"侧重于层次性，"管用"侧重于应用性或实用性。"精"和"管用"是互相联系、互为条件的，"精"是"管用"的前提和基础，"管用"是"精"的结果和目的。学马列要精、要管用原则告诉我们要正确处理理论和实际的关系，坚持理论联系实际；要正确处理坚持和发展的关系，在坚持中发展，在发展中坚持；要正确处理学习和探索的关系，在学习中探索，在探索中前进。

二、马克思主义理论教育的目标

恩格斯指出："一个民族要想站在科学的最高峰，就一刻也不能没有理

---

① 《毛泽东文集》第七卷，人民出版社 1999 年版，第 42 页。

论思维。"① 中华民族要实现伟大复兴，也同样一刻不能没有理论思维。马克思主义始终是中国共产党立党立国的根本指导思想，是共产党人认识世界、把握规律、追求真理、改造世界的强大思想武器。立足新时代，加强马克思主义理论教育，重在用马克思主义武装全党，培养马克思主义的坚定信仰者、理论教育者和忠实实践者，为实现党的历史使命而奋斗。

（一）培养马克思主义的坚定信仰者

马克思主义在斗争中诞生、在革命中发展、在建设和改革中创新，不仅指导了资本主义国家的工人运动、革命运动，殖民地半殖民地国家的民族解放运动、国家独立运动，而且指导了社会主义国家的社会主义革命、社会主义建设和社会主义改革。在人类思想史上，没有一种思想理论像马克思主义那样对人类产生了如此广泛而深刻的影响。马克思主义极大推进了人类文明进程，至今依然是具有重大国际影响的思想体系和话语体系。对马克思主义的坚定信仰，不仅是新时代中国特色社会主义发展的强大精神动力，也是每一个共产党人不断完善自我、实现人生价值的科学理论指导和行动指南。在新的历史条件下，改革发展稳定任务之重、矛盾风险挑战之多、治国理政考验之大都是前所未有的。中国共产党人要赢得优势、赢得主动、赢得未来，就必须加强马克思主义理论教育，深入学习与研究马克思主义和马克思主义中国化的最新理论成果，教育引导广大党员、干部运用马克思主义观察世界和分析世界，认清国情和世界发展趋势，深刻感悟马克思主义真理的力量，坚定马克思主义信仰。

（二）造就马克思主义的理论教育者

中国共产党是以马克思主义为指导思想的政党，为了坚持和发展马克思主义，巩固和增强共产党执政的思想理论基础，使中国特色社会主义事业后继有人，必须培养造就一大批高素质的马克思主义理论教育队伍，以健全马克思主义理论宣传体系，更好地宣传和维护党的理论、路线、方针、政策，在复杂的意识形态领域斗争中牢牢掌握领导权、主动权和话语权，全面推动马克思主义中国化的最新成果进教材进课堂进头脑，为党员、干部的成长进步奠定科学的思想基础。在新的历史条件下，国际国内形势变化深刻，社会

---

① 《马克思恩格斯选集》第3卷，人民出版社2012年版，第875页。

思潮纷纭激荡，社会思想观念和价值取向日趋活跃、主流和非主流同时并存，要巩固马克思主义在意识形态领域的指导地位，培育和践行社会主义核心价值观，必须造就一支政治坚定、业务精湛、品德高尚、深受民众喜爱的马克思主义理论教育者，充分发挥马克思主义理论教育者的教育和宣传作用。

(三) 锻造马克思主义的忠实实践者

天下难事必作于易，天下大事必作于细。近一个世纪以来，几代中国共产党人接力奋斗，忠实践行马克思主义，取得了举世瞩目的伟大成就。继续推进中国特色社会主义事业，更加需要中国共产党人学习和实践马克思主义，特别是学习和实践马克思主义关于人类社会发展规律的思想，学习和实践马克思主义关于坚守人民立场的思想，学习和实践马克思主义关于生产力和生产关系的思想，学习和实践马克思主义关于人民民主的思想，学习和实践马克思主义关于文化建设的思想，学习和实践马克思主义关于社会建设的思想，学习和实践马克思主义关于人与自然关系的思想，学习和实践马克思主义关于世界历史的思想，学习和实践马克思主义关于马克思主义政党建设的思想。只有这样，才能持续提升中国共产党人的精神境界，不断从马克思主义中汲取科学智慧和理论力量，不断提高运用马克思主义分析和解决实际问题的能力，不断提高运用科学理论指导我们应对重大挑战、抵御重大风险、克服重大阻力、化解重大矛盾、解决重大问题的能力，更有定力、更有自信、更有智慧地坚持和发展新时代中国特色社会主义，确保中华民族伟大复兴的巨轮始终沿着正确航向破浪前行。

三、马克思主义理论教育的环节

马克思主义理论教育，是由诸多因素构成的复杂的系统工程，内部充满着各种矛盾关系和矛盾运动。其中心环节是统一思想、凝聚力量；其关键环节是深化党员、干部对马克思主义历史必然性和科学真理性、理论意义与现实意义的认识，教育他们坚定共产主义信仰，运用马克思主义立场观点方法观察问题、分析问题、解决问题。从教育过程看，马克思主义理论教育主要由以下环节构成。

（一）马克思主义理论教育目标的确立

马克思主义理论教育目标是教育者根据社会的发展要求与党员的现实状况，通过马克思主义理论教育活动使受教育者的马克思主义理论素养和思想政治素养在一定时期内达到预期效果，它是马克思主义理论教育的基本蓝图。确定马克思主义理论教育的目标，要遵循党的教育方针和党员、干部培训要求，依据教育和培养任务，结合教学实际来进行。一要划分目标层次。马克思主义理论教育目标具有上窄下宽、多层次的特点，可分为总体目标、各层次的具体教育目标。总体目标是马克思主义理论教育目标的最高层次。具体层次的教育目标，是根据总目标确定的教育类型、层次和规格要求，制定教育任务、安排教学流程、选择课程内容等，是对总体目标的进一步细化。二要划分目标阶段。马克思主义理论教育是一种多阶段的动态发展过程。在教学活动中，要根据培养对象、培养内容、培养时间和所要达到的目标，合理划分几个阶段，制定各个阶段所要达到的具体目标。

（二）马克思主义理论教育计划的制订

制订马克思主义理论教育计划，是教学实施的关键性环节，要体现理论联系实际，传授知识和培养能力、提高素质并重的原则，要体现贴近实践性、严格规范性、增强应用性的要求，既要加强基础理论的教学，也应明确要求教学人员充分运用基础理论、基本原理以及基本的立场、观点和方法，帮助受教育者正确认识、分析、研究当前工作中遇到的重大理论和实践问题，帮助受教育者培养良好的思想理论品质。因此，制订马克思主义理论教育计划，一是要坚持正确政治方向，始终坚持以马克思主义为指导，引导学员真学、真信、真懂、真用马克思主义。二是确保科学合理，结合教学内容，把握时代脉搏，贴合学员实际，制订具有科学性、可行性、实效性的教育计划，既要坚持以马克思主义理论及其中国化最新成果为主课，突出理论武装，又要坚持以坚定理想信念为核心，突出党性教育，更要坚持理论联系实际，突出解决问题实际，从而提高党员、干部的辨别能力、政治定力和实践能力。三是要体现系统全面，突出重点、聚焦问题，全面、系统、深入地引导学员坚持从问题中来，到问题中去，将马克思主义理论贯穿学习、工作始终，使之成为推动党的事业发展的强大思想武器和行动指南。四是要具有可控性，将党的理论教育和党性教育贯穿教育工作始终，始终坚守马克思主义理论教育的主阵地。

(三)　马克思主义理论教育方案的落实

马克思主义理论教育方案是对马克思主义理论教育活动进行部署、安排的详细规划。教育方案的落实要采取多种形式，运用各种手段保障马克思主义理论教育的有效运行。其中有两点尤为重要。

一是理论宣传。理论宣传是马克思主义理论教育的重要手段。习近平强调要做好做强马克思主义宣传教育工作，特别是要在学懂弄通做实新时代中国特色社会主义思想上下功夫。要通过理论宣传举旗帜（高举马克思主义、中国特色社会主义的旗帜）、聚党心（牢牢把握正确舆论导向，唱响主旋律，壮大正能量，做大做强主流思想舆论，把全党士气鼓舞起来、精神振奋起来）、育新人（培养能够担当民族复兴大任的时代新人）、兴文化（坚持中国特色社会主义文化发展道路，发展社会主义先进文化，建设社会主义文化强国）、展形象（推进国际传播能力建设，展示中国共产党的良好形象），不断开创党和国家的事业发展的新局面。

二是社会实践。社会实践是加强马克思主义理论教育的重要环节。借助形式多样的社会实践，通过亲身体验和社会感知，可以增强马克思主义理论教育的生动性和直观性，从而更深刻地理解和领会马克思主义理论知识。马克思主义理论不是书斋里的学问，而是影响和改变人类历史命运的理论武器。只有通过社会实践的方式将马克思主义理论和正在做的事情有机结合起来，才能切实做到学思践悟、知行合一，把马克思主义理论成果更好地转化为推动社会主义现代化进程的正确指引和强大动力。

(四)　马克思主义理论教育成效的评价

教育成效评价是马克思主义理论教育质量保障体系的重要组成部分。建立教育成效评价制度，旨在加强马克思主义理论教学工作的引导和教学质量的科学管理，推动教学改革的不断深化，全面提高教育质量。教育成效是一个综合性的指标，受教师、学员、教学条件、管理水平等多种因素的影响。因此，对马克思主义理论教育成效进行评价，应该包含以上各要素全方位、全过程的反馈与评价。一要树立全面的教育成效评价观念，本着"以人为本、从严治教、全方位质量管理"的原则，从管理系统整体出发，统筹考虑影响理论教育的所有因素，对教学实施、教学监控等全过程进行评价，形成较为完整的教育成效评价体系。二要强化教育成效检查和督导。从政策引导、日常教学和可比性数据考核等方面设立评价指标，建立渠道宽、反应快、信息全、内容实的马克思主义理论教育成效评价系统，对教育实施全过程进行有效的检查、监督和评价，确保教学质量的提高，从而提升马克思主义理论教育的实效，提高广大党员、干部的马克思主义理论素养。

第四节　马克思主义理论教育的主体、客体和时代课题

一、马克思主义理论教育的主体与客体及其关系

研究和界定马克思主义理论教育的主体客体，不是为了绝对地、简单地把马克思主义理论教育划分为谁是主体谁是客体，也不是纯粹为了找出谁是主体客体，而是通过明确主体客体及二者的辩证关系，更好地发挥主体客体的作用，发挥马克思主义理论教育的功能，促进马克思主义理论教育的深入开展。

（一）马克思主义理论教育的主体

马克思主义理论教育的主体，是工人阶级政党及其理论教育工作者。因此，在马克思主义理论教育实践中，主体通常表现为两种形式：一是以组织形式存在的主体，即进行马克思主义理论教育的组织机构，主要有党的各级组织及职能部门、理论研究机构、专门教育机构等。这些组织机构既承担着马克思主义理论教育的决策职能，负责制定马克思主义理论教育的政策和计划，又发挥着马克思主义理论教育的执行职能。二是以群体形式存在的主体，即从事马克思主义理论教育的专职或兼职理论队伍，主要有党团校的教研人员、高中级院校的政治教员、党的政治工作干部、党员领导干部、党报党刊编研人员等。这些群体负责马克思主义理论教育的具体实施。马克思主义理论教育的主体通过多种形式、多种途径开展马克思主义理论教育活动，把马克思主义理论传播给全体党员、干部。

（二）马克思主义理论教育的客体

主体与客体在马克思主义哲学里是一个认识论命题，就概念而论，客体是指受动或被动的一方。狭义的主体与客体是以人的活动的发出和指向为尺

度来划分的。马克思主义理论教育的客体这里是指马克思主义理论的受教育对象，即党员和党员领导干部。具体包括新时代工人党员、农民党员、知识分子党员（含青年学生党员）、新社会阶层中的党员、党员领导干部，他们是中国共产党党内马克思主义理论教育的主要对象。马克思主义理论教育的客体因生活范围广、所属阶层多、经济差别大、受外界影响杂，故具有复杂性；因年龄有差、素质有别、地位有变、地域有异，故具有层次性；因受党的教育、受周围党员的影响、受马克思主义的熏陶、受社会氛围的制约，故具有可塑性。

马克思主义理论教育的重点对象有以下几类。一是党员领导干部。党的各级干部是党的路线、方针、政策的制定者和执行者，是中国特色社会主义事业的领导力量。领导干部的马克思主义理论素质如何，不仅影响整个社会的政治风貌、风气，而且关系着国家的前途和命运。习近平总书记在全国党校工作会议上强调："实现第一个百年奋斗目标、全面建成小康社会，进而实现第二个百年奋斗目标、实现中华民族伟大复兴的中国梦，关键在于培养造就一支具有铁一般信仰、铁一般信念、铁一般纪律、铁一般担当的干部队伍。"[1] 这四个"铁一般"，不仅对每个党员干部提出了新的更高要求，为培养造就新形势下高素质的干部队伍提供了新标准，也为新时期马克思主义理论教育指明了方向。因此，不断加强对党员干部特别是领导干部的马克思主义理论教育，推动全体党员干部真正把理想信念牢固建立在马克思主义的科学基础之上，不断提高执政能力和执政水平，始终是一项长期的战略任务。二是生产、工作一线的党员。他们是中国特色社会主义的建设者，是坚持和发展中国特色社会主义的主力军队伍中的先锋，他们的努力程度影响着中国特色社会主义的成败。生产、工作一线的党员包括一线工人党员、一线农民党员、一线专业技术党员、一线机关党员。三是青年学生党员。青年学生党员代表着党和国家的未来，青年是标志时代的最灵敏的晴雨表，时代的责任赋予青年，时代的光荣属于青年。毛泽东把世界的未来、中国的未来寄希望于青年。习近平强调："当代青年是同新时代共同前进的一代。我们面临的新时代，既是近代以来中华民族发展的最好时代，也是实现中华民族伟大复

---

[1]　习近平：《在全国党校工作会议上的讲话》，《求是》2016 年第 9 期。

兴的最关键时代。广大青年既拥有广阔发展空间，也承载着伟大时代使命。青年是国家的希望、民族的未来。我衷心希望每一个青年都成为社会主义建设者和接班人，不辱时代使命，不负人民期望。"①青年学生党员有担当，党和国家就有前途，民族就有希望，实现党的使命就有源源不断的力量。

（三）主客体之间的辩证统一

马克思主义理论教育的主体和客体的关系，具有相对性。首先，主体和客体矛盾的构成是有条件的。主体和客体是对象性关系，二者互为前提，共处于马克思主义理论教育的具体实践中，没有教育客体无所谓教育主体，没有教育主体也无所谓教育客体，只有在具体的教育过程中，主体和客体才是确定的。其次，在教育过程中主体客体也是相对的。主体和客体由于都是具有能动性的人，他们在教育活动中的地位都是变动的，教育者既是主体，也是客体，教育者必须先当学生才能后当先生。受教育者既是客体，也是学习的主体。因此，没有绝对不变的教育主体和客体。

马克思主义理论教育主体客体的辩证统一还表现为二者相互转化。教育者有进行马克思主义理论教育和接受马克思主义理论再教育的责任与义务。受教育者有追求马克思主义真理、掌握真理的客观要求。教育者和受教育者最终目标的一致性是马克思主义理论教育主体客体转化的前提与条件。主体客体的转化表现在，具体的教育过程中主体客体角色的转换。当教育者起着引导、主导作用，实施马克思主义理论教育时，教育者是主体，受教育者是客体。而当受教育者进行研讨时或走上讲台谈对马克思主义的理解时，受教育者就是主体。当教育活动结束后，主体客体便不再构成矛盾关系，主体客体都处于主体的地位，也都处于客体的地位。

二、马克思主义理论教育的时代课题

中共十九大报告指出："十八大以来，国内外形势变化和我国各项事业发展都给我们提出了一个重大时代课题，这就是必须从理论和实践结合上系统回答新时代坚持和发展什么样的中国特色社会主义、怎样坚持和发展中国特色社会主义"。马克思主义理论教育必须紧紧围绕这个重大时代课题来开

---

① 习近平：《在北京大学师生座谈会上的讲话》，《人民日报》2018 年 5 月 3 日。

展，从而开辟坚持和发展中国特色社会主义的新境界，开启探索中国特色社会主义迈向新征程的崭新篇章。

（一）把握中国特色社会主义新的历史方位

中共十一届三中全会以后，中国共产党人在总结新中国成立以来正反两方面经验的基础上，以巨大的政治勇气和理论勇气进行改革开放，开创了建设中国特色社会主义的历史新时期。从以邓小平为主要代表的中国共产党人成功开创了中国特色社会主义，到以江泽民为主要代表的中国共产党人成功把中国特色社会主义推向 21 世纪，以胡锦涛为主要代表的中国共产党人成功在新的历史起点上坚持和发展了中国特色社会主义，构成了中国共产党人开辟中国特色社会主义道路的壮丽画卷。至中共十九大时，中国共产党的面貌、国家的面貌、人民的面貌、军队的面貌、中华民族的面貌发生了前所未有的变化。党的十九大作出中国特色社会主义进入新时代的重大判断。这是中国特色社会主义新的历史方位，它要求中国共产党人写好新时代马克思主义理论教育的奋进之笔。

（二）适应中国社会主要矛盾的变化

中共十一届三中全会以来的一个重大理论创新，就是创立了社会主义初级阶段的理论，并根据这一理论对中国社会主要矛盾作出了正确判断。几十年来，中国共产党始终坚持并不断强调：现阶段我国社会的主要矛盾是人民日益增长的物质文化需要同落后的社会生产之间的矛盾，必须把生产力发展摆在首要位置，以经济建设为中心，推动社会全面进步。进入新时代的中国，正在迎来中华民族从站起来、富起来到强起来的伟大飞跃。中国社会的深刻巨变，导致社会主要矛盾的变换。习近平指出，我国社会主要矛盾已经转化为人民日益增长的美好生活需要和不平衡不充分的发展之间的矛盾，全党要深刻地认识到社会主要矛盾的变化是关系全局的历史性变化。主要矛盾变化的论断，开拓了中国共产党人探索坚持与发展中国特色社会主义的视野和崭新空间。在中国社会主要矛盾变化的情况下，马克思主义理论教育也要与时俱进。

（三）用习近平新时代中国特色社会主义思想武装全党

在中国特色社会主义新时代，中国共产党正在决胜全面建成小康社会，开启全面建设社会主义现代化强国新征程。指导共产党人进行伟大斗争、建设伟大工程、推进伟大事业、实现伟大梦想的，就是马克思列宁主义、毛泽东思想、邓小平理论、"三个代表"重要思想、科学发展观、习近平新时代中国特色社会主义思想。因此，必须坚持不懈传播马克思主义科学理论，坚持不懈用新时代中国特色社会主义思想武装全党、教育人民，在学懂弄通做实上下功夫，推动当代中国马克思主义、21世纪马克思主义深入人心、落地生根。在党内教育中，教育者要以高度的使命感和责任感，切实把全党的思想和行动统一到习近平新时代中国特色社会主义思想上来，深入领会这一思想的时代背景、科学体系、精神实质、实践要求，深入领会这一思想的重大政治意义、理论意义、实践意义，充分发挥这一思想的育人作用，自觉应用这一思想解决党和国家事业发展中面临的问题，推动各项工作不断迈上新台阶。

第七章　理想信念教育

理想信念是人们对美好未来的预期、向往和坚定不移的追求，它是世界观和政治信仰在奋斗目标上的具体体现。崇高的理想信念是中国共产党人的精神支柱和力量源泉。"共产主义远大理想和中国特色社会主义共同理想，是中国共产党人的精神支柱和政治灵魂，也是保持党的团结统一的思想基础。"[①] 在新的历史条件下，理想信念的培育及其引领是实现"两个一百年"奋斗目标和复兴中国梦的巨大推动力，坚定理想信念是开展党内政治生活的首要任务。进行理想信念教育，要解决好"总开关"、本色、认识论、动能等问题，引导党员干部始终坚守共产党人的精神家园。

第一节　坚定理想信念的极端重要性

一、中国共产党人安身立命的根本

在中国共产党的语境中，理想信念是与马克思主义、社会主义和共产主义紧密联系在一起的，是中国共产党人对马克思主义的信仰，对社会主义和共产主义的向往与追求，坚信社会主义和共产主义必胜并矢志不渝地为之奋斗。坚定理想信念，坚守共产党人精神追求，始终是共产党人安身立命的根本。我们必须夯实这个根本，筑牢理想信念的思想根基，把稳思想的舵盘。

（一）坚定理想信念是马克思主义政党的根本要求

《共产党宣言》论述了无产阶级政党的性质、特点、使命和策略，强调

---

① 《关于新形势下党内政治生活的若干准则　中国共产党党内监督条例》，人民出版社 2016 年版，第 5 页。

了无产阶级只有解放全人类才能最后解放自己。共产党人以解放全人类为己任，坚定理想信念是其本质使然。众所周知，马克思主义政党是在无产阶级反对资产阶级和其他剥削阶级的斗争中产生的，是科学社会主义和工人运动相结合的产物，是以马克思主义理论为指导的政党，是以实现共产主义为最高纲领的政党。消灭剥削制度，建设社会主义，实现共产主义，是马克思主义政党的历史使命。理想信念是马克思主义政党建党的内在依据，是马克思主义政党加强自身建设、带领人民不断前进的不竭动力。中国共产党从成立之日起，就把马克思主义写在自己的旗帜上。共产党人从入党宣誓的一刻起，就要将马克思主义信仰、共产主义信念深深烙在心里，就要树立为社会主义和共产主义而奋斗这样明确的目标。

（二）坚定理想信念是党的事业成功的思想保证

理想信念是一个政党团结奋进的精神旗帜，决定着一个政党的凝聚力和向心力。近一个世纪以来，中国共产党虽历经各种挫折和磨难，但始终团结一心、风雨不动、坚如磐石，带领全国各族人民一起勇往直前，靠的就是理想信念的凝聚和感召。当年，中国革命的环境极其险恶，外无独立，内无民主，山河破碎，民不聊生，革命过程充满艰难曲折，却终获成功。"为什么我们过去能在非常困难的情况下奋斗出来，战胜千难万险使革命胜利呢？就是因为我们有理想，有马克思主义信念，有共产主义信念。"①世界社会主义实践的曲折历程表明，一个政党的衰落，往往从理想信念的丧失或缺失开始。马克思主义政党一旦放弃马克思主义信仰、社会主义和共产主义信念，就会土崩瓦解。东欧剧变、苏联解体和苏共垮台，很重要的原因就是理想信念动摇了，思想防线失守了。因此，理想信念动摇是最危险的动摇，理想信念滑坡是最危险的滑坡。中国共产党人只有始终坚定理想信念，才能营造风清气正的政治生态，才能夯实团结统一的思想基础，确保党更加坚强有力、党的事业更加兴旺发达。

（三）崇高理想信念是共产党人永不褪色的精神旗帜

中国共产党人的理想信念是最高层次的理想和最高层次的信念的统一，是中国共产党人的世界观、人生观和价值观的核心与集中体现。坚定的理想

---

① 《邓小平文选》第三卷，人民出版社1993年版，第110页。

信念是共产党人的政治灵魂，是共产党人对马克思主义观点、立场、方法的深刻认识和根本认同，是对社会主义和共产主义忠贞不渝的追求。有了坚定的理想信念，共产党人的站位就高了，眼界就宽了，心胸就开阔了，就能坚持正确的政治方向，在胜利和顺境时不骄傲不急躁，在困难和逆境时不消沉不动摇，能够经受住各种糖衣炮弹和各种风险的挑战，能够自觉抵御各种腐朽思想的侵蚀，永葆共产党人的政治本色。一名共产党员只要有崇高的理想、坚定的信念，炼就"金刚不坏之身"，解决好世界观、人生观、价值观这个"总开关"问题，就能不断增强政治定力，守护好共产党人的精神家园，自觉成为共产主义最高理想和中国特色社会主义共同理想的坚定拥护者、社会主义核心价值观的践行者，积极投身于建设社会主义伟大事业的洪流中。

二、中国共产党人精神上的"钙"

习近平在十八届中共中央政治局第一次集体学习时指出："形象地说，理想信念就是共产党人精神上的'钙'，没有理想信念，理想信念不坚定，精神上就会'缺钙'，就会得'软骨病'。"① 人的生命需要钙元素强身健体，人的精神更需要一种"钙"强基固本，这种"钙"就是理想信念。追求远大理想、坚定崇高信念，对于每一位共产党员来说，是成就事业、开创未来的精神之"钙"和前进动力。

（一）理想信念使共产党人有精神支柱

人总是要有一点精神的，共产党人的精神就是坚定的理想信念。正是有了这种精神的支撑，中国共产党经受住了枪林弹雨、生死存亡的浴血奋战考验，经受住了披荆斩棘、筚路蓝缕的艰辛探索考验，经受住了山重水复、柳暗花明的改革开放考验，不断从胜利走向新的胜利，发展成为世界第一大执政党。近一个世纪以来，一代又一代共产党人，为了争取民族独立和人民解放、实现国家富强和民族复兴英勇奋斗，经受住了血与火、生与死的考验，关键就在于他们有着坚定的理想信念和对未来美好生活的不懈追求。李大钊、张太雷、向警予、彭湃、蔡和森、恽代英、瞿秋白、方志敏、刘志丹、

---

① 《习近平在中共中央政治局第一次集体学习时强调　紧紧围绕坚持和发展中国特色社会主义学习宣传贯彻党的十八大精神》，《人民日报》2012 年 11 月 19 日。

杨靖宇等一大批革命先烈，都为理想而献身。正如习近平所说："在革命、建设、改革各个历史时期，有无数共产党员为了党和人民事业英勇牺牲了，支撑他们的就是'革命理想高于天'的精神力量。"[①] 心中有信仰，脚下有力量。理想信念是共产党人的精神之基、力量之源。只要用理想信念筑牢精神支柱，就能迎难而上，勇于逆流前行。

（二）理想信念使共产党人有远大追求

马克思在《关于费尔巴哈的提纲》中指出："人的本质不是单个人所固有的抽象物，在其现实性上，它是一切社会关系的总和。"[②] 这就是说，人的本质属性是社会属性。具有社会属性的人是需要精神的，理想信念就是人的精神生活的核心。中国古人抒发的"古之立大事者，不惟有超世之才，亦必有坚忍不拔之志""燕雀安知鸿鹄之志哉""老骥伏枥，志在千里"等，就蕴含着浓厚的家国情怀和远大的理想抱负。正所谓人无精神不立、国无精神不强、民族无精神不兴。理想信念可以引导人们不断地追求更高的人生目标，提升精神境界，塑造高尚人格。中共十九大报告明确指出："不忘初心，方得始终。中国共产党人的初心和使命，就是为中国人民谋幸福，为中华民族谋复兴。这个初心和使命是激励中国共产党人不断前进的根本动力。"[③] 共产党人的理想信念指引着党始终坚持初心和使命，把为中国人民谋幸福，为中华民族谋复兴，作为人生理想和远大追求，始终坚持以人民为中心，始终坚持立党为公、执政为民，把人民对美好生活的向往作为自己的奋斗目标。

（三）理想信念为共产党人提供前进动力

中国共产党之所以能够经受一次次挫折而又一次次奋起，归根到底是因为有远大理想和崇高追求。中国共产党人具有一往无前的精神，要压倒一切敌人，而决不被敌人所屈服。不论在任何艰难困苦的场合，只要还有一个人，这个人就要继续战斗下去。这种前进奋斗的精神动力从哪里来？

---

① 中共中央文献研究室编:《十八大以来重要文献选编》（上），中央文献出版社 2014 年版，第 338—339 页。

② 《马克思恩格斯选集》第 1 卷，人民出版社 2012 年版，第 135 页。

③ 习近平:《决胜全面建成小康社会　夺取新时代中国特色社会主义伟大胜利——在中国共产党第十九次全国代表大会上的报告》，《人民日报》2017 年 10 月 28 日。

来自于崇高的共产主义理想信念。共产主义理想信念是共产党人的灵魂和特质，是共产党人的精气神，蕴含着真理的力量、精神的力量、忠诚的力量。它所激发的革命豪情与奉献精神，具有超越时空的恒久价值和勃勃生机，对于推动党所领导的革命、建设和改革事业具有无可替代的作用。反之，如果失去了理想信念，就没有坚定的方向；而没有了方向，就会失去前进的动力。

第二节　理想信念教育的着力点

一、解决好"总开关"问题

世界观、人生观、价值观是共产党人的"总开关"。世界观是人们对整个世界的总的看法和根本观点，其基本问题是精神和物质或者思维和存在的关系问题，它提供关于整个世界的总体图景，是人们实践活动的认知依据。人生观是人们对人生的根本看法和态度，内容包括幸福观、苦乐观、生死观、荣辱观、恋爱观等，它提供关于人的生命过程的意义解读，是人们开展生命活动、实现人生追求的心理依据。价值观是人们对人、物、事所具价值的根本看法和总体评价，它提供关于是非、好坏、善恶、美丑的判断标准，是人们作出选择取舍的伦理依据。世界观、人生观、价值观三者相互依存、相互影响。世界观决定人生观、价值观，有什么样的世界观就有什么样的人生观，有什么样的人生观就有什么样的价值观；人生观、价值观反映世界观，对世界观的巩固、发展和变化起着重要的作用。世界观、人生观、价值观关乎思想源头，尽管看不见、摸不着，却实实在在、时时刻刻影响着共产党人，决定共产党人的全部思想和行为。"总开关"，要害在"总"字。"总开关"把握不好，会导致是非观、义利观、权力观、事业观等出现偏差，各种各样的出轨越界或跑冒滴漏在所难免。解决好"总开关"问题，需从以下几方面着力。

（一）坚定理想信念以固本

拧紧"总开关"，根本在于坚定理想信念。中共十九大报告提出："要把坚定理想信念作为党的思想建设的首要任务，教育引导全党牢记党的宗旨，挺起共产党人的精神脊梁"。①"本根不摇，则枝叶茂荣。"中国共产党是靠共同的革命理想凝聚起来的政治组织，革命理想高于天。拥有坚定的理想信念，是中国共产党始终保持先进性的法宝。加强理想信念教育，是解决好"总开关"问题的关键，是共产党人提高思想力和战斗力的根基。一名党员干部，纵使有学识、有才华，但如果理想信念动摇，就是最危险的动摇。一旦发生，其思想观念确定无疑要跑偏，就会抵不住干扰、经不起诱惑、抗不了糖衣炮弹，极易滑向以权谋私、损公肥私乃至更危险的境地。共产党人坚定理想信念的路径，一是强化理论武装。恩格斯指出："一个民族要想站在科学的最高峰，就一刻也不能没有理论思维。"②共产党人要带领人民群众开创新时代中国特色社会主义新局面，就必须不断创新理论，并通过强化理论武装来进一步坚定理想信念。习近平指出，"理论上不彻底，就难以服人。"③对共产党人来说，只有理论上清醒和坚定，才能保持政治上的清醒和坚定。所以，"首先要认真学习马克思主义理论，这是我们做好一切工作的看家本领"。④党员干部要提高拒腐防变的能力，必须用科学理论武装头脑，不断培植自己的精神家园。强化理论武装，除学习马克思列宁主义基本原理外，还要学习毛泽东思想、邓小平理论、"三个代表"重要思想、科学发展观，学习习近平新时代中国特色社会主义思想。要通过强化理论武装牢固树立"四个意识"、切实坚定"四个自信"，以永不懈怠的精神状态和一往无前的奋斗姿态把中国特色社会主义一以贯之推向前进。二是进行思想净化。对一个政党来说，思想上的净化与完善关乎党的事业的兴衰成败；对一名党员来说，思想上的革新与提高关乎立身之本、从政之基。在社会思潮纷繁激荡的时代条件下，党员干部要有自我革命的勇气和毅力，要心存敬畏，手握戒尺，慎独慎微，勤于自省，修补思想漏洞，打扫思想灰尘，补足精神之"钙"，保持对远大理想和奋斗目标的清醒认知与执着追求。

---

① 习近平：《决胜全面建成小康社会　夺取新时代中国特色社会主义伟大胜利——在中国共产党第十九次全国代表大会上的报告》，《人民日报》2017 年 10 月 28 日。
② 《马克思恩格斯选集》第 3 卷，人民出版社 2012 年版，第 875 页。
③ 习近平：《在庆祝中国共产党成立 95 周年大会上的讲话》，《人民日报》2016 年 7 月 2 日。
④ 《习近平在中央党校建校 80 周年庆祝大会暨 2013 年春季学期开学典礼上的讲话》，《人民日报》2013 年 3 月 3 日。

（二）坚持党性锻炼以立德

"以德修身、以德立威、以德服众，是干部成长成才的重要因素。"[1] 共产党员修德，首在修大德。为此，必须锻炼自身的党性意志。党性是党员干部立身、立业、立言、立德的基石，对作风建设起着决定作用。党性锻炼和党性修养的过程，是党员干部祛除杂念、清理污垢、净化灵魂、提升境界的思想锻造过程。坚持党性锻炼，修立大德，就要锻炼政治忠诚，筑牢"四个意识"；锻炼政治定力，坚定"四个自信"；锻炼政治担当，坚持原则敢于斗争；锻炼政治能力，善于从政治上观察和处理问题；锻炼政治自律，严守党的政治纪律和政治规矩。就要勤奋学习，不断提高对党性的理解与领悟；深刻自省，经常反思党性上的失误与不足；冷静思考，注意校正党性锻炼的坐标与方向；涵养德行，努力提升党性的品质与情怀。只有这样，才能有正确的是非观、义利观、权力观、事业观；才能坦坦荡荡、堂堂正正。

（三）坚守党的宗旨以修行

在现实生产、工作、生活中，共产党人要干什么？一言以蔽之：为人民服务。人民立场是中国共产党的根本政治立场，全心全意为人民服务是党的根本宗旨，是共产党人一切言论与行动的出发点和落脚点，也是党员干部的立身之本、立行之度。历史和现实反复证明，始终与人民群众保持血肉联系，与人民群众风雨同舟、生死与共，是共产党战胜一切困难和风险的充足必要条件，是共产党走向胜利之本。因此，党员干部必须坚守党的宗旨，始终和人民群众站在一起，把群众的要求和愿望作为第一信号，把群众的安危冷暖放在心中最高位置，随时倾听群众呼声，回应群众期待，接受群众的评判和监督。在生产、工作、生活中，要想群众之所想，急群众之所急，帮群众之所需，解群众之所难，和群众保持鱼水关系，使群众的权利和利益能够真正得到体现和维护。

二、解决好保持共产党人本色问题

在庆祝中国共产党成立 95 周年大会上，习近平指出："我们党已经走过了 95 年的历程，但我们要永远保持建党时中国共产党人的奋斗精神，永远

---

[1] 习近平：《在庆祝中国共产党成立 95 周年大会上的讲话》，《人民日报》2016 年 7 月 2 日。

保持对人民的赤子之心。一切向前走，都不能忘记走过的路；走得再远、走到再光辉的未来，也不能忘记走过的过去，不能忘记为什么出发。面向未来，面对挑战，全党同志一定要不忘初心、继续前进。"① 所有中国共产党人应时刻不忘自己的党员身份，时刻不忘入党时庄严许下的誓言，永远保持中国共产党人的奋斗精神，永远保持对人民的赤子之心，始终牢记历史使命，始终坚持立党为公、执政为民，做到学用结合、知行统一，永葆共产党人本色。

（一）永葆共产党人忠诚本色

对党忠诚、永不叛党，是《中国共产党章程》对党员的基本要求，是入党誓词。所有共产党人务必强化党的意识，把对党忠诚作为首要政治原则、首要政治本色、首要政治品质。不忘入党初心、保持忠诚本色，既是对历史的传承、对先辈的尊重，也是对时代的责任、对后人的交代。对党忠诚，就是要心中有党，在党言党、在党忧党、在党为党，以党的旗帜为旗帜、以党的方向为方向、以党的意志为意志，在任何时候、任何条件下做到热爱党、拥护党，与党同心同德，始终坚守共产党人的精神追求，始终坚定马克思主义的信仰，始终坚定共产主义理想和中国特色社会主义信念。对党忠诚，就要强化组织意识，相信组织、依靠组织、服从组织，自觉接受组织安排和纪律约束，自觉维护党的团结统一。对党忠诚，就要用党性来证明、用行动来回答。

（二）永葆共产党人为民本色

"咬定青山不放松，立根原在破岩中。"中国共产党根基在人民、血脉在人民，服务人民是党与生俱来的政治本色。坚持以人民为中心，是党的政治立场和执政理念，是共产党人的价值取向和工作导向。从"人民用小米哺育出来"的革命根据地政权，到"人民用独轮车推出来"的全国解放，从"适应人民愿望、敢为天下先"的改革开放，到坚持"以人为本"的发展，正是因为始终坚持一切为了群众、一切依靠群众，激发了人民群众无穷的智慧和创造力，赢得了人民群众的信任和支持，共产党才始终保持蓬勃生机，不断引领社会发展进步潮流。共产党人要永葆为民本色，必须认真践行全心全意

---

① 习近平：《在庆祝中国共产党成立95周年大会上的讲话》，《人民日报》2016年7月2日。

为人民服务的根本宗旨，端正权力观、事业观、群众观，沉下心来，俯下身来，定准位置、找准方向、选准路子，为群众诚心诚意办实事，尽心竭力解难事，坚持不懈做好事。以"功成不必在我"的胸怀和"功成必定有我"的担当，多做打基础、利长远、惠民生的实事，让人民群众共享改革发展成果，促进社会公平正义，在夺取新时代中国特色社会主义伟大胜利的新征程上不断创造光辉业绩。

（三）永葆共产党人实干本色

中国共产党是敢想敢干的马克思主义政党。在人类文明史上，没有哪一个政党像中国共产党这样，承担的责任如此重大，面对的挑战如此严峻，取得的成就如此辉煌。"空谈误国，实干兴邦。"不干，半点马克思主义也没有。实干，正是中国共产党人的本色。因为中国共产党人懂得：唯有实干，才能彰显出共产党人的先锋队本色、完成党的历史使命；唯有实干，才能改天换地、沧海桑田，使国家富强、人民幸福、民族复兴。永葆共产党人实干本色，就要解放思想、实事求是、与时俱进；就要奉献自己的全部智慧和精力，自觉投身党和人民的事业；就要敢于担当、勇于探索，越是艰险越向前，排除万难显身手；就要既突出重点，又讲究方式方法，坚持原则的坚定性和策略的灵活性，改革创新、开拓前进，千方百计达到目的。

（四）永葆共产党人清净本色

中国共产党的性质、宗旨和党的理想信念，决定了中国共产党人必须清清白白做人、干干净净做事，保持艰苦奋斗的政治本色，拒腐蚀、永不沾的政治本色。为此，党员干部要做到：一要牢固树立正确权力观，保持高尚精神追求，敬畏人民、敬畏组织、敬畏法纪，做到公正用权、依法用权、为民用权、廉洁用权。二要保持艰苦奋斗、戒骄戒躁的作风，自觉抵御腐朽思想的侵蚀，自觉遵守廉洁从政、厉行节约的各项规定，以淡泊之心对待"位"，以知足之心对待"利"，以进取之心对待"事"，牢固守住做人、处事、用权、交友的底线，时时处处彰显共产党人的先进性和纯洁性，永葆共产党人的浩然正气。三要不断增强自我净化、自我完善、自我革新、自我提高的能力，做到"出淤泥而不染，濯清涟而不妖"，自觉净化自己的社交圈、生活圈、朋友圈，诚意正心，修身齐家，自警自励，不断修正人生坐标，升华思想道德境界，以永不懈怠的精神状态和一往无前的奋斗姿态，为共产主义事业奋斗终生。

三、解决好认识论问题

共产主义是建立在人类社会发展规律和社会主义社会发展规律认识基础上的科学判断，是共产党人的最高理想和最终奋斗目标。而共产主义的实现，不但需要共产党人具有奋勇献身的精神和不屈不挠的毅力，而且需要共产党人与共产主义渺茫论等各种反共产主义的论调作斗争，澄清各种困惑、制止各种动摇。在现实中，理想信念还要不要强调，一些人的头脑中已经不是那么清楚，认为理想信念是空话、大话、套话，没有什么用，或者仅仅把它挂在口头上、写在文件中，甚至在口头上也不愿意多讲、在文件中也不愿意多写。因此，进行理想信念教育要解决好认识论问题，特别是要不断深化对共产党执政规律的认识、深化对社会主义建设规律的认识、深化对人类社会发展规律的认识。

（一）深化对共产党执政规律的认识

共产党执政规律，是共产党作为执政党所从事的执政活动及其规律。在中国，共产党的执政实践经历了从局部执政到全国执政的历史过程。党在长期执政实践中，积累了丰富的执政经验，形成了系统的执政理论，掌握了重要的执政规律。深化对共产党执政规律的认识，要从以下方面着眼。

1. 深化对共产党执政地位的认识。在不同社会制度中，政党的地位是不一样的。共产党始终处于领导核心地位，这是历史和人民的选择。习近平指出："中国特色社会主义最本质的特征是中国共产党领导，中国特色社会主义制度的最大优势是中国共产党领导"。[①] 这两个"最"凸显了党的领导的必要性、重要性和优越性。各级各部门党委（党组）和党员领导干部，应增强执政意识，从巩固党的执政地位的大局看问题，明确党是最高政治领导力量，坚持党对一切工作的领导，坚持全面从严治党，把抓好党建作为最大的政绩。

2. 深化对共产党执政经验的认识。2004 年 9 月，《中共中央关于加强党

---

① 习近平：《决胜全面建成小康社会　夺取新时代中国特色社会主义伟大胜利——在中国共产党第十九次全国代表大会上的报告》，《人民日报》2017 年 10 月 28 日。

的执政能力建设的决定》把共产党执政的主要经验概括为六个方面。在此基础上，中共十九大又提出，必须以党章为根本遵循，把党的政治建设摆在首位，思想建党和制度治党同向发力，统筹推进党的各项建设。

3. 深化对共产党执政基础的认识。党的执政基础包括阶级基础和群众基础，阶级基础是工人阶级，群众基础是最广大的人民群众。共产党必须坚定不移地依靠工人阶级，巩固党执政的阶级基础；团结一切可以团结的力量，调动一切积极因素，不断扩大党执政的群众基础。

4. 深化对共产党执政体系的认识。中国共产党的执政体系，由执政理念、执政目标、执政体制、执政方略、执政方式、执政保障（执政资源和执政环境等）构成。要秉承立党为公、执政为民理念，坚持创新、协调、绿色、开放、共享理念，适应国家现代化总进程，推进国家治理现代化，提高共产党科学执政、民主执政、依法执政水平，使党的执政体制更加健全、执政方略更加完善、执政方式更加科学、执政保障更加有力，实现建设富强、民主、文明、和谐、美丽的社会主义现代化强国的奋斗目标。

5. 深化对共产党长期执政能力建设的认识。中国共产党要跳出"其兴也勃焉""其亡也忽焉"的历史周期率，务必加强党的长期执政能力建设。《中共中央关于加强党的执政能力建设的决定》提出，要不断提高驾驭社会主义市场经济的能力、发展社会主义民主政治的能力、建设社会主义先进文化的能力、构建社会主义和谐社会的能力、应对国际局势和处理国际事务的能力。中共十九大提出，要不断增强党的政治领导力、思想引领力、群众组织力、社会号召力，确保党永葆旺盛生命力和强大战斗力。

（二）深化对社会主义建设规律的认识

中国共产党人对社会主义建设规律的认识，在毛泽东思想、邓小平理论、"三个代表"重要思想、科学发展观、习近平新时代中国特色社会主义思想中集中体现出来，是一个不断深化和发展的历史过程。随着实践和认识的发展，还将进一步深化。中国特色社会主义进入新时代后，中国共产党人应做到以下几点。

1. 深化对社会主义本质和中国社会主要矛盾的认识。这是把握社会主义建设规律的前提和基础。邓小平强调社会主义的本质是解放生产力，发展生产力，消灭剥削，消除两极分化，最终达到共同富裕。胡锦涛强调公平正义是中国特色社会主义的内在要求，社会和谐是中国特色社会主义的本质属性。习近平强调以人民为中心，实现共享发展。而对中国社会主要矛盾的认识和把握，决定党和国家的工作重点，也是制定正确方针政策的基础。中国特色社会主义进入新时代，社会主要矛盾已经由过去的人民日益增长的物质文化需要同落后的社会生产之间的矛盾转化为人民日益增长的美好生活需要和不平衡不充分的发展之间的矛盾，它表明社会主义现代化建设的内容更充实更丰富了。

2. 深化对建设中国特色社会主义总依据、总布局、总任务的认识。胡锦涛强调，建设中国特色社会主义，总依据是社会主义初级阶段，总布局是五位一体，总任务是实现社会主义现代化和中华民族伟大复兴。习近平强调，中国仍处于并将长期处于社会主义初级阶段的基本国情没有变，中国经济发展历程中新状态、新格局、新阶段总是在不断形成，经济发展新常态是这个长过程的一个阶段；要统筹推进"五位一体"总体布局，协调推进"四个全面"战略布局，在全面建成小康社会的基础上，分两步走，在 21 世纪中叶建成富强民主文明和谐美丽的社会主义现代化强国。

3. 深化对社会主义建设和发展动力的认识。从邓小平、江泽民、胡锦涛到习近平，都把改革创新作为社会主义建设和发展动力。江泽民强调创新是民族进步的灵魂，是国家兴旺发达的不竭动力。胡锦涛强调提高自主创新能力，建设创新型国家，这是国家发展战略的核心。习近平则把创新摆在新发展理念的第一位，强调创新是第一动力。

4. 深化对社会主义建设目标的认识。中国共产党永远把人民对美好生活的向往作为奋斗目标，确立了在 21 世纪中叶实现中华民族伟大复兴的宏伟目标。中共十八大以后，又明确全面深化改革的总目标是完善和发展中国特色社会主义制度，推进国家治理体系和治理能力现代化；全面依法治国的总目标是建设中国特色社会主义法治体系，建设社会主义法治国家；新时代强军目标是建设一支听党指挥、能打胜仗、作风优良的人民军队，把人民军队建设成为世界一流军队。

5. 深化对建设中国特色社会主义基本方略的认识。改革开放以后，中国共产党相继提出了基本理论、基本路线、基本纲领、基本经验、基本要求。其中，基本路线是管长远的；基本理论既是管长远的又是与时俱进的；基本

纲领、基本经验、基本要求的内容随着实践和理论发展而发展。中共十九大
将基本纲领、基本经验、基本要求整合为基本方略，这就是中共十九大报告
提出的"十四个坚持"。中国共产党人要认真学习和领会"十四个坚持"的
内在逻辑、精髓要义及其相互关系。

（三）深化对人类社会发展规律的认识

人类社会发展规律是人类实践活动的产物，是人类自己的社会行动的规
律，它具有客观性、历史性、长期性和周期性。恩格斯说："马克思发现了
人类历史的发展规律，即历来为繁芜丛杂的意识形态所掩盖着的一个简单事
实：人们首先必须吃喝住穿，然后才能从事政治、科学、艺术、宗教等等；
所以，直接的物质的生活资料的生产，从而一个民族或一个时代的一定的经
济发展阶段，便构成基础，人们的国家设施、法的观点、艺术以至宗教观
念，就是从这个基础上发展起来的"。①"中国共产党人的理想信念，建立在
马克思主义科学真理的基础之上，建立在马克思主义揭示的人类社会发展规
律的基础之上"。② 在新的历史条件下，中国共产党人深化对人类社会发展
规律的认识，要做到以下几点。

1.深化对"两个必然"的认识。马克思恩格斯运用唯物史观的基本原理
分析资本主义社会基本矛盾，得出资本主义必然灭亡、共产主义必然胜利是
社会发展的必然趋势。对此，一方面要有远见卓识，把握前进性与曲折性的
统一。要坚信共产主义必胜，坚定道路自信、理论自信、制度自信、文化自
信。不能因为实现共产主义是个漫长的历史过程就动摇理想信念，也不能因
为共产主义运动的困难和挫折就失去信心。另一方面要牢牢把握生产力与生
产关系、经济基础与上层建筑的矛盾运动规律，脚踏实地，立足解决现实问
题，通过全面深化改革解决社会基本矛盾，把今天的奋斗作为共产主义运动
的一部分，一代接着一代干。

2.深化对人的自由全面发展的认识。马克思恩格斯认为未来社会将是这
样的一个联合体，每个人的自由发展是一切人的自由发展的条件。对此，一
要把握以人为本，促进人的自由而全面发展，这既是马克思主义和科学社会

---

① 《马克思恩格斯选集》第 3 卷，人民出版社 2012 年版，第 1002 页。

② 习近平：《在庆祝中国共产党成立 95 周年大会上的讲话》，《人民日报》2016 年 7 月 2 日。

主义的最高价值追求，也是中国特色社会主义的实践要求。二要做到通过深化经济体制改革，为人的自由全面发展提供物质条件；通过保障和改善民生，满足人民对美好生活的需要；通过民主法治，保障人民的权益；通过人与自然和谐共处，保障人民的生存环境。

3.深化对人类社会发展动力的认识。马克思恩格斯认为生产力是社会基本矛盾运动中最基本的动力因素，是人类社会发展和进步的最终决定力量，而人是生产力中最活跃的因素，是推动社会发展的根本力量。对此，一要通过全面深化改革解放和发展生产力。二要通过推进国家治理体系和治理能力现代化，推动生产力健康发展。

4.深化对人类社会发展道路的认识。马克思恩格斯揭示了人类社会发展道路是统一性和多样性的辩证统一。对此，一要认识到中国特色社会主义道路的开辟，表明人类社会走向共产主义是一个持续运动的过程，中国共产党人应为人类对更好社会制度的探索提供中国经验和中国方案，要通过中国特色社会主义的建设方略，丰富中国特色社会主义道路的内容，为促进人类社会发展提供中国智慧。二要坚持走和平发展道路，通过和平发展、共同发展、合作发展，顺应世界发展潮流，构建人类命运共同体。

5.深化对人类文明多样性的认识。马克思主义认为人类文明具有多样性，并阐述了多样性文明之间的辩证关系。对此，一要坚持"多彩、平等、包容"的新文明观，尊重文明的多样性，以平等、学习、借鉴的心态，在文明交流中取长补短、创新发展，实现不同文明共荣共生。二要努力推动改变现实国际关系中错误的文明观念，坚持文明多彩包容的原则来处理文明间关系，并积极推动中华文明走向世界。

四、解决好动能问题

动能的本义是物体由于运动所具有的能量，这里泛指人的动力和能量。鼓舞进取者，引导动摇者，唤醒沉睡者，鞭策软弱者，需要有动能来驱动。加强理想信念教育，要以榜样的力量感染人、鼓舞人、激励人，引领广大党员砥砺前行；要以人民群众的力量影响人、牵引人、凝聚人，引领广大党员昂扬奋进。

（一）向榜样学习激发动能

榜样展现的是共产党人对信念的执着坚守和矢志不渝的精神，是忠实践行理想信念的标杆。榜样弘扬的是一种昂扬向上的正能量，其力量是无穷的。榜样的先进事迹和高尚品德，根植于中华民族深厚的道德积淀，根植于中国特色社会主义伟大事业的实践沃土，是社会主义核心价值观的生动诠释，是中国社会思想道德主流的真实写照。"高炉卫士"孟泰、"铁人"王进喜、"两弹元勋"邓稼先、"知识分子的杰出代表"蒋筑英、"宁愿一人脏、换来万人净"的时传祥等一大批先进模范，体现了共产党人的崇高品质。在中华民族走向伟大复兴的关键时期，加快推进社会主义现代化进程，迫切需要大力弘扬榜样的崇高精神，巩固全党全国各族人民团结奋斗的思想道德基础。习近平指出："要充分发挥榜样的作用，领导干部、公众人物、先进模范都要为全社会做好表率、起好示范作用，引导和推动全体人民树立文明观念、争当文明公民、展示文明形象。"① 党员干部要向英雄模范学习，学习他们始终把党和人民的事业放在心中最高位置的公仆情怀、求实作风、奋斗精神和道德情操。无论是过去、现在还是将来，都要把榜样精神视为共产党的宝贵精神财富，见贤思齐，始终把榜样作为一面镜子正己修身，永葆共产党人的蓬勃朝气、昂扬锐气。

（二）向人民群众学习汲取动能

大树扎根于沃土，高楼立足于基石。共产党的力量源于人民、智慧来自人民。人民群众是历史的真正创造者，是历史发展的动力。毛泽东指出："群众是真正的英雄，而我们自己则往往是幼稚可笑的，不了解这一点，就不能得到起码的知识。"②"群众有伟大的创造力。中国人民中间，实在有成千成万的'诸葛亮'，每个乡村，每个市镇，都有那里的'诸葛亮'。我们应该走到群众中间去，向群众学习"。③ 2017 年 12 月，在中共中央政治局民主生活会上，习近平要求中央政治局的同志要拜人民为师，向人民学习，放下架子、扑下身子、接地气、通下情，"身入"更要"心至"。先当人民群众

---

① 《人民有信仰民族有希望国家有力量锲而不舍抓好社会主义精神文明建设》，《人民日报》2015 年 3 月 1 日。

② 《毛泽东选集》第三卷，人民出版社 1991 年版，第 790 页。

③ 《毛泽东选集》第三卷，人民出版社 1991 年版，第 933 页。

的学生，后当人民群众的先生，当先生同时也是学生，这就是马克思主义的认识论和实践论。共产党人向人民群众学习，一要摆正"尊师重道"的心态，从内心深处真正将人民放在心中最高位置。二要调优"勤学善思"的状态，从人民群众那里获得无穷智慧和力量。三要显示"善听好问"的姿态，问政问需问计问策于民，把人民群众的意见建议作为制定政策的基本出发点和工作的落脚点。共产党人要通过向人民群众学习，避免陷入少知而迷、不知而盲、无知而乱的困境，着力克服本领不足、本领恐慌、本领落后的问题，从而增强工作的科学性、预见性、主动性，使领导和决策体现时代性、把握规律性、富于创造性。

此外，共产党人还应通过有意义的活动解决好动能问题。比如，可以进行红色传统教育。因为红色资源是党员干部理想信念教育的独特课堂，是马克思主义中国化的历史见证，也是社会主义核心价值体系的重要精神源泉。只要激活和传承红色基因，就能让党员干部在重温革命先烈的历史足迹中实现心灵升华，构筑共产党人的精神殿堂，唤起无坚不摧的红色能量，激发其为人民干事创业的"动能"。又比如，可以开展创先争优活动。创建先进基层党组织、争当优秀共产党员，是党的建设一项重要的经常性工作。在创先争优活动中，应把党员理想信念教育放在关键位置，把理想信念转化为每个党员的自觉行动，扎扎实实做好每一项工作，以实际行动来履行党旗下的庄严承诺。

第三节　坚守共产党人的精神家园

一、远大理想和共同理想的统一

精神家园是人们在文化认同基础上产生的精神寄托和心灵归宿。对政党及其党员来说，它是精神支柱。中国共产党人的精神家园，有理论支撑——马克思列宁主义、毛泽东思想、中国特色社会主义理论体系；有丰富家产——民族精神、时代精神、实事求是精神、为人民服务精神、革命英雄主义精神、独立自主精神、自由平等精神、民主法治精神、科学精神、敬业奉献精神、艰苦奋斗精神等。坚守共产党人的精神家园，首先要坚持远大理想和共同理想的统一。

（一）树立共产主义远大理想

志不立，天下无可成之事。"中国共产党一经成立，就把实现共产主义作为党的最高理想和最终目标，义无反顾肩负起实现中华民族伟大复兴的历史使命"。① 时代在发展，社会在变化，但实现共产主义始终是中国共产党领导中国人民进行伟大历史实践的价值目标引领。共产主义以马克思主义科学理论为根基，以最广大人民的根本利益为出发点，激励了一代又一代共产党人英勇奋斗，昭示了中华民族伟大复兴的光明前景，彰显了共产党人大公无私的崇高境界。正是在这一远大理想指引下，中国共产党才具有高度的思想自觉、政治自觉、行动自觉，成为中国工人阶级先锋队、中国人民和中华民族先锋队，才带领中国人民书写了气吞山河的壮丽史诗，不因道路漫长而泄气止步，不为过程曲折而失望懈怠。

（二）坚持中国特色社会主义共同理想

夺取新时代中国特色社会主义伟大胜利，把我国建设成为富强民主文明和谐美丽的社会主义现代化强国，实现中华民族的伟大复兴，是现阶段全国各族人民的共同理想。中国特色社会主义共同理想是建立在对人类历史发展趋势和社会主义建设规律的正确把握基础之上的，是中国共产党和中国人民主观能动性与社会发展趋势客观性相统一的正确反映。因此，中国共产党人应坚持中国特色社会主义共同理想，"要牢牢把握社会主义初级阶段这个基本国情，牢牢立足社会主义初级阶段这个最大实际，牢牢坚持党的基本路线这个党和国家的生命线、人民的幸福线，领导和团结全国各族人民，以经济建设为中心，坚持四项基本原则，坚持改革开放，自力更生，艰苦创业，为把我国建设成为富强民主文明和谐美丽的社会主义现代化强国而奋斗"。②

（三）把树立远大理想与坚持共同理想统一起来

习近平指出，要深刻认识共产主义远大理想和中国特色社会主义共同理想的辩证关系，既不能离开发展中国特色社会主义事业、实现民族复兴的现

---

① 习近平：《决胜全面建成小康社会　夺取新时代中国特色社会主义伟大胜利——在中国共产党第十九次全国代表大会上的报告》，《人民日报》2017 年 10 月 28 日。

② 习近平：《决胜全面建成小康社会　夺取新时代中国特色社会主义伟大胜利——在中国共产党第十九次全国代表大会上的报告》，《人民日报》2017 年 10 月 28 日。

实工作而空谈远大理想，也不能因为实现共产主义是一个漫长的历史过程就讳言甚至丢掉远大理想。① 共产主义理想和中国特色社会主义共同理想，是中国共产党人的精神支柱和政治灵魂，也是保持党的团结统一的思想基础。共产主义只有在社会主义社会高度发达的基础上才能实现，需要共产党人十几代人、几十代人接力奋斗。建设中国特色社会主义，是实现共产主义的必经阶段，中国特色社会主义共同理想是共产主义最高理想在现阶段的具体表现。没有远大理想的指引，就不会有共同理想的确定；没有共同理想的实现，远大理想就失去了实现的基础。"我们不能因现实复杂而放弃梦想，不能因理想遥远而放弃追求。"② 每个党员必须坚持共产主义远大理想和中国特色社会主义共同理想相结合，自觉做共产主义远大理想和中国特色社会主义共同理想的坚定信仰者和忠实实践者。

二、"四个自信"和民族复兴的融合

自信就是自己相信自己，它是一个人心理健康的重要标志和取得成功必备的一项心理特质，是一个民族的精神脊梁，一个国家的前行动力，一个政党的勇气担当。"四个自信"即中国特色社会主义道路自信、理论自信、制度自信和文化自信，是与中华民族伟大复兴相联系的。从战火硝烟和建设改革中一路走来的中国共产党人，从未像今天这样接近中华民族伟大复兴的目标，从未像今天这样信心满怀。

（一）"四个自信"与民族复兴统一于中国特色社会主义实践

中国共产党人的"四个自信"，源于中国五千年文明史、近代以来中华民族百年抗争史，源于马克思主义科学理论的指引、中国共产党的正确领导，源于中国共产党人近一个世纪奋斗的伟大胜利、辉煌成就。正是在中国共产党领导下，中华民族从百年屈辱走向伟大复兴；正是在中国共产党领导下，人类历史发展长河中出现了全新的伟大实践——中国特色社会主义。在"四个自信"中，道路自信是根本，体现着政治认同；理论自信是引领，体

---

① 参见《全面贯彻落实党的十九大精神以永远在路上的执着把从严治党引向深入》，《人民日报》2018 年 1 月 12 日。

② 习近平：《决胜全面建成小康社会　夺取新时代中国特色社会主义伟大胜利——在中国共产党第十九次全国代表大会上的报告》，《人民日报》2017 年 10 月 28 日。

现着思想认同；制度自信是保障，体现着制度认同；文化自信是基础，体现着心灵认同。它们作为一个相互联系不可分割的有机整体，统一于中国特色社会主义伟大实践。在"四个自信"与民族复兴的关系上，"四个自信"是民族复兴的精神动力和思想保证，没有"四个自信"民族复兴就没有精神脊梁；在民族复兴的一定历史阶段才出现"四个自信"，民族复兴又诠释、巩固和增强"四个自信"，没有民族复兴就没有"四个自信"。"四个自信"是中国特色社会主义的精神特质，民族复兴是中国特色社会主义的奋斗目标，二者统一于中国特色社会主义的历史进程，统一于中国共产党人建设中国特色社会主义的伟大实践。所以，"四个自信"与民族复兴是相融合的。

（二）坚定"四个自信"助推中华民族伟大复兴

坚定"四个自信"是坚定理想信念的表现。它激励着中国共产党人以更大的决心和勇气，以更强的毅力和精神直面社会出现的新问题新挑战，把握住新的发展机遇，以更加奋发有为的姿态凝聚人心、汇集力量、集中智慧，最大限度地挖掘社会发展潜能，更好地进行新的时代条件下的伟大斗争，为实现中华民族伟大复兴作出贡献。在一个需要自信而且能够自信的时代，中国共产党人要做到：一要坚定对马克思主义的信仰、对社会主义和共产主义的信念，为实现中华民族伟大复兴铸魂。二要研究"四个自信"的丰富内涵，厘清"四个自信"与民族复兴之间的关系，以无比强大的前进定力奔向既定目标。三要当好广播员、解说员、快递员，全面及时传播"四个自信"，履行好自己的光荣使命。四要旗帜鲜明践行"四个自信"，理直气壮地批驳对中国特色社会主义道路、理论、制度、文化的诋毁、贬斥和曲解，为中华民族伟大复兴贡献智慧与力量。

三、民族精神和时代精神的弘扬

民族精神是一个民族在长期共同生活和社会实践中形成的，为本民族成员所认同的民族意识、文化、习俗、性格、信仰、价值观念等共同特质的总和，是一个民族生命力、创造力和凝聚力的集中体现，是一个民族赖以生存和发展的精神支撑。时代精神是每一个时代的人们在共同交往和实践中形成的一种特殊社会意识，它是时代发展的产物，是人类文明在每一个时代的精神体现。弘扬民族精神和时代精神，对于坚定理想信念，坚持和发展中国特色社会主义，实现中华民族伟大复兴，具有重大而深远的意义。

（一）民族精神和时代精神铸就中华民族生生不息的精神支柱

以爱国主义为核心的民族精神和以改革创新为核心的时代精神，是联结中华民族的牢固精神纽带和促进中华民族发展壮大的强大精神支撑，是凝心聚力的兴国之魂、强国之魄。

在五千多年的发展中，中华民族形成了伟大的民族精神。江泽民将其概括为以爱国主义为核心的团结统一、爱好和平、勤劳勇敢、自强不息精神；习近平概括为以爱国主义为核心的伟大创造精神、奋斗精神、团结精神、梦想精神。在这种伟大精神的感召下，一大批具有先进思想并顽强拼搏的杰出人物应运而生。他们为振兴中华上下而求索，矢志不渝地追求，推动了历史的发展和民族的进步，深刻改变着时代的面貌。特别是在中华民族绵延发展的历史长河中，爱国主义始终是激昂的主旋律，始终是激励各族人民自强不息的强大力量。无论是在遭遇外敌入侵的危难关头，还是在国难天灾的巨大挑战面前，中华民族都能在爱国主义旗帜下，迸发出战胜艰难险阻的卓越智慧和无穷力量。中国共产党是爱国主义精神最坚定的弘扬者和实践者，始终把实现中华民族伟大复兴作为自己的历史使命，并创造了惊天动地的业绩。中国共产党在革命、建设、改革的历史进程中，集民族精神和时代精神于一体，培育形成了井冈山精神、长征精神、延安精神、西柏坡精神、大庆精神、雷锋精神、铁人精神、"两弹一星"精神、抗洪精神、抗震救灾精神、载人航天精神等，极大丰富了民族精神和时代精神的内涵，使中华民族展现出崭新的精神风貌。

《礼记·大学》说："苟日新，日日新，又日新。"中国共产党人将其发扬光大。中共十一届三中全会以来，改革创新成为当代中国的最强音，始终是鞭策共产党人在改革开放中与时俱进的精神力量，是一种伟大的历史主动精神。中国改革从开始启动到逐渐推开再到全面深化，开创了中国特色社会主义事业的崭新篇章。中国共产党人把创新看作是从根本上打开增长之锁的钥匙，是引领发展的第一动力，把创新摆在国家发展全局的核心位置，实施创新驱动发展战略，坚持不懈进行理论创新、科技创新、文化创新、社会创新、体制创新和管理创新，铺就迈向现代化强国的康庄大道。

（二）用民族精神和时代精神凝聚中华民族伟大复兴的强大力量

伟大的事业需要伟大的精神。中国共产党人要坚持和发展中国特色社会主义，推进和实现中华民族伟大复兴，必须大力弘扬民族精神和时代精神，激发活力、汇集智慧、鼓舞斗志。

把民族精神和时代精神转化为中华民族的自尊心、自信心、自强心。近代以来，中国人民不屈不挠、再接再厉的斗争，使得帝国主义不能灭亡中国；中国共产党横空出世，领导人民完成新民主主义革命，中国人民从此站起来了。中华人民共和国成立后，中国共产党领导人民进行社会主义革命和建设，走自己的路，坚持和发展中国特色社会主义，实现了经济持续快速发展，成为世界第二大经济体，创造了人类社会发展史上十分罕见的奇迹。中国的跨越式发展，从根本上改变了中国贫穷落后的面貌，彻底洗刷了近代以来中华民族的屈辱，使中华民族大踏步跟上时代、前所未有地走近世界舞台中央，极大提高了中国的国际地位和国际影响力。中国的成功受到世界广泛关注，为破解人类面临的共同难题提供了中国智慧和中国方案，极大地振奋了民族精神、彰显了时代精神。值得警惕的是，社会上对历史的亵渎时有发生，历史虚无主义者有之，以"戏说"为名歪曲和篡改历史者有之，诬蔑丑化革命先烈者有之，更有居心叵测者不时跳出来美化侵略战争。弘扬民族精神、时代精神必须与之坚决斗争。在世界大发展大变革大调整时期，人类面临许多共同挑战，中国共产党人不能因现实复杂而放弃梦想，不能因理想遥远而放弃追求，应倍加珍惜党领导人民不懈奋斗取得的伟大成就，始终保持自尊、自信、自强的精神状态，始终保持创造精神、创造活力，坚定不移地走自己的路，满怀信心地迎接中华民族伟大复兴。

把民族精神和时代精神转化为对中国特色社会主义的高度认同。只有社会主义才能救中国，只有中国特色社会主义才能发展中国，这是党和人民从历史和现实中得出的根本结论。共产党人坚持爱国主义，就是要坚持在中国共产党的领导下，坚定不移地走中国特色社会主义道路。同时，共产党人坚决反对闭关自守的狭隘民族主义，提倡正确对待和学习借鉴各国人民创造的一切有益的先进思想文化、管理经验与科学技术，积极推进改革创新，推动中国特色社会主义制度自我完善。要引导广大人民群众深刻认识中国特色社会主义道路是国家的富强之路、人民的幸福之路，正确认识改革发展中出现的问题和困难，通过继续解放思想、坚持改革开放，继续拓展和走好适合本国国情的发展道路，开创中国特色社会主义事业新局面。

把民族精神和时代精神转化为实现中华民族伟大复兴的实际行动。个人的幸福要靠国家富强和民族振兴，个人的成长要靠国家稳定和社会进步。中国共产党人要不断增强社会责任感和历史使命感，牢固树立以热爱祖国和贡献自己全部力量建设祖国为最大光荣、以损害祖国利益和尊严为最大耻辱的意识，自觉把爱国之情、报国之志融入祖国改革发展的伟大事业之中、融入人民创造历史的伟大奋斗之中，从自己做起，从本职岗位做起，以实际行动扬华夏民魂、壮炎黄国魂。弘扬爱国主义既要立足民族，又要面向世界，把弘扬爱国主义精神与扩大对外开放结合起来。要善于继承善于创新，坚持从历史走向未来，从延续民族文化血脉中开拓前进，不负伟大的时代，不负人民的期望。

四、伟大事业和伟大工程的共创

中国共产党所领导的中国特色社会主义事业是一项伟大事业，党的自身建设是一项伟大工程。协调推进伟大事业与伟大工程，是党取得革命、建设和改革胜利的一条宝贵经验。习近平在庆祝中国共产党成立 95 周年大会上的讲话中指出："党和人民事业发展到什么阶段，党的建设就要推进到什么阶段。这是加强党的建设必须把握的基本规律。"[1] 伟大事业不断为伟大工程注入新的生机和活力、开辟广阔的前景，伟大工程紧紧围绕伟大事业来进行、焕发蓬勃生机。

（一）伟大事业：当代中国发展进步的根本方向

伟大事业主要回答当代中国应举什么旗走什么路的问题。"中国特色社会主义是改革开放以来党的全部理论和实践的主题，是党和人民历尽千辛万苦、付出巨大代价取得的根本成就。"[2] 中国特色社会主义是当代中国发展进步的根本方向，它是道路、理论、制度、文化的统一，是前无古人的伟大

---

① 习近平：《在庆祝中国共产党成立 95 周年大会上的讲话》，《人民日报》2016 年 7 月 2 日。

② 习近平：《决胜全面建成小康社会　夺取新时代中国特色社会主义伟大胜利——在中国共产党第十九次全国代表大会上的报告》，《人民日报》2017 年 10 月 28 日。

事业。

"中国特色社会主义道路是实现社会主义现代化、创造人民美好生活的必由之路，中国特色社会主义理论体系是指导党和人民实现中华民族伟大复兴的正确理论，中国特色社会主义制度是当代中国发展进步的根本制度保障，中国特色社会主义文化是激励全党全国各族人民奋勇前进的强大精神力量。"[①] 道路、理论、制度、文化，统一于建设中国特色社会主义伟大实践。新时代坚持和发展中国特色社会主义，应做到以下几点。

1. 继续保持探索进取精神。尽管中国特色社会主义事业已经达到了一个前所未有的新高度，但是也要看到，社会革命从来都是在复杂斗争中进行的，社会主义从来都是在披荆斩棘中前进的，中国共产党人还面临很多未被认识的必然王国，面对很多亟待解决的历史难题，事业越发展，新情况新问题越多。因此，中国共产党人必须继续探索进取，不断丰富中国特色社会主义的实践特色、理论特色、民族特色、时代特色，在新的历史条件下继续推进党和国家各项事业。

2. 更加自觉地增强"四个自信"。要保持政治定力，既不走封闭僵化的老路，也不走改旗易帜的邪路，抓铁有痕、踏石留印，在苦干实干巧干中坚持和发展中国特色社会主义。

3. 不断提升各方面水平。要全面把握中国特色社会主义进入新时代的新要求，不断提升党和国家事业发展水平；努力学习马克思列宁主义、毛泽东思想、邓小平理论、"三个代表"重要思想、科学发展观、习近平新时代中国特色社会主义思想，不断提升马克思主义理论水平；全面完成实现"两个一百年"奋斗目标的历史任务，不断提升社会主义现代化建设水平；全面深化各领域各方面改革，不断提升国家治理体系和治理能力现代化水平；全面落实以人民为中心的发展思想，不断提升保障和改善民生水平；努力实现人与自然和谐共生、建设美丽中国，不断提升生态文明建设水平。

(二) 伟大工程：中华民族伟大复兴的政治保障

伟大工程主要回答为夺取中国特色社会主义新的伟大胜利、实现中华民

[①] 习近平：《决胜全面建成小康社会　夺取新时代中国特色社会主义伟大胜利——在中国共产党第十九次全国代表大会上的报告》，《人民日报》2017年10月28日。

族伟大复兴提供什么样的政治保障问题。"历史已经并将继续证明，没有中国共产党的领导，民族复兴必然是空想。我们党要始终成为时代先锋、民族脊梁，始终成为马克思主义执政党，自身必须始终过硬。"[①] 站在新的历史起点上，中国共产党正在与时俱进地加强党的建设，推进全面从严治党向纵深发展，推动党的建设新的伟大工程展现新气象和新作为。

党的领导是全国各族人民的利益所在。在坚持党的领导这个重大原则问题上，必须高度自觉、坚定不移。而要坚持和加强党的领导，必须推进党的建设新的伟大工程，为中华民族伟大复兴提供坚强政治保障。为此应做到以下几点。

1. 坚持全面从严治党，从整体上重视党的建设新的伟大工程。东西南北中，党政军民学，党是领导一切的。新时代建设伟大工程要有新气象和新作为，必须着力坚持全面从严治党。只有从党肩负的历史重托和使命上坚持管党治党全面从严，才能从整体上重视党的建设工程，才能从整体上理解全面从严治党永远在路上，才能在新的形势下从容应对重大挑战、抵御重大风险、克服重大阻力、解决重大矛盾，增强党的自我净化、自我完善、自我革新、自我提高的能力，夯实党的执政之基，从而开拓愈加灿烂辉煌、兴旺发达的壮阔前景。

2. 坚持以"关键少数"为抓手，从面上理顺党的建设新的伟大工程。"人不率则不从"，能不能抓住领导干部这个"关键少数"，是政治生态能否走向善治的重要因素。中共十八大以后，习近平多次强调，要重点抓领导干部关键少数这一"牛鼻子"，要以严肃党内政治生活为起点从严管党治党，要以党章为基本遵循加强党内法规制度建设，要切实抓好用人选人工作。"关键少数"是全面从严治党的重要抓手。抓住了这个群体，则党风正；党风正，则政风清；政风清，则民风向善。

3. 坚持治党治国结合，从质上完善党的建设新的伟大工程。中国共产党要履行好执政兴国的重大历史使命，赢得具有许多新的历史特点的伟大斗争胜利，实现党和国家的长治久安，必须坚持依法治国与制度治党、依规治党

---

① 习近平：《决胜全面建成小康社会 夺取新时代中国特色社会主义伟大胜利——在中国共产党第十九次全国代表大会上的报告》，《人民日报》2017 年 10 月 28 日。

统筹推进、一体建设。依规治党必须与依法治国相结合，党内法规制度建设必须与国家法律相互协调，把党的权力置于宪法和法律的框架内，深入贯彻党纪严于国法的理念，将党的领导、人民当家作主和依法治国统一于新时代发展中，实现党的建设新的伟大工程质的不断提升，为时代发展锻造坚强领导力量。

4.更加自觉地坚定党性原则，勇于自我革命。腐败是中国共产党面临的最大威胁，党风廉政建设和反腐败斗争是一场输不起的斗争。全党要勇于直面问题，敢于刮骨疗毒，消除一切损害党的先进性和纯洁性的因素，清除一切侵蚀党的健康肌体的病毒，确保党永葆旺盛生命力和强大战斗力。

(三)把伟大事业和伟大工程建设结合起来

伟大事业和伟大工程紧密联系、相互贯通、相互作用，起决定性作用的是党的建设新的伟大工程。伟大事业不断为伟大工程注入新的生机和活力开辟广阔的前景，伟大工程紧紧围绕伟大事业来进行，确保其蓬勃发展。加强党的建设伟大工程是推进伟大事业纵深发展的根本保障，推进伟大事业有助于建设伟大工程。党的建设伟大工程与中国特色社会主义的伟大事业统一于党和人民建设、改革的伟大实践。

中国共产党领导的伟大事业，从来都是同党的建设伟大工程紧密联系在一起的。把推进党的建设伟大工程同推进党领导的伟大事业紧密结合起来，是根据中国共产党一贯遵循的党的建设服从和服务于党的基本路线这一指导原则概括的一条重要经验。党的基本路线规定党在一定历史阶段的中心任务、基本策略等，是党领导的伟大事业和党的全部活动的行动纲领。党的建设是通过增强党自身的创造力、凝聚力、战斗力来保障党领导的伟大事业取得成功。因此，党的建设必须服从和服务于党的基本路线，为党领导的伟大事业服务。贯彻党的基本路线的过程，就是推进党领导的伟大事业的过程。把推进党的建设伟大工程同推进中国特色社会主义伟大事业紧密结合起来，核心是紧密结合党的基本路线开展党的建设，通过卓有成效的党的建设来保证党的基本路线的有效执行。

五、登高望远和脚踏实地的结合

登高望远、脚踏实地，是两个富有特色的中国传统语汇。前者彰显了大眼界、大胸襟、大气魄、大追求，让人怦然心动；后者折射了求真务实的工作作风、切实做事的实干精神，使人砥砺前行。中国共产党因为站在全人类的高度、全球化的高度、历史和时代的高度、中华民族的高度，才有了"两个一百年"奋斗目标以及中华民族伟大复兴的中国梦，才有了中国特色社会主义。其思虑、谋划、布局之深远，都堪称大手笔、大战略、大格局。中国共产党因为懂得"纸上得来终觉浅，绝知此事要躬行"，明白"九层之台起于累土，千里之行始于足下"，才有"一分部署，九分落实"，使美丽梦想生根发芽开花结果。

（一）正确把握登高望远与脚踏实地的关系

登高望远和脚踏实地的关系，是大和小的关系。大就是宏阔视野、宏大布局、宏伟蓝图，就是登高望远；小就是具体落实，就是脚踏实地。登高望远与脚踏实地既是马克思主义的认识论，又是马克思主义的方法论。以大兼小、小中见大是认识论；抓大放小、以小带大是方法论。登高望远和脚踏实地作为中国共产党人正确认识事物的两条路径、两种方法，要求党员领导干部既善于观大势、谋大事，站在战略与全局的高度观察和处理问题；又善于接地气、察实情，一切从实际出发谋划事业和工作。

登高望远与脚踏实地相辅相成。登高望远，人的眼界开阔了，能够把握住大局、大势、大事，工作的起点就高了、工作的追求就高了、工作的标准就高了。脚踏实地，是登高望远的归宿。有了脚踏实地，登高望远才不会变成好高骛远，才不会成为空想、幻想、狂想。离开了脚踏实地，登高望远就失去了根本。

（二）自觉把登高望远与脚踏实地结合起来

把理想信念落到实处，中国共产党人需要"登高望远"与"脚踏实地"的完美结合。必须做到站位高远、立足当下、奋力拼搏、不断前行，以更加辛勤的汗水和心血智慧开创未来。

登高望远，就是胸怀大局、把握大势、着眼大事。胸怀大局，就是要把握好国内国际两个大局，国内大局就是实现"两个一百年"奋斗目标，实现中华民族伟大复兴的中国梦；国际大局就是维护国家主权、安全、发展利益，为中国改革发展稳定创造良好的外部环境。要始终胸怀大局、心有大我，实现中央顶层设计和基层实践探索紧密结合，凝聚起攻坚克难、协同迈进的强大合力。把握大势，就是善于分析形势、认清趋势，"明者因时而变，知者随事而制"，做到因势而谋、应势而动、顺势而为。着眼大事，就是要牢牢把握中央的大政方针，紧紧围绕中央的重大部署、重大决策，结合自身实际创造性贯彻中央精神。要"登高"，必须有登高的阶梯；要"望远"，必须有望远的工具。这个"阶梯""工具"，就是领导干部的思维能力。所以，共产党人一定要牢固掌握马克思主义的立场、观点、方法，提高其历史思维、辩证思维、战略思维、创新思维、底线思维能力。

脚踏实地，就是要求实、老实、落实。这里既有对做人的要求，也有对做事的要求。求实，就是讲实话、办实事。老实，就是老老实实做事、踏踏实实做人，即说老实话、办老实事、做老实人。落实，就是把工作往实里做，把事情往实里办。党员领导干部要做到"讲实话、干实事，敢作为、勇担当，言必信、行必果"。要有钉钉子的精神，增强狠抓落实本领，把雷厉风行和久久为功有机结合起来，勇于攻坚克难，做实做细做好各项工作。

登高望远，脚踏实地，就是要求共产党人在工作中把长远目标和实际情况结合起来；就是要求共产党人在社会主义建设和改革中不仅要解决以前遗留的问题与现实问题，更要高瞻远瞩，避免今后可能出现的问题；就是要求共产党人不仅要注重政策方针的制定，更要注重政策方针的落实。正如中共十九大报告所说："全党同志一定要登高望远、居安思危，勇于变革、勇于创新，永不僵化、永不停滞，团结带领全国各族人民决胜全面建成小康社会，奋力夺取新时代中国特色社会主义伟大胜利。"[1]

---

[1]　习近平：《决胜全面建成小康社会　夺取新时代中国特色社会主义伟大胜利——在中国共产党第十九次全国代表大会上的报告》，《人民日报》2017 年 10 月 28 日。

第八章　党的宗旨教育

一个伟大的思想体系要长盛不衰、历久弥新，必须具备贯穿始终的核心理念。中国共产党的思想体系，从毛泽东、邓小平、江泽民、胡锦涛到习近平，有一以贯之的核心理念——为人民服务。它是中国共产党的根本宗旨，在新民主主义革命时期形成，由中国共产党人始终不渝地践行。党的宗旨教育意义重大、影响深远。进行党的宗旨教育，要从增强党的宗旨意识抓起，站稳群众立场、增进群众感情，做到为民务实清廉，做好群众工作，坚决反对特权思想、特权现象。

第一节　党的宗旨的形成与内容

一、党的宗旨的形成

宗旨即行事的主要目的和意图。党的宗旨就是一个政党成立的主要目的与行动意图。全心全意为人民服务，是中国共产党的根本宗旨，是共产党人党性的集中体现，是党性教育的根本问题，也是中国共产党区别于其他政党的显著标志之一。

全心全意为人民服务之所以成为中国共产党的宗旨，是因为中国共产党是中国工人阶级的先锋队，同时是中国人民和中华民族的先锋队，是中国特色社会主义事业的领导核心，代表中国先进生产力的发展要求、中国先进文化的前进方向、中国最广大人民的根本利益。这一性质决定了中国共产党必须立党为公，全心全意为人民服务。从理论渊源来看，马克思主义的唯物史观明确指出，历史活动是群众的活动，人民群众是社会物质财富和精神财富的创造者，是社会发展和社会变革的决定力量。标志着马克思主义诞生的

《共产党宣言》宣告，无产阶级的运动是绝大多数人的、为绝大多数人谋利益的独立的运动。马克思主义为中国共产党确定自己的宗旨，提供了基本遵循。从历史文化渊源来看，中国传统文化中的"天下为公"理念和民本思想，西方传统文化中的人本思想，是人类历史文化中的瑰宝，中国共产党吸取其精华，批判地继承之，将其发扬光大。中国和西方的传统文化为中国共产党确定自己的宗旨提供了重要依据。从党的最高理想和最终目标来看，中国共产党的宗旨是实现共产主义。这一伟大理想和奋斗目标，符合工人阶级和最广大人民的根本利益，决定了党必须全心全意为人民谋幸福。

中国共产党将"全心全意为人民服务"确立为党的宗旨，有一个历史过程。

1922 年 7 月，中共二大通过的《关于共产党的组织章程决议案》规定：共产党应当是无产阶级中最有革命精神的广大群众组织起来为无产阶级之利益而奋斗的政党，为无产阶级做革命运动的急先锋；党的一切运动都必须深入到广大的群众里面去。1923 年 6 月，中共三大通过的大会宣言强调：拥护工人农民的自身利益，是我们不能一刻疏忽的。据此，大革命时期共产党领导工人罢工，组织农民运动，为工农大众争取经济和政治权利。

土地革命战争时期，中共六大作出了"党的总路线是争取群众"的重要决断。1931 年 11 月，中华苏维埃共和国临时中央政府成立，以毛泽东为代表的中国共产党人开始探索适应客观需要的政权形式。1934 年 1 月，毛泽东在中华苏维埃第二次全国代表大会上所作的《关心群众生活，注意工作方法》的报告中，号召苏维埃工作人员要真心实意地为群众谋利益。1935 年 12 月，毛泽东在瓦窑堡会议上作了《论反对日本帝国主义的策略》的报告，使用了"人民"这一概念，提出把"工农共和国"改为"人民共和国"。

抗日战争时期，1938 年 3 月 16 日，《救亡日报》记载毛泽东在延安接受美国记者洛基谈话时说：我们的工作不是享乐，而是为大众服务。1939 年 2 月 20 日，毛泽东在致张闻天的一封信中，在谈到儒家道德之勇时，认为那只是勇于压迫人民，勇于守卫封建制度，而不勇于为人民服务。同年 12 月，毛泽东在为中共中央起草的《大量吸收知识分子》的决定中，指出许多军队干部、许多学校、许多地方党部不懂得为地主资产阶级服务的知识分子和为工农阶级服务的知识分子的区别，提出应该大量吸收知识分子为军队、为政府、为群众服务。1941 年 11 月，毛泽东《在陕甘宁边区参议会的演说》中宣示：共产党是为民族、为人民谋利益的政党，它本身决无私利可图。1942 年 5 月，毛泽东《在延安文艺座谈会上的讲话》中，明确提出文艺应该为人民服务的思想，强调："为什么人的问题，是一个根本的问题，原则的问题。"①

1944 年 9 月 5 日，中央警备团战士张思德在陕北安塞县山中烧炭，因炭窑崩塌而牺牲。8 日，毛泽东在中央警备团追悼张思德的会上发表演讲，系统阐述了为人民服务的思想。他说："我们的共产党和共产党所领导的八路军、新四军，是革命的队伍。我们这个队伍完全是为着解放人民的，是彻底地为人民的利益工作的。""张思德同志是为人民利益而死的，他的死是比泰山还要重的。""因为我们是为人民服务的，所以，我们如果有缺点，就不怕别人批评指出。"②他要求大家为人民的利益坚持好的，为人民的利益改正错的，学习张思德"为人民服务"的精神。尔后，他反复强调"为人民服务"，特别是 1944 年 10 月 4 日，在清凉山中央印刷厂礼堂看望《解放日报》社及新华社全体工作人员的讲话中，勉励大家要全心全意地为人民服务，把《解放日报》社和新华社办好。

1945 年 4 月，毛泽东在中共第七次全国代表大会上的开幕词中告诫全党："我们应该谦虚，谨慎，戒骄，戒躁，全心全意地为中国人民服务"。③在《论联合政府》的政治报告中，他在讲到人民军队的宗旨时说："紧紧地和中国人民站在一起，全心全意地为中国人民服务，就是这个军队的唯一的宗旨。"④并再次强调："全心全意地为人民服务，一刻也不脱离群众；一切从人民的利益出发，而不是从个人或小集团的利益出发；向人民负责和向党的领导机关负责的一致性；这些就是我们的出发点。"⑤中共七大正式把"中国共产党人必须具有全心全意为中国人民服务的精神"写进党章，第一次明确了中国共产党的根本宗旨。中共七大之后，历次党的代表大会，都庄严地把

---

① 《毛泽东选集》第三卷，人民出版社 1991 年版，第 857 页。

② 《毛泽东选集》第三卷，人民出版社 1991 年版，第 1004 页。

③ 《毛泽东选集》第三卷，人民出版社 1991 年版，第 1027 页。

④ 《毛泽东选集》第三卷，人民出版社 1991 年版，第 1039 页。

⑤ 《毛泽东选集》第三卷，人民出版社 1991 年版，第 1094—1095 页。

"全心全意为人民服务"作为共产党的宗旨载入党章。

通过上述简要回顾可知，中国共产党的宗旨是在二十多年的奋斗中逐渐形成的。党从成立之初提出为无产阶级之利益而奋斗，拥护工人农民的自身利益；到提出真心实意地为群众谋利益，为大众服务；再到提出为人民服务，全心全意地为人民服务；从对革命文艺工作者的特殊要求，到对党、对一切革命同志的普遍要求；从把它作为无产阶级的人生观，到作为全党全军的宗旨；充分展示了以毛泽东为代表的中国共产党人，根据中国革命的具体实践，丰富和发展马克思主义建党学说的历史轨迹，创立党性教育思想的不凡历程。

二、党的宗旨的主要内容

中国共产党的宗旨涵盖的思想内容主要包括以下五个方面。

（一）中国共产党是服务型政党

马克思主义政党理论认为，共产党不是同其他工人政党相对立的特殊政党，他们没有任何同整个无产阶级的利益不同的利益；在无产者不同的民族的斗争中，共产党人强调和坚持整个无产阶级共同的不分民族的利益。因此，中国共产党只能是为绝大多数人服务的服务型政党而非利己型、压迫型政党，党除了工人阶级和最广大人民群众的利益，没有自己特殊的利益。服务型政党的服务表现在以下几个方面。一是上级党组织服务下级党组织。二是党组织服务党员。三是各级党组织和全体党员共同服务人民群众。四是服务渠道和方式是多样化的，如问政于民、问需于民、问计于民、便利于民、帮扶于民等。为此，要求完善体制机制，整合社会资源，促进利益表达，创新服务载体，提升党组织服务功能，形成服务合力。

（二）中国共产党服务的对象是工人阶级和最广大的人民群众

为什么人服务的问题是一个根本性、原则性问题。党的宗旨涉及党自身的定位，从本质上反映党性，是党的根基所系、生命力所在。因此，它必须回答为什么人服务的问题。中国共产党明确界定服务的范围是"人民"，在当代是指全体中国特色社会主义建设者、拥护社会主义的爱国者和拥护祖国统一的爱国者。其中，全体中国特色社会主义建设者包括了工人阶级、农民阶级、知识分子和其他社会阶层。中国共产党服务于工人阶级和最广大的人民群众，而不是服务于少数人，这是党的宗旨内涵中量的界限和质的规定，鲜明地体现了党的价值取向和执政理念。

（三）中国共产党服务的基本要求是全心全意、完全彻底

毛泽东强调，共产党及其领导下的军队完全是为着解放人民的，是彻底地为人民的利益工作的，不要半心半意或者三分之二的心三分之二的意为人民服务。邓小平提出，要把人民拥护不拥护、赞成不赞成、高兴不高兴、答应不答应，作为党制定各项方针政策和作出决断的出发点与归宿。江泽民提出立党为公、执政为民。胡锦涛提出，要实现好、维护好、发展好最广大人民的根本利益。习近平强调，人民对美好生活的向往，就是我们的奋斗目标。这就表明，中国共产党一切为了人民、一切想着人民，永远同人民在一起，永远同人民心连心，永远为人民而工作、而奋斗。中国共产党实践为人民服务，必须具有无私奉献的精神、具有对人民极端负责的担当意识，树立人民公仆和人民勤务员的理念。

（四）中国共产党服务的实质是为人民谋利益、谋幸福

中国共产党在任何时候都把人民的利益放在第一位，与人民同甘共苦，和人民保持最密切的联系，坚持权为民所用、情为民所系、利为民所谋，不允许任何党员脱离群众、凌驾于群众之上。中国共产党的一切言论行动，都是从人民的利益出发，而不是从个人或小集团的利益出发。共产党人以人民利益为第一生命，在处理国家、集体、个人三者利益时，要把国家利益、集体利益放在第一位，个人利益服从国家利益、集体利益，局部利益服从全局利益，眼前利益服从长远利益。毛泽东讲必须给人民以看得见的物质福利，邓小平讲一切以人民利益作为每一个党员的最高准绳，江泽民讲要全心全意为人民谋利益，胡锦涛讲始终不渝为最广大人民谋利益，习近平讲为中国人民谋幸福——由此可见，为人民服务的精神一以贯之。一个"谋"字表明，中国共产党在精神状态上是主动自觉服务，在行动上是脚踏实地服务。

（五）中国共产党服务的工作路线是群众路线

中国共产党的最大政治优势是密切联系群众，党执政后的最大危险是脱离群众。党风问题、党同人民群众联系问题是关系党生死存亡的问题。中国共产党服务人民、解决党群关系问题的根本工作路线就是群众路线，即一切为了群众，一切依靠群众，从群众中来，到群众中去，把党的正确主张变为

群众的自觉行动。它要求党必须保证决策和决策的执行符合人民的利益；党的各级领导干部必须经常深入基层，深入群众，扎扎实实工作，把党的路线、方针、政策落到实处；各级党委都要在深化政治体制改革中，推进社会主义民主法治建设，疏通和拓宽党同人民群众联系的渠道，坚定不移加强廉政建设，继续发扬艰苦奋斗精神，克服党内存在的消极腐败现象，加强对各级领导机关和领导干部的监督，建立和完善党内监督与党外监督、自上而下的监督与自下而上的监督相结合的制度；党的基层组织和广大党员，都要联系群众，宣传群众，组织群众，充分发挥战斗堡垒作用和先锋模范作用；在党内普遍深入地进行马克思主义群众观点和党的群众路线的再教育。

综上所述，由"为人民""服务""全心全意"三个紧密相连、不可分割的有机部分构建而成的"全心全意为人民服务"，作为党的根本宗旨，内涵极其丰富而又深刻。"为人民"是本质，它是中国共产党的立党之本、生命之根，是党的发展之基、力量之源。"服务"是关键，它是中国共产党的职责所在、使命所系，是为人民谋利益唯一行之有效的手段。"全心全意"是精神，它是中国共产党的血脉传承、崇高风范，是党的事业兴旺之由、成功之道。

第二节 党的宗旨教育的重要意义

一、共产党人最高利益、核心价值的体现

中国共产党全心全意为人民服务的思想形成之后，成为立党宗旨的高度概括。中华人民共和国成立后，毛泽东明确指出，共产党就是要奋斗，就是要全心全意为人民服务。改革开放新时期，邓小平要求广大干部全心全意为人民服务，深入群众倾听他们的呼声。江泽民指出，中国共产党始终代表中国最广大人民的根本利益。胡锦涛提出，科学发展观的核心是以人为本，要尊重人民主体地位，发挥人民首创精神，保障人民各项权益，走共同富裕道路，做到发展为了人民、发展依靠人民、发展成果由人民共享。习近平强调，中国共产党是全心全意为人民服务的政党，自己的执政理念，概括起来就是为人民服务，担当起该担当的责任。由于中国共产党人始终坚持和切实

践行，全心全意为人民服务已经成为共产党人的最高利益和核心价值。

2012年3月1日，习近平在中央党校春季学期开学典礼上的讲话中提出："我们共产党人的最高利益和核心价值是全心全意为人民服务、诚心诚意为人民谋利益。作为党员和党的干部，都要经常思考和解决好入党为了什么、当干部干些什么、身后留下什么的问题，决不可为个人或少数人谋私利，而应该始终坚守共产党人全心全意为人民服务的精神家园。"①

全心全意为人民服务之所以成为共产党人的最高利益，是因为中国共产党来自人民、植根人民，党的根基在人民、血脉在人民、力量在人民。人民立场是党的根本政治立场，失去人民拥护和支持，党就会失去根本。全心全意为人民服务是党的一切工作的出发点和落脚点。人民创造历史，劳动开创未来。实现党的奋斗目标，开创党和人民事业的美好未来，必须紧紧依靠人民、始终为了人民。人民利益至上。中国共产党除了最广大人民群众的利益，没有自己的特殊利益。中国共产党人所奋斗和争取的一切，都是为了人民利益。共产党员特别是党的干部，不能把个人利益放在人民利益之上，更不能用手中权力为个人或小集团谋私利。全心全意为人民服务是政党合法性的最高要求。判断一个政党和政权的合法性，最根本的就是看其是否为人民的利益而拼搏、而工作，如果不是，就没有真正的合法性。

全心全意为人民服务之所以成为共产党人的核心价值，是因为它深刻体现了马克思主义的唯物史观、党的性质、党的群众路线，具有鲜明的价值属性和价值导向。它规定了共产党人的基本立场和奋斗方向，是党自身建设的精神标尺。它要求"共产党人的一切言论行动，必须以合乎最广大人民群众的最大利益，为最广大人民群众所拥护为最高标准"②。把为人民谋利益、谋幸福作为自己的神圣职责。它鲜明地显示出党和人民的关系。正如毛泽东所说："我们共产党人好比种子，人民好比土地。我们到了一个地方，就要同那里的人民结合起来，在人民中间生根、开花。"③"共产党是为民族、为人民谋利益的政党，它本身决无私利可图。它应该受人民的监督，而决不应

---

① 中共中央文献研究室编：《十七大以来重要文献选编》（下），中央文献出版社2013年版，第824页。

② 《毛泽东选集》第三卷，人民出版社1991年版，第1096页。

③ 《毛泽东选集》第四卷，人民出版社1991年版，第1162页。

该违背人民的意旨。它的党员应该站在民众之中，而决不应该站在民众之上。"①为人民服务必须向人民负责，党的每句话、每个行动、每项政策，都要适合人民的利益。它蕴含了共产党人的远大理想和崇高信仰。《中国共产党章程》将"中国共产党党员必须全心全意为人民服务，不惜牺牲个人的一切，为实现共产主义奋斗终生"，列为党员的一项必备条件。这表明了共产党人的理想信念和政治价值取向。全心全意为人民服务，是共产党人理想信念最核心的内容。共产党人理想信念的行为表现，就是践行全心全意为人民服务的根本宗旨。能否做到全心全意为人民服务，是人民群众判断党的全部工作和党员、干部党性党风的一个根本标准。正如习近平所说："衡量一名共产党员、一名领导干部是否具有共产主义远大理想，是有客观标准的，那就要看他能否坚持全心全意为人民服务的根本宗旨，能否吃苦在前、享受在后，能否勤奋工作、廉洁奉公，能否为理想而奋不顾身去拼搏、去奋斗、去献出自己的全部精力乃至生命。"②在近一个世纪的奋斗中，中国共产党广大党员和干部始终坚持把人民的利益摆在大于一切、重于一切、高于一切的位置，为人民立下辉煌的历史功勋，创造了巨大的社会财富，因而得到了人民的拥护和支持。

共产党人的精神家园，不是在个人利益的追逐和物质财富的享受中去寻找，也不是在宗教和各种迷信中去寻找，而是在全心全意为人民服务、诚心诚意为人民谋利益中去寻找。共产党的伟大，共产党人精神的崇高，全系于此。正是这样一个精神家园，使共产党人心动、心安，使共产主义开出精神之花，结出人民幸福之果。

二、增强党性修养的根本问题

党的宗旨教育是中国共产党的光荣传统。毛泽东的《为人民服务》问世以来，它已成为教育广大党员、干部的强大思想武器，成为每一个党组织共同遵守的准则，成为每一个党员、干部的行动指南和行为规范。中华人民共

---

① 《毛泽东选集》第三卷，人民出版社1991年版，第809页。

② 中共中央文献研究室编：《十八大以来重要文献选编》（上），中央文献出版社2014年版，第116页。

和国成立后，中共中央和党的领袖不断对全体党员进行党的宗旨教育，如新中国成立初期在党内广泛进行了"共产党员标准的八项条件"的教育；后来开展的学习雷锋和焦裕禄等活动，突出地学习他们全心全意为人民服务的精神；改革开放以后，邓小平反复教导全党，要发扬全心全意为人民服务的优良传统；江泽民一再强调，在发展社会主义市场经济的条件下，共产党员仍然要讲理想、讲大局、讲奉献，讲全心全意为人民服务；胡锦涛教育全党，以人为本、执政为民是马克思主义政党的生命根基和本质要求，来自人民、植根人民、服务人民，是中国共产党永远立于不败之地的根本。

在中共第十九次全国代表大会上，习近平把为中国人民谋幸福、为中华民族谋复兴概括为中国共产党人的初心和使命，并指出这是激励中国共产党人不断前进的根本动力，要求"全党同志一定要永远与人民同呼吸、共命运、心连心，永远把人民对美好生活的向往作为奋斗目标，以永不懈怠的精神状态和一往无前的奋斗姿态，继续朝着实现中华民族伟大复兴的宏伟目标奋勇前进"①。习近平生动诠释了中国共产党人的根本立场，全心全意为人民服务的根本宗旨，新时代中国特色社会主义的根本追求。这就表明，教育党员、干部全心全意为人民服务，与中国共产党人的初心和使命密切相关，也是共产党人增强党性修养的根本问题。

全心全意为人民服务是党员、干部党性修养的核心内容。共产党人坚强的党性不是从天上掉下来的，也不是从头脑中自发产生的，而是从严格的党内生活中反复锻炼得来的，归根结底是从无限的为人民服务中锤炼而成的。把握为人民服务的内涵，增强为人民服务的意识，践行为人民服务的宗旨，是每一位共产党员的责任和义务。知民之所愿，察民之所虑，亲民之所爱，救民之所急，解民之所难，是党性的体现。

党的宗旨教育是党员、干部增强党性修养的直接现实问题。从认识上看，它涉及几个重要关系。

1. 发展社会主义市场经济与弘扬党的宗旨的关系。中国共产党建立和健全社会主义市场经济体制，正是为了更好地为人民谋幸福；市场经济体制是

---

① 习近平：《决胜全面建成小康社会　夺取新时代中国特色社会主义伟大胜利——在中国共产党第十九次全国代表大会上的报告》，《人民日报》2017 年 10 月 28 日。

同社会主义基本制度结合在一起的，目标是要最终达到人民共同富裕；发展社会主义市场经济为共产党人全心全意为人民服务提供了广阔的天地，把党的宗旨落实到促进经济社会发展上。社会主义市场经济体现出来的平等、竞争，激发了人民的主体意识和创造精神，为民主政治的发展提供了经济基础，为社会注入了生机与活力。因此，发展社会主义市场经济与弘扬党的宗旨具有一致性。当然，二者之间也存在一定的矛盾。市场经济的趋利性，容易滋生拜金主义、个人主义，产生分散主义、无政府主义，诱发囤积居奇、恶意竞争，这需要借助"有形之手"进行矫正。党的宗旨教育正是"有形之手"发挥作用的领域。

2. 提倡奉献精神与遵循价值规律的关系。奉献精神是全心全意为人民服务的核心要义，它要求共产党人为了党和人民的利益，平时积极奋斗、无私奉献，关键时刻不惜献出自己的一切直至牺牲自己的生命。而社会必要劳动量决定商品价值量的规律即价值规律要求等价交换。有人以为，商品等价交换原则渗入党内政治生活是历史的一大进步。这是一种错误认识。如果按照等价交换原则调节党内政治生活，个人与组织的关系就成了对等交易的关系，其结果必然使党内生活和人与人之间的关系金钱化，权钱交易合理化，最终导致党员意识淡化，根本宗旨虚化。共产党人在经济活动中遵循价值规律，在政治活动中则要时刻牢记党的宗旨，将运用价值规律与践行党的宗旨统一于建设中国特色社会主义的实践中。

3. 坚持集体主义与照顾个人利益的关系。全心全意为人民服务是集体主义精神的表现，但它并不排斥正当的个人利益。马克思恩格斯早就指出，只有在集体中个人才能获得全面发展其才能的手段，只有在集体中才能有个人自由。集体利益与个人利益在本质上是一致的，它们互为前提、互相促进；二者有时也发生矛盾。坚持集体主义并不是说只顾集体利益、不顾个人利益，正当、合理的个人利益是受到尊重和保护的。当二者发生矛盾时，需要妥善处理。有人否定集体主义，为个人主义正名，这是要加以警惕和批判的。从实践上看，它需要面对现实挑战。有的党员、干部缺乏宗旨意识，摆错了个人与人民群众的位置，遇到群众办事和反映问题，表现出一种高高在上的态度，不倾听人民呼声，不虚心接受人民监督。有的党员、干部在大是大非面前丧失立场，一事当前首先想到的是个人私利，以利益为核心，以权力为纽带，以谋利为目的，搞团团伙伙，污染政治生态。有的党员、干部对党的方针政策选择性执行，合乎己意的就执行，否则就不执行，大搞"上有政策，下有对策"。有的党员、干部贪图享受，只讲索取不讲奉献，工作敷衍塞责、得过且过，缺乏担当精神、责任意识。有的党员、干部把权力商品化，搞权钱交易、权色交易，损害人民利益，将党纪国法置之度外。这些问题从个人层面看，是宗旨观念淡化，是党性修养缺失，任其泛滥势必变质，这对党是生死存亡的威胁。所以，党的各级组织和每一个共产党员决不可掉以轻心。

三、深化改革的基本保障

中国社会主义改革已经走过四十年，积四十年之经验，改革成功的决定性因素就是中国共产党的领导，马克思列宁主义、毛泽东思想、邓小平理论、"三个代表"重要思想、科学发展观、习近平新时代中国特色社会主义思想的指导，人民的支持和参与。所有成功的改革举措，都体现着中国共产党全心全意为人民服务的根本宗旨。

中共十八大以来，全面深化改革的指向始终鲜明地体现着党的根本宗旨，都是为了人民的利益而改革。无论是从提出全面深化改革要"以促进社会公平正义、增进人民福祉为出发点和落脚点"，还是强调"让发展成果更多更公平惠及全体人民"，或是要求尽可能多听一听基层和一线的声音，尽可能多接触第一手材料，都告诉世人，改革本身并不是目的，满足人民对美好生活的向往才是目的。中共十九大在贯彻新发展理念、建设现代化经济体系，健全人民当家作主制度体系、发展社会主义民主政治，坚定文化自信、推动社会主义文化繁荣兴盛，提高保障和改善民生水平、加强和创新社会治理，加快生态文明体制改革、建设美丽中国，坚定不移全面从严治党、不断提高党的执政能力和领导水平等方面，提出了158项改革举措。中共十九大以来，全面深化改革继续推进：修改《中华人民共和国宪法》，深化党和国家机构改革、设立国家监察委员会，全面深化海南改革开放，部署雄安新区建设、扩大对外开放，通过《农村人居环境整治三年行动方案》、实施乡村振兴战略，养老保险基金中央调剂，规范校外培训机构发展、深化学前教育改革，接续推进自贸试验区改革、审批服务便民化，全方位、全过程、全覆盖实施预算绩效管理，设立上海金融法院，增设北京、广州互联网法院，推进政府购买服务第三方绩效评价，开展防范和惩治统计造假、弄虚作假督察工作……2018 年，中共中央明确了全面深化改革 156 项任务，始终遵循以人民为中心的价值导向，把解决人民群众关心的重点难点问题作为改革突破口。由此可见，全面深化改革与党的根本宗旨紧密相连，不是虚伪的托词，而是历史事实。

在新时代进行党的宗旨教育，为深化改革提供基本保障。这是因为以下几方面原因。

1. 党的宗旨教育使深化改革的方向更清晰。党的宗旨教育使党员、干部头脑清醒，明确深化改革是继续为人民群众谋福祉，促进经济社会健康持续发展，使人民群众享受改革成果；深化改革的决策必须使人民受益，一系列改革举措应始终向着满足人民日益增长的美好生活需要的目标迈进。必须走出以损害人民利益为代价、以破坏农业土地为代价、以恶化生态环境为代价作改革决策的误区，走出以否定过去思维方式作改革决策的误区。只有从全国人民根本利益出发进行改革的顶层设计，才能防止改革源头的失误和扭曲。

2. 党的宗旨教育使深化改革的决心更坚定。党的宗旨教育要解决以下问题：一要解决"我是谁"的问题，正确定位自我，明确人生坐标；二要解决"为了谁"的问题，把握奋斗目标和努力方向，始终不渝地践行党的根本宗旨；三要解决"依靠谁"的问题，始终牢记党的群众观点，坚持党的群众路线。深化改革的推动力量是人民，深化改革是为了人民，依靠力量也是人民。党的宗旨教育只有进行时、没有完成时，改革也只有进行时、没有完成时。这样，党的宗旨教育与深化改革就具有一致性，二者联系在一起，就使改革的立场更鲜明，改革的决心更坚定。事实上，改革认识上的每一次突破，改革实践上的每一次飞跃，都离不开人民群众的参与和支持，都得益于人民群众的智慧与胆识。全面深化改革的总目标是完善和发展中国特色社会主义制度，推进国家治理体系和治理能力现代化，它符合中国最广大人民的利益和愿望。

3. 党的宗旨教育使深化改革的阻力更减轻。党的宗旨教育包含着党员、干部的自我修炼、自我革命，帮助他们擦亮眼睛、开阔视野、认清形势、站稳立场、振奋精神、砥砺廉隅。深化党和国家机构改革全面启动，标志着全面深化改革进入了一个新阶段，改革将进一步触及深层次利益格局的调整和制度体系的变革，改革的复杂性、敏感性、艰巨性更加突出，因而阻力更大。这就更加需要党的宗旨教育为之保驾护航，减轻改革的压力和阻力。

4.党的宗旨教育使深化改革的步伐更稳重。党的宗旨教育使党员、干部明确自己的历史使命和重大责任。这种使命和责任落实到深化改革上，就是要让改革蹄疾步稳。所有重大改革必须以社会稳定为前提、为原则，改革举措的出台必须以维护和发展人民群众的利益为基本条件，涉及部分人民群众切身利益的必要改革必须同时采取补偿措施，维护社会公平正义。深化改革必须增强改革的系统性、整体性、协同性，必须建立社会稳定评估机制，有计划有秩序地推进改革措施落实落细。这就是说，党的宗旨教育能使党员、干部在深化改革中保持头脑清醒，正确处理改革发展和稳定的关系。

5.党的宗旨教育使深化改革的难题更易破解。党的宗旨教育具有自我净化功能、凝聚功能和调控功能，是破解难题的利器。改革作为社会主义制度的自我完善和发展，是开历史先河的崭新事业，没有先例可循，不可能一蹴而就，因而在改革过程中，不可避免会产生法制不健全、改革不配套、机制不完善等问题，这会给腐败现象滋生提供土壤和现实条件。而中国共产党领导的改革，已经深入到社会利益结构大面积、大幅度调整时期，人民群众自身利益格局的分化非常明显。在此情况下，衡量党员干部是不是在干党和人民需要干的事情，就要看他们是不是能够不忘初心、牢记使命，能不能正确处理最广大人民根本利益、现阶段群众共同利益、不同群体特殊利益的关系，能不能在改革中实现好、维护好、发展好最广大人民群众的利益，能不能高度重视和维护困难群众的利益。因此，依靠党的宗旨教育来破解改革中遇到的难题，就越来越必要和重要。

四、防范风险的重要前提

一个政党、一个政权的前途命运，取决于人心向背。中华人民共和国成立以后，中国共产党长期执政，与新民主主义革命时期相比，似乎离风险远了。可是，东欧和苏联剧变却告诉世人，风险无时不在、无处不在。风险来自哪里？概言之，来自党内和党外，而最大、最根本的风险来自党内，这就是脱离群众。

脱离群众之所以成为共产党执政后的最大风险，是因为脱离群众是所有执政党都容易犯的错误。在潜移默化中，一些党员干部可能将执政作为最高目标，将经济作为全盘稳定的依托，将权力作为最终的追求。它严重削弱密切联系群众这一中国共产党的最大政治优势，严重违背党的性质和宗旨。为应对这一最根本的风险和挑战，中共十八大以后，党中央将全面从严治党纳入"四个全面"战略布局，把加强党同人民群众的血肉联系摆在突出位置，先后开展了党的群众路线教育实践活动、"三严三实"专题教育、"两学一做"学习教育。这些学习教育无不包含着密切联系人民群众的要求，从而使全面从严治党得到人民群众的衷心拥护和大力支持。与此同时，党中央又把党风廉政建设和反腐败斗争（脱离群众最突出的表现就是消极腐败现象）摆到前所未有的新高度。十八大以后的五年中，各级纪检监察机关共查处违反中央八项规定精神问题 18.9 万起，处理党员干部 25.6 万人。五年的努力重点解决了长期积累的存量问题，但这项任务还远未完成；在反腐败高压态势下，仍有不收手不收敛的问题；而且，不能腐、不想腐长效机制仍待进一步完善；重拳高压虽然基本刹住了乱作为的问题，但不担当不作为、慵懒散等问题又随之出现。历史和现实都在昭示：全面从严治党永远在路上。因此，应对最大、最根本的风险决不是权宜之计。

在中国特色社会主义新时代，中国共产党需要防范的风险，除了脱离群众外，还有国内的经济、政治、意识形态、社会风险以及来自自然界的风险，国际的经济、政治、军事风险等。"如果发生重大风险又扛不住，国家安全就可能面临重大威胁，全面建成小康社会进程就可能被迫中断。"[①] 因此，必须把防范风险摆在突出位置。

在防范风险的所有对策中，党的宗旨教育占有重要地位，它是防范风险的重要前提。这是因为以下几方面原因。

1. 党的宗旨教育"正心"。党的宗旨教育强调把人民放在心中最高的位置，一心为人民，始终与人民群众心心相印、同甘共苦，站稳政治立场，从

---

① 中共中央文献研究室编：《十八大以来重要文献选编》（中），中央文献出版社 2016 年版，第 833 页。

内心深处与党和人民的事业同心同德、同频共振，这样就经得起各种各样的诱惑，防止出现任何背离党的宗旨的行为和现象。只要做到了"正心"，就会增强忧患意识，居安思危。中国正处于一个大有可为的历史机遇期，发展形势总体向好，但前进道路不可能一帆风顺，越是取得成绩的时候，越要有如履薄冰的谨慎，防控那些可能迟滞或中断中华民族伟大复兴进程的全局性风险，不犯战略性、颠覆性错误。只要做到了"正心"，就会实现自我净化，防控腐败。自有人类文明史以来，腐败一直存在，古今中外、概莫能外，只不过有时轻有时重而已。面对公权力被腐蚀的危险，做到了"正心"的共产党人，就有自我革命的勇气，自觉反腐倡廉。

2. 党的宗旨教育"固本"。新时代坚持和发展中国特色社会主义的十四条基本方略，第二条就是"坚持以人民为中心"，它要求"必须坚持人民主体地位，坚持立党为公、执政为民，践行全心全意为人民服务的根本宗旨，把党的群众路线贯彻到治国理政全部活动之中，把人民对美好生活的向往作为奋斗目标，依靠人民创造历史伟业"。[1] 在新时代，受各种因素影响，脱离群众的危险依然尖锐而复杂地摆在全党面前。比如，新时代人民对美好生活的需要日益广泛，不仅对物质生活提出了更高要求，而且在政治、文化、社会、生态环境等方面的要求也日益增长。如果党员、干部对人民群众新的需要漠然置之，思维方式、工作能力不适应社会主要矛盾的变化，就容易脱离群众。再如，随着信息技术的发展、智慧社会的来临，有的党员、干部认为不深入基层、不深入群众也可以了解民意，用上网代替下基层，这也容易导致脱离群众。党的宗旨教育坚持以人民为中心的基本方略，强调共产党员和党的干部密切联系群众而不是脱离群众，这就起"固本"作用。

3. 党的宗旨教育"定行"。它不但要求党员、干部把党的群众路线内化于心、外化于行，而且要求党员、干部将服务群众的工作做实做细。党员、干部凭什么为人民服务？凭一颗忠心，凭一个公心，凭一套本领，凭一身胆略。党员、干部源于群众，标准高于群众，要求严于群众；他们坐得端、行

① 习近平：《决胜全面建成小康社会 夺取新时代中国特色社会主义伟大胜利——在中国共产党第十九次全国代表大会上的报告》，《人民日报》2017年10月28日。

得正，小节中有样子，大事中有形象，平常时候看得出来，关键时刻冲得上去，就能带领群众跟党走。共产党教育近9000万党员在每个居民区里以身作则，组织居民办"小事"，就能使所有社区都井然有序，近14亿人民安居乐业。如此，党员、干部为人民服务就落在了实处，共产主义情怀就有了寄托。

4.党的宗旨教育"正风"。历史表明，党的作风优良可以防范任何风险。党员、干部忠于党、忠于人民，恪尽职守勤勉工作，竭尽全力为人民谋利益、谋幸福，赤诚奉献做人民的勤务员，接受人民监督、不辜负人民的信任和重托，就是带着优良作风领路、带着先锋形象领跑。党的宗旨教育就是要使党员、干部成为这样的人。党的宗旨教育通过对照检查、批评和自我批评等方式向不正之风开刀，找准"病根"、开好"药方"，动真格、下硬茬，把不正之风扭转过来，就能汇聚"正能量"，塑造党的刚正形象。"正风"就能正党，就能防范化解各类风险。

第三节 党的宗旨教育的基本要求

一、牢固树立宗旨意识

能否坚持全心全意为人民服务的根本宗旨，是衡量共产党员、党的领导干部是否具有共产主义远大理想的客观标准。牢固树立宗旨意识，是全心全意为人民服务的前置条件。形式主义、官僚主义、享乐主义和奢靡之风这"四风"问题的要害，还是宗旨意识。党的宗旨教育从增强党的宗旨意识抓起，既体现目标导向，又体现问题导向。牢固树立宗旨意识，主要从以下方面着力。

（一）筑牢群众史观

马克思主义的唯物史观从社会存在决定社会意识出发，坚持群众史观。它是每一名共产党员的根本遵循。习近平说："人民是历史的创造者，人民是真正的英雄。波澜壮阔的中华民族发展史是中国人民书写的！博大精深的中华文明是中国人民创造的！历久弥新的中华民族精神是中国人民培育的！中华民族迎来了从站起来、富起来到强起来的伟大飞跃是中国人民奋斗出来的!"[1] 中国人民是具有伟大创造精神的人民，是具有伟大奋斗精神的人民，是具有伟大团结精神的人民，是具有伟大梦想精神的人民。"有这样伟大的人民，有这样伟大的民族，有这样的伟大民族精神，是我们的骄傲，是我们坚定中国特色社会主义道路自信、理论自信、制度自信、文化自信的底气，也是我们风雨无阻、高歌行进的根本力量!"[2] 因此，党员、干部要通过学习筑牢群众史观，通过实践筑牢群众史观，通过认识和实践的反复巩固群众史观。

（二）坚持群众路线

马克思主义的群众史观在中国共产党的实践活动中得到运用，就形成党的群众观点和群众路线。群众观点是马克思主义政党的根本观点，它包括：人民群众是历史创造者的观点，群众是真正的英雄的观点，相信群众自己解放自己的观点，向人民群众学习的观点，一切为了人民群众的观点，全心全意为人民服务的观点，对党负责与对人民负责相一致的观点，干部的权力是人民赋予的观点，党要依靠群众又要教育和引导群众前进的观点。群众路线是中国共产党人把马克思主义的群众观点创造性地运用到党的全部工作中形成的根本工作路线，在其内容中，一切为了群众是一切依靠群众的前提和基础，一切依靠群众是一切为了群众的保证和归宿；从群众中来、到群众中去既是前两者的客观要求和必然结果，又是前两者实现的有效途径和基本方法。历史经验反复证明，什么时候群众路线执行得好，党群干群关系密切，党和人民的事业就顺利发展；什么时候群众路线执行得不好，党群干群关系受到损害，党和人民的事业就遭受挫折。党员、干部坚持群众路线，就要时刻想着群众，一切相信群众，密切联系群众，全力服务群众，深入研究和把握党群关系、干群关系的新变化新特点，尊重群众在改革、建设和发展中的主体地位，创新群众工作方法，多干群众急需的事、群众受益的事，多干打基础的事、利长远的事。

---

[1] 习近平：《在第十三届全国人民代表大会第一次会议上的讲话》，《人民日报》2018年3月21日。

[2] 习近平：《在第十三届全国人民代表大会第一次会议上的讲话》，《人民日报》2018年3月21日。

（三）树立公仆意识

公仆即为公众服务者，人民公仆即为人民服务者。人民是国家的主人，共产党员来自人民、植根人民，理应服务人民。公仆意识是共产党人的职责要求和政治品质，是共产党人的执政情怀和执政伦理。马克思恩格斯在总结巴黎公社经验的基础上，提出了新型政权的管理者必须成为社会公仆的重要思想，要求采取坚决措施，防止国家工作人员由社会公仆变为社会主人。中国共产党继承和发展了马克思主义的人民公仆思想，提出了全心全意为人民服务的根本宗旨、密切联系群众的优良作风、中国共产党的群众路线、领导就是服务的论断、"三个有利于"的判断标准、"三个代表"重要思想、以人为本的科学发展观、立党为公执政为民的本质要求、反对"四风"的要求和途径等；在怎样当好人民公仆并防止其蜕变的问题上，注重党性教育，建立了人民民主制度等一系列制度，坚持不懈推进党风廉政建设。中共十九大通过的《中国共产党章程》第六章第三十五条规定："党的干部是党的事业的骨干，是人民的公仆，要做到忠诚干净担当。"[①]因此，党员、干部都应树立公仆意识，始终把为人民谋利益作为自己一切言论和行动的准则、出发点与归宿，终生牢记全心全意为人民服务的宗旨，在自觉学习中树立公仆意识，在弘扬党的优良传统中强化公仆意识，在实际工作中体现公仆意识。

（四）始终秉公用权

权力意味着责任和义务，权力越大，责任越大。权力既可以用来为人民办事，也可能成为谋取私利的工具。在改革开放、发展社会主义市场经济的历史条件下，各方利益交织，各种诱惑不断，党员干部能否正确对待权力，如何严于律己、秉公用权，是最直接、最现实的考验。马克思主义的权力观要求，公权是人民赋予的，要保持公权的纯洁性，决不允许以权谋私、假公济私；党员干部要依法用权、依规用权；党员干部要正确处理个人与集体、小家与大家、局部与全局、苦与乐、得与失的关系，在任何时候、任何情况下都稳得住心神、控得住行为，做到一身正气、两袖清风。因此，党员干部秉公用权，就要树立权为民所赋、权为民所用的观念，把人民群众利益放在行使权力的最高位置，公正决策、公道用人、公平处事，把人民群众满意作

---

① 《中国共产党章程》，《人民日报》2017 年 10 月 29 日。

为行使权力的根本标准，把人民赋予的权力用来为人民办实事、解难事、做好事；就要将权力关进制度的笼子里，自觉接受党和群众的批评与监督。

（五）提高服务能力

中国特色社会主义进入新时代，世界面临前所未有的大变局。国内外、党内外环境的深刻变化，新形势新任务的出现，知识更新周期的大大缩短，对共产党人为人民服务的能力提出了许多新要求，特别是要求建设高素质专业化干部队伍，增强学习本领、改革创新本领、科学发展本领、依法执政本领、群众工作本领、狠抓落实本领、驾驭风险本领。面对知识不足、本领不足、能力不足的问题，为了完成中华民族伟大复兴的大业，每一个党员、干部，都既要政治过硬，也要本领高强，自觉适应党和国家工作的新进展，勤于学习、善于学习，加强专业化建设，努力提高服务能力，增强各方面本领。

二、站稳人民立场增进群众感情

中共十八届六中全会通过的《关于新形势下党内政治生活的若干准则》指出："人民立场是党的根本政治立场"；"全党必须牢固树立人民群众是历史创造者的历史唯物主义观点，站稳群众立场，增进群众感情。"[1]

（一）站稳人民立场

人民立场之所以是党的根本政治立场，是因为人民性是马克思主义最鲜明的品质；中国共产党的根基、血脉、力量在人民；人民立场是党的性质和宗旨的本质体现，是中国特色社会主义的价值取向；站稳人民立场是党的群众路线的根本要求，是党战胜一切艰难险阻的根本保证。是否站在人民立场，是区分唯物史观和唯心史观的分水岭，也是判断真假马克思主义政党的试金石。

站稳人民立场，要牢记共产党人的初心与使命。如前所述，为中国人民谋幸福，为中华民族谋复兴，是中国共产党的初心和使命。共产党人必须时刻铭记在心，坚持人民利益至上，与人民同呼吸、共命运、心连心，在实现

---

[1] 中共中央党史和文献研究院编：《十八大以来重要文献选编》（下），中央文献出版社2018年版，第427页。

"两个一百年"奋斗目标的过程中，赢得民心民意、汇集民智民力，用服务全体人民、保障人民群众的根本利益的实际行动，书写新时代中国特色社会主义新篇章。

站稳人民立场，要坚持人民主体地位。要以人民为中心，在改革发展中紧紧依靠群众，发挥人民群众的积极性、主动性和首创精神，团结各族人民同心协力、艰苦奋斗，着力解决好发展不平衡不充分问题，更好地满足人民在经济、政治、文化、社会、生态等方面日益增长的需要，不断创造美好生活，逐步实现共同富裕。这样，共产党才能赢得人民的信任与支持，才能为抓好党的政治建设夯实现实基础，才能夺取新时代中国特色社会主义伟大胜利。

站稳人民立场，要虚心向群众学习、深入体察民情。党员干部无论职位多高、权力多大，都要放下身架、扑下身子，深入基层、深入群众，问政、问需、问计于民，在与人民群众的实践互动中认识客观真理。要真诚聆听群众呼声，把群众呼声作为第一信号，把群众需要作为第一选择，把群众满意作为第一标准。决不允许在群众面前自以为是、盛气凌人，决不允许当官做老爷、漠视群众疾苦，更不允许欺压群众、损害和侵占群众利益。

站稳人民立场，要为群众排忧解难。要从群众的切身利益着眼，从群众最急、最盼、最需要的事情抓起，将"为民"宗旨转化为"惠民"行动。特别要多关注群众在住房、医疗、就业、养老、出行等方面的实际困难，立足长远谋划发展，脚踏实地为群众办实事。坚持全体党员、干部始终同人民想在一起、干在一起，才能赢得人民的拥护与爱戴，才能为抓好党的政治建设夯实群众基础，为长久执政筑牢根基。

总而言之，"我们必须始终坚持人民立场，坚持人民主体地位，虚心向人民学习，倾听人民呼声，汲取人民智慧，把人民拥护不拥护、赞成不赞成、高兴不高兴、答应不答应作为衡量一切工作得失的根本标准，着力解决好人民最关心最直接最现实的利益问题，让全体中国人民和中华儿女在实现中华民族伟大复兴的历史进程中共享幸福和荣光！"[1]

---

[1]　习近平：《在第十三届全国人民代表大会第一次会议上的讲话》，《人民日报》2018年3月21日。

（二）增进群众感情

群众感情，直接关系党群、干群关系。人民群众最重视感情。正如习近平所说，感情是一个非常本质的东西，带着感情做事，那是一种温暖，群众看得见、摸得着、体会得到。他在追思焦裕禄的词中写道："魂飞万里，盼归来，此山此水此地。百姓谁不爱好官？把泪焦桐成雨。生也沙丘，死也沙丘，父老生死系。暮雪朝霜，毋改英雄意气！依然月明如昔，思君夜夜，肝胆长如洗。路漫漫其修远兮，两袖清风来去。为官一任，造福一方，遂了平生意。绿我涓滴，会它千顷澄碧。"① 这首词说明了共产党的干部不在于干了多少惊天动地的大事，而在于要有一种"心里装着人民，唯独没有自己"的为民情怀。往大处说，增进同人民群众的感情，是马克思主义执政党的生命力所在。对人民群众的感情问题，是产生问题的前提性因素和解决问题的前置性条件，它不仅是立场问题，也是机制问题、方法问题。为什么交通发达了与群众的距离却更远了，通讯发达了与群众的沟通却更难了？那是因为党员干部浮在上面，跟人民群众融不到一起、合不到一块。"意莫高于爱民，行莫厚于乐民。"共产党人只有热爱人民，才能产生群众情结，才会心中想着群众，带着普通人的感情，深入基层接地气，用真心对待群众，用真诚打动群众，用真情感动群众，倾听"民间疾苦声"，有的放矢地做好群众工作，从而在党和群众之间架起一座情感交融的桥梁。

增进群众感情，需要从灵魂深处贴近群众。党员、干部对人民群众的感情不是与生俱来的，也不是突然从头脑中迸发的，而是在党的不断教育中，在改造主观世界的过程中，在全心全意为人民服务的实践中萌生和培育的。要从理论武装入手，努力夯实党员、干部的共产主义世界观、人生观、价值观，确立马克思主义的群众观、宗旨观。要从党性教育切入，切实增强党员、干部践行党的宗旨的自觉性和坚定性。要从党风党纪抓起，促使党员、干部摆正主人与公仆的位置，真正在思想上尊重群众，感情上贴近群众，行动上服务群众。要从为民办事做起，通过坚持不懈的改善民生，党员、干部和群众一起干，在服务中培养和增进同群众的感情。

增进群众感情，需要以制度、机制确保长效。党员、干部增进同人民

---

① 习近平：《念奴娇·追思焦裕禄》，《福州晚报》1990 年 7 月 16 日。

群众的感情，不能靠一时一事的热情和干劲，也不能仅仅停留在一般性的号召上，要用制度规定使之常态化，用工作机制保证长效化。要构建联系服务群众的制度体系，如建立健全党员干部调查研究制度、直接联系群众制度、"走基层"制度、承诺践诺制度、志愿服务制度等。要构建群众利益维护机制，如建立健全群众意见诉求表达机制、群众利益协调机制、群众权益保护机制、矛盾预防调处机制等。此外，还要构建发挥群众主体作用的动力机制，如建立健全群众首创精神激励机制、群众监督评判机制等。

增进群众感情，需要打造一心为民的执政团队。特别是根据"好干部"标准和"三严三实"要求，选对群众有感情的干部，选群众公认的干部。要引导干部深入基层、植根群众，把干部放到群众中去磨砺墩苗、接受考验，把机关"三门"干部分批选派到基层进行"接地气"锻炼，把专业型干部选派到地方进行综合性锻炼，把有潜力的干部放到急难险重岗位"压担子"锻炼。大力正风肃纪、反庸治懒，着力锤炼党员干部走在前列、干在实处的优良作风，以此凝聚党心民心。

三、坚持为民务实清廉

"为民务实清廉"六个字，与党员干部息息相关。为民需要的是敢为人先的首创精神、百折不挠的奋斗精神、不图回报的奉献精神，务实需要的是实事求是的科学精神、踏石留印的实干精神、精益求精的工匠精神，清廉需要的是克己奉公的自律精神、自我革命的勇敢精神、遵纪守法的法治精神。不管是否在领导岗位上，不管是否掌握权力，这是每个党员干部必须具备的基本精神。党员干部只有真正做到"为民务实清廉"，党的路线方针政策才能落到实处，化为实实在在的行动和明明白白的服务，才能密切党群、干群关系，保持党的先进性和纯洁性，顺利实现党的奋斗使命。

（一）为民

为民是党的根本宗旨的体现，即执政为民、为人民服务，实现好、维护好、发展好最广大人民的根本利益。中国共产党成立以来，始终为中华民族和中国人民的利益而奋斗。党带领人民完成和推进了三件大事：完成新民主主义革命，建立了中华人民共和国；完成社会主义革命，确立了社会主义基本制度；进行改革开放新的伟大革命，开创、坚持和发展了中国特色社会主义。三件大事改变了中国的面貌、中华民族的面貌、中国人民的面貌，生动诠释了中国共产党的根本宗旨。

在中国特色社会主义新时代，如何体现"为民"？

1.态度要亲民。如前所述，要在思想上尊重群众、感情上紧贴群众，把群众呼声作为第一信号，把群众需要作为第一选择，把群众利益作为第一利益。深入基层要接地气、沾土气，聆听群众的意见和建议，真情关注民生，把为民解难作为第一追求。

2.工作要惠民。要用人民赋予的权力，认认真真为人民办事。要秉公执法，推进社会的公平正义。要以民生为本，让民众劳有所得、住有所居、学有所教、病有所医、老有所养。

3.治理要安民。民主选举要保障人民的选举权与被选举权，民主决策要充分反映民意、广泛集中民智、切实珍惜民力，民主管理要畅通民主渠道、健全民主机制，民主监督要做到权力监督全覆盖。要加强和创新社会治理，完善党委领导、政府负责、社会协同、公众参与、法治保障的社会治理体制，完善政府治理和社会调节、居民自治良性互动的体制机制，不断提高社会治理社会化、法治化、智能化、专业化水平，激发全社会活力，努力化解社会矛盾、维护社会秩序、促进社会和谐。

4.方式要便民。要解决服务群众的"最后一公里"问题。要设身处地为群众着想，多换位思考，多点微笑服务；要坚持以群众需求为导向，上下衔接、左右贯通；要采取贴近群众需求的方法，简化办事程序、提供便捷服务；要根据具体情况，主动下基层为群众搞好服务。

（二）务实

务实就是在工作中坚持一切从实际出发，实事求是，说实话、摸实底、报实情、用实招、办实事、求实效、创实绩。它是实现"为民"目标的必由之路。中国共产党是一个求真务实的马克思主义政党，在革命、建设和改革中，为人民群众做了大量实事好事，得到了人民群众的衷心拥护。"空谈误国，实干兴邦"，就是强调务实的重要性。一切机遇只能在实干中把握，一切难题只能在实干中破解，一切愿景只能在实干中实现。

在中国特色社会主义新时代，中国共产党人要重整行装再出发，继续求真务实，解决快速发展留下的问题，破除发展起来之后的烦恼，迈过进一步发展绕不开的坎。怎么做到"务实"？

1.以科学方法谋事。继续以逢山开路、遇水架桥的坚韧和勇气，进行新的伟大革命，要从本地、本单位实际出发，遵循客观规律，胸怀大局、把握大势、着眼大事，应急谋远；把认真调查研究、全面摸清情况作为谋事之基、成事之道；把广纳群言、广集民智作为谋事决策重要方法；发扬"钉钉子"精神，谋划工作环环相扣、步步紧跟，持续发力；不折腾、不懈怠，一件接着一件干，一茬接着一茬干，水滴石穿、久久为功；一分部署，九分落实，盯住那些没有得到落实的事项，追究那些抓工作没有抓到落实的责任人，长此以往，就能养成凡事都抓落实的习惯。

2.以实干作风创业。一要干实事。天下大事必作于细，古往今来必成于实。党员干部要把实干放在心头，保持爬坡过坎的压力感、奋勇向前的使命感、干事创业的责任感，克服一切艰难险阻为人民服务，使各项工作从"最先一公里"快速起步，在"最后一公里"落地生根。二要敢干事。"创业艰难百战多"。面对陡峭"山坡""急流险滩"、难啃的"硬骨头"，党员干部要敢于担当，迎难而上、攻坚克难；要豁得出来、顶得上去。要在难题面前敢闯敢试，在矛盾面前敢抓敢管，在埋头苦干中实现人生价值，在拼搏奉献中绽放生命光彩。三要善干事。"难者不会，会者不难。"党员干部要善于学习，善于钻研，善于把握事物发展变化的内在规律；遇事多动脑、勤思考，将实干精神与科学态度结合起来；要有勇于创新的胆识、雷厉风行的作风，善于抓住稍纵即逝的机遇；要干一行、爱一行、精一行，善始善终、善作善成。四要干成事。"有志者，事竟成"。创造经得起实践、人民和历史检验的实绩，是创业要实的落脚点。党员干部干事创业要让人民群众有获得感，不断增进人民福祉。为此要树立正确的政绩观，要有"功成不必在我"的博大胸怀；还要有强烈的成事意识，有梦想激情，有敬业态度，有精湛技能，有创新思路，有合作精神。要力戒夸夸其谈不真为、畏首畏尾不敢为、腹中空空不会为，做只争朝夕的"实干家"。

3.以诚实态度做人。这就是要对党、对人民、对同志忠诚老实，言行一致，不做"两面人"；保持中华民族的传统美德，讲信修睦，做老实人、说老实话、干老实事；体现共产党人的崇高精神境界，襟怀坦白、公道正派。夯实做人要实的基础，必须有正气，能够走正道、干正事、守正义；必须用真心，具备阳光之心、包容之心、恻隐之心；必须树立党员意识、科学态度、群众观点、实干精神、优良作风。

（三）清廉

清廉就是要保持清正廉洁，清清白白做人、干干净净做事。清正廉洁是中国传统从政美德，也是中国共产党的政治本色，是保持党的先进性和纯洁性的内在要求。无论在革命战争年代，还是在社会主义建设和改革开放时期，正是因为有广大党员、干部的清正廉洁，中国共产党才得到人民群众的衷心拥护和支持，才产生了强大的感召力、凝聚力和向心力。例如，1940年，华侨领袖陈嘉庚访问延安。此前，从1927年南京国民政府成立到1940年来重庆，他是坚决的"拥蒋派"。通过对延安的实地考察，他看到共产党领袖及一般公务员勤俭诚朴、公忠耐苦、以身作则、纪律严明、秩序井然，得出的结论是：这里没有苛捐杂税，领导人廉洁，没有乞丐、妓女和失业的人，人民生活过得去，领导人与人民群众平等相处，社会治安好，男女关系严肃，朴素成风，民主风气好，县长是民选的。他因而衷心无限兴奋，梦寐神驰，以极乐观的态度指出中国的希望在延安。

在中国特色社会主义新时代，在世情国情党情发生深刻变化的情况下，中国共产党人怎么做到"清廉"？

1. 严以修身。加强党性修养，坚定理想信念，提升道德境界，追求高尚情操，践行社会主义核心价值观，以大德之光照亮人生大道。一要慎微。管得住小节，防微杜渐。二要慎欲。守得住清贫，抗得住诱惑。三要慎言。控得住嘴巴，顶得住歪理。四要慎行。不乱伸手，不突破底线。五要慎独。耐得住寂寞，不自我放纵。六要慎交。交友有度，择善而交。七要慎初。把住第一次，守好第一关。八要慎终。敬终如始，不失晚节。

2. 严以用权。坚持用权为民，按规则、按制度行使权力，把权力关进制度的笼子里。一要公心用权。保持清醒头脑，树立正确的权力观，秉持公权公用理念，做到公私分明、克己奉公，任何时候都不搞特权、不以权谋私。二要为民用权。牢记权力是党和人民赋予的，坚持公权为民、用权利民，公正用权、依法用权、依规用权。三要廉洁用权。营造崇廉环境，规范从业行为，接受各方监督，守住法律法规的红线，防范被利益集团"围猎"，管好身边的人，廉洁齐家。

3.严以律己。做到心存敬畏、手握戒尺，善于克己、勤于自省，遵守党纪国法，为政清廉。一要清心律己。经得起各种考验，身有所正，言有所规，行有所止，以平和之心对待名、淡泊之心对待位、知足之心对待利、精进之心对待事。二要严守党纪。牢记党风廉政的纪律规定，不碰"高压线"，不该说的不说、不该拿的不拿、不该办的不办，做一个纯洁的共产党员。三要端正作风。做到一身正气、两袖清风，认真算好"政治账""经济账""名誉账""家庭账""亲情账""自由账"和"健康账"，戒贪戒奢、戒骄戒躁、戒虚戒浮，坚决反对、摈弃和扫除"四风"，继续发扬光大党的三大作风，继续保持谦虚谨慎、艰苦奋斗的作风，永葆共产党人清正廉洁的政治本色。

四、掌握群众工作方式方法

人民群众是共产党存在和发展的基础，是共产党力量与智慧的源泉。密切联系群众，善于做群众工作，是中国共产党的优良传统和政治优势。做群众工作包括做群众的思想工作，做群众的服务工作，把群众的意见和要求集中起来，把上级的决策和部署落实到群众中去。能否做好群众工作，除了立场问题、态度和感情问题，就是方式方法问题。

在中国特色社会主义新时代，群众主体的多元化、群众利益的多元化、群众价值观念的差异化、群众诉求的多样化，增加了群众工作的难度；社会上各种思潮和观念相互激荡以及西方价值观念的渗透，对党员、干部的思想带来冲击，也增加了群众工作的难度。面对新时代的各种挑战和风险，需要党员、干部增强紧迫感和责任感，恪守党的群众观点，坚持党的群众路线，增强群众工作本领，积极探索和掌握新时代做好群众工作的方式方法，践行立党宗旨，夯实执政根基。

（一）遵循从群众中来、到群众中去的根本方式方法

群众工作的具体方式方法不胜枚举，但从群众中来、到群众中去却是根本方式方法。因为它与马克思主义认识规律是一致的："凡属正确的领导，必须是从群众中来，到群众中去。这就是说，将群众的意见（分散的无系统的意见）集中起来（经过研究，化为集中的系统的意见），又到群众中去作宣传解释，化为群众的意见，使群众坚持下去，见之于行动，并在群众行动中考验这些意见是否正确。然后再从群众中集中起来，再到群众中坚持下

去。如此无限循环，一次比一次地更正确、更生动、更丰富。这就是马克思主义的认识论。"①

群众是实践的主体，到实践中去就是到群众中去。相对而论，从群众中来是一个认识的过程，到群众中去是一个实践的过程，从群众中来、到群众中去就是从群众的实践中认识并用正确的认识指导群众实践的过程，这是科学的领导方式和工作方法。具体来说，"从群众中来"是为了认识世界。执政党正确的纲领、路线、方针和政策的制定，是一个深入群众获得认识的过程。通过群众接触个别事物、摸清个别情况、听取个别意见，汇集各个事物的现象方面形成感性认识。然后运用概念、判断和推理的方法，进行分析和抽象，揭示事物的内在联系和本质，形成理性认识，从而发现真理。于是，才有正确的纲领、路线、方针和政策出现。"到群众中去"是为了改造世界。党的纲领、路线、方针和政策是从个别中得到的一般，是否符合客观实际，能否造福于民，不能由认识本身来检验，必须回到群众的实践中，由实践来检验。"到群众中去"的过程，是通过群众的实践改造客观世界和主观世界的过程，也是检验真理的过程。"从群众中来、到群众中去"经过循环往复，使党的纲领、路线、方针和政策得到反复检验，不断发展和完善。这就是毛泽东所说的："通过实践而发现真理，又通过实践而证实真理和发展真理。从感性认识而能动地发展到理性认识，又从理性认识而能动地指导革命实践，改造主观世界和客观世界。实践、认识、再实践、再认识，这种形式，循环往复以至无穷，而实践和认识之每一循环的内容，都比较地进到了高一级的程度。"②

（二）综合掌握多种群众工作方式方法

工作方式方法是过河的桥和船，是完成任务的保证。中国共产党成立以来，创造了诸多群众工作方式方法，值得党员、干部认真学习和运用。

群众工作方式方法，一般来说主要有以下几种。一是"一关心两结合"。这就是关心群众生活；一般号召和个别指导相结合，领导和群众相结合。二是"一把钥匙开一把锁"。因地、因时、因事、因人而异地开展工作，把党

---

① 《毛泽东选集》第三卷，人民出版社 1991 年版，第 899 页。
② 《毛泽东选集》第一卷，人民出版社 1991 年版，第 296—297 页。

的群众工作做实、做细、做深、做好。三是把握领导与群众矛盾的主要方面。领导在与群众的矛盾中一般来说处于主要方面，这就要求领导适应群众而不是让群众来适应领导，尤其要明确责任、主动工作，将心比心、换取真心。四是运用群众工作五法。包括通过发扬民主的方法做好群众工作、通过办实事好事的方法做好群众工作、通过思想政治工作的方法做好群众工作、通过示范引导的方法做好群众工作、通过组织活动的方法做好群众工作。五是掌握群众工作九法。即心里装着大众，遇事想着群众；放低姿态，平等交流；说群众说的话，讲百姓讲的事；学会道歉认错，敢于让步妥协；好事办好，实事办实；有理说理，以理服人；言而有信，兑现承诺；贴近群众，问计基层；以身作则，率先垂范。六是采用法治方式方法。如严格依法办事，维护群众合法权益，引导群众依法逐级反映诉求，充分发挥法定诉求表达渠道作用，等等。七是走好"网上群众路线"。充分利用新媒体及时发布权威信息，宣传党的理论、纲领、路线、方针、政策，开展交流与互动，疏导群众情绪，引导民意、引导舆论。八是构筑群众工作有效载体。如民情日记、基层民主恳谈（征询）会、企业党组织与职工民主对话、民主听证会、党员参与社区共建活动、领导下访、便民综合服务窗口等。

（三）创新群众工作体制机制

新时代加强和改进群众工作，还有一个保障条件，这就是创新群众工作体制机制。群众工作体制机制为党组织和党员、干部密切联系群众提供规范化的要求，是减少群众工作盲目性、增强群众工作自觉性的制度化保障。

创新群众工作的体制机制，主要从以下几方面着力。一是建立群众工作的总体格局。即建立由党委统一领导、组织部门牵头协调、统战部门和群团组织具体负责、各有关部门各司其职，齐抓共做的党的群众工作总体格局。二是形成基层党组织的社会活动机制。基层党组织要以广泛开展为民办实事活动为切入点，积极开展开放式的社会活动。三是形成领导干部做群众工作的保障机制。构建领导干部联系基层群众、做群众工作的一整套制度体系。四是形成群众工作的全党参与机制。各级党委及有关部门要有专门的机构，收集、分析有关群众思想、工作、生活等方面的动态，提出相应的对策。落实每一个党员做群众工作的职责，使之成为群众工作的主体。重视发挥党代表、党员人大代表、党员政协委员在联系群众方面的作用。五是建立基层组织开展群众工作的资源保障机制。除从党费中划出一定的经费，为基层党组织义务开展服务活动提供必要的资金保证外，还要在更大范围内整合和调动资源，构建党在社会主义市场经济条件下加强开展群众工作的新的支撑体系。六是发挥工青妇等群团组织的作用。"推动工会、共青团、妇联等群团组织增强政治性、先进性、群众性，发挥联系群众的桥梁纽带作用，组织动员广大人民群众坚定不移跟党走。"[1] 此外，还要创新人民信访、群众来访、网上互访工作机制，以及基层群众工作机制（如联系走访群众机制、社情民意征集机制、诉求分析研判机制、诉求分办落实机制、社会管理服务机制）等。

五、反对和克服特权思想、特权现象

特权是指个人或集团凭借其政治地位与经济实力、公共权力与特殊身份而不受党纪国法约束的权力，即"法外之权"。由特权所衍生出的思想，就是特权思想；由特权思想生成的行为，就是特权现象。特权思想和特权现象表现为权力上唯我独尊，利益上相互利用，待遇上享受攀比，生活上奢侈浪费，言行上阳奉阴违，作风上简单粗暴。它根源于中国两千多年的封建思想，以及一些党员干部的享乐观念、居功心理、炫耀心理等。它背离党的性质和宗旨，败坏社会风气、滋生腐败，颠覆社会公平正义，损害党的执政基础与执政地位，人民群众最为痛恨。20 世纪 80 年代末 90 年代初，苏联、东欧共产党党内特权思想和特权现象盛行，结果丧失了民心，社会主义事业被断送，留下了深刻的历史教训。因此，纵深推进全面从严治党，进行党性教育，必须坚决反对和克服特权思想、特权现象。

中国共产党一贯反对特权思想和特权现象。毛泽东在防止党变质、国变色的艰辛探索中，告诫全党不要形成一个脱离人民的贵族阶层，绝不要实行对少数人的高薪制度，他既是反对特权的倡导者，又是反对特权的示范者。改革开放后，邓小平把"形形色色的特权现象"作为党和国家领导制度的主要弊端之一提出来，要求克服特权现象必须解决思想问题和制度问题，以及

---

[1]　习近平：《决胜全面建成小康社会　夺取新时代中国特色社会主义伟大胜利——在中国共产党第十九次全国代表大会上的报告》，《人民日报》2017 年 10 月 28 日。

进行必要的法律、纪律处分。1982 年，中共十二大第一次把"所有共产党员都不得谋求任何私利和特权"作为党员基本条件写进党章。在发展社会主义市场经济的条件下，江泽民告诫所有党员干部，必须真正代表人民掌好权、用好权，绝不允许形成既得利益集团。胡锦涛强调干部在制度面前没有特权，任何组织或者个人都不得有超越宪法和法律的特权，各级领导干部决不允许搞特权。中共十八大以来，习近平反复强调坚决反对和克服特权思想、特权现象，并提出了一系列措施。在中国共产党第十九次全国代表大会上，他提出："坚持以上率下，巩固拓展落实中央八项规定精神成果，继续整治'四风'问题，坚决反对特权思想和特权现象。"[1] 在 2017 年 12 月政治局召开的民主生活会上，在 2018 年 1 月举行的新进中央委员会的委员、候补委员和省部级主要领导干部学习贯彻习近平新时代中国特色社会主义思想和党的十九大精神研讨班开班式上，在十九届中央纪委二次全会上，习近平都强调领导干部要坚决反对特权思想、特权现象。如此密集提出反对特权思想和特权现象，说明这是个事关党的前途命运的大问题，表明了中国共产党人坚决反对特权的强大决心和勇气。

中国共产党反对和克服特权思想、特权现象，采取标本兼治的措施。

（一）教育

坚持不懈地把反特权思想和特权现象的教育作为新时代党的建设的基础性工程。加强理想信念教育，补足"精神之钙"；进行全心全意为人民服务的宗旨教育，消除特权滋生的思想根源；抓好法治教育，强化法治观念；抓好警示教育，做到警钟长鸣；抓好对特权思想严重的干部的批评教育，不改正的调离领导岗位；加强廉政文化建设，清除特权思想、特权现象滋长蔓延的腐朽思想文化根源，形成反对特权思想、特权现象的强大气场和浓厚氛围。

（二）示范

中共各级领导带头，率先垂范。如中共中央政治局委员带头反对形式主义、官僚主义；下基层调研出行不封道、不列队迎送，吃工作餐，把功夫

---

[1] 习近平：《决胜全面建成小康社会　夺取新时代中国特色社会主义伟大胜利——在中国共产党第十九次全国代表大会上的报告》，《人民日报》2017 年 10 月 28 日。

下到察实情、出实招、办实事、求实效上；带头树立廉洁自律的"风向标"，推动形成清正廉洁的党风。各级领导干部带头反对和克服特权思想、特权现象，做到凡是有明文规定的都严格遵守，凡是要求党员做的自己先做到，凡是禁止做的自己坚决不做，特权在本地、本单位就没有藏身之地。此外，树立先进典型向全党全社会推介、宣传，同样起到示范作用。

（三）监督

反对和克服特权的核心是管住权力。中国共产党为权力设置边界，确保决策权、执行权、监督权既相互制约又相互协调。对权力的制约主要是以权力制约权力、以权利制约权力、以舆论制约权力这几种方式。为此要认真贯彻落实《中国共产党党内监督条例》，发挥党的纪律检查委员会的作用，健全发现特权问题的机制、纠正错误的机制、责任追究的机制，加强巡视，查处和震慑特权思想、特权现象。同时，把党内监督同国家权力机关监督、政府监督、司法监督、人民政协民主监督、群众监督、舆论监督等贯通起来，形成监督的制度合力。权力要公开"晒"、重点"控"、全员"查"，让党员干部知敬畏、存戒惧、守底线。

（四）惩治

中共中央要求：无论什么人，不论其职务多高，只要搞特权触犯了党纪国法，都要坚持党纪国法面前没有例外，进行严肃追究和严厉惩处。只要搞特权，发现一起就严肃查处一起，不搞下不为例和例外。惩处要及时，对违反规定的特权行为露头就打。惩处要具体，防止问责无从下手、不了了之。惩处要从严，实现不敢搞特权的震慑效果。

（五）立规

为了使特权行为没有任何合法外衣和实施依据，中共中央着手健全反对特权的法规制度。包括废止不适应的法规制度，完善已有的法规制度，制定新的法规制度，用制度管权、管事、管人。除了编好制度的"笼子"外，还要求扎紧制度执行的"口子"，跟上改革的"步子"，通过建规立制的不懈努力，换来海晏河清、朗朗乾坤。

第九章　党史国史教育

欲知大道，必先知史。历史是最好的教科书，也是最好的清醒剂。党史是指政党的历史，这里特指中国共产党历史；国史是指一个国家或一个朝代的历史，这里特指中国历史（它有狭义和广义之分，狭义的国史是指中华人民共和国历史，广义的国史包括中国古代史、近代史、现代史）。党史国史全面真实地记载了中国共产党带领中国人民为了实现中华民族伟大复兴而勠力同心、接力奋斗的伟大历程，展现了中华文明的产生、发展与演变。党史国史教育是党性教育的重要内容，是党员干部加强党性修养、坚定理想信念、提升精神境界的一个重要途径。从党和国家工作大局来看，坚持和发展中国特色社会主义，把党和国家各项事业继续推向前进，必须加强党史国史教育，发挥党史国史的资政育人价值，进而做好现实工作。

第一节　党史国史的资政育人价值

一、铭记历史祛疑释惑铸魂筑基

党史国史是中国共产党带领中国人民为了谋求民族独立、人民解放而英勇抗争、顽强奋斗的历史，是为了建设新中国而艰辛探索、同甘共苦的历史，是为了国家富强、民族振兴而不忘初心、砥砺前行的历史，也是中华文明代代相传、生生不息、熠熠生辉的历史。只有认真学习党史国史，才能深刻铭记党史国史，把党史国史作为共产党人干事创业的内驱动力，为共产党人构筑强大的精神支柱，以坚强的政治定力实现中国梦而奋勇前行。

（一）知史爱党、知史爱国

中国共产党在领导革命、建设、改革的进程中，一贯重视历史经验的借鉴和运用，一贯倡导领导干部要读点历史，要善于运用历史知识。只有知道历史，了解党和国家事业的来龙去脉，才能深知中国特色社会主义道路来之不易，知道它是在改革开放的伟大实践中走出来的，是在中华人民共和国成立以来的持续探索中走出来的，是在对近代以来中华民族发展历程的深刻总结中走出来的，是在对中华民族悠久文明的传承中走出来的。只有知道历史，才能更加准确地认识到共产党及其事业的伟大，继承党的成功经验和优良传统，汲取党和国家的历史教训，不断推进中国特色社会主义制度的自我完善和发展，更好地走向未来。只有知道历史，才能理解国家级纪念日的意义，知道这是为了唤起世人对革命历史的记忆和对和平的珍爱，增强中国人的民族自豪感和忧患意识。只有正确了解党和国家的历史，才能确保党始终成为中国特色社会主义事业的坚强领导核心。

学习党史国史，铭记历史，是"必修"与"修好"的有机统一。法国著名作家雨果曾说过：历史是什么？是过去传到将来的回声，是将来对过去的反映。一个伟大的民族，一个伟大的国家，只有在对历史的一次次回望中才能不断汲取前行的力量。加强党员党性教育，党史国史是必修课。习近平强调学习党史国史要坚持从"必修"到"修好"的有机统一。"必修"是形式方面的要求，"修好"是内容方面的要求。通过"修好"党史国史，广大党员才能科学把握党的历史的主题和主线、主流和本质，正确了解党和国家历史上的重大事件与重要人物，深化对党的执政规律、社会主义建设规律和人类社会发展规律的认识，提升领导修养、拓宽领导思路、提高领导水平。

（二）祛疑释惑、坚守正道

清代著名思想家龚自珍在《定庵续集》卷二《古史钩沉二》中有言："灭人之国，必先去其史；隳人之枋，败人之纲纪，必先去其史；绝人之才，湮塞人之教，必先去其史"。历史学是一门政治性很强的学科。指导思想不同，历史观不同，即使对于同一历史事件和历史人物，都可能得出截然相反的结论。无论是在中国国内还是国外，都有人鼓吹和坚持历史虚无主义。苏联解体的一个重要原因就是搞历史虚无主义。有的人否定中华人民共和国改革开放前的历史，刻意把改革开放前社会主义实践探索中发生的失误，归结为中国不该过早地搞社会主义，全盘否定毛泽东的历史地位和毛泽东思想。其要害是从根本上否定马克思主义指导地位和中国走向社会主义的历史必然性，否定中国共产党的领导。学习和研究党史国史坚持唯物主义历史观，就能拨开迷雾，提高政治站位，警惕和抵制历史虚无主义，坚决反对任何歪曲和丑化党史国史的错误倾向。

回望中国革命史，激情燃烧的岁月波澜壮阔刻骨铭心，革命先辈的奋斗精神穿越历史辉映未来。中国革命史是最好的营养剂。重温中国共产党带领人民进行革命的伟大历史，心中就会增加正能量，坚守人间正道。中华民族在几千年的发展历程中，逐渐形成了以爱国主义为核心，团结统一、爱好和平、勤劳勇敢、自强不息的民族精神。正是在这种精神的激励和鼓舞下，近代以来的仁人志士在历经浩劫中高举民族解放的大旗奋勇抵抗，中华人民共和国成立后在满目疮痍中高举民族独立的大旗迎难而上，改革开放以来在重重阻挠中高举民族振兴大旗昂首阔步前行。而在革命战争年代形成的红船精神、井冈山精神、长征精神、延安精神、西柏坡精神，在社会主义革命、建设和改革中形成的抗美援朝精神、"两弹一星"精神、大庆精神、雷锋精神、焦裕禄精神、载人航天精神、抗震救灾精神等，不但继承和弘扬了中华民族精神，而且为中华民族精神注入了时代元素。学习和研究党史国史，有助于我们实现"弘扬"与"坚守"的有机结合，弘扬民族精神和时代精神，坚守共产党人的初心，开创更加美好的未来。

（三）铸魂筑基、坚定自信

历史、现实、未来是相通的，只有弄明白历史怎样走来、又怎样走下去，才能不断增强实现民族复兴梦想的责任担当。历史是前人的百科全书，是前人各种知识、经验和智慧的总汇，学习和研究党史国史，不仅对正确认识党情、国情十分必要，对获得思想启迪、知识武装，提高工作本领十分必要，而且对学习和掌握中华传统文化、中国共产党的红色文化十分必要，对增强中国特色社会主义道路自信、理论自信、制度自信、文化自信十分必要。因为文化是一个国家繁荣发展之精神沃土、一个民族之根与魂，也是一个政党之精神沃土、根与魂。中国传统文化和中国共产党革命文化的结合，可以构筑共产党人的文化之基、铸牢共产党人的信念之魂、升华共产党人的精神境界。

通过学习党史国史，我们会更加深刻地认识到："历史和人民选择中国共产党领导中华民族伟大复兴的事业是正确的，必须长期坚持、永不动摇；

中国共产党领导中国人民开辟的中国特色社会主义道路是正确的，必须长期坚持、永不动摇；中国共产党和中国人民扎根中国大地、吸纳人类文明优秀成果、独立自主实现国家发展的战略是正确的，必须长期坚持、永不动摇。"①

二、为推进国家治理现代化提供有益借鉴

历史，不仅给人以智慧的启迪，也是治国理政的重要资源。历史是最好的老师，它忠实记录了国家走过的每一个足迹，也给国家未来的发展提供了启示。正如习近平所指出的，中国的今天是从中国的昨天和前天发展而来的，对绵延五千多年的中华文明，我们应该多一份尊重、多一份思考，牢记中华民族历史上治国理政的经验、教训和警示，从中获得推进国家治理体系和治理能力现代化的有益镜鉴与启示。

（一）借鉴中国历史上治国理政的经验

在漫漫的历史长河中，华夏先祖创造了独树一帜的中华文明，五千多年不间断的文明史是一笔丰厚的历史遗产。其丰富的治国理政实践，既有升平之世社会发展进步的成功经验，也有衰乱之世社会动荡的深刻教训。中国历史上主张的民惟邦本、政得其民，礼法合治、德主刑辅，为政之要莫先于得人、治国先治吏，为政以德、正己修身，居安思危、改易更化的思想，为我们提供了很好的借鉴。在中国的史籍书海中，蕴含着极为丰富的治国理政的历史经验。其中，包含有许多涉及对国家、社会、民族及个人的成功与失败、兴盛与衰败、安全与危险、正义与邪恶、廉洁与贪污等方面的经验及教训。比如，历史上主张的精简机构、提高行政效率的思想，为国家机构改革提供了基本遵循；科举制度的推行，为人才选拔任用机制提供了重要参考；等等。在国家的治理制度方面，历代有志之士借鉴历史经验、结合社会发展现状、融合民族智慧，在政治建设、经济建设、文化建设、社会建设、生态建设、民族关系等方面提出了一系列的建议和措施，尤其是制度建设上所遵循的大一统、民为本、选贤任能、民族融合、反腐倡廉、保护生态等原则，都具有重要的借鉴意义。中国共产党在国家治理中遇到的许多问题都可以在

---

① 习近平：《在庆祝中国共产党成立95周年大会上的讲话》，《人民日报》2016年7月2日。

历史上找到影子。因此，推进国家治理体系和治理能力现代化，必须对中国历史有深入的了解，必须对中国古代治国理政的探索和智慧进行积极总结，以历史镜鉴今天。

（二）借鉴中华传统文化的优秀成果

习近平指出，中华传统文化源远流长、博大精深，中华民族形成和发展过程中产生的各种思想文化，记载了中华民族在长期奋斗中开展的精神活动、进行的理性思维、创造的文化成果，反映了中华民族的精神追求，其中最核心的内容已经成为中华民族最基本的文化基因。[①]中华先祖为我们留下了宝贵的物质文化、制度文化和精神文化遗产。在核心价值观创造方面，我国古代思想家就意识到"贤不肖不杂则英杰至，是非不乱则国家治"的重要性，非常注重核心价值观的提炼和传播，积极培养民族共同体意识，增强各族人民的中华文化认同，使得整个民族形成一股强大的内聚力，维护国家统一、社会稳定。贯穿其中的爱国主义精神、正己修身精神、改革进取精神、仁义礼孝精神、诚实守信精神等，都是从古传承至今的精神瑰宝。正是这些优秀文化遗产，推动历代仁人志士在国家治理上力图使政治秩序与社会秩序、文化秩序、自然秩序更和谐地统一起来，维护国家的长治久安，推进国家的不断进步与发展。中华民族最基本的文化基因，是国家治理现代化的有益参考。

三、培养历史意识历史思维历史眼光

明镜所以照形，古事所以知今。习近平强调，领导干部不管处在哪个层次和岗位，都应该读点历史。领导干部学习历史，要落实在提高历史文化素养上，最重要的是要具有历史意识和文化自觉，即想问题、作决策要有历史眼光，能够从以往的历史中汲取经验和智慧，自觉按照历史规律和历史发展的辩证法办事。共产党人要从党史国史的学习中，培养高度自觉的历史意识、以史为鉴的历史思维、深见远虑的历史眼光，从而坚定对党和国家事业的信心，在坚持和发展中国特色社会主义、实现伟大复兴的发展进程中，知

---

① 参见《习近平在中共中央政治局第十八次集体学习时强调 牢记历史经验历史教训历史警示为国家治理能力现代化提供有益借鉴》，《人民日报》2014 年 10 月 14 日。

所从来，明其所趋，继往开来，毅然前行。

（一）培养高度自觉的历史意识

历史意识是人类对自然、人类自己在时间长河中发展变化现象与本质的认识。它是一种跨越时空审视历史的思维观念与方法，以丰富的历史知识及科学的理论和方法对复杂的历史现象进行分析、综合和提炼，根据历史启示和历史发展的规律理解历史、审视现实、展望未来，进而在这一过程中形成对自身、国家、民族的历史及其发展的认同感、自豪感和责任感。

历史意识是坚定政治认同的根基。回望历史，每一代人，都从历史中走来，又向历史中走去。古今之间、历史与现实之间都是继承与发展的关系，清醒地审视现实，破解现实难题，必须从历史的足迹中追根溯源。历史虽然是过去发生的事情，但总是会以这样那样的方式出现在当今人们的生活之中。中国共产党的领导、中国特色社会主义道路的选择都是历史和人民的必然选择。这是中国共产党人首先要坚定的政治认同观。要使这一政治认同深入人心，就必须将当今社会的发展置于中国历史发展的时空坐标上，揭示中国社会在历史大潮中呈现各阶级力量的动态格局，分析各历史发展阶段的内在联系。近代以来的中国，由于清政府的腐败无能，长期的积贫积弱，导致中国陷入半殖民地半封建社会。为了挽救民族危亡，各阶级纷纷登上历史舞台为救国而抗争，各种力量的博弈较量中将中国共产党推向了拯救民族危难的历史前台。中国共产党高举马克思主义旗帜，在革命、建设、改革中顺应历史发展趋势，探索出了一条适合中国国情的中国特色社会主义道路、制度和理论。社会每前进一步，取得的每一个成果背后都有深深的历史烙印和潜在的历史规律。在这一分析和理解的过程中，支配中国共产党人认识的正是历史意识中的时空意识、联系意识。因此，共产党人只有以历史的意识，穿越时空地去分析历史事件，才能夯实坚定政治认同的思想根基。

历史意识是以时代担当为归宿的。每个共产党员作为人民中的一员，在实现个人价值的同时，也在推动着历史的发展，担当着时代进步的重任。历史是一个民族、一个国家形成、发展及其盛衰兴亡的真实记录，只有借助于历史，才能充分理解现在，从而增强掌握社会现状的能力。共产党人要以历史意识去以古看今，方能更主动、自觉地担当起历史赋予的重任，勇挑富强国家、振兴中华的重担。同时，责任担当是将历史意识转化为实践的桥梁。共产党人认识历史规律，是为了遵从规律，更好地改造现实世界。历史意识中孕育的爱国精神、民族情怀转化为行动，就体现在时代担当上。因此，历史意识又是激发党员个人责任担当的深层动力，要读史来明智、学史来励志。

（二）培育以史为鉴的历史思维

历史思维，就是以历史为镜鉴来观照和指引现实的思维。它注重对历史过程、历史逻辑和历史必然性的把握，运用历史智慧治国理政。这是传承根基血脉、保证治国理政连续性的重要思维。中国共产党人的历史思维，是运用马克思主义历史唯物主义观从历史的视野和发展规律中分析社会问题、把握社会前进方向、指导现实工作的科学思维。中国共产党通过总结历史经验、认识历史趋势、把握历史规律，在对历史的深入思考和历史智慧的运用中做好现实工作，领导党和国家走向未来。培育以史为鉴的历史思维，要从以下方面努力。

一是要高度重视学习党史国史。中共党史、中国古代史、中国近代史、中国现代史构成了中国共产党、中华民族丰富的历史画卷。读之思之，可以从中探寻共产党人的精神密码，汲取更多精神营养，观成败、鉴是非、知兴替、明规律。

二是深刻体悟党史国史。只有认真而深刻地体悟党史国史，才能懂得社会主义是干出来的，历史从不等待一切犹豫者、观望者、懈怠者、软弱者，对历史的最好学习和借鉴就是成为历史大潮的一朵浪花。只有与历史同步伐、与时代共命运的人，才能赢得光明的未来。

三是科学对待党史国史。共产党人作为马克思主义的历史主义者，要把历史事件和历史人物放在其所处时代和社会的历史条件下去分析。要正确认识和处理改革开放前后两个历史时期的辩证关系，改革开放前和改革开放后两个历史时期，是两个相互联系又有重大区别的时期，但本质上都是中国共产党领导人民进行社会主义建设的实践探索，两个历史时期之间是继承与发展的关系。要以联系的观点评价历史现象的产生和发展，看待历史既要讲两点论，又要讲重点论，分清主流和支流。对历史人物的评价，"不能离开对历史条件、历史过程的全面认识和对历史规律的科学把握，不能忽略历史必然性和历史偶然性的关系。不能把历史顺境中的成功简单归功于个人，也不能把历史逆境中的挫折简单归咎于个人。"①

四是善于运用历史思维。共产党人要善于运用历史思维分析中国特色社会主义的历史必然性和价值合理性，运用历史思维分析解决国家治理现代化的历史必然性，运用历史思维施行教化，运用历史思维处理历史问题，运用历史智慧指导工作、传递中国声音，运用历史典籍、经典名句为文笔增华添彩。要善于结合新的形势任务对党史国史作出新的科学阐释和总结。

（三）树立深见远虑的历史眼光

历史是一个民族、一个国家、一个政党、一种运动等形成、发展及其盛衰兴亡的真实记录，知史才有历史眼光。而历史眼光，既是向后看的眼光，又是向前看的眼光，是站在历史与现实的交汇点上，从向后看中分析现实，从向前看中展望未来。历史眼光之所以重要，是因为历史长河绵延不断，人类的探索永无止境，后人总是站在前人的肩膀上来思考和实践的，前人的经验和教训是后人的宝贵财富；历史、现实、未来是紧密相连的，又是相对而言的，中国共产党人在继承历史的同时，又在创造历史，理应具有强烈的历史责任感。1949年3月23日，毛泽东和周恩来乘汽车离开西柏坡前往北平。出发时，对周恩来说：今天是进京的日子，进京赶考去。周恩来笑答：我们应当都能考试及格，不要退回来。毛泽东说：退回来就失败了。我们决不当李自成，我们都希望考个好成绩。② 这样的话语穿越了时空，体现了深邃的历史眼光。共产党人树立历史眼光，必须做到以下两点。

一是必须坚持马克思主义基本立场。运用辩证唯物主义和历史唯物主义去观察和分析党史国史，建立科学的历史观和宏阔的历史视野，回望走过的路，比较别人的路，远眺前行的路，实现世界观、历史观和方法论的统一。

二是必须以史为鉴推进本职工作。要从历史和现实相贯通的宽广视域去发现问题、分析问题、解决问题，在对历史的深入思考中做好本职工作。这就要求共产党人要提高政治站位，思接千载、视通万里，坚持把历史、现

---

① 习近平：《在纪念毛泽东同志诞辰120周年座谈会上的讲话》，《人民日报》2013年12月27日。

② 参见中共中央文献研究室编：《毛泽东年谱（一八九三——一九四九）》修订本下卷，中央文献出版社2013年版，第470页。

实、未来贯通起来，拨开迷雾见日月，透过现象看本质，以深见远虑的历史眼光想问题、作决策，扎实推进工作，赢得党心民心，创造新的辉煌。

第二节　党史国史教育的重点

一、党史教育的重点

党史国史是开展党性教育的重要资源。认真学习党史国史，全面宣传党史国史，充分发挥党史国史以史鉴今、资政育人的作用，是党和国家工作大局中的一项十分重要的工作。对党员、干部进行党史国史教育，需要明确党史国史教育的重点，以增强针对性和实效性。党史教育的重点主要体现在以下三个方面。

（一）党的奋斗发展史教育

一部中国共产党的历史，就是一部为中华民族谋解放、为中国人民谋幸福，也为人类社会谋福祉而不懈奋斗的历史。在近一个世纪波澜壮阔的历史进程中，中国共产党为中华民族作出了伟大历史贡献：党团结带领中国人民进行 28 年浴血奋战，打败日本帝国主义，推翻国民党反动统治，完成新民主主义革命，建立了中华人民共和国；党团结带领中国人民完成社会主义革命，确立社会主义基本制度，推进了社会主义建设；党团结带领中国人民进行改革开放新的伟大革命，极大激发广大人民群众的创造性，极大解放和发展社会生产力，极大增强社会发展活力，人民生活显著改善，综合国力显著增强，国际地位显著提高。党的奋斗发展史作为党领导全国人民进行革命、建设、改革与发展的斗争历程的记录，蕴含着建设中华人民共和国的立国之本、密切党同人民群众血肉联系的情感之基、推进中国特色社会主义事业的力量之源。

对于广大党员进行党的奋斗发展史教育，要把党的历史放在 1840 年以来中国艰难曲折的民族振兴之路的大背景中，教育党员深刻认识中国产生了共产党，这是开天辟地的大事变。它深刻改变了近代以后中华民族发展的方向和进程，深刻改变了中国人民和中华民族的前途与命运，深刻改变了世界发展的趋势和格局。要认真研究和大力宣传党所取得的历史性成就，深刻认识党在各个历史时期为中华民族作出的伟大历史贡献的意义，深入理解中国共产党执政地位确立和领导核心形成的历史必然性，深刻领会改革开放是实现社会主义现代化的必要举措，深入领悟坚持中国特色社会主义道路的历史必然性，把党的历史转化为推动中国特色社会主义伟大事业和党的建设新的伟大工程的强大动力。同时，也要教育党员、干部认识到，中国共产党在一个经济文化落后、社会矛盾极为复杂、人口众多的大国干革命、搞建设，充满着苦难和辉煌、曲折和胜利、付出和收获，这是中华民族发展史上不能忘却、不容否定的壮丽篇章；在没有现成的道路可走、没有现成的经验可以借鉴的情况下，只有摸着石头过河，难免会走弯路。我们要用科学的态度看待党的历史，分清主流与支流。

（二）党的理论创新史教育

一部中国共产党的历史，就是一部坚持马克思主义基本原理同中国具体实际相结合、不断实现马克思主义中国化的历史，就是党在领导中国革命、建设与改革的伟大实践中不断进行理论创新的历史。建党以来，中国共产党始终坚持把马克思主义基本原理同中国具体实际、同中国优秀历史传统和优秀文化结合起来，实现了党的指导思想的与时俱进，形成了毛泽东思想和中国特色社会主义理论体系，开辟了马克思主义中国化的新境界，指导着党的事业不断取得新的胜利。

党的理论创新史教育，要讲清楚毛泽东思想形成和发展史。1840年鸦片战争以后，在西方列强坚船利炮轰击下，中国危机四起、人民苦难深重，陷入半殖民地半封建社会的黑暗深渊。为了救亡图存，实现中华民族伟大复兴，无数志士仁人前仆后继、不懈探索，却抱憾而终。经过反复比较和鉴别，毛泽东毅然选择了马克思列宁主义，矢志不移为实现共产主义而奋斗。中国共产党成立后，为了解决在经济文化十分落后的半殖民地半封建的东方大国进行革命的历史难题，毛泽东总结中国革命的经验教训，创造性地解决了马克思列宁主义基本原理同中国实际相结合的一系列重大问题，弄清了中国革命的性质、对象、任务、动力，提出通过新民主主义革命走向社会主义的两步走战略，制定了新民主主义革命总路线，开辟了以农村包围城市、最后夺取全国胜利的革命道路；创造性地解决了在中国这种特殊的社会历史条件下建设马克思主义政党的一系列重大问题；创造性地解决了缔造一个在党的绝对领导下的人民武装力量的一系列重大问题；创造性地解决了团结全民族最大多数人共同奋斗的革命统一战线的一系列重大问题；创造性地提出和实施了一系列正确的战略策略。1945 年，中共七大将毛泽东思想确立为党的指导思想。中华人民共和国成立前夕和成立后，毛泽东提出了人民民主专政理论、社会主义改造理论。社会主义基本制度确立以后，如何在中国建设社会主义，是党面临的崭新课题。毛泽东以苏联的经验教训为鉴戒，率先提出了"走自己的道路"的重要思想，提出把党和国家的工作重点转到社会主义建设和技术革命上来，提出社会主义社会的基本矛盾和主要矛盾，提出正确处理人民内部矛盾的重要思想，制定把中国建设成为一个强大的社会主义国家的战略思想，提出"百花齐放、百家争鸣""古为今用、洋为中用"的方针等。1981 年，中共十一届六中全会把毛泽东思想活的灵魂概括为实事求是、群众路线、独立自主。

党的理论创新史教育，要讲清楚中国特色社会主义理论体系形成和发展史。中国特色社会主义理论体系的标志性成果是邓小平理论、"三个代表"重要思想、科学发展观、习近平新时代中国特色社会主义思想。对这些标志性成果，要讲清楚其时代背景、实践基础、理论渊源、主要内容、精神实质、历史地位和重大意义。

在中国共产党历史上，"文化大革命"结束，"中国向何处去"又成为摆在中国人民面前头等重要的问题。在邓小平指导下，1978 年 12 月召开的中共十一届三中全会，确定把全党工作的着重点转移到社会主义现代化建设上来，作出实行改革开放的重大决策，实现了党的历史上具有深远意义的伟大转折。邓小平作为中国共产党第二代中央领导集体的核心，指导党系统总结新中国成立以来的历史经验，解决了科学评价毛泽东的历史地位和毛泽东思想的科学体系、根据新的实际和发展要求确立中国社会主义现代化建设的正确道路这两个相互联系的重大历史课题，紧紧抓住"什么是社会主义、怎样建设社会主义"这个基本问题，提出走自己的路，建设有中国特色的社会主义，开创了中国特色社会主义新道路，创立了邓小平理论。

中共十三届四中全会以后的十三年间，国际形势风云变幻，中国改革开放和社会主义现代化建设的进程波澜壮阔。特别是 20 世纪 80 年代末 90 年代初，国内发生严重政治风波，国际上东欧剧变、苏联解体，世界社会主义出现严重曲折，党和国家处在决定前途命运的重大历史关头。以江泽民为核心的党的第三代中央领导集体，在极其复杂的情况下妥善处理并解决了涉及党和国家工作全局的许多重大问题，奋力推进中国特色社会主义伟大事业和党的建设新的伟大工程，积累了大量成功经验，用一系列紧密联系、相互贯通的新思想、新观点、新论断，进一步回答了什么是社会主义、怎样建设社会主义的问题，创造性地回答了在长期执政的历史条件下建设什么样的党、怎样建设党的问题，提出了"三个代表"重要思想，实现了党的指导思想的与时俱进。

进入 21 世纪，国际局势风云变幻，综合国力竞争空前激烈。面对世情、国情、党情深刻变化，以胡锦涛为总书记的党中央团结带领全党全国各族人民，高举中国特色社会主义伟大旗帜，战胜了突如其来的"非典"疫情，夺取了抗击汶川特大地震等严重自然灾害和灾后恢复重建的重大胜利，有效应对了波及广泛的国际金融危机冲击、在全球率先实现经济企稳回升，妥善处置了一系列重大突发事件、维护了国家安全与社会和谐稳定；集中全党智慧，坚持和丰富邓小平理论、"三个代表"重要思想，形成和贯彻了科学发展观，进一步回答了什么是社会主义、怎样建设社会主义和建设什么样的党、怎样建设党的问题，创造性地回答了新形势下实现什么样的发展、怎样发展等重大问题，实现了党在指导思想上的又一次与时俱进，开辟了当代中国马克思主义发展新境界。

中共十八大以后，以习近平同志为核心的党中央面对世界经济复苏乏力、局部冲突和动荡频发、全球性问题加剧的外部环境，面对中国经济发展进入新常态等一系列深刻变化，坚持稳中求进工作总基调，迎难而上，开拓进取，推动党和国家事业发生历史性变革，改革开放和社会主义现代化建设取得了历史性成就，中国特色社会主义进入了新时代，中国社会主要矛盾由人民日益增长的物质文化需要同落后的社会生产之间的矛盾转化为人民日益增长的美好生活需要和不平衡不充分的发展之间的矛盾。中国共产党围绕新时代坚持和发展什么样的中国特色社会主义、怎样坚持和发展中国特色社会主义这个重大时代课题，进行艰辛理论探索，创立了习近平新时代中国特色社会主义思想，成为全党全国人民为实现中华民族伟大复兴而奋斗的行动指南。

中国共产党的理论创新史气势恢宏、波澜壮阔，我们可以从中汲取丰富的历史经验和强大的精神力量，通过党和人民建设中国特色社会主义的实践将其转化为巨大的物质力量。

（三）党的自身建设史教育

中国共产党的历史，就是一部始终加强党的自身建设、保持发展马克思主义政党先进品质的历史，就是一部始终锤炼和发扬党的光荣传统与优良作风的历史。党的自身建设不仅关系党的前途命运，而且关系国家和民族的前途命运。党的建设史教育主要学习和研究党的建设的历史发展过程，包括党的建设原理的形成过程、重大党建事件的来龙去脉、历史和现实影响，各个历史时期党的建设的主要经验和教训等；通过对党的建设史的学习和研究，把握党的建设的基本规律，用以推动当前党建工作、提高党员党性修养。

中国共产党的建设以 1921 年宣告正式成立为开端，在早期的革命斗争中，由于缺乏经验，党的事业曾经遭受惨重损失。也正是在错误和挫折中，中国共产党获得了极为宝贵的经验教训，开始成熟起来。1939 年 10 月，毛泽东在《〈共产党人〉发刊词》一文中，深入分析了党的建设状况和党所面临的形势任务，提出要"建设一个全国范围的、广大群众性的、思想上政治上组织上完全巩固的布尔什维克化的中国共产党"①。他把建设这样一个党称之为一个"伟大的工程"。经过延安整风和中共七大，中国共产党形成了系统完备的毛泽东建党思想，为夺取新民主主义革命胜利提供了坚强保证。在社会主义改造时期，中国共产党对执政党建设进行了初步探索，有一个良好的开端。1957 年以后，执政党建设在曲折中前进，出现过失误。中共十一届三中全会后，中国共产党人围绕改革开放和社会主义现代化建设条件下建设一个什么样的党、怎样建设党的问题，进行了不懈探索，把党的建设作为新的伟大工程持续推进。1983 年，中共十二届二中全会作出《中共中央关于整党的决定》；1989 年，发出《中共中央关于加强党的建设的通知》；1994年，中共十四届四中全会作出《中共中央关于加强党的建设几个重大问题的决定》；2001 年，中共十五届六中全会作出《中共中央关于加强和改进党的作风建设的决定》；2004 年，中共十六届四中全会作出《中共中央关于加

---

① 《毛泽东选集》第二卷，人民出版社 1991 年版，第 602 页。

强党的执政能力建设的决定》；2009 年，中共十七届四中全会作出《中共中央关于加强和改进新形势下党的建设若干重大问题的决定》；2016 年，中共十八届六中全会通过《关于新形势下党内政治生活的若干准则》《中国共产党党内监督条例》，同年 12 月制定《中共中央关于加强党内法规制度建设的意见》（2017 年 6 月印发）。党的思想建设、政治建设、组织建设、作风建设、纪律建设、制度建设系统展开，对执政党建设特点和规律的认识进一步深化，在党的建设史上先后形成了邓小平党的建设思想、江泽民党的建设思想、胡锦涛党的建设思想，党的建设不断焕发出生机与活力。中共十八大以后，以习近平同志为核心的党中央直面重大风险考验和党内存在的突出问题，以踏石留印、抓铁有痕的劲头，坚定不移推进全面从严治党，党的建设呈现出新气象，形成了习近平的新时代党的建设思想。

党的建设"伟大工程"和"新的伟大工程"的提出及深入推进，彰显了中国共产党高度重视自身建设、勇于自我革命的政治勇气和政治品质，蕴含了中国共产党的成功之道和区别于其他政党的鲜明特质。近一个世纪以来，中国共产党不断推进党的建设实践创新、理论创新、制度创新，丰富和发展了马克思主义政党理论，展示了中国共产党治党兴党强党的光明前景。

二、国史教育的重点

国史的作用在于存史、资政、育人、护国。中国共产党一贯重视国史教育。1938 年 10 月，毛泽东就说："我们是马克思主义的历史主义者，我们不应当割断历史。从孔夫子到孙中山，我们应当给以总结，承继这一份珍贵的遗产。"[①] 他自己就饱读史书，并点评二十四史，1964 年春，还创作了一首词《贺新郎·读史》。邓小平指出，要懂得些中国历史，这是中国发展的一个精神动力。江泽民任总书记以后，虽然工作繁忙，但仍身体力行，有计划地学习和研究中外历史，多次要求领导干部读一点历史，读一读中国通史，倡导"思接千载"。胡锦涛提出，要更加注重用中国历史特别是中国革命史来教育干部和人民，强调只有铭记历史，特别是铭记共产党领导人民创造的中国革命史，才能深刻了解过去、全面把握现在、正确创造未来。习近平爱读史

---

① 《毛泽东选集》第二卷，人民出版社 1991 年版，第 534 页。

书，将中华民族和中国革命历史有机地融入治国理政的实践中。他指出，重视历史、研究历史、借鉴历史，可以给人类带来很多了解昨天、把握今天、开创明天的智慧；中国有着五千多年连续发展的文明史，观察历史的中国是观察当代的中国的一个重要角度；强调对历史要心怀敬畏、心怀良知，中国革命历史是最好的营养剂，国史不仅必修，而且必须修好。学习国史，做好国史教育工作，需要把握好重点。

（一）历史周期率困局中的历代王朝更替

纵观中国自秦汉以来的历代大一统封建王朝的兴亡更替时期，大都经历了这样一个过程：农民起义——军阀割据或外部势力的入侵——旧王朝一旦覆灭——新王朝替代兴起，多则几百年，少则几十年，如此循环往复了两千余年，但始终未能跳出"其兴也勃焉""其亡也忽焉"的历史周期率。从中国古代史的历史沿革中，探究历代王朝兴亡的内在规律，对于新时代坚持和发展中国特色社会主义有重要启示。

学习先秦史，在了解中国的远古人类和文明起源、夏商周历史的基础上，重点把握春秋战国时期的诸子百家、变法运动等。学习秦汉史，在了解王朝更替的基础上，重点把握中央集权制的政权形式、秦始皇的功过、秦末农民起义、汉武帝加强中央集权的举措、秦汉时期的民族关系、《史记》和《汉书》等。学习魏晋南北朝史，在了解朝代更替的基础上，重点把握三国鼎立局面的形成、九品中正制、魏晋南北朝时期的科学文化和民族关系、淝水之战及其影响、北魏孝文帝的改革等。学习隋唐五代史，在了解朝代更替的基础上，重点把握农民起义的原因和意义、隋朝的历史地位、科举制和三省六部制、贞观之治和开元盛世、唐朝在政治经济文化军事等方面的重大建树及由盛而衰的原因、唐代外交及中外经济文化交流、周世宗改革等。学习辽宋夏金元史，在了解朝代更替的基础上，重点把握北宋加强中央集权制的措施及其后果，宋辽金元时期的农民起义，王安石变法，元朝统一中国的历史意义及忽必烈推行汉法、行省制的内容及影响，宋代的三大发明、宋词、元曲、理学，宋元时期中外经济文化交流等。学习明清史，在了解朝代更替的基础上，重点把握明清时期加强专制主义中央集权制的措施及其影响、郑和下西洋的经过和历史意义、张居正改革、明末农民起义及其教训、清朝巩固和加强统一多民族国家的重大活动、清代疆域、康乾盛世、明清时期商品经济的发展和资本主义萌芽的产生、闭关政策的历史影响、明清文化成果、鸦片战争前夕的社会危机等。从历代王朝兴亡中，我们可以看到：民心是国之根本，人才是国之利器，廉政是国之保障。

（二）百年屈辱与抗争中的共产党执政地位的确立

近代中国历史，是一部充满灾难、落后挨打的屈辱史，是一部中国人民探索救国之路、实现自由民主的探索史，是一部中华民族抵抗侵略、打倒帝国主义以实现民族解放，打倒封建主义以实现人民富强的斗争史。鸦片战争前，中国是一个独立自主的封建国家。但是，由于清政府的腐败无能，实行闭关锁国的政策，帝国主义发动侵略战争，用坚船利炮打开了中国的大门，先后签订了一系列不平等条约，使中国沦为半殖民地半封建社会，山河破碎，生灵涂炭，中华民族遭受了前所未有的苦难。在外敌入侵、国家和民族陷于生死存亡之际，中国人民挺身而出，担当起反抗侵略、保家卫国的重任。在百年抗争中，太平天国运动、戊戌变法、义和团运动、辛亥革命均以失败而告终。十月革命一声炮响，给中国送来了马克思列宁主义，中国共产党应运而生，是中国共产党团结带领中国人民彻底改变了中国的命运。这是历史的选择、中国人民的选择。正是在中国共产党领导下，诞生了一个新中国。

学习中国近代史和中国革命史，在了解基本线索的基础上，重点把握中国人民反对外国侵略的斗争、洋务运动和戊戌变法对国家出路的探索、辛亥革命与君主专制制度的终结、新文化运动和五四运动、马克思主义的传播和中国共产党的诞生、中国革命新道路的开辟、中华民族的抗日战争、中国共产党领导的解放战争等。从中国近代史和中国革命史中，我们可以看到：中国人民百年以来不屈不挠、再接再厉的斗争，使得帝国主义不能灭亡中国；中国产生了共产党，中国革命的面貌焕然一新；中国革命走过的历程，是中国共产党和中国人民用鲜血、汗水、泪水写就的，是中华民族发展史上不能忘却、不容否定的壮丽篇章。

（三）艰辛探索与奋斗中的中国特色社会主义道路的开辟

中国特色社会主义道路是近现代以来中国人民经过艰辛探索最终选择的现代化道路，是中国共产党和中国人民在长期的实践中逐步开辟出来的道路。以毛泽东为主要代表的中国共产党人创造性地将马克思主义与中国国情和中国革命的特点相结合，开创了一条由新民主主义通向社会主义的革命道路，实现了民族独立和人民解放，从政治制度和社会结构等方面为中国的现代化扫除了障碍。新中国成立后，在探索社会主义建设道路方面进行了艰辛探索，为后来开辟中国特色社会主义道路奠定了重要基础。中共十一届三中全会以后，以邓小平为核心的党的第二代中央领导集体带领全党全国各族人民实现了指导思想的拨乱反正和工作重点的转移，开启了改革开放新的征程，开辟了中国特色社会主义新道路。中共十三届四中全会以后，以江泽民为核心的党的第三代中央领导集体，坚持改革开放、与时俱进，确立社会主义市场经济体制，推进党的建设新的伟大工程，把中国特色社会主义伟大事业成功推向 21 世纪。中共十六大以后，以胡锦涛为主要代表的中国共产党人，深刻认识和回答了新形势下实现什么样的发展、怎样发展等重大问题，形成了科学发展观，在全面建设小康社会进程中推进实践创新、理论创新、制度创新，在新的历史起点上坚持和发展了中国特色社会主义。中共十八大以后，以习近平为主要代表的中国共产党人，深刻回答了新时代坚持和发展什么样的中国特色社会主义、怎样坚持和发展中国特色社会主义这个重大时代课题，形成了习近平新时代中国特色社会主义思想，推动党和国家事业发生历史性变革、取得历史性成就，中国特色社会主义进入了新时代。历史和实践充分证明，中国特色社会主义道路是推动中国发展的唯一正确的道路，是国家富强之路、民族振兴之路、人民幸福之路。在未来的道路上，我们更要坚定不移地走中国特色社会主义道路，书写新时代华丽篇章。

学习中国现代史，在了解中华人民共和国历史进程的基础上，重点把握抗美援朝、社会主义基本制度在中国的确立，中国共产党探索社会主义建设道路的努力及其成就，社会主义建设的重要经验教训，历史性的伟大转折和改革开放的起步与展开，党在社会主义初级阶段的基本路线及其意义，"一国两制"构想及其实践，第二、三代中央领导集体的交接班，改革开放新的历史性突破，中国特色社会主义事业的跨世纪发展，等等。从中国现代史中，我们可以看到：中国共产党和中国人民经历了艰难曲折，取得了巨大成就，积累了丰富经验，开辟了历史新路，使中华民族迎来了实现伟大复兴的光明前景。

三、党史国史教育的重点对象

党史国史作为近代以来国家和民族历史发展的真实记录，作为汇集前人知识、智慧、经验的"百科全书"，是中国共产党人进行改革和建设的宝贵财富。党史国史教育要以各级党员领导干部为重点，要着力抓好广大青年党员的党史国史教育，使之深刻理解、充分珍惜这份宝贵历史遗产，从中不断汲取开拓前进的智慧和力量。

各级党员领导干部是党史国史教育的重点对象。党的干部是党和国家事业的中坚力量。各级领导干部地位尤为重要，他们是各个地方、各个领域、各个单位、各级组织的"头雁"，肩负着党和人民的期待重托，承担着中华民族伟大复兴的历史重任。因此，加强党史国史教育，要主抓各级领导干部这个"关键少数"。习近平多次强调，领导干部不管处在哪个层次和岗位，都应该读点历史，要特别注意学习中国共产党的历史。领导干部学习党史国史，有助于提高文化素养和思想政治修养，有助于提高工作能力和领导水平。要把党史国史教育纳入党员领导干部教育培训的必修课，把全面了解和正确认识党史国史作为一项基本要求，教育引导党员领导干部认真学习党史国史，通过接受生动具体的党性教育和革命传统教育，增强政权意识、忧患意识、使命意识，坚持用时代发展的要求审视和认识自己，以改革的精神加强和完善自己，在党和人民群众中树立标杆，作出表率，从而形成"头雁效应"。

广大青年党员是党史国史教育的重点对象。习近平在中共十九大报告中指出："青年兴则国家兴，青年强则国家强。青年一代有理想、有本领、有担当，国家就有前途，民族就有希望。"①青年党员是广大党员队伍中的重要组成部分，是吸收人员多、覆盖面广的群体，是实现"两个一百年"奋斗目标和中华民族伟大复兴中国梦的强力支持与人才保障，是进行伟大斗争、建设伟大工程、推进伟大事业、实现伟大梦想的青春力量。中国共产党高度重视对青年党员进行党史国史教育，特别是结合弘扬和践行社会主义核心价值

① 习近平：《决胜全面建成小康社会　夺取新时代中国特色社会主义伟大胜利——在中国共产党第十九次全国代表大会上的报告》，《人民日报》2017年10月28日。

观，在广大青年党员中开展深入、持久、生动的爱国主义宣传教育，让爱国主义精神在广大青年党员心中深深扎根，培养广大青年党员的爱国之情、砥砺强国之志、实践报国之行。具体地说，把青年党员作为党史国史教育的重点对象，是因为：第一，加强青年党员党史国史教育事关实现中华民族的伟大复兴。习近平曾指出："我们学习中国近现代史和中共党史，目的是为了更好地继承和发扬近代以来中国人民的爱国主义精神，继承和发扬前辈共产党人建树的优良革命传统，为实现社会主义现代化和中华民族伟大复兴持续奋斗。"① 教育青年党员学习党史国史，才能使他们真正了解党和国家事业发展的来龙去脉，从而正确认识"两个一百年"奋斗目标和中华民族伟大复兴的中国梦；才能使他们真正懂得为什么只有中国共产党才能领导中国革命、建设和改革取得胜利；为什么只有坚持以马克思主义为指导，不断推进马克思主义中国化的理论创新，才能实现中华民族的伟大复兴；为什么只有坚定不移地走社会主义道路才能使中国实现站起来、富起来到强起来，从而坚定中国特色社会主义的道路自信、理论自信、制度自信和文化自信，成为中国道路的坚守者、中国精神的弘扬者、中国力量的凝聚者、中国事业的推动者，在实现中国梦的生动实践中放飞青春梦想，在为人民利益的不懈奋斗中书写人生华章。第二，加强青年党员党史国史教育事关中国特色社会主义事业合格建设者和可靠接班人的培养。青年党员作为党员队伍中的"活跃分子"及"中坚力量"，应当时刻以坚定的理想信念塑造良好的政治品格，应当时刻用党员的先进性标准严格要求自己。但是，由于青年党员的价值观处于可塑期，思想上容易受外界不良因素的影响而腐蚀和扭曲。因此，在建设中国特色社会主义事业的漫长历程中，为了永葆党性不褪色、保证旗帜不动摇、确保历史不倒退，就必须将青年党员作为党史国史学习教育的重点对象。正如习近平所指出的，人生的扣子从一开始就要扣好。在青年时期加强党史国史教育，就是帮助青年党员扣好第一粒扣子，迈好人生的第一步。特别是在当代，意识形态领域的斗争形势严峻，国内外敌对势力加紧推行和平演变和分化的图谋，并且一直将青年视为其势力渗透分化的重点人群。为了强有力地应对历史虚无主义和西方价值观在意识形态领域的挑战，挫败敌对势力和

---

① 习近平：《领导干部要读点历史》，《中共党史研究》2011 年第 10 期。

平演变的图谋，必须引导青年党员深入学习党史国史，全面了解党情国情，自觉培养和践行社会主义核心价值观，激发成长成才的强大精神动力，努力成长为中国特色社会主义事业合格建设者和可靠接班人，从而保证党和人民的事业薪火相传，永葆生机和活力。

第三节　党史国史教育的举措

一、制订开展党史国史教育的专项计划

党史国史作为中国人民的革命史、建设史、辉煌史，作为中国共产党团结带领中国人民浴血奋战、顽强抗争的真实写照，作为中国共产党带领中国人民艰辛探索、艰苦奋斗的历史总结，作为中国共产党带领中国人民披荆斩棘、开拓创新、奋进新时代铸就新辉煌的强大动力，无不昭示着其魅力和价值。加强党史国史教育，不仅是一种历史责任的传承，而且是时代赋予中国共产党人的神圣使命。在国内外局势纷繁复杂的背景下，应着眼于建设高素质人才队伍和执政骨干这一伟大战略，注重顶层设计、全盘谋划、整体布局，制订开展党史国史教育的专项计划，不断改革和创新党史国史教育的内容和方法，不断开创党史国史教育的新局面。

（一）加强专项计划的顶层设计

党员教育培训在党和国家事业发展中发挥着至关重要的作用。中国共产党历来高度重视党员教育培训工作，将其作为一项建设高素质党员干部队伍的先导性、基础性、战略性工程。中共十八大提出，要加强和改进干部教育培训，提高干部素质和能力。为了贯彻落实这一部署要求，中共中央印发的《2013—2017年全国干部培训教育规划》明确指出："加强党史国史特别是党领导人民的奋斗史、创业史、改革开放史教育，将其作为必修课，帮助干部了解党和国家事业发展的来龙去脉，深刻认识党的两个历史问题决议总结的经验教训，切实做到知史爱党、知史爱国。"[1] 2014年7月，中共中央组织部印发的《关于在干部教育培训中加强理想信念和道德品行教育的通知》中

---

[1] 《2013—2017年全国干部教育培训规划》，《人民日报》2013年9月29日。

再次提出要深入开展党史国史、社会主义发展史和世界历史的学习，帮助干部了解党和国家事业发展的来龙去脉。《2018—2022年全国干部教育培训规划》要求，开展历史方面的基础性知识学习培训。

党员干部教育培训工作，应按照中共十九大关于建设马克思主义学习型政党的要求，根据《中国共产党党校工作条例》、中共中央组织部印发的《关于在干部教育培训中进一步加强和改进党性教育的意见》《关于在干部教育培训中加强理想信念和道德品行教育的通知》及有关规定，按照党史国史教育新任务新要求并结合地方发展实际和党员干部思想、工作实际，组织相关领导和专家学者，广泛收集和征求相关领域党员干部的意见要求，制订具有整体设计和系统布局的中长期党史国史教育专项计划。专项计划要明确党员干部党史国史教育的指导思想、目标任务、主要内容、方式方法、组织领导、制度保障、师资配备、考核机制、评估标准、时间要求等。专项计划设计要着眼于全局和长远的发展，适应党和国家发展的要求，回应群众的关切，顺应党员干部党性养成的规律。同时，建立党员干部学习党史国史的长效机制，与党史国史教育专项计划相衔接。

（二）注重专项计划的完善落实

党史国史教育专项计划制订后，重在落到实处。党的相关部门要把党史国史教育纳入中长期发展规划和年度计划，依据发展形势和各地各部门具体实际，定期分析情况，着力研究对策，积极探索党史国史教育的特点和规律，把党史国史教育内容列入党员培训重要班次的教学计划，认真组织，明确要求，分类实施。一要规范管理。要把党史国史教育活动纳入常规工作进行分级管理，明确职责，落实相关工作制度，做好活动记载，总结活动成绩，完成成果汇报工作，做好党员党史国史教育的档案管理。二要落实落细。根据新时代发展要求及党员特点，修订完善党史国史教育计划，丰富和充实教学内容，创新和拓展教学形式，着力提升党史国史教育针对性和实效性。

二、把握开展党史国史教育的主线

近代以来，中国人民面临着争取民族独立、人民解放和实现国家繁荣富强、人民共同富裕这两大历史任务。团结带领全国人民为实现这两大历史任务而不懈奋斗是党的历史发展的主题和主线。开展党史国史教育，要引导党员、干部认识党史国史的主题和主线，科学地看待党史国史，客观公正评价历史事件和人物，深刻认识党史国史的主流和本质。

把握开展党史国史教育的主线，要坚持实事求是。实事求是是马克思主义的根本观点，是马克思主义的精髓和灵魂，是中国共产党人认识世界、改造世界的根本要求，也是党的基本思想方法、领导方法、工作方法。因此，它是党史国史教育的基本遵循。在党史国史教育中坚持实事求是原则要做到以下几点。

一是弄清楚党史国史的本来面目。从中国历史进程的视角看，在新民主主义革命时期，面对一个以农民为主体的、落后的半殖民地半封建的东方大国，以毛泽东为代表的中国共产党人，把马克思主义基本原理同中国革命的具体实际相结合，开创了马克思主义中国化的发展道路。在新民主主义革命理论的指导下，党团结带领人民找到了一条农村包围城市、武装夺取政权的正确革命道路，经过艰苦卓绝的斗争，取得了新民主主义革命的胜利，实现了中华民族的独立与人民的解放，建立了新中国，开创了中国历史的新纪元。在社会主义革命和建设时期，面对贫困落后、满目疮痍的一穷二白面貌，以毛泽东为代表的中国共产党人，在马克思列宁主义理论的指导下，依据中国的具体情况，适时制定了党在过渡时期的总路线，为中国社会主义改造提供了行动指南。党团结带领人民完成了社会主义革命，确立了社会主义基本制度，"为当代中国一切发展进步奠定了根本政治前提和制度基础，实现了中华民族由近代不断衰落到根本扭转命运、持续走向繁荣富强的伟大飞跃"[1]。在建设社会主义的探索时期，党领导人民历经艰辛和曲折，自力更生，艰苦奋斗，万众一心，奋发图强，初步建立了独立的完整的工业体系和国民经济体系，取得了社会主义建设的一系列伟大成就，为我们在改革开放新时期探索和开辟中国特色社会主义道路提供了重要前提。在改革开放和社会主义现代化建设新时期，中共十一届三中全会开启了中国改革开放和社会主义现代化建设新时期，开启了马克思主义中国化的新征程。中国共产党团

---

① 习近平：《决胜全面建成小康社会　夺取新时代中国特色社会主义伟大胜利——在中国共产党第十九次全国代表大会上的报告》，《人民日报》2017年10月28日。

结带领全党全国各族人民，承前启后，继往开来，确立和坚持了党在社会主义初级阶段的基本路线，回答了在经济文化落后的中国怎样建设和发展社会主义的问题，回答了在改革开放的时代背景下建设什么样的党和怎样建设党的基本问题，开创了中国特色社会主义伟大事业。中共十八大以来，以习近平同志为核心的党中央，高举中国特色社会主义伟大旗帜，带领全党全国各族人民接力奋斗，为实现中华民族伟大复兴的中国梦奋勇前进。这些，就是历史的基本面貌。

二是揭示党史国史发展的内部联系。要把中国共产党的历史与1840年以来的中国历史衔接起来，深刻认识历史和人民选择中国共产党、选择马克思主义、选择社会主义道路、选择改革开放的历史必然性；深刻认识中国共产党在革命、建设、改革各个历史时期领导人民所进行的艰苦卓绝的奋斗和取得的辉煌成就；深刻认识中国共产党在近一个世纪的奋斗中积累的宝贵经验、形成的光荣传统和优良作风。对于具体的历史事件和历史人物，要从特定的历史条件、历史背景出发，具体问题具体分析，不能离开对历史条件、历史过程的全面认识和对历史规律的科学把握，不能忽略历史必然性和历史偶然性的关系。

把握开展党史国史教育的主线，要做到以史为鉴。中国近代以来，鸦片战争的失败、太平天国运动的失败、甲午战争的失败、戊戌变法的失败、义和团运动的失败、辛亥革命的失败等，教育了中国共产党人和中国人民，使之选择了科学社会主义。新民主主义革命时期的大革命失败、第五次反"围剿"的失利，以及后来"大跃进"的失误、"文化大革命"等，教育了全党，推动党坚持真理、修正错误，将错误和挫折转化为实现伟大历史转折、推动党在理论上更加成熟、成功开辟新路的宝贵财富。只要是站在历史唯物主义的立场、站在人民大众的立场，而不是站在历史唯心主义的立场、站在少数人的立场，坚持科学精神，而不是抱有先入为主的偏见，就不难得出正确的结论，获得有益的启迪。

三、整合资源开展党史国史教育活动

推动党史国史教育向纵深拓展，仅靠课堂教学是不够的，必须拓展思路、丰富渠道，整合资源、营造氛围，以形成党史国史教育的合力。在中国

特色社会主义新时代，整合党史国史教育资源，创新党史国史教育形式，已成为党员教育培训的重要任务。

（一）整合红色资源，丰富党史国史教育活动

红色资源是中国共产党在长期领导中国革命与建设的伟大实践中创造和积累的丰富的历史资源，它生动记载了中国革命的历史进程，再现了革命先辈的光辉足迹，是一笔宝贵的精神财富。运用红色资源开展党史国史教育，较好地解决了党性教育的教育资源和方法论问题，对广大党员及干部加强党性修养、坚定理想信念、保持优良作风，具有独特的优势。

一是着力建立党史国史教育基地。红色资源是党史国史教育的独特课堂。共产党人要把红色资源利用好、把红色传统发扬好、把红色基因传承好。围绕地方的革命旧址，选定一批体现光荣革命传统、记载国仇家恨的标志性地方，建设一批主题鲜明、特色突出、感染力强的党史国史教育基地。与地方相关部门紧密合作，可以将革命博物馆、纪念馆、烈士陵园等纳入现场教学点，并以此进一步整合周边的红色资源，逐步形成党史国史教育资源链。

二是合理设置党史国史教育专题。红色资源是党史国史教育的精神"富矿"。应围绕党史国史教育，深度挖掘红色资源中的丰富内涵和教育素材，并针对不同类别、不同班次、不同层次党员的特点，因班制宜地设置党史国史教学单元和专题，逐步丰富和完善党史国史教育课程体系。

三是精心编写党史国史教育教材。红色资源是党史国史教育的鲜活教材。我们应根据党员教育的特点，组织教员和学员从历史事件、历史人物、历史遗迹中，共同挖掘、提炼和编写党史国史教育教学案例。在此基础上，将成熟的教学案例和研究成果汇编成教材。同时，注重挖掘本地的红色资源，编写具有地方特色的党史国史教材，让教育活动更鲜活生动。

四是深度融合"课堂＋体验"党史国史教育模式。一方面，在专题教学中注重理论教育、知识教育和党史国史教育的融合，开展好党史国史专题研究式教学，通过理论探讨和思想交锋，引导学员深刻认识历史、铭记历史，弘扬党的优良传统和作风，树立正确的世界观、权力观、事业观；另一方面，将"课堂教学＋教育基地"的"两位一体"教学模式，延伸深化为课堂教学、革命传统教育基地教学、警示教育、军营体验式教学和调研实践

"五位一体"模式，引导学员以科学理论为指导，理论联系实际，在丰富生动的实践体验中感受"红色"精神，在历史感悟中获得真知灼见，在历史的启迪中探寻前进方向，把讲党性、重品行、作表率内化为自我需要和自觉行动，始终保持共产党人的政治本色。

（二）整合师资资源，优化党史国史教育队伍

党史国史教育效果的好坏取决于党史国史师资队伍水平的高低，所以整合党史国史师资资源，优化党史国史教育队伍的整体素质和师资人员的工作水平与能力，是党史国史教育的重要任务。

一是严格把关，把政治立场坚定、责任心强、有事业心、敢于担当的理论功底扎实的专业教师作为党史国史教育的骨干进行重点培养和扶持，全力打造一支专业素质过硬、战斗力强、政治素养高、授课经验丰富的党史国史师资队伍。

二是吸收社会力量，完善兼职师资库。选聘政治素养高及授课效果好的领导干部、专家学者、优秀企业家、优秀基层干部和先进模范人物来充实师资队伍，不断加强兼职师资库建设。

三是明确使命，提高专业化水平。引导党史国史教育者时刻牢记工作的职责和自身承担的神圣使命，充分认识到开展党史国史教育的紧迫性和重要意义，刻苦钻研业务，夯实专业基础，不断提升党史国史宣传教育的能力和水平。

四、构建党史国史教育工作机制

开展党史国史教育，是新时代加强党员党性教育的需要，是培育和践行社会主义核心价值观的需要，是坚定共产主义理想和中国特色社会主义理想信念的需要。工作机制是党史国史教育的重要保障。中国共产党应该把党史国史教育作为一项重点工作，作为立德树人工程的有力抓手，协调各相关部门密切配合、协同协作，坚持课内、课外相结合，坚持网上、网下相结合，贴近生活、贴近实际，不断探索和构建教学育人、网络育人、实践育人"三位一体"的党史国史教育工作机制。

（一）着力构筑课堂教学育人机制，发挥课堂教学主渠道作用

党校、干部院校和高校，应发挥师资队伍强的优势，立足课堂教学主渠

道，科学设计课程体系，深化理论研究，改进教学方法，注重实际效果，构筑完善的课堂教学育人机制，使党员系统地学习党史国史知识，从老一辈革命家带领党和人民艰苦创业的伟大实践中汲取强大精神力量，坚定不移地奋发前进。

一是科学设计课程体系。党史国史内涵丰富，博大精深。教师应结合自己的专业特长，组建团队，潜心党史国史研究，针对不同班次的学员特点，梯度设计党史国史教育课程体系，注重知识的系统性、连贯性、渐进性，满足不同层次学员的需求。

二是深入开展理论研究。党校、干部院校和高校应大力鼓励教师结合各自优势开展相关理论研究，用最新的研究成果不断丰富课堂教学内容，引导学员用历史的观点、全面的观点、辩证的方法更深入地分析历史事件。

三是不断改进教学方法。提升教学的实效性，将党史国史知识渗透到课堂教学中，运用启发式教学、情景式教学、研讨式教学、案例式教学等多种方式提高学员的参与度。注重史论结合、学用结合，激发学员学习的主动性积极性，更好地加深对党史国史的认识和理解。

（二）着力构建网络教学育人机制，发挥网络便捷互动优势

党校、干部院校和高校要充分发挥网络便捷互动优势，运用互联网思维，通过互联网、微信、微博、QQ 群等多种方式宣传党史国史知识，积极营造学习党史国史、弘扬爱国正气的良好氛围，构建全天候、立体式党史国史网络育人机制。

一是建设网络课堂。以丰富的党史国史资源、精品微型课程、交互式体验等内容不断充实网络课堂。同时，利用网络上优异的教育资源，实现优质课程资源的共建共享，让学员接触更丰硕的资源。

二是建设专题网站。为了更好地抢占舆论阵地，唱响主旋律，传播正能量，党校、干部院校和高校应重视校园网络建设，利用校园网建设专题网站，开展党史国史知识宣传教育。同时，加强校园网络安全管理，实行网络实名制，维护校园网络秩序。

三是建设新媒体平台。新媒体既是开展工作的通信手段，也是进行党史国史教育的有效平台。党校、干部院校和高校工作部门应建立官方微博、微信公众平台或 QQ 群等，鼓励教师积极学习新媒体交流技术，发挥新媒体信

息短小细碎、传播快速便捷这一优势，利用新媒体平台传播党史国史知识，开展党性教育。

(三) 着力打造实践教学育人机制，发挥实践活动育人功能

党校、干部院校和高校要发挥实践活动育人功能，结合教学实际，以党史国史教育为核心，组织学员到红色教育基地、到生产科研一线开展学习考察活动，增强党史国史教育的感染力，打造实践教学育人机制。

一是开展红色教育活动。组织学员赴红色教育基地参观学习，把深刻的党史国史教育融入生动的现场教学活动之中，使学员在潜移默化中受教育，在亲身体验中锤炼党性。

二是开展实践活动。聚焦本地历史资源和学员关心的热点难点问题，设置专门的教学单元，组织学员开展专题调研活动，借以收集丰富的素材充实教学内容，或者进行课题攻关。坚持党史国史教育活动与党员主题活动相结合，把红色传统、红色记忆、红色基因牢牢植入心灵。

三是抓住党和国家节庆日、纪念日和重大事件，丰富党史国史教育活动的内容和形式。

五、创新党史国史教育形式

让历史告诉现在、启迪未来，使现在承接传统、继往开来，是对党员进行党史国史教育的出发点和落脚点。针对新的形势和任务，党史国史教育需要与时俱进，创新教育形式，做到五个"结合"，以增强党员、干部培训的时代性、针对性、实效性。

(一) 将党史国史教育与党的基本理论教学相结合

在党员教育培训中，党史国史教学不是单纯的历史教学，更重要的是马克思主义理论教学。中国共产党把马克思主义的普遍真理与中国的具体实际相结合，取得了举世瞩目的成就。这个历史过程，是理论与实践相统一的过程，是历史与现实相统一的过程，是党的理论与时俱进、不断创新的历史过程。在党史国史教学中，要注意将马克思列宁主义、毛泽东思想、邓小平理论、"三个代表"重要思想、科学发展观、习近平新时代中国特色社会主义思想同中国共产党领导的革命、建设和改革发展的历史结合起来，引导学员深化对中国特色社会主义道路和中国特色社会主义理论体系的理解认识，深化对把马克思主义基本原理同中国具体实际相结合的理解认识，增强理论武装的自觉性。

（二）将党史国史教育与新时代相结合

"一切真历史都是当代史"。"明史"是为了"知今"。党史国史教育服从和服务于党正在开创的伟大事业。党史国史教育的这一根本属性，决定了党史国史教育必须与新时代相结合，凸显时代性。党史国史是"史"，党史国史教育必须含"今"。因此，党史国史教育必须与时代脉搏紧紧联系在一起，立足新时代特征，面向现实，紧贴中心。党史国史教育只有为不断解决前进道路上的新问题提供历史借鉴，才能充分发挥资政育人的作用。中国特色社会主义进入新时代，这是我国发展新的历史方位，也是广大党员和领导干部开拓奋进的新的历史坐标。因此，对广大党员和领导干部的党史国史教育应以习近平新时代中国特色社会主义思想为指导、以实现中华民族伟大复兴为目标，着眼于为完成这一历史使命而遇到的新情况、新问题、新矛盾而进行，教育广大党员和领导干部树立服务与服从党和国家工作大局的观念。

（三）将党史国史教育与学员的党性教育相结合

党性教育是党员培训的必修课，而学习党史国史对于加强党员的党性修养具有不可替代的作用。中共中央办公厅印发的《2014—2018年全国党员教育培训工作规划》提出："把党章作为加强党性修养的根本标准和必修课，深入开展党章和党的基本知识、党史国史、党的优良传统和作风教育，引导党员坚持党的基本理论、基本路线、基本纲领、基本经验、基本要求。"[①] 我们要紧紧围绕党和国家工作大局谋划推进党员教育培训工作，把增强党性作为第一任务，将党史国史教育和能力建设贯彻始终，坚持党和国家事业发展需要什么就培训什么，进一步增强广大党员贯彻落实中央决策部署的自觉性和责任感。因此，在教学中，要始终坚持把党史国史教育与学员党性教育紧密结合起来，做到以史为镜明修身、以史明志促复兴。

（四）将党史国史教育与提高党员干部的工作能力相结合

学习的最高境界是消化运用。学习党史国史的根本目的是为了从党史国

---

① 《中共中央办公厅印发〈2014—2018年全国党员教育培训工作规划〉》，《人民日报》2014年7月3日。

史中吸取营养，提高素质，增强能力。因此，进行党史国史教育，要注意引导党员干部从中学到知识、得到启发，增进智慧、指导工作。要让党员干部从党史国史学习中，提高科学判断形势的能力，抓住历史机遇，掌握工作的主动权；提高应对复杂局面的能力，在利益关系多样化、社会关系复杂化的形势下，妥善处理好各种关系，搞好社会管理；提高总揽全局的能力，善于把本单位、本部门的工作置于国际国内的大环境来思考；提高执行能力，以对党和人民事业的强烈责任心，锤炼自己的意志，增强克服困难的勇气，敢于担当，敢于攻坚。

（五）将党史国史教育与信息化相结合

以互联网为代表的新媒体已经深深融入党员、干部的学习工作生活，党史国史教育培训能不能取得实效，关键看能不能适应时代发展、创新载体手段、善于运用新媒体。党史国史教育插上信息技术翅膀是大势所趋，是党史国史教育现代化所需。中共十八大以来，网络培训平台建设步伐加快，中央组织部完成全国党员干部现代远程教育平台改版升级，推动远程教育往全媒体、多渠道、广覆盖方向发展；各地区各部门各单位充分利用电视、手机、互联网等大众传媒，运用大数据、云计算、"互联网＋"等新技术新应用，开办党员教育网站、电视栏目（频道）、手机报、微信易信公众号，实现了单向培训与双向互动相结合、线下教育培训与线上线下学习交流相结合、"键对键"与"面对面"相结合。党史国史教育内容融入其中，不仅扩大了教育面，而且提升了党史国史教育的影响力。今后，要进一步加强党史国史教育网络平台建设，加快实现全国党员、干部在线学习平台的互联互通。

第十章　革命传统教育

革命传统是指中国共产党在领导中国人民进行革命、建设和改革的长期斗争实践中，产生和形成的革命思想、革命精神、高尚品德和优良作风。它集中体现了革命先烈、革命前辈前仆后继、英勇奋斗的英雄事迹和光荣历史，是革命胜利、事业成功的重要条件。中国共产党人不忘初心、接力伟业、完成使命，就要进行革命传统教育，回望艰苦卓绝的岁月，追溯革命先辈的足迹，接受革命精神的洗礼，淬炼共产党人的党性。

第一节　革命传统教育的价值

一、革命传统教育的时代价值

革命传统教育是以中国共产党在领导中国人民进行革命、建设和改革的长期斗争实践中，产生和形成的革命思想、革命精神、高尚品德和优良作风，来激励受教育者奋进的教育。革命传统教育的实质，就是通过中国共产党发展史上的革命思想、革命精神、高尚品德和优良作风的宣传教育，使党员、党员领导干部能够正确认识党和人民奋斗的光荣历史，继承党的优良传统和作风，铸牢马克思主义信仰、共产主义理想信念、共产党人的革命精神和革命风格之魂，培育党和人民放心的合格建设者与可靠接班人，把老一辈无产阶级革命家所开创的革命事业不断推向前进。简言之，就是铸魂育人。革命传统教育的时代价值在于以下几方面。

（一）巩固马克思主义在意识形态领域中的指导地位

增强马克思主义意识形态的吸引力，使马克思主义意识形态话语权处于主导地位，这是引领社会思潮、维护国家意识形态安全的关键所在，也是革命传统教育的重要价值。开展革命传统教育，必须教育广大党员干部信仰马克思主义伟大真理，自觉坚持马克思主义。在中国革命历史上，共产党员只要背离或放弃马克思主义，就失去灵魂、迷失方向，就当叛徒、逃兵。真正的共产党人都是马克思列宁主义的坚定信仰者，所以党员要有革命热情、斗争精神，"为有牺牲多壮志，敢教日月换新天。"

革命先辈的奋斗历程告诉后人，马克思列宁主义的普遍真理必须和中国革命的具体实践相结合。中国革命史上，由于王明"左"倾路线的领导，导致中央革命根据地第五次反"围剿"战争失败和红军主力被迫长征，表明教条主义行不通。历史证明，凡是中国革命和建设取得胜利与成功，都是因为实现了马克思主义与中国实际相结合；出现重大挫折与失误，都是因为脱离了马克思主义与中国实际相结合的科学轨道。

开展革命传统教育，可以教育广大党员干部深刻理解在意识形态领域坚持马克思主义指导的重大意义。意识形态领域的斗争始终是没有硝烟的战场。中国共产党要带领人民进行伟大斗争、推进伟大事业、实现伟大梦想，必须毫不动摇地加强党对意识形态工作的领导，增强意识形态斗争的自觉性，直面、回应、战胜当前意识形态领域的种种挑战。开展革命传统教育，将进一步提高广大党员干部把马克思主义的基本原理同中国实际相结合的自觉性。

（二）巩固共产党的执政基础

一切为了人民、一切依靠人民是中国共产党的革命传统。中国共产党领导的新民主主义革命，激发了中国人民破坏一个旧世界、建设一个新世界的革命精神和创造精神。党依靠人民推翻了"三座大山"，建立了崭新的中华人民共和国。新中国成立后，党又团结依靠人民完成了由新民主主义向社会主义的过渡，建立了社会主义基本制度，实现了中国历史上最为广泛而深刻的社会变革。民心是中国共产党执政的合法性基础，只有人民的拥护，才是执政党路线方针政策符合经济社会发展实际、符合最广大人民群众根本利益的集中体现，这是衡量一个社会政治认同的尺度，也是执政合法性的基本原理。斗转星移、时空变换，但是中国共产党关于人民群众是真正的铜墙铁壁的认知没有变，一切为了人民、一切依靠人民的革命传统没有变，全心全意为人民服务的宗旨没有变。始终坚持这种认知，坚持党的传统工作路线，坚持党的根本宗旨，一切以人民为中心，将进一步密切党群关系，夯实中国共产党的执政基础，巩固党的执政地位，实现党和国家长治久安。

（三）筑牢共产党的组织基础

随着国内外形势的变化，共产党的基层工作实践遇到了种种挑战。如何夯实党的基层工作，为中国特色社会主义伟大实践提供坚实的组织基础，是每个党员干部必须思考的重要问题。早在新民主主义革命时期，毛泽东就结合当时的革命斗争实践不断探索，形成了系统的基层党建思想。比如三湾改编时，毛泽东提出"支部建在连上"的组织原则，从那时起中国共产党确立了党指挥枪的重要原则，确立了基层组织建设的组织制度；工农武装割据时期，边界各县的党，几乎完全是农民成分的党，毛泽东提出从思想上建党的理论，主张用无产阶级思想克服各种非无产阶级的思想；延安时期毛泽东强调要加强基层组织建设，培养大批德才兼备的干部，提出了政治路线确定之后干部就是决定的因素的思想。这些基层党建思想，是党在组织建设中积累并形成的有益经验，对促进新民主主义革命的胜利发挥了重要作用，是中国共产党要继续坚持并发扬的优秀革命传统，为新形势下做好党的基层工作提供了方法论指导。运用这些革命传统经验来推进基层党建工作，有利于筑牢党的组织基础，表现在：一是有助于强化基层组织领导班子建设，促进领导干部学习更具时代性、现代化的知识，拓展眼界、提升思想境界，提升领导能力。二是有助于提高基层党组织的凝聚力和执行力，运用优秀的革命传统形成的基层党建经验抓基层党建工作，把目光投向基层，把力量沉到基层，把指导下到基层，把资源倾斜到基层，推进党建工作重心下移，真正把全面从严治党的压力传导到基层，切实坐实基层党组织建设。三是有助于纯洁党员干部队伍。中国共产党把党风廉政建设和反腐败斗争提到关系党和国家生死存亡的高度来认识，大力加强反腐倡廉教育，是对历史经验和历史教训的深刻总结，是对党的反腐倡廉传统的发扬光大。这样，就能从思想上、组织上纯洁党员干部队伍。

（四）弘扬共产党的政治文化

党内政治文化是一种客观历史存在，在政党政治实践中积淀而成，包括政治认知、政治情感和政治评价等多个方面。它贯穿于政党政治运行过程，并对政党政治产生重大影响。中国共产党党内政治文化，是以马克思主义为指导，以中华优秀传统文化为根基，以革命文化为源头，以社会主义文化为主体，充分体现中国共产党党性的文化。它是一种信仰文化、组织文化和实践文化，对政治生态具有潜移默化的影响，是党的法规制度的价值导引与价值反映，是党内政治生活的灵魂。

新民主主义革命时期，以毛泽东为主要代表的中国共产党人有力推动了党的建设伟大工程和党内先进政治文化的形成。新中国成立后，中国共产党加强思想建设、组织建设和作风建设，大力发扬党的实事求是、群众路线等优良传统，传承了党内政治文化的优秀基因，丰富了党内政治文化建设的基本内涵。改革开放以来，中国在经济建设方面取得了举世瞩目的成就，但在社会风气方面出现了一些问题，腐败现象在一些地方蔓延，党风、政风受到很大损害，迫切需要大力加强党内政治文化建设。进行革命传统教育，就是加强党内政治文化建设的重要举措。其价值在于：一是保持党内政治文化的先进性。党内政治文化先进健康，政治生态就会风清气正，政治实践必然正大光明。二是抵制腐朽思想的侵蚀。革命传统教育中的革命文化教育，有助于共产党人洗涤心灵、扫除思想灰尘，固本培元、激浊扬清，增强拒腐防变能力。三是有利于提升党内政治文化的影响力，以党内政治文化引领社会文化，繁荣社会主义的文化事业，不断满足人民群众的精神文化需求，进一步巩固和拓展党执政的文化基础。

（五）温润共产党人的初心

革命传统教育使共产党人寻根聚魂不忘初心。它所蕴含的红色基因，既是中华民族的精神之魂，也是共产党人的信念之基、初心之源。例如，孕育于中国共产党创建时期的"红船精神"，是中国革命精神之源，体现了早期中国共产党人的价值追求，反映他们为理想信念而奋斗的政治品质和人格风范。学习和体会"红船精神"，可以回溯中国共产党为什么出发；通过弘扬其开天辟地、敢为人先的首创精神，坚定理想、百折不挠的奋斗精神，立党为公、忠诚为民的奉献精神，可以赋予革命传统以新的时代内涵。

革命传统教育使共产党人点滴润化固守初心。革命先辈的精神谱系是滋养后人的精神食粮，是共产党人立根固本的不竭源泉。比如，中国共产党人只要回首血战湘江的悲壮、四渡赤水的机智、强渡大渡河的勇敢、飞夺泸定桥的英武、爬雪山过草地的艰辛，点点滴滴都会化为对革命先烈的崇敬、对长征精神的缅怀、对共产主义运动生命力的礼赞、对未来事业的信心。革命传统教育的历史感、神圣感、庄重感、润心感，可以升华共产党人的精神境界，激发共产党人蓬勃向上的精神力量。

二、革命传统教育的价值实现

中国共产党的革命传统，发端于中国共产党成立以后的大革命时期，历经土地革命战争时期、抗日战争时期、解放战争时期而日益完备。总体上看，它形成于新民主主义革命时期，在社会主义革命和社会主义建设时期发扬光大。它作为一种巨大精神力量，对中国革命和建设事业发挥着极其重要的作用。进行革命传统教育，其价值主要通过发掘、建设、教学等途径实现。

（一）深入挖掘地方革命传统教育资源，充分发挥其价值观教育的作用

地方革命传统教育资源是党在领导人民进行长期的革命斗争和社会主义建设历史过程中形成与发展起来的，内容丰富，分布广泛。从性质上来说，基本可以划分为两个方面，即物质资源和精神资源。物质资源包括革命史料与文物、博物馆、纪念馆、展览馆以及烈士陵园等实体性革命遗迹。它们具有不可再生性、民间性、现实性的特点，党员干部在情景熏陶中容易受到直观的"形象感染"。精神资源包括这些物质载体所承载的革命历史、革命事迹、革命精神、革命道德和革命文化。地方革命传统具有深厚的历史底蕴和强大的生命力，具有极强的现实价值，是对党员干部进行党性教育的重要内容。一是充分挖掘和拓展教育资源，整合其物质载体，拓展新思路，发挥其导向、调节和保证作用，可以实现革命传统资源向党性教育资源转化，增强党员干部党性教育的实效性。二是充分发挥本地党性教育的科研力量，对本地红色资源进行研究，将革命史、革命传统作为学术研究的重点，可以不断厚植革命传统教育的文化底蕴。三是注重收集和整理资料，对宝贵的红色资源加大保护力度，可以丰富革命传统教育内容和载体，发挥其存史、资政、育人功能。四是加强红色资源的理论研究，注重提炼具有时代意义的文化和精神价值，可以使革命传统教育中的典型事例具有时代感。五是在充分挖掘、研究的基础上将研究成果进行转化，可以使之成为党员干部开展革命传统教育的生动教材。

（二）加大红色基地的建设力度，充分发挥红色基因的传承作用

革命红色基地，在中国革命、建设和改革的各个关键时刻发挥了巨大作用，为中国共产党成立、人民军队建立、主要革命根据地的创建、中国革命的胜利作出了不可磨灭的贡献。各类红色基地是党员干部党性教育的宝贵资源，加大建设力度可以实现以下价值。一是结合本地实际，制订基地建设规划，有目的、有计划地进行系统化建设，注重各基地的综合利用，可以发挥基地的协同效应，放大红色基因的影响。二是加大红色基地的建设力度，有利于充分发挥各类革命博物馆、纪念馆、展览馆、革命烈士陵园等爱国主义教育基地、国防教育基地的主阵地作用，可以更好地组织开展各种教育活动。三是加大红色基地的建设力度，可以加强革命红色基地珍贵文物的修复和保护，留住传承红色基因的红色根脉。

（三）利用课堂教学形式，充分发挥党校、干部院校的革命传统教育阵地作用

各级党校、干部院校在弘扬革命传统方面走在前列、主动作为，能够把革命传统教育和党校、干部院校教育紧紧结合起来。把革命传统教育有机地渗透到教学活动中，能够增强理论教学的生动性和说服力，并充分利用革命传统开展党性教育。把革命前辈请进校园，为党员干部作革命传统报告、讲革命传统故事，能够使党性教育生动感人。党校、干部院校把革命传统教育与实际工作相结合，教育党员干部坚持把对党绝对忠诚作为根本政治要求，严守党的政治纪律和政治规矩，可以增强党员干部的政治意识和使命感，自觉做政治上的明白人，始终坚持从大局出发，以实际行动确保党中央各项决策部署不折不扣贯彻落实。

第二节　革命传统教育的内容和路径

一、革命传统教育的内容

（一）革命精神教育

中国共产党人的革命精神，体现在重大历史事件中、党的奋斗历程中，体现在著名历史人物身上，是革命传统教育的主要内容之一。体现在重大历

史事件中、党的奋斗历程中的革命精神主要有：先驱精神、红船精神、二七精神、韶山精神、八一精神、井冈山精神、红安精神、琼崖精神、百色起义精神、古田会议精神、苏区精神、长征精神、遵义会议精神、抗联精神、延安精神、抗战精神、新四军精神、抗大精神、南泥湾精神、地道战精神、吕梁精神、太行精神、沂蒙精神、愚公移山精神、西柏坡精神、红岩精神、抗美援朝精神、新疆生产建设兵团精神、"两路"精神、"两弹一星"精神、大庆精神、大寨精神、北大荒精神、红旗渠精神等。特区精神、九八抗洪精神、抗击"非典"精神、抗震救灾精神、载人航天精神、青藏铁路精神等，则是革命传统精神的发扬光大。体现在著名历史人物身上的革命精神主要有：刘胡兰精神、黄继光精神、雷锋精神、铁人精神、焦裕禄精神等。这里只是略述几种革命精神。

1. 红船精神。1921 年 7 月 23 日至 31 日，中国共产党第一次全国代表大会在上海法租界贝勒路树德里 3 号(后称望志路 106 号，现为兴业路 76 号)召开，毛泽东、何叔衡、董必武等 13 人出席了大会，他们代表着全国 50 多名党员。在会议进行过程中，突然有法租界巡捕闯进了会场，会议被迫中断。于是，最后一天的会议，便转到了浙江嘉兴南湖的一艘游船上举行。经过讨论，大会通过了党纲，把党的名称定为"中国共产党"。大会通过了《关于当前实际工作的决议》，选举了党的领导机构。一大正式宣告了中国共产党的诞生，中国革命的面貌从此焕然一新。2005 年 6 月，时任中共浙江省委书记的习近平首次公开提出"红船精神"的概念，并对"红船精神"进行了概括。2017 年 10 月 31 日，习近平带领中共中央政治局常委李克强、栗战书、汪洋、王沪宁、赵乐际、韩正，专程从北京前往上海和浙江嘉兴，瞻仰上海中共一大会址和浙江嘉兴南湖红船。在南湖革命纪念馆参观时，习近平说，在浙江工作期间，我曾经把"红船精神"概括为开天辟地、敢为人先的首创精神，坚定理想、百折不挠的奋斗精神，立党为公、忠诚为民的奉献精神；我们要结合时代特点大力弘扬"红船精神"。参观结束时，习近平发表了重要讲话。他指出，上海党的一大会址、嘉兴南湖红船是我们党梦想起航的地方；这里是我们党的根脉；唯有不忘初心，方可告慰历史、告慰先辈，方可赢得民心、赢得时代，方可善作善成、一往无前。秀水泱泱，红船依旧；时代变迁，精神永恒。

2. 井冈山精神。井冈山是中国共产党建立最早的根据地、中国革命的摇篮。毛泽东留下了《西江月·井冈山》《水调歌头·重上井冈山》和《念奴娇·井冈山》三首词和若干文献，朱德留下了"天下第一山"的著名题词。1927 年 10 月 27 日，毛泽东率领工农革命军第一师第一团 1000 余人，到达井冈山地区的茨坪，开始了创建井冈山革命根据地的斗争。1928 年 4 月，朱德、陈毅率南昌起义余部和湘南起义农军与毛泽东会师，组成工农革命军第四军。同年 6 月，根据中共中央指示，改称为工农红军第四军，朱德任军长，毛泽东任党代表，陈毅任政治部主任。井冈山时期，在物质条件极度匮乏的情况下，党领导红军连续击退了反动势力的四次"进剿"和三次"会剿"，历经大小战斗近百次，积累了丰富的军事斗争经验，创设了一整套红军建军原则，提炼了红军游击战争的战略战术。井冈山革命根据地的创建，为中国共产党领导的各地武装斗争树立了榜样，成为中国革命建立农村根据地，以农村包围城市，最后夺取全国胜利道路的开端。2001 年 6 月 2 日，江泽民在南昌主持召开党建工作座谈会时指出，井冈山精神，最重要的方面就是坚定信念、艰苦奋斗，实事求是、敢闯新路，依靠群众、勇于胜利。1993 年 4 月，胡锦涛在江西省考察工作时提出，在新的历史条件下，发扬井冈山精神尤其要弘扬以下三个方面：第一，实事求是、敢闯新路的精神；第二，矢志不移、百折不挠的精神；第三，艰苦奋斗、勇于奉献的精神。[①] 2009 年 1 月，胡锦涛视察井冈山时又提出，在新的历史条件下，要始终忠于理想、坚定信念，勇于应对挑战、战胜困难，矢志励精图治、艰苦创业，使井冈山精神始终成为激励广大干部群众为全面建设小康社会、发展中国特色社会主义而不懈奋斗的强大精神力量。2016 年 2 月，习近平在视察江西时强调，要结合新的时代条件，坚持坚定执着追理想、实事求是闯新路、艰苦奋斗攻难关、依靠群众求胜利，让井冈山精神放射出新的时代光芒。[②] 井冈山精神集中体现了中国共产党和人民军队的性质与宗旨，深刻反映了中国共产党人的崇高思想和高尚情操，对中国革命历史进程产生了广泛而深远的影响，是中国共

---

① 参见《胡锦涛文选》第一卷，人民出版社 2016 年版，第 62、63 页。

② 参见《习近平春节前夕赴江西看望慰问广大干部群众　祝全国各族人民健康快乐吉祥祝改革发展人民生活蒸蒸日上》，《人民日报》2016 年 2 月 4 日。

产党团结带领人民夺取革命、建设、改革胜利的强大精神力量。

3.古田会议精神。1929年12月28日至29日，红四军在福建省上杭县古田召开第九次党的代表大会。这次会议的主要任务就是克服由于红四军的组织成分和长期处于艰苦的战斗环境而出现的各种非无产阶级思想，加强党对军队的领导。大会经过讨论，一致通过了古田会议决议。它第一次以决议的形式确立了党对军队绝对领导的根本原则，使听党的话、跟党走成为官兵的崇高追求和必胜信念；第一次以决议的形式规定了红军的性质、宗旨和任务，解决了"为谁当兵、为谁扛枪、为谁打仗"的基本问题；第一次以决议的形式提出了官兵一致、军民一致、瓦解敌军的政治工作三大原则，为建立良好的内外关系提供了基本遵循；第一次以决议的形式阐明了军事与政治的关系，军事机关与政治机关的关系，奠定了红军政治工作的重要地位。古田会议精神的内涵可以概括为：思想建党，永葆先进；政治建军，人民本色；实事求是，群众路线；团结奉献，勇创新路。古田会议精神的核心是思想建党，特色是政治建军，基础是团结奉献，方法是群众路线，精髓是求实创新。古田会议铸就了人民军队的军魂，它奠基的政治工作对人民军队生存发展起到了决定性作用。在古田会议精神指引下，人民军队开始了从胜利走向胜利的壮阔历程。

4.长征精神。长征精神是中国共产党在二万五千里长征中创造的革命精神。1934年10月，第五次反"围剿"失败后，中央主力红军被迫实行战略性转移，进行长征。中央红军在极其危急的情况下、异常险恶的环境中，纵横11个省，渡涉滔滔急流，征服皑皑雪山，穿越茫茫草地，打破了国民党重兵的围追堵截，1935年10月到达陕北，与陕北红军胜利会师。1936年10月，红二、四方面军到达甘肃会宁地区，同红一方面军会师，伟大的长征胜利结束。"长征精神"概念是在总结中国工农红军长征过程时概括提炼出来的。毛泽东指出："长征是历史纪录上的第一次，长征是宣言书，长征是宣传队，长征是播种机。"①1996年10月，在纪念中国工农红军长征胜利60周年大会上，江泽民指出：长征精神"就是把全国人民和中华民族的根本利益看得高于一切，坚定革命的理想和信念，坚信正义事业必然胜利的精

① 《毛泽东选集》第一卷，人民出版社1991年版，第149—150页。

神；就是为了救国救民，不怕任何艰难险阻，不惜付出一切牺牲的精神；就是坚持独立自主，实事求是，一切从实际出发的精神；就是顾全大局、严守纪律、紧密团结的精神；就是紧紧依靠人民群众，同人民群众生死相依、患难与共，艰苦奋斗的精神"[①]。胡锦涛、习近平对长征精神作了相似的阐述。"伟大长征精神，是中国共产党人及其领导的人民军队革命风范的生动反映，是中华民族自强不息的民族品格的集中展示，是以爱国主义为核心的民族精神的最高体现。"[②]它激励着中国共产党人在新的长征路上继续奋勇前进。

5. 延安精神。1935 年 11 月，中共中央机关到达陕甘根据地的中心瓦窑堡；1936 年 6 月底，又从瓦窑堡移驻保安县；1937 年 1 月，从保安迁到延安，从此延安成为指导中国革命的中心。延安时期，中国共产党领导和指挥人民军队进行了抗日战争和解放战争，实现了马克思列宁主义同中国实际相结合的第一次历史性飞跃，诞生了毛泽东思想，奠定了中华人民共和国的坚固基石，培育了永放光芒的"延安精神"。它集中体现为：坚定正确的政治方向，解放思想、实事求是的思想路线，全心全意为人民服务的根本宗旨，自力更生、艰苦奋斗的创业精神。学界尽管有不同的概括，但不影响延安精神主要凝聚了党中央在延安十三年的革命精神这一基本内涵。延安精神是党的性质和宗旨的集中体现，是党的优良传统和作风的集中体现，是中国共产党人崇高品德和伟大情怀的集中体现，是凝聚人心、战胜困难、开拓前进的强大精神力量，是中国共产党、也是中华民族的宝贵精神财富，它对中国历史发展进程产生着巨大而深远的影响。

6. 抗战精神。抗日战争是中华民族反抗日本军国主义的侵略并最后取得了彻底胜利的民族自卫和民族解放战争，是世界反法西斯战争的东方战场。中国人民的抗日战争是从日本帝国主义 1931 年发动"九一八"事变开始，至 1945 年结束，长达十四年。"九一八"事变后，中国共产党积极组织开展了东北地区抗日游击战争，积极参与和推动国民党内的抗日派进行局部抵抗，推动中国人民反抗日本法西斯的侵略由局部抗战逐步转向全民族抗

[①]　《江泽民文选》第一卷，人民出版社 2006 年版，第 590 页。

[②]　习近平：《在纪念红军长征胜利 80 周年大会上的讲话》，《人民日报》2016 年 10 月 22 日。

战。全面抗战爆发后，中国共产党积极倡导、促成、维护了抗日民族统一战线，制定实施了全面抗战路线和持久战战略总方针，领导开辟了广大敌后战场和建立了抗日民主根据地，党领导的人民武装逐步成为整个抗战的有生力量、中坚力量和主力，为抗日战争的胜利付出了巨大牺牲、作出了重大贡献。中国共产党领导中国人民同仇敌忾、共赴国难，弘扬和铸就了伟大的抗战精神，这就是：天下兴亡、匹夫有责的爱国情怀，视死如归、宁死不屈的民族气节，不畏强暴、血战到底的英雄气概，百折不挠、坚忍不拔的必胜信念。中国共产党人的爱国主义、革命英雄主义和自我牺牲精神，为铸就中华民族的抗战精神注入了深刻内涵。伟大的抗战精神是中国人民弥足珍贵的精神财富，是实现中华民族伟大复兴、维护世界和平、促进人类共同发展的精神力量。

7. 西柏坡精神。1948 年 5 月，毛泽东率中共中央机关东渡黄河来到河北省平山县西柏坡，在这里指挥全国解放战争，特别是指挥了与国民党军队的战略决战——辽沈、淮海、平津三大战役。在中国人民解放战争即将取得全国胜利的前夕，中国共产党于 1949 年 3 月 5 日至 13 日在西柏坡召开了第七届中央委员会第二次全体会议。这次会议描绘了新中国的宏伟蓝图，确定了新中国的大政方针，为促进和迎接全国胜利的到来，为推动和发展新中国的各项建设事业，保证中国由新民主主义向社会主义的转变，从政治上、思想上和理论上作了充分准备，具有巨大的指导作用。中国共产党在西柏坡时期形成了西柏坡精神：敢于斗争、敢于胜利的革命精神；实事求是、立国兴邦的创造精神；严守纪律、军民一致的团结精神；谦虚谨慎、艰苦奋斗的自律精神；顺时应势、追求新知的学习精神；毅然"赶考"、舍我其谁的担当精神。尤其是"两个务必"，是加强执政党建设的宝贵财富，对共产党永葆先进性和纯洁性具有深远历史意义和重大现实意义。

8. "两弹一星"精神。"两弹一星"是对核弹（包括原子弹和氢弹在内）、导弹和人造卫星的简称。20 世纪五六十年代，为打破核大国的讹诈与垄断，争取国家安全与世界和平，党中央在困难环境下作出了研制"两弹一星"的战略决策。老一代科学家和广大研制人员顽强拼搏，克服了各种难以想象的艰难险阻，取得了中华民族为之自豪的伟大成就。1960 年 11 月，第一枚导弹发射成功；1964 年 10 月，第一颗原子弹爆炸试验成功；1966 年 10 月，第一次"两弹"结合核爆炸试验成功;1967 年 6 月,第一颗氢弹空爆试验成功;1970 年 4 月,第一颗人造卫星发射成功。"两弹一星"提升了中国的国际地位,反映了一个民族的能力,也是中华民族、中华人民共和国兴旺发达的标志。1999 年 9 月,江泽民将"两弹一星"精神概括为"热爱祖国、无私奉献,自力更生、艰苦奋斗,大力协同、勇于登攀"①。"两弹一星"精神不仅促进了国防事业的发展,而且带动了科技事业的发展;培养了一批吃苦耐劳、勇于创新的科技队伍;极大地增强了中国人民的信心,推动了社会主义事业的发展。

9.载人航天精神。1992 年 9 月,中共中央决策实施载人航天工程,确定了三步走的发展战略。1999 年 11 月,中国第一艘无人试验飞船"神舟一号"飞行成功。2003 年 10 月,"神舟五号"载人飞船在酒泉卫星发射中心发射升空,成功进行首次载人航天飞行。载人航天工程实施 27 年间,相继突破掌握天地往返、空间出舱、交会对接等载人航天领域关键技术,牢牢占据了世界载人航天的重要一席。2003 年 11 月,胡锦涛指出:"在长期的奋斗中,我国航天工作者不仅创造了非凡的业绩,而且铸就了特别能吃苦、特别能战斗、特别能攻关、特别能奉献的载人航天精神。"②2005 年 11 月,胡锦涛在庆祝神舟六号载人航天飞行圆满成功大会上的讲话中,又进一步指出载人航天精神主要表现为:热爱祖国、为国争光的坚定信念;勇于登攀、敢于超越的进取意识;科学求实、严肃认真的工作作风;同舟共济、团结协作的大局观念;淡泊名利、默默奉献的崇高品质。③ 载人航天精神是中华民族优秀传统与航天实践相结合的产物,是以爱国主义为核心的民族精神和以改革创新为核心的时代精神的生动体现,是中国共产党、中华人民共和国、中国人民解放军、中国人民的宝贵精神财富。

(二)革命事迹教育

革命事迹教育这里是指共产党党内进行的革命先烈、革命先辈和党内英

---

① 江泽民:《在表彰为研制"两弹一星"作出突出贡献的科技专家大会上的讲话》,《人民日报》1999 年 9 月 19 日。

② 《胡锦涛文选》第二卷,人民出版社 2016 年版,第 112 页。

③ 参见胡锦涛:《在庆祝神舟六号载人航天飞行圆满成功大会上的讲话》,《人民日报》2005 年 11 月 27 日。

雄模范人物的革命精神、革命风范和先进事迹教育活动。也就是说，革命事迹教育包括三方面的内容。

1. 英雄烈士的事迹。英雄烈士事迹和精神是中华民族的共同历史记忆和社会主义核心价值观的重要体现。全党、全社会都应当崇尚、学习、捍卫英雄烈士。据不完全统计，约有2000万名烈士为民族独立、人民解放和国家富强、人民幸福英勇牺牲。至2014年，全国有名可考并收入各级《烈士英名录》的仅有193万余人。[1] 又据相关统计资料，"在北伐战争、土地革命战争和抗日战争时期，在战场上牺牲的有七十六万余人，烈士中共产党员占了将近二分之一，从一九二七年至一九三二年，在刑场上牺牲的共产党人和革命群众，人数达一百万人之多。"[2] "天地英雄气，千秋尚凛然。"党员革命烈士的英勇事迹，惊天地泣鬼神，是党性教育的最好素材。所有共产党人都应记住毛泽东的话："成千成万的先烈，为着人民的利益，在我们的前头英勇地牺牲了，让我们高举起他们的旗帜，踏着他们的血迹前进吧！"[3]

2. 革命先辈的事迹。毛泽东、周恩来、刘少奇、朱德、陈云、邓小平等党和国家领导人及其他革命元勋的革命事迹，丰富而生动，其革命思想、革命精神、高尚品格、优良作风是共产党人的楷模，永远为后人景仰。以邓小平为例：信念坚定，是他一生最鲜明的政治品格；热爱人民，是他一生最深厚的情感寄托；实事求是，是他一生最重要的思想特点；开拓创新，是他一生最鲜明的领导风范；战略思维，是他一生最恢宏的革命气度；坦荡无私，是他一生最光辉的人格魅力。学习邓小平的革命事迹，会给共产党人以无穷智慧和力量。

3. 党员英雄模范人物的先进事迹。各行各业的党员英模人物，为中国革命、社会主义革命和建设、改革开放事业付出了毕生心血，作出了重大贡献，是中国共产党的骄傲，是中华民族的脊梁，其感人事迹是催人奋进的力量。以王进喜为例：开发大庆油田时，正值三年自然灾害的困难时期，面对"头上青天一顶，脚下荒原一片"的恶劣环境，在生产生活条件异常艰难

---

[1] 参见《首批抗日英烈和英雄群体名录公布》，《京华时报》2014年9月2日。

[2] 《全国革命烈士统计数字》，《革命人物》1986年第S3期。

[3] 《毛泽东选集》第三卷，人民出版社1991年版，第1098页。

的情况下，王进喜率领"1205"钻井队开赴大庆参加石油大会战，为新中国石油工业的发展和社会主义建设立下不朽功勋，成就了"铁人精神"："为国分忧，为民族争气"的爱国主义精神；"宁可少活20年，拼命也要拿下大油田"的忘我拼搏精神；"有条件要上，没有条件创造条件也要上"的艰苦奋斗精神；"对油田要负责一辈子""干工作要经得起子孙万代检查"的认真负责精神；"为党和人民当一辈子老黄牛"、埋头苦干的无私奉献精神。无论在过去、现在和将来，"铁人精神"都有着不朽的价值和永恒的生命力。

（三）优良传统和作风教育

中国共产党的优良传统和作风是在马克思列宁主义、毛泽东思想指导下，在新民主主义革命、社会主义革命和社会主义建设中，总结正反两方面的经验教训的基础上逐渐形成的，在中国革命和建设的实践中发挥了重要作用。其传统主要有：实事求是、调查研究的传统，党的工作中的群众路线的传统，独立自主、自力更生的传统，思想建党、政治建军的传统，民主集中制的传统，等等。其作风主要有：理论联系实际的作风，密切联系群众的作风，批评与自我批评的作风，谦虚、谨慎、不骄、不躁的作风，艰苦奋斗的作风。这些优良传统和作风，是中国共产党先进性的具体体现，是中国共产党区别于任何其他政党的显著标志，是中国共产党的政治优势所在。在新的历史条件下，进行党的优良传统和作风教育，是保持党的先进性、提高党的执政能力、凝聚党心民心、推进中国特色社会主义事业的巨大精神动力。

二、革命传统教育的路径

革命传统教育是一项系统工程，需要各级领导重视和大力倡导。应把革命传统教育作为一项利党利国利民的政治、文化、教育和经济工程抓实抓好；定期举办有关革命传统教育的展览、展演和展播活动；大力表彰革命传统教育工作先进单位和在革命传统熏陶下涌现出来的英模人物；营造革命传统教育的社会氛围。革命传统教育路径是革命传统教育内容的实现途径，它对调动党员的学习积极性，提高教育效果，实现教育目的，完成教育任务，具有十分重要的意义。开展革命传统教育，必须重视多种教育路径的选择和运用。

（一）革命传统教育基地教育培训

革命传统教育基地教育培训包括井冈山、延安、红安、古田、遵义及其他地方革命传统教育基地的教育培训，相关爱国主义教育基地的教育。组织党员干部参观革命传统教育基地，充分利用革命传统教育基地丰富独特的革命传统教育资源，帮助党员干部深入了解革命斗争的光荣历史、感悟革命精神、自觉传承党的优良传统和作风，这是一种最直观、最感性的教育形式。教育基地展出的影像视频、历史图片、实物陈列，形象生动、情节感人，彰显着革命先烈的奋斗精神、崇高品质、革命情操和英雄气概，往往能够对党员干部产生很强的冲击力，引导他们缅怀革命先烈，感受红色文化，传承革命精神。各地加强对革命历史纪念文物的保护管理工作，有步骤有重点地扩建或新建革命历史纪念设施，充分利用《星火燎原》之类的革命回忆录丛书和宣传革命传统的刊物，相关院校编纂诸如《革命传统教育经典案例》《弘扬革命精神系列丛书》《中国共产党革命精神系列读本》等著作，或者新编一批高质量且有权威性的革命传统教育专著或教材，创造便于党员干部接受教育的基础条件，以弘扬华夏正气，褒扬民族"脊梁"。

（二）英雄烈士纪念活动

英雄烈士纪念活动在 2014 年以前经常进行，但未法律化。2014 年 8 月 31 日，十二届全国人大常委会第十次会议通过了设立烈士纪念日的决定，将 9 月 30 日设立为中国烈士纪念日，规定每年 9 月 30 日国家举行纪念烈士活动。2018 年 4 月 27 日，第十三届全国人民代表大会常务委员会第二次会议通过《中华人民共和国英雄烈士保护法》，其第五条规定："每年 9 月 30 日为烈士纪念日，国家在首都北京天安门广场人民英雄纪念碑前举行纪念仪式，缅怀英雄烈士。""县级以上地方人民政府、军队有关部门应当在烈士纪念日举行纪念活动。""举行英雄烈士纪念活动，邀请英雄烈士遗属代表参加。"[1]第六条规定："在清明节和重要纪念日，机关、团体、乡村、社区、学校、企业事业单位和军队有关单位根据实际情况，组织开展英雄烈士纪念活动。"[2]2014 年以来，党和国家每年举行纪念烈士活动。

---

[1] 《中华人民共和国英雄烈士保护法》，《人民日报》2018 年 4 月 28 日。

[2] 《中华人民共和国英雄烈士保护法》，《人民日报》2018 年 4 月 28 日。

（三）优秀文艺作品传播

在中国社会主义革命和建设的不同时期，产生了大量反映革命传统、对人民群众有重要影响的小说如《红旗谱》《红日》《红岩》等，戏剧如《洪湖赤卫队》《红色娘子军》《智取威虎山》等，电影如《地道战》《上甘岭》《英雄儿女》《闪闪的红星》等，电视剧如《长征》《亮剑》《我们的法兰西岁月》等，这些作品的传播让广大党员干部充分感受到革命先烈、革命先辈在峥嵘岁月中的理想信念、革命生涯、高贵品质、英雄形象和牺牲精神，从而受到激发、感染和启迪，产生"润物细无声"的作用。习近平指出："对中华民族的英雄，要心怀崇敬，浓墨重彩记录英雄、塑造英雄，让英雄在文艺作品中得到传扬，引导人民树立正确的历史观、民族观、国家观、文化观，绝不做亵渎祖先、亵渎经典、亵渎英雄的事情。"[1]充分利用优秀的文艺作品，以党员干部喜闻乐见的形式，广泛开展革命传统教育，过去、现在和将来，都是革命传统教育的好形式。

（四）革命传统教育研讨交流和体验活动

革命传统教育研究，一般在革命传统教育基地、哲学社会科学研究机构、高等院校进行。研讨交流活动，既有革命史实研讨交流，又有革命经验教训研讨交流，也有革命传统教育工作研讨交流，还有中外比较研究交流。其具体形式有学术研讨会、经验交流会、工作研讨会等。革命传统教育体验活动，包括主题演讲、唱革命歌曲、朗诵革命诗词、开展各类文艺活动，特别是实地感受（如穿红军服、尝红军饭、走红军长征路等），以此使革命传统教育丰富多彩，提高革命传统教育的实效。

（五）网络教育

随着现代信息技术的高速发展，社会已经进入网络时代，网络进入广大党员的日常工作和生活，影响着党员的生活方式，也对革命传统教育发生了影响。网络教育成为革命传统教育的工具和平台。主要包括利用网络技术开辟革命传统教育新阵地，在更广的范围、以更生动活泼的形式宣传革命传统；以丰富的共享信息资源和多姿多彩的信息形式，使教育内容更丰富、教

---

[1] 习近平：《在中国文联十大、中国作协九大开幕式上的讲话》，《人民日报》2016年12月1日。

育手段更多样；使各层次的受教育者在同一时间里都有适合自己的学习内容，由原来的被动学习变为主动学习；使受教育者极大地超越时空限制，随时随处都能接收到教育者的各种信息；利用不断更新的网络技术，积极探索加强和改进革命传统教育工作的新途径；建立网络监控机制，为革命传统教育营造良好的网络环境。

（六）革命传统教育协作活动

革命传统教育不仅是教育部门的事，而且是全党的事。所以，演"大合唱"、弹"协奏曲"、打"组合拳"势在必然。革命传统教育协作活动表现为：党务管理部门统筹革命传统教育工作，拟订规划计划；教育培训部门制定教育培训大纲或计划，落实教育方案；文化文艺部门提供优秀文艺节目；出版发行部门提供优秀出版物；旅游文管部门保护革命历史文物、降低参观票价；知识界理论界编撰专著、提供学术论文、编出相关教材或读物；各级各类新闻媒介进行舆论宣传和节目播放；其他部门和工、青、妇等群团组织、企事业单位为开展特色活动提供支持。以此在中华大地演奏具有时代特点、中国气派和共产党人风貌的革命传统教育"交响曲"。

第三节　革命传统教育的结合点

一、把历史与现实结合起来

革命传统可以归于历史范畴，革命传统教育则是现实工作。历史与现实是不可割断的，历史是现实的镜鉴，现实是历史的传承与发展。历史是不能改变的，共产党人对历史的认识是可以升华的。历史是为现实服务的，历史与现实紧密结合方能最大限度地放大革命传统教育的效应。

（一）把革命传统精神同现实奋斗目标结合起来

在中国共产党的奋斗历程中，"为着现阶段的目标而奋斗"不是今天才有的，而是从毛泽东那一代领导人开始就提出来的。以毛泽东为代表的中国共产党人，深谙中国历史与中国国情，深知理想信念要与现实目标结合起来，才能发挥引领作用。他们坚持把马克思列宁主义与中国革命实际相结合，将远大理想与当前任务相结合，将共产主义远大目标与人民群众现实利益相结合，最终夺取了新民主主义革命的伟大胜利。就现实而论，从中共十九大到二十大，是"两个一百年"奋斗目标的历史交汇期。中国共产党人既要全面建成小康社会、实现第一个百年奋斗目标，又要乘势而上开启全面建设社会主义现代化国家新征程，向第二个百年奋斗目标进军。党肩负的任务伟大而艰巨，同时给党员、党员领导干部提出了更高更严要求。坚定的理想、执着的信念是早期共产党人战胜一切困难的力量源泉，是熠熠闪光的革命传统精神。新一代共产党人作为接力者，理应传承这种精神。广大党员干部只有充分发挥党的优良传统，坚定理想信念不动摇，锁定奋斗目标不懈怠，一张蓝图绘到底不折腾，昂扬斗志，不为任何风险所惧，不被任何干扰所惑，就能实现中华民族伟大复兴的中国梦。

（二）把革命传统与党面临的挑战和考验结合起来

中国共产党历来就有审时度势的优良传统、一往无前的革命精神。例如，中国的红色政权为什么能够存在？那是来自对政治形势的正确分析和判断。毛泽东提出，军阀混战，全国革命形势的发展，有广泛的群众基础，有相当力量的红军，有党的正确领导，这就是中国的红色政权能够存在的根据，"星星之火，可以燎原"，正是时局发展的适当的描写。于是，中国共产党人的精气神高涨，坚定地走农村包围城市、武装夺取政权的道路。今天，中国正在进行的社会主义现代化建设，面临极其复杂的国内外环境。从国内情况来看，经济由高速增长阶段转向高质量发展阶段，发展不平衡不充分，经济运行存在着突出矛盾和问题，创新能力也不够强；全面依法治国任务依然繁重，国家治理体系和治理能力有待加强；社会文明水平尚需提高，意识形态领域斗争依然复杂；民生领域还有不少短板，社会矛盾和问题交织叠加；资源环境约束日益趋紧，生态环境保护任重道远。从国际情况来说，全球治理体系和国际秩序变革加速推进，外部环境发生深刻变化，敌对势力"西化""分化"中国的政治图谋从未放松。在这种形势下，中国共产党人的勇气和信心从哪里来？这就同样需要审时度势。中国共产党的坚强领导，中国特色社会主义理论体系的正确指导，全体中华儿女的团结奋斗，建设中国特色社会主义的伟大成就，和平与发展的世界潮流，就是中国共产党人昂首阔步的底气。对中国共产党人来说，革命时期有生与死的考验，和平建设时期有顺境与逆境的考验，改革开放时期有四大考验。中国共产党人只要正确审时度势，继承革命先辈一往无前的革命精神，就能化压力为动力、化挑战为机遇，迎难而上，奋发进取，努力把中国特色社会主义事业继续推向前进。

（三）把革命传统与当前实际工作结合起来

中国共产党是一个具有长期奋斗历史和优良革命传统的党，也是一个紧跟时代步伐、善于与时俱进的党。共产党人继承和弘扬革命传统，是从我做起，从现在做起。把革命传统与当前实际工作结合起来，由三个结合来体现：一是与党和国家工作大局相结合；二是与本地区、本部门、本单位实际工作相结合；三是与个人思想、工作实际相结合。革命传统中的革命思想、革命精神、高尚品德和优良作风，只有结合当前实际，体现在现实行动上，才能凸显革命传统教育的价值。就党员个人而论，要发扬革命先辈善于学习的传统，加强理论修养和文化修养；发扬革命先辈革命理想高于天的传统，加强政治修养；发扬革命先辈全心全意为人民服务的传统，加强思想道德修养；发扬革命先辈理论联系实际、密切联系群众、批评和自我批评的传统，加强作风修养；发扬革命先辈纪律如铁的传统，加强纪律修养。党员、党员领导干部只要学习和弘扬革命优良传统，把思想建党、精神"补钙"、制度治党紧密结合起来，不忘入党初衷，自觉按党章行事，始终做到心中有党、心中有民、心中有责、心中有戒，就能坚守共产党人的精神家园，继续书写马克思主义中国化、时代化、大众化的新篇章。

二、把感性和理性结合起来

（一）接受教育，形成革命传统教育的感性认识

从哲学意义上讲，感性认识是指人们在实践过程中，通过自己的肉体感官直接接触客观外界，引起感觉，在头脑中形成印象，对各种事物的表面形成初步认识。没有感性认识就没有理性认识，也就没有从认识到实践的飞跃。党员干部形成革命传统认知，靠个人自学，但主要靠组织教育。中国共产党的组织和干部教育培训机构，帮助党员干部形成革命传统认知，除了课堂教学外，可以组织党员干部开展调查研究，到革命先烈出生、成长和战斗过的地方，了解历史，收集更多的资料。可以组织党员干部参观革命烈士陵园、革命烈士纪念馆，通过观看大量的照片、实物、影像，接受教育。可以

有计划地组织党员干部观看革命影视剧、文艺演出、文学艺术作品等，增强感性认识。可以组织党员干部开展实践活动，比如到革命传统教育基地后，组织大家重走挑粮小道，体会红军战士在狭窄崎岖的山道上挑粮食的艰辛；清明前后，组织党员干部祭扫烈士陵园，纪念革命英雄，学习革命前辈的英雄事迹；组织党员干部听革命前辈讲他们的革命经历等。通过这些活动，形成革命传统的初步认识。

（二）内化于心，形成革命传统教育的理性认识

理性认识是在感性认识的基础上，把所获得的感觉材料，经过思考、分析，加以去粗取精、去伪存真、由此及彼、由表及里的整理和改造，形成概念、判断、推理。它反映事物的全体、本质和内部联系。在开展革命传统教育时，应把感性和理性结合起来，引导党员干部利用多向交流、事例分析、个人体会等多种方式，整理、消化通过参观、实践活动获得的革命传统教育初步认识，从而把握革命传统教育的内在本质，弄清革命传统教育内容的相互关系。最后达到"四个认同"：即政治认同，充分认识到没有共产党就没有新中国的道理，维护党中央权威和集中统一领导；思想认同，坚持知行合一，真正从思想上认同革命传统教育在社会主义现代化建设过程中的重要作用；理论认同，就是真正从学理上把革命传统教育内容说透彻、讲明白；情感认同，是使党员干部深刻认识到，中国共产党在长期的革命和建设中形成的优良传统，是成千上万的革命先烈、革命前辈前仆后继、英勇奋斗，用鲜血和生命换来的，是党的宝贵精神财富。

（三）外化于行，用革命传统精神指导实践

毛泽东在《实践论》中指出，实践是认识的来源，是认识发展的动力，是检验认识真理性的根本标准，是认识的目的。他要求中国共产党人在改造客观世界和主观世界中提升自己，达到主观与客观、理论与实践、知与行的具体的历史的统一。按照中国共产党人的知行统一观，党员干部在接受革命传统教育后，要把培育和践行革命传统贯穿到实际工作中去，从小事做起，在实践中感知、在行动中领悟，使符合革命传统精神的行为受到鼓励，使违背革命传统精神的行为受到制约。在现实生活中，有少数党员干部形成了正确价值观的初步认识，但在外在的诱惑和冲击面前仍然放弃了自己的正确价值追求，而做出一些与之相悖的事情，说明这些党员干部没有把正确的价值

观内化于心。真正做到内化于心，就是要领悟革命传统文化的精神与思想。而外化于行，则是将这种已经领悟了的精神与思想，很自然地表露在自己的日常言语与行为当中。内化于心是基础与前提；外化于行则是实践与升华，是根本目的与最终追求。因此，党员干部不仅要将革命传统精神转化为自己的价值观，而且要矢志不渝地坚守，使之真正落实到自己的行动上，贡献于党的伟大事业中。

三、把革命精神和时代精神结合起来

（一）紧扣革命精神和时代精神的结合点

中国共产党人的革命精神，是在中国共产党领导下，在马克思列宁主义、毛泽东的旗帜下，在长期的革命和建设中形成的精神谱系，是对中华优秀传统文化和民族精神的继承与升华，是中国共产党性质、宗旨与中国共产党人世界观、人生观和价值观的集中体现，其核心是爱国主义、集体主义、社会主义和共产主义精神。改革开放后形成的新的精神，是革命传统精神的发扬光大。中国共产党人的革命精神具有深厚的民族性、鲜明的时代性和突出的先进性。它反映了中国历史发展的客观要求，体现了中国现代史的主旋律，是对中国古代和近代精神的重塑与创造性转换，是社会主义核心价值观的决定性基础。本章前述的所有革命精神，都是其重要体现。中国共产党人的时代精神，是在中国共产党领导下，在马克思主义中国化最新成果指导下，在新的实践中凝成的，反映社会发展方向、引领时代进步潮流、为广大党员普遍认同和接受的思想观念、价值取向、行为规范，是全社会最新精神气质和精神风貌的集中体现。它表现为解放思想、实事求是、与时俱进，改革开放、开拓创新，自由平等、公正法治，克难攻坚、实干兴邦。其核心是改革创新。改革创新是时代的最强音，已经深深地融入中国经济、政治、文化、社会、生态建设的各个方面，成为中国共产党人不断开创中国特色社会主义事业新局面的强大精神力量。革命精神与时代精神具有相对性，但在一定的时空节点上，其区别还是明显的。革命精神是时代精神的前提和先导，时代精神是革命精神的传承和发展。实现中华民族的伟大复兴，是前无古人的伟大事业。伟大的事业呼唤伟大的精神，而伟大的精神既包括民族精神，又包括革命精神，更包括时代精神。革命精神与时代精神的结合点，就是中

华民族伟大复兴的宏图大业。中国共产党只有既加强党员干部的革命精神教育，又加强党员干部的时代精神教育，才能做到发展有新思路，改革有新突破，开放有新局面，各项工作有新举措。也只有这样，中国特色社会主义事业才能成功，中国共产党和中国人民才能在日趋激烈的国际竞争中永远立于不败之地。

（二）以实际行动诠释革命精神和时代精神

革命精神和时代精神一脉相承、相互辉映，最终体现在共产党人身上。共产党人以实际行动诠释革命精神和时代精神，就应做到以下几点。一是坚持爱国主义和社会主义的统一。爱国主义体现民族精神、革命精神，作为一个历史范畴，它在社会发展不同时期、不同阶段有着不同的具体内容。在当代中国，爱国主义主要表现为保卫国家，献身于社会主义现代化事业，献身于祖国统一大业。历史已经证明，只有社会主义能够救中国，只有中国特色社会主义才能发展中国。爱国就要爱社会主义中国。因而，爱国主义和社会主义本质上是统一的。中国共产党人既做坚定的爱国者，又做中国特色社会主义的践行者，这就是爱国主义和社会主义的统一。二是坚持继承与创新的统一。中国共产党人既是社会革命论者，又是社会主义改革论者。作为社会革命论者，要有世界历史眼光，勇于自我革命。作为社会主义改革论者，要坚持改革开放，进行科技创新、理论创新、道路创新、制度创新、文化创新、管理创新。而秉承革命精神，光大时代精神，就能做到继承与创新的统一。三是坚持浪漫主义与现实主义的统一。中国共产党人要有革命浪漫主义情怀和现实主义态度，胸怀远大革命理想，追求真善美，忠于党、忠于人民，心系国家，牢记使命，勇担重任，以实际行动诠释"特别能吃苦、特别能战斗"的革命精神。以勇攀高峰的时代精神自励，"敢上九天揽月，敢下五洋捉鳖"，争分夺秒，锲而不舍，注重效率、创造效益，勇当时代的弄潮儿。

四、把传承红色基因和担当时代重任结合起来

红色象征革命、象征光明。基因是一种传承，即生命的传承、精神的传承。红色基因是中国共产党与生俱来的，并在创造中国革命、建设、改革的历史的过程中发展起来的，是一种稳定的精神品格和精神传承，集中体现着

中国共产党人的理想信念、价值追求和精神风貌。在时间上，它贯穿过去、现在和未来；在空间上，它囊括国内和国外；在功能上，它建构和强化身份认同，激活党的机体，彰显党的先进性与合法性，复制和再生政党政治文化。红色基因的内核，是中国共产党人的忠诚精神、求是精神、战斗精神、奋发精神、创新精神、为民精神。其中，忠诚是根本，求是是基点，战斗是品格，奋发是作风，创新是灵魂，为民是归宿。传承红色基因，是党的建设新的伟大工程的重要内容，是解决党内思想不纯、组织不纯、作风不纯等突出问题的红色文化工程。把传承红色基因和担当时代重任结合起来，是在新的历史条件下进行伟大斗争的需要，是进一步推进中国特色社会主义伟大事业的需要，是实现中华民族伟大复兴的需要。

（一）传承红色基因，坚定理想信念

红色基因是中国共产党生生不息、永续发展的根本血脉，也是涵养社会主义核心价值观的重要源泉。在新的历史时期，让红色基因铭刻在每个党员干部的脑海里，流淌在每个党员干部的血液中，转化为一种"驱动力"和"软实力"，具有十分重要的现实意义。让红色基因代代相传，是共产党人的责任。为此，要抓住忠诚教育这个根本，为共产党人立"心"。这个"心"，就是马克思主义的信仰、社会主义和共产主义的信念。理想信念是"定海神针"，只有理想信念坚定，才能在大是大非面前旗帜鲜明，在大风大浪考验面前无所畏惧，在各种诱惑面前毫不动摇。只有理想信念坚定，才能担当时代责任，不辱历史使命。

（二）传承红色基因，坚持为民宗旨

在不同的历史时期，中国共产党的入党誓词有所变化，但有一条始终没有变，那就是承诺永不叛党，为共产主义奋斗终生。对党忠诚与一心为民是高度统一的，因为中国共产党除了人民的利益，没有自己的任何特殊利益。传承红色基因，就要坚持中国共产党"为民"的方向和定位，以马克思主义中国化最新理论成果为引领，从党的建设伟大工程的高度进行制度设计和安排，以增强广大党员、党员领导干部身份认同感和时代使命感为落脚点，在新的历史条件下坚持党的群众路线，密切与人民群众的血肉联系，为中国特色社会主义伟大实践不断注入活力和生机。在具体工作中，要以党的组织生活为载体，实现红色基因传承常态化制度化，实现"为民"意识的固化。

（三）传承红色基因，弘扬奋斗精神

任何伟大梦想归根结底都是奋斗出来的，中国人民依靠伟大奋斗精神走到现在，也必将依靠伟大奋斗精神走向未来。奋斗涵盖了"奋发"和"战斗"，这是红色基因的重要内核，中国共产党人担当时代重任，就需要奋斗，敢于牺牲、敢于胜利，勇于进取、追求卓越。传承红色基因和担当时代重任相结合的途径之一，就是繁荣红色文艺创作，增强红色文化产品供给能力，把共产党人的奋斗精神展现在文化产品中。要通过奋斗凝聚团结进取的新力量，续写中国特色社会主义事业新篇章，提供中华民族伟大复兴的新故事，展现中国共产党人的新辉煌。

（四）传承红色基因，培育优秀品质

把传承红色基因和担当时代重任结合起来，需要培育具有优秀品质的党员干部。优良基因培育出优质产品，红色基因的优质产品就是好干部，只有这样的干部才有政治领导力、思想引领力、群众组织力和社会号召力，才能担当时代重任。为此，在内容设计上，既要注重知识灌输，又要善于情感培育，使红色基因渗进血液、浸入心扉；既要讲好红色故事，又要注重仪式操演和亲身实践，使红色基因产生潜移默化的影响。培育具有优秀品质的党员干部，会成为共产党的形象标识，成为共产党赢得人心、赢得胜利的重要保证。

第十一章　道德品行教育

国无德不兴，人无德不立，官无德不为。党员干部的道德品行是社会道德建设的风向标，也是政治生态的导航仪。历史和现实都反复证明，从政者常修为政之德，社会才会风清气正，事业才会兴旺发达，人民才会幸福安康。中国共产党作为执政党，其党员干部的道德品行既反映着履行公共权力所必须遵循的职业道德规范，也体现着党的性质、宗旨和使命的要求。党员干部的道德品行状况如何，直接关系党在人民群众心目中的形象，关系党的创造力、凝聚力、战斗力，关系党和国家事业兴衰成败。党员干部道德品行教育主要有政治品质教育、社会主义核心价值观教育、中华优秀传统文化教育、厉行节约反对浪费教育等，其途径具有多样性。

第一节　道德品行教育的重大意义

一、党员干部道德品行状况关系党在人民心目中的形象

道德是人们在改造客观世界和主观世界的实践中所形成的共同生活及其行为的准则与规范的总和，是社会意识形态之一，它以善恶为标准，通过个人自律、社会舆论和传统习惯约束人们的言行，包括道德意识、道德规范和道德实践等。品行是有关道德的品质和行为。党员干部道德品行是公民道德品行之共性和共产党人道德品行之个性的统一。

党员干部讲修养、讲廉耻，明大德、守公德、严私德，传承党的优良作风，弘扬中华传统美德，践行社会主义核心价值观，冲锋在前、退却在后，吃苦在前、享受在后，追求积极向上的生活情趣，养成共产党人的高风亮节，坚守共产党人的精神高地，共产党人的形象就庄重、高大、鲜亮

304

起来。周恩来为什么能成为近代以来中华民族的一颗璀璨巨星、中国共产党人的一面不朽旗帜？这不仅是因为他为中国共产党、为中华民族和中国人民、为中华人民共和国建立了不朽殊勋，也因为他具有崇高精神、高尚品德、伟大风范。他在任何艰难困苦的情况下，都以誓死不变的精神为共产主义奋斗到底；始终对党绝对忠诚，把维护和巩固党内团结、维护和巩固党的政治大局作为自己的行为准则；对人民群众保持高度热爱，急群众之所急，忧群众之所忧；面对不同的时代任务和时代要求，总是以自我革命精神迎接新的挑战；新中国成立后，他平时每天工作都在 12 个小时以上，有时在 16 个小时以上；身居高位，但从不搞特殊化，凡要求党员和群众做到的他自己首先做到。他一生心底无私、天下为公的高尚人格，是中华民族传统美德和中国共产党人优秀品德的集中写照，永远为后世景仰。中国共产党党内正是因为有这样一批杰出人物，党在人民心目中的形象才丰满高大。

党的形象是党展现在公众面前的精神风貌以及公众对党综合性、整体性的印象和评价。党的形象不仅表明党的自身性质、功能、作用，更表现为人民群众对于党的认同、接受和支持程度。党的形象不是抽象的，而是具体的，它往往与某一个或某一些党员以及党员干部在现实生活中的行为表现密切相关，要通过党员干部的实际行动来体现，更要通过人民群众对党员干部的一言一行的直观看法和内在体验来印证。因而，党员干部道德品行是好是坏，直接关系到党在人民群众心目中的形象，关系到党与人民群众的血肉联系。共产党员职务有高低、分工有不同，但形象要求没有高下之分，维护形象的责任也没有大小之别。所有的党组织和党员，特别是党的领导干部都应自觉担当，加强党性锻炼，提升道德品行，继承和发扬党的优良传统，牢记党的性质和宗旨，永葆共产党人政治本色，时时事事处处注意塑造和维护党的整体形象。

二、党员干部道德品行状况关系党的创造力、凝聚力和战斗力

党员干部道德品行状况与党的创造力、凝聚力和战斗力密切相关。状况好，党的创造力、凝聚力和战斗力就强，反之党的创造力、凝聚力和战斗力就差。因为共产党的力量既来自于组织的力量，又来自于真理的力量、人格

的力量。党员干部道德品行状况好，则人格的力量彰显，组织的力量会相应增强，真理的力量也一定旺盛；党员干部道德品行状况差，则人格的力量丧失，组织的力量会相应衰减，真理的力量也要打折扣。在中国特色社会主义建设的历史时期，党员干部肩负党的重托、人民的期望，其道德品行状况直接关系到党的创造力、凝聚力和战斗力。

党的创造力主要是指党领导人民坚持从中国革命、建设和改革开放的具体实践出发，运用马克思主义的基本立场、观点和方法，始终走在时代前列，研究新情况、解决新问题、总结新经验，不断丰富和发展马克思主义的理论、制度和实践，开创中国特色社会主义伟大事业新局面的精神状态和能力。党员干部只有具备良好的道德品行，时时刻刻做到讲党性、重品行、作表率，才能坚持立党为公、执政为民，才能将心思用在为人民服务的实践中，才能不断提高领导水平和工作能力，才能在关键时刻、危急关头豁得出去、冲得上去，进而在推进中国特色社会主义伟大事业进程中不断创立前人没有提出过的新理论、确立前人没有实行过的新制度、开辟前人没有走过的新道路、解决前人没有遇到过的新问题，不断创造新业绩，开拓中国特色社会主义事业新境界。

党的凝聚力是党员及人民群众基于对党和国家政治认同而形成的强大深厚的动态聚合力，包括党中央和党的各级组织对党员的聚合力、党员相互间的聚合力、党的各级基层组织及其党员对广大人民群众的聚合力。党的凝聚力强就会成为凝聚各方的磁石，促使社会各种力量积极地向党靠拢，心往一处想、劲往一处使。反之，就会出现各自为政、各行其是、一盘散沙的局面。党员干部道德品行状况直接影响党的凝聚力强弱。党员干部只有道德高尚、品行端正，充分发挥先锋模范作用，各级党组织才能充满聚合力，有效发挥战斗堡垒作用；上级党组织对下级党组织才有更强领导力，做群众工作才更有说服力，带领群众干事创业才更有感召力，也才能在群众中形成更积极的影响力，进而获得人民群众的积极拥戴和广泛支持。反之，如果党员干部做人不正派、做事不实在、做官不清白，信念丧失、道德败坏，必然在权力运行上出现滥用和异化，最终滑向腐败深渊，严重破坏干群关系，影响党的凝聚力。

党的战斗力体现在党团结带领全国各族人民努力奋斗，使党和国家事业取得历史性成就、发生历史性变革，解决许多长期想解决而没有解决的难题，办成过去想办而没有办成的大事。中共十八大以来，正是因为有一批具有良好道德品行的党员干部积极发挥先锋模范作用，身先士卒，鞠躬尽瘁，党和国家在经济、政治、文化、社会、生态文明以及国防和军队建设、港澳台工作、外交等领域才取得重大突破，使近代以来久经磨难的中华民族迎来了从站起来、富起来到强起来的伟大飞跃。中国共产党一切成绩的取得离不开具有良好道德品行的党员干部展现的人格风范和杰出才干。中国特色社会主义进入新时代后，要继续把建设中国特色社会主义伟大事业推向前进，顺利实现中华民族的伟大复兴的中国梦，必须依靠具有高尚道德情操、良好政治品行的党员干部。

三、党员干部道德品行状况关系党和国家事业的兴衰成败

（一）良好道德品行是党员干部个人立身之本、从政之基

道德是人之所以为人的根本所在，是一种特殊的社会意识形态，包括思想观念、行为规范、德性品质等方面的内容。道德品行是一个人内在素养、人格魅力、道德水准的外在表现。作为文明社会的一员，个体需要有良好的社会道德观念及行为品行来维持自身的社会融入。而作为具有公共身份和特殊地位的党员干部，只有具备更高的社会道德和职业操守才能赢取广大人民群众的满意，才能为国家的发展和社会的进步提供动力，也才能在日益复杂的国内外环境中坚守共产党人的精神家园，坚决做到在大是大非面前旗帜鲜明，在风浪考验面前无所畏惧，在各种诱惑面前立场坚定。没有良好的道德品行，就不能坚守自己的原则和底线，更不能在各种诱惑和鼓噪之下保持本心，从而逐渐沦陷，给党和国家事业带来不可估量的损失。

（二）党员干部道德品行状况事关党的前途命运

一个政党，其前途命运取决于人心向背，这既包含了广大党员对党的绝对忠诚，对马克思主义的信仰，对社会主义和共产主义的信念，也包含了广大人民群众对党的信任、信赖和信心。中国共产党同广大人民群众想在一起、干在一起，保持血肉联系，是党取得中国革命胜利的根本法宝，也是中国特色社会主义进入新时代，党永葆旺盛生命力和强大战斗力，带领人民成

功应对重大挑战、抵御重大风险、克服重大阻力、解决重大矛盾，不断从胜利走向新的胜利的根本法宝。

中国共产党诞生近百年，按党员总数计算，是世界第一大党。作为中华人民共和国的执政党，要凝聚起广大党员干部，使其心往一处想、劲往一处使，并实现与广大人民同心同德、共同奋斗，必须以广大党员干部具备良好道德品行为前提。试想，如果党员干部道德品行不正，不信马列信鬼神，从封建迷信中寻找精神寄托，热衷于算命看相、烧香拜佛，遇事"问计于神"；忘记了"我是谁"，由人民公仆错位为社会主人，混淆了"为了谁"，缺乏对权力、岗位的敬畏，言行"雷人"；或者在大是大非问题上立场不坚定、旗帜不鲜明，在道德底线上严重失守，信奉金钱至上、名利至上、享乐至上，情趣低俗，玩物丧志，沉湎花天酒地，纵情声色犬马等等情形之下，何谈党员的先锋模范作用？何谈党的旺盛生命力和强大战斗力？何谈广大人民群众对党的信赖和信心？不言而喻，如此，党的前途命运也会受到严重威胁。

（三）党员干部道德品行状况事关国家长治久安

中共十九大报告指出，中国特色社会主义最本质的特征是中国共产党领导，中国特色社会主义制度的最大优势是中国共产党领导。中国共产党作为中国特色社会主义事业的领导核心，作为中国特色社会主义的组织者、实施者、践行者，其成员即广大党员干部的道德品行状况直接关系着中国特色社会主义事业的发展状况，关系着国家的长治久安。

《中国共产党章程》第三十三条中规定，党的干部是党的事业的骨干。这是对党的干部在党的事业中的重要地位和作用的科学概括。毛泽东依据党的历史经验，作出过一个规律性的重要论断："政治路线确定之后，干部就是决定的因素。"[①] 邓小平也指出："中国的事情能不能办好，社会主义和改革开放能不能坚持，经济能不能快一点发展起来，国家能不能长治久安，从一定意义上说，关键在人。"[②] 中国共产党作为执政党，对人民群众的联系和领导，对中国特色社会主义事业的领导，主要是通过广大党员干部来实

---

① 《毛泽东选集》第二卷，人民出版社1991年版，第526页。
② 《邓小平文选》第三卷，人民出版社1993年版，第380页。

现的。党的路线、方针、政策需要通过广大党员干部创造性地去贯彻执行。他们素质的高低、能力的强弱、品行的优劣、作风的好坏，直接关系到一个单位、一个部门、一个地区的事业发展。改革开放四十多年来尤其是中共十八大以来，中国共产党带领全国人民砥砺前行，取得了世界瞩目的成就，社会经济快速发展，民生事业显著改善，国际地位明显提高。各项成就的取得，关键在党，关键在人。中国改革进入攻坚期和深水区后，越往前走，人们的期待越高，遇到的困难也越多。以"五位一体"总体布局和"四个全面"战略布局不断推进中国特色社会主义事业谋得新突破、取得新发展、开创新篇章，要敢于啃硬骨头，敢于涉险滩，敢于向积存多年的顽瘴痼疾开刀，面临的挑战和考验将会前所未有。这些矛盾和问题都考验着各级党员干部的精神境界和道德情操，每一项都离不开道德品行高尚的干部队伍，离不开政治上靠得住、工作上有本事、作风上过得硬、人民群众信得过的高素质干部。

四、国内外环境深刻变化迫切需要加强道德品行教育

时光荏苒，斗转星移。当年老一代共产党人的奋斗目标很多业已成为现实。中国社会走向发达、中国人民走向富裕，改变的不仅是人们的生活，还有人们的思想。在不断变化的国内外环境的冲击下，当年的共产党员形象，在有的地方、有些党员身上，已经变味了。少数党员干部思想没能坚守住共产党人的精神家园和道德底线，道德品行不佳现象频频出现，有的甚至走得很远、走向背面了。所以，需要加强党员干部道德品行教育，重整行装再出发。

（一）西方敌对势力加紧对中国实施西化、分化战略

中国特色社会主义进入新时代，中国逐渐由弱国变大国、大国变强国，在赢得快速发展的同时，也使得中国日益成为全世界反华反共反社会主义势力的焦点所在，必欲除之而后快。中国社会主义和西方资本主义共存于一个星球上，其社会制度与意识形态方面的根本性不同决定了意识形态斗争的必然存在和长期存在。尽管世界形势正在发生冷战结束以来最为深刻复杂的格局变化，但西方敌对势力加紧对我国实施西化、分化的战略并未改变，他们千方百计对中国的发展进行牵制和遏制。西

方国家对中国的意识形态渗透一直都在进行，中国威胁论、中国责任论、中国崩溃论等论调不绝于耳，反华网络水军泛滥，对我国国际话语权的极力控制和干扰有愈演愈烈之势，世界范围内制度模式博弈和价值观较量更加激烈。显而易见中国与西方国家在意识形态领域的较量依然尖锐复杂。

（二）网络信息时代社会思想更加多元多变

随着网络信息时代的到来，网民规模日益扩大。中国互联网络信息中心（CNNIC）2018 年 8 月 20 日发布的第 42 次《中国互联网络发展状况统计报告》显示，截至 2018 年 6 月，中国网民规模达 8.02 亿人，普及率为 57.7%；手机网民规模达 7.88 亿，网民通过手机接入互联网的比例高达98.3%。伴随着对网络的充分使用，信息传播的随意性、娱乐性、分散性、盲目性增强，随之而来的是网络舆论的开放性、平等性、多元性、随意性冲击。网络时代新媒体独特的信息传播方式改变了整个社会的信息传播结构和舆论生态，人人都可以发声使得社会思想变得更加多元多变。不仅西方一些腐朽的道德观念和生活方式通过网络对人们产生潜移默化的影响，而且各种封建迷信和愚昧落后的思想观念也在网络上沉渣泛起，侵蚀着党员干部的思想。

（三）中国社会深刻变革使党员干部队伍在道德品行上面临严峻考验

中共十八大以来，中国取得历史性成就、发生历史性变革，中国共产党比历史上任何时期都更接近、更有信心和能力实现中华民族伟大复兴的目标。这既意味着中国共产党已经积累起促成质变的历史性成果，也意味着中国共产党领导的改革开放大业到了最艰巨的攻坚阶段。随着经济社会深刻变革、利益格局深刻变化，不可避免地遇到许多重大挑战、重大风险、重大阻力、重大矛盾。面对新时代出现的新形势，大多数党员干部道德品行是好的。但是，也有少数党员干部经不起考验，比如，有的党员干部认为党员也是人，不能要求太高，于是对各种不道德现象睁一只眼闭一只眼；有的党员干部表里不一，当口是心非的"两面人"；有的党员干部信奉金钱至上、名利至上、享乐至上，情趣低俗，玩物丧志，心中没有任何敬畏，行为没有任何底线。他们虽然是少数，但败坏了党的整体形象，必须高度重视、严格教育、严肃处理。

第二节　道德品行教育的主要内容

一、党员干部政治品质教育

开展政治品质教育，提升干部政治素质，是中国共产党提高自身凝聚力、战斗力的一条十分重要的经验，也是党始终保持工人阶级先锋队性质、坚持拒腐防变的一项根本性措施。

（一）共产党员政治品质的构成

政治品质这里指党员在政治上的品行操守。它是党员干部首善之德，是党员干部安身立命的前提，是为官行政之德的核心和灵魂。一名合格共产党员的政治品质包含政治忠诚、政治定力、政治担当、政治能力、政治自律五个方面的内容。

政治忠诚是党员干部的首要政治品质和政治生命线。它要求党员干部对党保持唯一的、彻底的、无条件的、不掺任何杂质的、没有任何水分的忠诚。如果这一条不过关，其他都不过关。对党忠诚，不是有条件的而是无条件的，不是抽象的而是具体的，必须体现到对党的信仰、党的组织、党的事业的忠诚上。对党忠诚要害在"绝对"二字，要坚决做到在党言党、在党忧党、在党为党，做到党中央提倡的坚决响应、党中央决定的坚决执行、党中央禁止的坚决不做。

政治定力就是党员干部在思想上政治上不为任何干扰所动、不被任何迷雾所惑，坚持正确政治立场、保持正确政治方向的能力，表现为在大是大非面前不糊涂，在大风大浪面前不摇摆。政治定力最根本、最紧要的是理想信念的坚定性。党员干部的政治定力强不强，主要看其是否坚定"四个自信"，是否坚定不移地在思想上、政治上、行动上与党中央保持高度一致。只有保持政治定力，才能在思想上充分信赖党、在政治上坚决维护党、在组织上自觉服从党、在感情上深刻认同党、在行动上始终跟随党。尤其是面对"四大风险"和"四大考验"，保持政治定力才能做到"千磨万击还坚劲，任尔东西南北风"。

政治担当是党员干部对党组织的一种责任，是衡量和判断党员干部是否合格的尺度，是党员干部要树立的形象，也是党员干部的为政之德。对党忠诚是共产党人政治担当的灵魂，为党分忧是共产党人政治担当的特点，为党尽职是共产党人政治担当的要求，为民造福是共产党人政治担当的归宿。面对具有许多新的历史特点的伟大斗争，党员干部要毫不畏惧"政入万山围子里，一山放出一山拦"[1]的困难，坦然面对"欲渡黄河冰塞川，将登太行雪满山"的挑战，勇于发扬愚公移山精神、将革命进行到底精神，担当起时代赋予的重任。

政治能力的内涵很丰富，最核心的是把握方向、把握大势、把握全局的能力，保持政治定力、驾驭政治局面、防范政治风险的能力。党员干部要保持理论学习上的政治认知力、立场选择上的政治辨析力、方针政策上的政治执行力、诱惑问题上的政治免疫力。提高政治能力，是新时代实现中国共产党历史使命而提出的紧要课题。党员干部要深刻认识提高政治能力的时代内涵和实践指向，坚守党的政治理想；在重大政治原则的问题上，脑子要特别清醒、眼睛要特别明亮、立场要特别坚定；面对大非敢于亮剑、面对矛盾勇于迎击、面对危机善于化解、面对失误勇于担责、面对邪气敢于斗争。

政治自律是指党员干部以讲政治为前提，在政治上自我管理、约束自己，严格遵守党的政治纪律和政治规矩。高度的政治自律是维持中国共产党的生机与活力的"保鲜剂"，是维护党的团结与统一的"定盘星"，是党从艰难岁月赓续下来的"传家宝"。它要求党员干部从思想上和行为上绷紧讲政治这根弦，厚植政治纪律和政治规矩的行动自觉，永远心存敬畏，在讲政治、顾大局上下功夫，在守纪律、讲规矩上作表率，自觉做政治上的明白人、老实人。

（二）政治品质教育的着力点

1. 以牢固树立"四个意识"为着力点确保政治忠诚。中国古代典籍《忠经·天地神明章》曰："天之所覆，地之所载，人之所履，莫大乎忠。"中国古人以"忠"为天下至德。本着古为今用原则，中国共产党进行政治品质教

---

[1] "政入万山围子里，一山放出一山拦"：宋朝杨万里诗句，查自人民教育出版社编：七年级《语文》（下），人民教育出版社 2016 年版，2016 年教育部审定版本。一作"正入万山圈子里，一山放过一山拦"。

育，首在忠诚教育。要教育广大党员把党放在心中最高位置，牢固树立党的领导是中国特色社会主义最本质特征和中国特色社会主义制度最大优势、党是最高政治领导力量的观点，坚持党对一切工作的领导；牢固树立政治意识、大局意识、核心意识、看齐意识，自觉在思想上政治上行动上同党中央保持高度一致，坚决维护核心，坚持党中央权威和集中统一领导，真正做到对党绝对忠诚，并转化为思想自觉、党性观念、纪律要求和实际行动。

2. 以坚定"四个自信"为着力点保持政治定力。对中国特色社会主义的道路自信、理论自信、制度自信、文化自信是检验干部理想信念的"试金石"。在当今世界风云变幻、当代中国深刻变革、社会思想多元多变的背景下，要教育党员干部把"四个自信"融入灵魂和血液，做马克思主义的坚定信仰者；自觉把讲政治贯穿于党性锻炼全过程，不断锤炼对党忠诚的政治品格；坚持把理论武装作为基础任务，着力提升马克思主义理论素养；自觉接受党内政治生活锻炼，切实解决随意化、形式化、平淡化、庸俗化问题；在联系服务群众中汲取智慧力量、增长政治才干，增强做好群众工作的本领；加强政治历练，在实践中砥砺磨练政治能力、积累政治经验。要通过全面深化改革，不断拓展中国特色社会主义道路，不断丰富中国特色社会主义理论体系，不断完善中国特色社会主义制度，不断发展中国特色社会主义先进文化。

3. 以坚持原则、敢于斗争为着力点培养政治担当。要教育党员干部强化政治担当、增强斗争精神，坚持为党分忧、为党尽职，敢于碰硬、敢于攻坚、敢战能胜。要敢同危害中国共产党的领导的各种错误思潮和行为作坚决斗争，同一切削弱、歪曲、否定中国社会主义制度的言行作坚决斗争，同一切分裂祖国、破坏民族团结和社会和谐稳定的行为作坚决斗争，同形形色色的违法违纪行为作坚决斗争。要教育党员干部坚守政治原则和底线，决不能在根本性问题上出现颠覆性错误，不能明哲保身、"爱惜羽毛"；在大是大非面前不能当所谓"开明绅士"，遇到重大政治事件和敏感问题必须立场坚定，敢于发声、敢于亮剑，绝对不可耍滑头、当"墙头草"。

4. 以善于从政治上观察和处理问题为着力点提升政治能力。要教育引导党员干部自觉提升马克思主义理论功底，善于从政治上看问题，把政治和经济、政治和业务有效结合起来；提高政治站位，增强全局观念，自觉做到在大局下思考和行动；提升政治敏锐性和政治鉴别力，对政治上的苗头性倾向性问题，能够见微知著、防患未然，对挑战政治底线的错误言论和不良风气，能够坚决制止、果断处理。

5.以严格遵守党的政治纪律和政治规矩为着力点做到政治自律。在党的所有纪律要求中，政治纪律和政治规矩是党最重要、最根本、最关键的纪律要求。开展政治纪律和政治规矩教育要让广大党员干部牢固树立纪律和规矩意识，遵守政治纪律和政治规矩，必须维护党中央权威，在任何时候任何情况下，都必须在思想上、政治上、行动上同党中央保持高度一致；必须维护党的团结，坚持五湖四海，团结一切忠实于党的同志；必须遵循组织程序，重大问题该请示的请示，该汇报的汇报，不允许超越权限办事；必须服从组织决定，决不允许搞非组织活动，不得违背组织决定；必须管好亲属和身边工作人员，不得默许他们利用特殊身份谋取非法利益。①

二、社会主义核心价值观教育

一个民族、一个国家，最持久、最深层的力量是全社会共同认可的核心价值观。培育和践行社会主义核心价值观，是推进中国特色社会主义伟大事业、实现中华民族伟大复兴中国梦的战略任务，是凝魂聚气、强基固本的基础工程，是干部道德品行教育的重要内容。

（一）准确把握社会主义核心价值观的基本内容

中共十八大提出，倡导富强、民主、文明、和谐，倡导自由、平等、公正、法治，倡导爱国、敬业、诚信、友善，积极培育和践行社会主义核心价值观。这是社会主义核心价值观的基本内容，回答了建设什么样的国家、建设什么样的社会、培育什么样的公民的问题。

1.富强、民主、文明、和谐是国家层面的价值目标。"富强、民主、文明、和谐"是中国社会主义现代化国家的建设目标，也是从价值目标层面对社会主义核心价值观基本理念的凝练，在社会主义核心价值观中居于最高层次，对其他层次的价值理念具有统领作用。

---

① 参见《习近平在十八届中央纪委五次全会上发表重要讲话强调 深化改革巩固成果积极拓展不断把反腐败斗争引向深入》，《人民日报》2015 年 1 月 14 日。

富强即民富而国强，不仅国家要强大，而且人民要富裕。人民富足，是一国存在的终极意义，国家强盛，是人民生活的重要保障。一个富强的国家是经济富庶、政治强大、文化昌盛、社会和谐、生态美好、军事强健的国家，富强是长治久安的基础，是幸福安康的保证。民主是中国特色社会主义民主，其实质和核心是人民当家作主，它的一个基本原则就是三位一体，即党的领导、人民当家作主和依法治国三者有机统一。中国特色社会主义民主建设是中国特色社会主义建设事业的一个重要组成部分，离开了它，中国特色社会主义建设事业是不完整的。文明是人类社会的进步程度和开放状态，是现代化国家文化和社会建设的应有状态。物质文明、政治文明、精神文明、社会文明、生态文明构成中国完整而全面的文明体系，五者协调发展，相互影响，相互制约。和谐反映的是不同事物与现象的协调、适中、秩序、平衡和完美存在状态的一个范畴，是多样性的协调和统一，其本质在于协调不同，使不同的事物通过对立和斗争达到和谐与统一，既对立又统一是实现和谐的一种根本的途径。和谐社会集中体现了学有所教、劳有所得、病有所医、老有所养、住有所居的生动局面，它是社会主义现代化国家在社会建设领域的价值诉求，是经济社会稳定、持续、健康发展的重要保证。

2. 自由、平等、公正、法治是社会层面的价值取向。"自由、平等、公正、法治"是对美好社会的生动表述，也是从社会层面对社会主义核心价值观基本理念的凝练。它反映了中国特色社会主义的基本属性，是中国共产党矢志不渝、长期实践的核心价值理念。自由是人的本质属性和基本价值追求，平等、公正是中国特色社会主义的内在要求，法治是现代社会有序运行的基本保障。

自由是人类生存和发展追求的价值目标，指人的意志自由、存在和发展的自由，是由宪法或根本法所保障的权利或自由权。自由始终与法律相联系，与法治不可分离。法治是自由的前提和保障，自由是法治的表现和产物，没有法治精神的体现就没有自由精神的实现。平等是社会主义的本质要求，是人类追求的价值目标，指的是公民在经济、政治、法律、文化、社会等方面享有相等待遇，它要求尊重和保障人权，人人依法享有平等参与、平等发展的权利。公正即社会公平和正义，是中国特色社会主义的内在要求。

对于中国特色社会主义社会而言，公平正义既是应严守的基本底线，也是要追求的理想境界。前者体现在它要求切实保障每一个公民的基本权利和基本自由，保障并改善弱势群体的基本民生，真正落实法律面前人人平等和司法公正；后者要求充分保证人民平等参与政治、经济和社会生活的各项权利，努力使改革发展成果更多更公平惠及全体人民。法治是人类政治文明的重要成果，是治国理政的基本方式，集中体现了一个国家执政党的执政能力，旨在通过依据法律的治理来维护和保障公民的根本利益。

3.爱国、敬业、诚信、友善是公民个人层面的价值准则。"爱国、敬业、诚信、友善"是公民基本道德规范，是从个人行为层面对社会主义核心价值观基本理念的凝练。它覆盖社会道德生活的各个领域，是公民必须恪守的基本道德准则，也是评价公民道德行为选择的基本价值标准。

爱国涉及公民最基本的价值判断，简言之就是热爱自己的国家。它要求每个公民自觉促进民族团结、维护祖国统一。爱我们的家园，爱我们的家庭，爱我们身边的每一个人，这些都是爱国的具体化。敬业是对公民职业行为准则的价值评价，就是专心致力于工作、学业或专业。它要求公民忠于职守，以良好的心态对待所做的事，全力以赴、一丝不苟、精益求精、追求卓越，克己奉公，服务人民，服务社会。诚信即诚实守信，强调诚实劳动、信守承诺、诚恳待人。友善强调公民之间应互相尊重、互相关心、互相帮助，和睦友好，努力形成社会主义的新型人际关系。

（二）全面把握社会主义核心价值观三个层面的关系

社会主义核心价值观三个层面的价值要求，互为条件、相互融合，共同构成了一个不可分割的有机整体，统一于中国特色社会主义建设实践。

1.富强、民主、文明、和谐的国家价值观，是实现社会层面和公民个人层面价值追求的根本保障。只有富强、民主、文明、和谐，才能为社会自由、平等、公正、法治提供强大的物质基础，为广大公民爱国、敬业、诚信、友善提供力量支撑；才能为社会自由、平等、公正、法治提供根本政治条件，保障人民群众当家作主的权利；才能为自由、平等、公正、法治提供强大的精神动力和智力支持，使每个人生活得更有尊严、更加体面，使爱国、敬业、诚信、友善真正成为每一个公民的自觉行动；才能有安定团结有序的社会生活，为实现自由、平等、公正、法治创造有利社会环境，使每一个人在安居乐业基础上实现爱国、敬业、诚信、友善的价值追求。

2.富强、民主、文明、和谐的国家价值观的实现依赖于社会层面和个人层面的价值追求。富强、民主、文明、和谐需要以自由、平等、公正、法治的价值追求为支撑，需要爱国、敬业、诚信、友善的价值准则为依托。国家梦、民族梦只有同社会、同个人的价值追求紧密结合起来，与每个人的理想奋斗有机融合起来，梦想才有生命、才有根基；同样，只有每个人都把自己的人生理想与价值追求融入为实现社会进步和国家繁荣昌盛而不懈奋斗的滔滔洪流，才会更好实现自己的个人理想和人生价值。

（三）深入开展社会主义核心价值观教育

1.加强社会主义核心价值观宣传教育。各级党组织要把培育和弘扬社会主义核心价值观作为凝魂聚气强基固本的基础工程，把握方向，制定政策，营造环境，切实负起政治责任和领导责任，建立健全领导体制和工作机制。把推动培育和践行社会主义核心价值观同实际工作融为一体、相互促进。党员、干部特别是领导干部要在培育和践行社会主义核心价值观方面带好头，以身作则、率先垂范，以人格力量感召群众、引领风尚。把社会主义核心价值观学习教育纳入各级党委（党组）中心组学习计划，纳入各级党校、干部院校培训内容。深入研究社会主义核心价值观的理论和实际问题，深刻解读社会主义核心价值观的丰富内涵和实践要求，为实际工作提供学理支撑。党的新闻媒体要把社会主义核心价值观贯穿到日常形势宣传、成就宣传、主题宣传、典型宣传、热点引导和舆论监督中。要建设社会主义核心价值观的网上传播阵地。一切文化产品、文化服务和文化活动，都要弘扬社会主义核心价值观。

2.抓好社会公德、职业道德、家庭美德、个人品德教育。要针对党员干部在遵守社会公共秩序方面存在的问题，不顾公众利益、缺乏爱心的问题，环境保护意识薄弱的问题，个人利益至上的问题等，开展社会公德教育，引导党员干部自觉调节自己的言行，控制自己的欲望，自我反省、见贤思齐，维护社会公平正义。要通过岗位责任教育、勤政教育、公正教育、廉政教育、奉献教育，提升党员干部职业道德修养。要通过家庭美德教育，引导党员干部带头树立良好家风。要通过个人品德教育，解决党员干部想什么、学什么、干什么的问题，引导党员干部陶冶高尚情操。

三、中华优秀传统文化教育

博大精深的中华优秀传统文化是中国共产党人在世界文化激荡中站稳脚跟的根基。中华优秀传统文化内涵深邃，其中涵养着的历史先贤们的价值理念和道德规范是广大党员干部汲取历史养料与思想精华、提升个人道德品行的重要源泉。2014 年 2 月，习近平在主持中央政治局集体学习时用"讲仁爱、重民本、守诚信、崇正义、尚和合、求大同"六句话对中华优秀传统文化进行了高度概括。这六个方面内容是传统美德、政治理念、社会理想、民族精神方面的根本要素，也是中华民族传统核心价值观的集中体现，为新时代广大党员干部从中华优秀传统文化中充分继承、悉心汲取和大力弘扬立身做人与治国理政的历史精华，帮助自己提升精神境界，增强执政本领，争做讲道德有品行的合格党员提供了根本遵循。

（一）厘清"讲仁爱、重民本、守诚信、崇正义、尚和合、求大同"基本内涵

"仁爱"是中华民族的核心思想和首要价值，是中华传统美德的象征。《说文解字·人部》云："仁，亲也，从人从二。"[①]解说了"仁"字的意义（"亲也"），分析了"仁"字形构造（从人从二）。孔子也曾对"仁"作出过解释，一句是："仁者，人也。"就是说，仁是做人的根本。另一句是："仁者，爱人"。就是说，仁根本的内涵与要求就是"爱人"。这两句话合在一起理解：做人的根本，就是"爱人"。这是一种信仰、一种价值观，即是"仁爱"的信仰、"仁爱"价值观。一个人，只有懂得并接受这个道理，才能建立起"仁爱"的信仰、"仁爱"价值观，才会有发自内心的"仁爱之心"。只有具备仁爱之心的人，才会成为真正的人，这是做人的最高境界。传统仁爱思想的内涵包括了修身自爱、孝悌之道、大爱无疆等多个方面，为社会主义核心价值观提供了丰富的思想资源。

"民本"思想在中华文化史上源远流长，是中国古代政治思想的基本理念，是中国优良的政治传统，代表着中华民族独特的精神标识。"民本"一词最早出自《尚书·五子之歌》，原句是："皇祖有训，民可近，不可下。民

---

① （东汉）许慎：《说文解字》卷八上，徐铉增释，文渊阁《四库全书》本。

惟邦本，本固邦宁。"意思是：伟大的祖先曾有明训，人民可以亲近而不可看轻；人民是国家的根本，根本牢固，国家就安宁。这实际上是警告统治者，民众是国家的根本，作为统治者要敬民、重民、爱民，认识到民众的力量，自我约束，修炼德行，慎重处理民事、国事，使老百姓能够安居乐业。民惟邦本的社会历史观、民贵君轻的价值取向、爱民养民的执政理念是传统的民本思想的内涵所在。

"诚信"是中华民族精神之魂，是立人之本、齐家之道、为政之基、经商之魂，是人们进德修业之根。在中国古代，诚与信的含义是相通的，如《河南程氏遗书》云："诚则信矣，信则诚矣"。正是因为诚和信的相通与相互依存，才使得诚与信逐渐演化为一个统一的道德范畴——诚信之德。但准确地说，二者既有区别，又有联系。诚与信区别在于，诚偏重于内心，指就主体而言。信侧重于外，指向他人而言。诚与信联系在于，二者相互依存，诚是信的基础，信生于诚，无诚则无信；诚于中，必信于外，内诚于己，外信于人。诚是神，信是形，诚信合一，立德立人，形神兼备。讲诚信要做到诚信立身、诚信立业、诚信为政。

"正义"一词在中国由来已久，《荀子·儒效》云："不学问，无正义，以富利为隆，是俗人者也。"《荀子·正名》云："正义而为谓之行。"在中文辞典中，正义一般解释为公正的、正当的道理；公道正直，正确合理。中国传统文化的正义观，强调正当性与适宜性的统一、个人利益与原则道义的统一。正当性，即公正、公平。孔子的学生子路认为，君子出仕或参与社会事务并非为了满足一己之私利，而是为了"公义"。在儒家看来，仅有正当性原则是不够的，还必须有适宜性原则，正如《礼记·中庸》所说："义者，宜也。"如果说正当性原则是一条动机论原则，那么适宜性原则就是一条效果论原则。传统正义思想在肯定利的客观存在与合理性的同时，强调以义为重，以义导利，对利的追求与获取，不仅要受义的制约，必要的时候，因义而要放弃利。

"和合"是中华民族人文精神的基本理念与首要价值，是中华文化的时代精神与生命智慧，是中华心、民族魂的体现。"和"与"合"两字，最早分别见于甲骨文和金文。"和"指的是和谐、和睦、和平、和善等；"合"指的是聚合、汇合、结合、联合、融合等。"和合"一词最早出自《国语·郑语》："商契能和合五教，以保于百姓者也。"韦昭注曰："五教，父义、母慈、兄友、弟恭、子孝"，是说商契能把五教加以和合，使百姓安身立命。和合的最初含义是指协调各种关系、各种规范和治理国家的方式。《国语》《管子》《墨子》都提出过"和合"范畴。《周易》讲阴阳和合，《诗经》讲"和羹"，孔子讲"和为贵"，老子讲"知和日常"，《易传》讲"和合太和"，《太平经》讲"和合阴阳"，佛教讲"因缘和合"等。和合的现代意义是指自然、社会、人际、心灵、文明间诸多形相、无形相冲突融合，与在冲突融合的动态变化过程中诸多形相、无形相和合为新事物、新生命的总和。天人合一的宇宙观、协和万邦的国际观、和而不同的社会观、人心和善的道德观是传统和合思想的主要内涵。传统"和合"思想不仅是优秀传统文化的精神资源，也是中国共产党人所崇尚的珍贵价值原则和思维方法。

"大同"自古至今一直是中国人关于理想社会的梦想，并不断地被注入新的内容和精神。《尚书·洪范》最早提到了"大同"一词，用来描述王、卿士、庶民和天地鬼神同心同德的状态。但真正用大同来指称某种社会理想的则是《礼记·礼运》，该篇云："大道之行也，天下为公，选贤与能，讲信修睦。故人不独亲其亲，不独子其子，使老有所终，壮有所用，幼有所长，矜寡孤独废疾者皆有所养。男有分，女有归。货恶其弃于地也，不必藏于己；力恶其不出于身也，不必为己。是故谋闭而不兴，盗窃乱贼而不作，故外户不闭，是谓大同。"所谓大同，正如这个名字本身所包含的，克服了家天下制度下包含的亲疏远近等区分，打破人我的界限，以成至公之境。大同社会的特点体现在天下为公的社会制度、选贤任能的管理体制、讲信修睦的人际关系、各得其所的社会保障以及天下太平的理想社会状态。

（二）汲取优秀传统文化精华提升党员干部道德境界

1. 以"讲仁爱、崇正义、守诚信"培养党员干部个人品行。"讲仁爱、崇正义、守诚信"是传统个人美德最主要的几个方面，以此为核心内容对广大党员加强中华优秀传统文化教育，通过传统仁爱、正义、诚信思想的学习教育，使广大党员做到"三个始终"：始终秉承仁爱之心，做到树立科学合理的物质观，从而实现并达到"以义导利""舍利取义"的人生追求和济世情怀；始终崇尚正义之道，做到按照个人的社会角色自觉修行，善养浩然正气，勇担时代重任，同时也要在政治治理上追求一种公平正义的社会秩序、道义为先的正义精神和以天下为己任的责任担当；始终坚守诚信之本，面对各种各样的利益和诱惑，每位党员都能重信守诺，坚守做人做事的道德底线，真诚做人、守信做事，让诚信成为不懈追求和自觉行动，充盈工作学习生活的各个空间。

2. 以"重民本、尚和合、求大同"提升党员干部精神境界。重民本、尚和合、求大同体现了传统核心价值观中的基本政治理念、治理目标和社会理想，是关于治国理政的观点和方略。它们是前人经验教训的深刻总结，对于今天的党员干部提升精神境界以用好权、执好政具有重要的借鉴意义。要通过民本、和合、大同思想的学习教育，让广大党员深刻领会"重民本、尚和合、求大同"的时代价值，做到"三个进一步"：进一步站稳人民立场、强化党员意识和宗旨意识，坚持以"人民"为中心的工作导向，真正做到"情为民所系、权为民所用、利为民所谋"；进一步明确和谐是社会治理的目标，致力于维护国家政治稳定、社会长治久安；进一步把握实现中华民族伟大复兴的中国梦的内涵及属性，认识到实现国家富强、民族振兴、人民幸福既深深体现了今天中国人的理想，也深深反映了中国人自古以来不懈追求进步的光荣传统，增强对中国梦的历史意义的认同。

3. 以中国传统官德砥砺党员干部道德情操。中国传统官德来源于儒家、道家、法家、墨家、阴阳家、佛教等诸多流派。比如，儒家形成了系统的"德治"理论体系，其核心内容之一就是"为政以德"与"为官以德"的德治学说。中国历代关于官德的内容规定有所不同。例如，西周有"六德"（知、仁、圣、义、中、和）、"六行"（孝、友、睦、姻、任、恤）；秦朝有"五善"（忠信敬上、清廉毋谤、举事审当、喜为善行、恭敬多让）；汉朝有"光禄四行"（质朴、敦厚、逊让、节俭）；晋朝有"中正六条"（忠恪匪躬、孝敬尽礼、友于兄弟、洁身劳谦、信义可复、学以为己）；唐朝有"四善"（德义有闻、清慎明著、公平可称、恪勤匪懈）；宋元明清各朝的相关规定大体上沿袭唐朝。传统官德中，最为人们所倚重的是忠、公、善、慎、廉五个字。中国共产党人可以从传统官德中汲取营养、砥砺情操。此外，传统官德的教育机制和保障机制，也可以古为今用。

四、厉行节约反对浪费教育

艰苦奋斗、勤俭节约是中华民族的传统美德，也是中国共产党的立党之基、取胜之道、传家之宝。奢靡之始，危亡之渐。中国特色社会主义进入新时代，继承党的优良作风，对广大党员进行厉行节约反对浪费教育依然至关重要。

中共中央、国务院于2013年11月18日印发实施的《党政机关厉行节约反对浪费条例》是一部厉行节约反对浪费的综合性、基础性党内法规，为新时期广大党员厉行节约反对浪费教育提供了总依据。

厉行节约反对浪费教育，首先要让党员干部明确何为"浪费"。《党政机关厉行节约反对浪费条例》规定，浪费是指党政机关及其工作人员违反规定进行不必要的公务活动，或者在履行公务中超出规定范围、标准和要求，不当使用公共资金、资产和资源，给国家和社会造成损失的行为。除此之外，还要把握厉行节约反对浪费的原则、范围及要求。

（一）把握厉行节约反对浪费原则

厉行节约反对浪费要做到"六个坚持"：坚持从严从简，勤俭办一切事业，降低公务活动成本；坚持依法依规，遵守国家法律法规和党内法规制度的相关规定，严格按程序办事；坚持总量控制，科学设定相关标准，严格控制经费支出总额，加强厉行节约绩效考评；坚持实事求是，从实际出发安排公务活动，取消不必要的公务活动，保证正常公务活动；坚持公开透明，除涉及国家秘密事项外，公务活动中的资金、资产、资源使用等情况应予公开，接受各方面监督；坚持深化改革，通过改革创新破解体制机制障碍，建立健全厉行节约反对浪费工作长效机制。

（二）掌握厉行节约反对浪费范围及要求

厉行节约反对浪费涉及经费管理、国内差旅和因公临时出国、公务接待、公务用车、会议活动、办公用房、资源节约等多个方面。要在共产党内进行厉行节约反对浪费宣传教育，引导党员干部严格要求自己，反对铺张浪费、奢华攀比，要求党员干部切实改进工作作风，同时严格进行监督检查和责任追究。抓住制度建设这个重点，以完善公务接待、财务预算和审计、考核问责、监督保障等制度为抓手，努力建立健全立体式、全方位的制度体系，以刚性的制度约束、严格的制度执行、强有力的监督检查、严厉的惩戒机制，切实遏制公款消费中的各种违规违纪现象。

第三节　道德品行教育的基本途径

一、党校（行政学院）、干部学院主体班次专题教学

党校（行政学院）、干部学院要充分发挥在党员干部道德品行教育中的主渠道、主阵地作用，定期开展需求研究，科学设置教育内容，全面优化教育过程，着力提升教育实效。

（一）将道德品行教育纳入主体班次必修内容

以理论武装和党性教育为主要内容的专题班次，要紧紧围绕党员干部在道德品行方面存在的突出问题，有针对性地设置理论武装、党性锻炼、道德修养、现场体验等教学模块，帮助党员干部夯实道德品行的思想理论基础、明确提升道德品行的行为路径，以实际行动彰显共产党人的人格力量，始终坚守共产党人的精神家园。以提高能力为主要任务的班次，要有机融入道德品行教育的相关内容，把加强道德修养与提高履职能力有机结合起来，既帮助党员干部增强领导全面深化改革和推进中国特色社会主义现代化建设的本领，又帮助党员干部牢固树立正确的世界观、人生观、价值观和权力观、事业观、政绩观，永葆共产党员政治本色，凸显共产党员先进性和纯洁性。

（二）严格主体班次学员党内政治生活

通过严格党内政治生活将各级党校（行政学院）、干部学院主体班次学员道德品行教育贯穿学习培训全过程。各个班次都要建立学员临时党支部，有针对性地开展支部活动，严格党内生活，强化教育管理。学制1个月以上的主体班次，除了开展道德讲堂活动之外，还要进行党性分析并撰写自查报告。要认真做好动员、组织、评议、总结等各个环节的工作，特别要针对个人的道德品行情况作出专门剖析，敞开思想、触及灵魂、深挖根源，明确改进方向和整改措施，确保党性分析不走过场。

（三）着力增强道德品行教育的实际效果

道德品行教育是一个复杂的心理过程和思想过程，带有明显的个性化特

征。因此要高度重视党员干部道德品行观念的个体化差异，教育培训过程中要重视双向互动、情感分析、心理干预、党员干部主体性展现的重要作用，让党员干部积极参与其中，做到因材施教、量体裁衣，以达到通过道德品行教育的心理路径，将正确的道德品行观念渗透到党员干部的心灵深处，成为党员干部心悦诚服、坚定不移的信念，并指引个人的行为。

1. 坚持务实管用原则。灵活运用课堂讲授、现场教学、典型示范、研讨交流、音像教学等方式方法，把强有力的灌输教育与潜移默化的情感传输、春风化雨般的悉心引导结合起来，增强道德品行教育的说服力和感染力。

2. 突出问题导向。紧紧围绕改革发展稳定面临的难点问题，围绕广大党员干部关注的热点问题，围绕党员干部道德品行方面存在的苗头性、倾向性、潜在性问题，组织学员深入开展讨论、研机析理，真正把问题弄清弄透，进而引导干部廓清思想迷雾，增强政治定力、价值判断力和道德责任感。

3. 加强警示教育。通过深刻剖析反面典型违纪违法的道德根源，激发党员干部的道德良知，引导党员干部"见不贤而内自省"，防微杜渐，筑牢思想道德防线。

二、树立和学习宣传道德模范

道德模范站在人类道德的制高点上，是社会主义核心价值观的人格化身，是民族精神和时代精神的生动写照，引领社会主流价值，铭刻人间道德高度。树立和学习宣传道德模范是加强与推进党员干部道德品行教育的一条重要途径。

（一）积极树立道德模范

道德模范是有形的正能量，是鲜活的价值观，是社会主义道德建设的重要旗帜。要通过发现、推荐、评选的良好运行机制，树立道德模范，用身边好人汇聚奋进力量，在全社会营造崇德向善、见贤思齐的浓厚社会氛围。

1. 明确道德模范应涵养的思想与精神。弄清楚通过道德模范去弘扬什么样的价值理念和精神品质，是树立道德模范的首要问题。要学习道德模范助人为乐、关爱他人的高尚情怀，在关心他人、帮助他人中，实现内心的充实、获得人生的美满；要学习道德模范见义勇为、勇于担当的无畏精神，危难关头挺身而出，考验面前坚守正气，彰显舍己为人、扶危救难的人间大义；要学习道德模范以诚待人、守信践诺的崇高品格，老老实实做人、踏踏实实做事，用诚实守信构建人与人之间的互信；要学习道德模范敬业奉献、勤勉做事的职业操守，干一行爱一行，钻一行精一行，立足本职岗位创造一流业绩；要学习道德模范孝老爱亲、血脉相依的至美真情，常怀感恩之心、敬爱之情，将心比心、推己及人，形成人之亲、家之亲、国之亲。①

2. 拓展推荐评选道德模范的渠道。进一步深化省级市级县市区级推荐、部门（行业）推荐、新闻媒体推荐和群众推荐渠道。党的各级宣传部门、文明办需进一步加大工作力度、周密安排部署，及时发布活动消息、公布推荐评议方式，发动各单位和广大群众积极推荐道德模范。对搜集上来的候选人材料，严格按照要求进行整理，定期向上级宣传部、文明办推荐候选人。各部门（行业）要结合本部门（行业）先进模范人物评选活动，及时发现挖掘本部门（行业）的先进典型，对照道德模范评选条件，积极组织推荐申报工作。各新闻媒体要根据各自特点，开设道德模范专栏，提供电子邮箱、热线电话、网上留言等推荐渠道，及时组织采访报道。推荐评选道德模范要特别注重发动群众参与，积极鼓励广大群众直接向各地、各单位、各级媒体热线提供线索，进行推荐。

3. 拟定推荐评选道德模范的条件。各地应结合本地工作实际和发展状况，以道德模范应涵养的思想与精神为基础拟定推荐评选道德模范的条件，细化道德模范评选标准及办法，策划道德模范评选活动实施方案。应特别注意从党员与党员领导干部中发现和推荐道德模范。

4. 建立健全推荐评选道德模范的工作机制。一是建立健全工作责任制。各地应把树立道德模范作为培育和践行社会主义核心价值观一项长期坚持的重要工作任务，列入重要工作日程。要成立领导机构，完善体制机制，强化制度措施，落实工作责任。二是完善基层选树典型机制。各地各部门要立足基层，广泛开展层层选树、层层推荐、层层发布道德模范工作。三是规范定期表彰通报机制。对入选的道德模范颁发荣誉证书，并通过报刊、电视电台、政务网站、微信微博平台、单位宣传栏等方式进行表彰发布。四是建立

---

① 参见刘云山：《学习全国道德模范加强公民道德建设》，《人民日报》2013 年 9 月 28 日。

健全奖惩和考核机制。凡树立的道德模范将作为更高一级道德模范推荐评选的优先对象。入选的道德模范如有违法、违纪、违反社会公德或其他有悖于评选宗旨的行为，一律及时撤销其荣誉称号。将道德模范推荐评选工作纳入宣传文化工作年度目标考核和文明行业、文明单位创建考核细则，实施定量考核。

（二）积极学习宣传道德模范

2015年10月，习近平对全国道德模范表彰活动作出重要批示，他强调，道德模范是道德实践的榜样。要深入开展宣传学习活动，创新形式、注重实效，把道德模范的榜样力量转化为亿万群众的生动实践。发挥道德模范的榜样作用，就需要让道德模范的事迹走进心里，使敬好人、学好人、做好人在社会上蔚然成风，让广大党员对道德模范做到内心认同进而行动趋同。

学习宣传道德模范既要尊重规律，也要注意方式方法。学习宣传道德模范要做到"深入浅出"。"深入"即挖掘道德模范的思想内涵要深，让其事迹、品质、精神在公众头脑中驻留要深。道德模范身上集中体现着中华民族的优良传统，集中体现着社会主义核心价值观最闪光的一面，是学习和效仿的榜样。只有将他们身上的思想内涵充分挖掘，才能为学习宣传其先进事迹奠定坚实基础。同时，还需在持久深入上下功夫。注重对宣传教育成果的巩固，不能仅注重开端，不注重平时，要让宣传教育成果持续发力。对此，党的宣传思想部门、理论机构等应发挥自身部门职能和优势，一要做好道德模范精神挖掘这篇大文章，力争对道德模范进行一次立体的"透析"，让其身上的品质和光芒最大可能呈献给世人。二要注意将道德模范的宣传和学习纳入宣传思想工作的长期规划，形成长效机制，分时段、有节奏地开展宣传教育，使其久久为功。"浅出"即宣传学习的形式要潜移默化，不能照本宣科，要通俗易懂，接地气、聚人气。应结合群众的实际来开展宣传学习。可以组织道德模范走进社区、学校等方式，与大家面对面交流、心贴心会话；也可以组织参观道德模范的岗位、家庭等，切实增强先进人物的感染力，品味道德模范的人格魅力；或采用文艺的手法开展宣传学习道德模范，通过歌曲、相声、小品、公益广告、道德讲堂、好人报告会、好人故事会、微故事、微电影及文艺演出等多种形式，广泛开展上榜人物先进事迹的社会宣传，让道德模范的事迹在广大党员心里开花结果，以求触动灵魂、渗入生活；还可以以道德模范事迹为基础，每年组织百姓宣讲团，走进社区、农村、机关、学校、企业等进行宣讲，在全社会形成学习宣传和争做道德楷模的浓厚社会氛围。

（三）学习道德模范贵在知行统一、重在身体力行

党员干部对道德模范的学习不仅要"感动一阵子"，更要"铭记一辈子"，并真正做到知行统一、身体力行。

小事小节是一面镜子，小事小节中有道德、有人格。党员干部应牢记"堤溃蚁孔，气泄针芒"的古训，坚持从小事小节上加强修养，从一点一滴中完善自己。党员干部要像道德模范那样，"勿以善小而不为"，多办举手之劳的好事，多办惠及他人的实事，聚细流为江河、积小善为大善。无论是在公共场所行为举止、邻里相处、行路驾车，还是在网上交流等方方面面，都要做到遵德守礼、遵规守法，坚守道德底线、法律红线，始终做到知行统一，切实从身边做起，从最基本的道德规范做起，把良好道德行为落实到日常生活和工作之中。通过在加强自身修为的过程中锤炼个人品行，维护党的良好形象。

三、建立健全道德品行教育的长效机制

党员干部道德品行教育不是一蹴而就的事情，要建立健全长效机制，把党员干部的道德品行教育作为一项重要政治任务常抓不懈。

（一）健全干部道德品行教育培训机制

各级组织人事部门要健全党员干部学习培训制度，把干部道德品行教育相关内容纳入干部教育培训规划和年度工作计划，强化工作指导和督促检查，并在抓细、抓实、抓严上下功夫。

1.抓细凸显在师资力量充实和教育内容完善上。党员干部道德品行教育的授课教师不能仅限于党校（行政学院）、干部学院等培训机构的教师，还要选聘自身素质高、授课效果好的领导干部和道德楷模充实师资力量。要不断更新道德品行教育的内容和事例，更加注重以身边人身边事感染教育广大党员。同时，及时总结编撰相关教学案例，积极开发思想性强、时代感强、说服力强的案例教材，提升教育效果。

2.抓实凸显在教育方式方法更新上。要灵活运用课堂讲授、自主学习、

研讨交流、专家报告、现场教学、实训教学、音像教学、典型示范教育等多种方式方法，增强道德品行教育的说服力和感染力。尤其要突出研讨交流和道德模范现身说法两种方式，突出党员干部接受教育过程中的主体地位，让其通过自我思考、观点碰撞、情感触动、心灵洗涤来引起共鸣、引发改变，升华认识、提升品行。

3.抓严凸显在严格教育管理上。在对党员干部进行道德品行教育培训过程中，需要不断强化管理，包括对教育者和受教者的双重管理，以更好地提升培训效果，保证培训质量。一方面，各级干部教育培训机构要始终坚持党性原则，坚持从严治校、从严施教、从严治学。要坚持勤俭办校，不断加强干部教育培训机构工作人员的教育与管理，要求教师以身示范，以德施教，用良好校风教风熏陶学员。另一方面，要严格学员管理，严肃培训纪律，教育引导学员恪守道德规范、提升政治品行，在课堂教学、异地培训、现场调研、文体活动、党性锻炼、拓展训练、结业考试等各个环节都体现共产党员应有的道德情操。

（二）建立健全科学有效的干部道德品行考核机制

建立健全科学有效的干部道德品行考核机制，更好地突出德在干部识别、考评、选拔工作中的优先地位和主导作用，是党员干部道德品行教育的题中之义，也是实现道德品行教育常态化科学化的必然选择。

1.要完善考核评价标准。从道德品行方面完善干部德的评价标准，实现道德评价标准的具体化，注重差异性和针对性，做到有的放矢。重点看是否忠于党、忠于国家、忠于人民，是否确立正确的世界观、权力观、事业观，是否真抓实干、敢于负责、锐意进取，是否作风正派、清正廉洁、情趣健康。

2.要从考核办法和结果运用上优化考核过程。一是实现道德考核办法的新颖化，注重深入性和开放性。可采用个人"亮德"、群众"测德"、组织"核德"、多维"审德"的方式进行。二是实现道德结果运用的即时化，注重时效性和导向性。坚持奖优罚劣，将考核结果与干部切身利益结合起来，对道德品行考核结果优秀的干部，进行多种奖励，使干部有想头、有奔头、有盼头；对考核结果不佳的干部，采取诫勉谈话、调整降级、劝退辞退等措施进行负向激励，动真碰硬抓考核，真奖实罚搞激励。

（三）落实道德品行教育的长效机制

道德品行教育是一项长期性的工作，需要广大党员干部长期参与其中。因此，要为加强道德品行教育提供制度保障，落实道德品行教育长效机制。只有形成切实可行的制度，才能真正发挥"修身养德"的作用，才能避免道德品行教育流于形式。一是要全面系统进行制度设计。在各级党校（行政学院）、干部学院之间及其与组织人事之间，要加强建立沟通与协调机制，形成科学统一的道德品行教育标准与规范要求，使干部的道德品行教育制度化、规范化；建立奖惩制度，奖优罚劣，促使党员干部自觉养成良好道德品行；建立党内党外监督制度，充分运用网络、报纸、电视、微信、微博等新闻媒介进行宣传，发挥各民主党派、群众团体、新闻媒体等的监督作用。二是要以工作机制确保制度执行。要建立责任项目清单，推动道德品行教育工作项目化、具体化。通过建立规范的考核体系强化履职尽责，坚持有责必履、失责必问，保障道德品行教育制度的有效执行。

第十二章　法治思维教育

法治思维是指社会主体（包括国家公权力机关、政党组织、法人、其他社会组织和公民）依照法治理念、基本原则、法治精神、法治体系与法治逻辑规范对经济政治文化社会事务及公民个人行为进行分析、判断、选择、处理与协调的认知能力、认知过程以及能动准确客观反应的意识活动。"法治思维"概念正式出现在中共中央文件中是在中共十八大。法治思维凝结了精神层面法治行政文化的所有要素。法治精神、法治意识、法治理念、规则意识、契约精神、法律知识等都是党员干部法治思维养成的必备要素。开展法治思维教育，是培育和养成法治思维的首要环节，是一切法治教育的出发点和落脚点，也是党性教育的重要组成部分。加强党员干部的法治思维教育，有利于建设法治国家、法治政府、法治社会，也有利于增强党员干部的党性修养。法治思维教育内容丰富，需要采取多种措施予以保障。

第一节　法治思维教育的前置条件

一、深刻认识法治中国的重大意义

（一）建设法治中国是实现中国梦的制度保障

实现中华民族伟大复兴，是近代以来中华民族最伟大的梦想。实现中华民族伟大复兴的中国梦，是以习近平同志为核心的党中央对全体人民的庄严承诺，是党和国家面向未来的政治宣言。实现这一伟大梦想，就要推进法治中国建设。在中国特色社会主义新时代，面对利益主体日益多元化，利益关系日趋复杂化，民主化进程不断发展，公民民主意识、权利意识不断增强的复杂局面，要更好统筹社会力量、平衡社会利益、调节社会关系、规范社会行为，唯有全面推进依法治国，通过法治搭建各种利益有效博弈的制度化平台，建立健全权威性、根本性、全局性、稳定性和长期性的基本规则体系，为市场经济、民主政治、先进文化、生态文明提供制度确认与法律保证。只有坚定不移走中国特色社会主义法治道路，加快建设法治中国，才能为实现中国梦提供坚实有力的制度保障。

（二）建设法治中国是国家治理能力现代化的重要途径

全面深化改革总目标是完善和发展中国特色社会主义制度，推进国家治理体系和治理能力现代化。全面推进依法治国总目标是建设中国特色社会主义法治体系，建设社会主义法治国家。二者相互衔接、相互促进，共同为全面建成小康社会、建设社会主义现代化强国提供动力支持和体制保障。从现实条件看，中国的国家治理体系和治理能力总体上是适应国情和发展要求的，但仍然存在一些亟待改进的问题。比如，城乡之间和地区之间发展不平衡，整个社会的利益格局和生活结构日益发生变化，导致一部分地区、一部分领域的社会矛盾逐渐增加，在一定程度上影响了社会的和谐稳定；法律还不够完善，有法不依、执法不严、违法不究的问题仍然存在，公众法治意识淡薄。解决上述问题，一方面，要加强制度建设，构建科学完备、运行有效的法律制度体系，推进国家治理制度体系的法律化、规范化和定型化。另一方面，要强化宪法和法律的约束力、实施力，提高国家制度体系的运行力、执行力，着力依法管权，推进国家各项工作进入法治化轨道。简言之，就是要建设法治中国。建设法治中国对实现国家治理现代化具有规范、引领等作用，是推进国家治理现代化的重要途径。

（三）建设法治中国是全球化进程的客观需要

中共十九大强调："世界多极化、经济全球化、社会信息化、文化多样化深入发展，全球治理体系和国际秩序变革加速推进，各国相互联系和依存日益加深，国际力量对比更趋平衡，和平发展大势不可逆转。"[①]当今世界是一个经济全球化、公共治理全球化的世界，也是法律全球化的世界，法治是维护国际社会秩序的有效方式，也是适合全球化时代的治理手段。中

---

① 习近平：《决胜全面建成小康社会　夺取新时代中国特色社会主义伟大胜利——在中国共产党第十九次全国代表大会上的报告》，《人民日报》2017年10月28日。

国作为世界上最大的发展中国家，要更好地融入全球化，在未来的、剧烈的国家竞争中不被边缘化，立于不败之地，并能分享改革发展的成果，参与国际事务的处理，展现和平大国形象，就必须主动迎接全球化的挑战，推进法治改革，全面推进依法治国，坚定地走出一条自主型的法治中国建设之路。

二、努力弄清法治中国的内涵、特征和基本目标

（一）法治中国的内涵

"法治中国"是一个直面现实前瞻未来的概念，是对依法治国基本方略的进一步丰富与深化。它是指走中国特色社会主义法治道路，发展中国特色社会主义法治理论，全面推进依法治国。其总目标是建设中国特色社会主义法治体系，建设社会主义法治国家；其工作布局是坚持依法治国、依法执政、依法行政共同推进，坚持法治国家、法治政府、法治社会一体建设；其重点任务是着力推进科学立法、严格执法、公正司法、全民守法；其重要保障是加强法治工作队伍建设，深化司法体制改革，建设社会主义法治文化。

2013年1月7日，习近平首次提出了"建设法治中国"的宏伟目标。中共十八届三中全会明确提出了"推进法治中国建设"的战略任务。中共十八届四中全会把"向着建设法治中国不断前进"和"为建设法治中国而奋斗"作为法治建设的长期战略目标和治国理政的重大号召。中共十九大报告提出，成立中央全面依法治国领导小组，加强对法治中国建设的统一领导。从"依法治国方略"到"法治中国"，标志着中国的法治实践进入一个全新的时代。"法治中国"作为中国共产党和全体国民的法治共识与行动宣言，决不是宣誓性的口号，而是实现中华法治文明伟大复兴的崇高理想与现实追求。

（二）法治中国的特征

1.统一性。法是党的主张和人民意愿的统一体现，中国共产党领导人民制定宪法法律、实施宪法法律，党自身必须在宪法法律范围内活动，这就是党的领导力量的体现。党和法、党的领导和依法治国是高度统一的。全面依法治国，建设法治中国，"核心是坚持党的领导、人民当家作主、依法治国

有机统一，关键在于坚持党领导立法、保证执法、支持司法、带头守法。要在全社会牢固树立宪法法律权威，弘扬宪法精神，任何组织和个人都必须在宪法法律范围内活动，都不得有超越宪法法律的特权。"①

2. 主体独立性。法治中国建设，是中国人的法治建设，如果忽视了中国人自己作为主体的感受，忽视了中国人自己的行为观念和行为方式，完全遵循西方的模式来推进，很容易出现变异。中国共产党提出法治中国概念，实际上就是强调中国人民建设法治的主体意识。中国所要建设的法治必然是中国人的法治，而不是别人的法治。这个法治搞得好不好、适合不适合，只有中国人自己知道，也应当让中国人自己来品味。一切忽视中国人独立主体地位的法治建设，都是片面的、脱离实际的。法治中国所追求的法治，充分体现中国人民的主体独立性，不同于西方的法律制度和法律规则。

3. 统摄性。法治中国具有统摄性，它包括了法治建设的各个方面。正如《中共中央关于全面深化改革若干重大问题的决定》所说："建设法治中国，必须坚持依法治国、依法执政、依法行政共同推进，坚持法治国家、法治政府、法治社会一体建设。"② 法治国家、法治政府、法治社会等方面的建设，都属于法治中国建设的必要组成部分，法治中国是法治国家、法治政府、法治社会一体建设的最终目标和实现后的结果，法治国家、法治政府、法治社会一体建设是实现法治中国的前提和必经之路。法治中国统摄了中国特色社会主义法治道路、理论、制度和实践。

4. 渐进性。法治中国建设是一项复杂而庞大的系统工程，涉及国家的经济、政治、文化、社会和生态文明等方方面面，加上中国处于社会主义初级阶段，改革还在深化，社会矛盾和问题交织叠加，全面依法治国任务依然繁重，国家治理体系和治理能力有待加强。因此，法治中国建设是一个艰难曲折、前进上升的过程，要稳步推进，不能操之过急。全面依法治国是国家治理的一场深刻革命，法治中国建设要与国情相适应，走渐进式发展道路，逐步达成规则之治、良法善治。

---

① 习近平：《在庆祝中国共产党成立 95 周年大会上的讲话》，《人民日报》2016 年 7 月 2 日。
② 《中共中央关于全面深化改革若干重大问题的决定》，《人民日报》2013 年 11 月 16 日。

5.包容性。法治中国的包容性体现在两方面：一方面，坚持古为今用，弘扬中华法系和中华法文化优良传统；坚持洋为中用，对丰富多彩的世界秉持兼容并蓄的态度，借鉴国外法治有益经验。另一方面，法治中国涵养范围包括中国大陆和港、澳、台地区。当中国共产党讲社会主义法治国家时，是不包括香港特别行政区、澳门特别行政区、台湾地区的；但是，用法治中国概念来表述时，港、澳、台等都是其重要组成部分。因此，使用法治中国概念，有助于"一国两制"的实施，促进两岸之间的法治对话、交流与合作。

（三）法治中国建设的基本目标

我国已经进入法治中国建设的新时代，法治新时代意味着中国要实现从法治大国向法治强国的转变。中共十九大明确了从 2020 年到本世纪中叶分两个阶段的战略安排，即从 2020 年到 2035 年，在全面建成小康社会的基础上，基本实现社会主义现代化。其中，"人民平等参与、平等发展权利得到充分保障，法治国家、法治政府、法治社会基本建成，各方面制度更加完善，国家治理体系和治理能力现代化基本实现"[1] 就是法治建设的阶段性目标；从 2035 年到本世纪中叶，在基本实现现代化的基础上，把我国建成富强民主文明和谐美丽的社会主义现代化强国，社会主义现代化强国也必然要求是法治强国。

三、认真领会法治中国的精神内核

（一）全面实现人民当家作主是法治中国的本质要义

人民是国家主人的政治定性和宪法定位，决定了人民必然是法治中国建设的主体而不是客体，国家法治必须以保障人民幸福安康为己任，切实保障和充分实现人权。人民当家作主是法治的前提和基础，更是法治的本质和动力。中共十八届四中全会对法治中国方略的定位多次提及满足人民群众的法治需求，保障人民群众的合法权益这一法治的核心要素，集中反映了我国法治的人民性，充分体现了人民在法治中国建设中的地位和作用。因此，法治中国是全面实现人民当家作主的法治国家。

---

[1] 习近平：《决胜全面建成小康社会　夺取新时代中国特色社会主义伟大胜利——在中国共产党第十九次全国代表大会上的报告》，《人民日报》2017 年 10 月 28 日。

（二）良法善治是法治中国的精神与精髓

古希腊思想家亚里士多德在其《政治学》一书中指出："法治应包含两重含义：已成立的法律获得普遍的服从，而大家所服从的法律又应该本身是制定得良好的法律"。[①] 他所强调的良法善治是法治的核心内容与内在属性，同样也符合法治中国的精神实质。中共十九大报告指出，"推进科学立法、民主立法、依法立法，以良法促进发展、保障善治。"[②] 这是新时代党对国家法治建设提出的新要求。"良法"是法治的价值标准和理性追求，"善治"是法治的运作模式和实现方式，"良法"与"善治"的有机结合，构成了法治中国的精神与精髓。法律是否为"良法"的评价标准，主要包括公平、正义、民主、自由、人权、秩序、和谐等重要评判要素。良法应该符合社会发展规律、能够体现和保障绝大多数人意志和利益。法治的实质是良法之治，但仅仅有良法还不是真正意义上的法治。"良法"只有被遵守才会使绝大多数人的意志和利益真正得到体现与保障，从而实现公平正义，达到良法所要达到的良好效果，即"善治"。"善治"与"人治"有根本的区别，是制度之治、规则之治、法律之治。因此，良法善治是法治的核心要义，是维系法治国家健康发展、推进法治中国历程的坚实根基。

（三）公平正义是法治中国的价值追求

随着社会主义民主政治的发展和依法治国方略的实施，人民美好生活需要日益广泛，人民群众对公平正义的要求也日益增长。推进法治中国建设，要把维护社会公平正义作为首要价值追求，坚持严格执法、公正司法。如果执法不严、司法不公，甚至办关系案、人情案、金钱案，社会就失去了最起码的公平公正。司法是维护社会公平正义的最后一道防线，如果罪犯没有得到应有惩处、当事人胜诉权益没有得到及时实现，社会正义就难以伸张。中共十九大报告指出："建设法治政府，推进依法行政，严格规范公正文明执法。深化司法体制综合配套改革，全面落实司法责任制，努力

---

① ［古希腊］亚里士多德：《政治学》，吴寿彭译，商务印书馆1965年版，第199页。

② 习近平：《决胜全面建成小康社会　夺取新时代中国特色社会主义伟大胜利——在中国共产党第十九次全国代表大会上的报告》，《人民日报》2017年10月28日。

让人民群众在每一个司法案件中感受到公平正义。"①可见，公平正义是法治中国的价值追求，努力让人民群众在每一个司法案件中都能感受到公平正义，是中国共产党维护社会公平正义的铮铮誓言，是推进法治中国建设的重要保障。

四、自觉把握中国特色社会主义法治体系

法治体系反映了法治各环节操作规范化、有序化的程度，表征法治运行与操作各个环节彼此衔接、结构严谨、运转协调的和谐状态，充分体现和有效实现法治的核心价值。中共十八届四中全会首次宣布和论证了中国特色社会主义法治体系，明确提出全面推进依法治国的总目标。中国特色社会主义法治体系是法学中一个统领性概念，是中国特色社会主义理论体系的法律表现形式。在中国特色社会主义新时代，建设中国特色社会主义法治体系，就是要形成"五个体系"，即完备的法律规范体系、高效的法治实施体系、严密的法治监督体系、有力的法治保障体系和完善的党内法规体系。

在新时代的背景下，要继续完善中国特色社会主义法治体系的五大子体系。一是完备的法律规范体系。它是法治国家的基本标志，是全面推进依法治国的重要基础。首先要依宪立法；其次要贯彻党的方针政策，使党的主张和人民意志通过法定程序统一起来；最后要规范立法，促进立法内在协调。二是高效的法治实施体系。它是法治国家的核心问题。法律的生命力在于实施，法律的权威也在于实施。法律得不到实施，形同虚设。法治实施体系的核心是执法和司法，严格执法和公正司法是关键，同时必须强调执法和司法的效率。三是严密的法治监督体系。法治监督体系的重心是加强对公权力的监督。行政权力具有管理事务领域宽、自由裁量权大等特点，法治监督的重点之一就是规范和约束行政权力。四是有力的法治保障体系。中央全面依法治国领导小组是对未来全面依法治国最大的组织保障。新时代在法治建设的各个方面、各个环节，都要以中央全面依法治国领导小组的顶层设计为

---

① 习近平：《决胜全面建成小康社会 夺取新时代中国特色社会主义伟大胜利——在中国共产党第十九次全国代表大会上的报告》，《人民日报》2017年10月28日。

依据。五是完善的党内法规体系。新时代要求从党内法规的制定、备案、解释、执行等方面，进一步加强党内法规制度建设；要求从理论和实践层面理顺党内法规和国家法律的关系；同时，对党内法规在从严治党、管党方面的效用进行评估，为修改完善党内法规提供依据。

第二节　法治思维教育的主要内容

一、法治思维重要性教育

法治思维是一切法治教育的出发点和落脚点；法治国家、法治政府、法治社会的实现，要求人们首先要求党政领导干部，普遍确立法治思维。中共十八大报告提出："提高领导干部运用法治思维和法治方式深化改革、推动发展、化解矛盾、维护稳定能力。"[①] 这是在中国经济社会发展的新时期、新阶段，对领导干部法治思维能力首次提出的新要求，是中国共产党对法治的认识和法治自觉的进一步深化。党员干部必须深刻认识法治思维的极端重要性，准确把握法治思维的内涵，把法治思维教育贯穿党性教育始终，努力提高党员干部运用法治思维和法治方法处理改革、发展、稳定等各方面复杂问题的能力，进一步提升党员干部的党性素养。

（一）要帮助受教育者理解和把握法治思维的内涵与特征

简言之，法治思维就是按照法治观念、法治精神、法治原则来观察、分析和解决问题的思维方式。法治思维说到底是将法律作为判断是非和处理事务的准绳，它要求崇尚法治、尊重法律，善于运用法律手段解决问题和推进工作。它具有主客体确定、对象多元、依据充分、过程思辨、效力能动并作用于社会等特征。在中国，法治思维应当是新时代党员、干部思维的共同特点，但不同群体的法治思维并非完全一样。党员领导干部享有和行使着公权力，其应当具备规则思维、合法思维、程序思维、权赋思维、权限思维和善治思维等。

---

① 胡锦涛：《坚定不移沿着中国特色社会主义道路前进　为全面建成小康社会而奋斗——在中国共产党第十八次全国代表大会上的报告》，《人民日报》2012 年 11 月 18 日。

（二）要使受教育者认识到法治思维是推进法治中国建设迈向新时代的必然要求

"目前，中国特色社会主义法律体系已经形成，法治政府建设稳步推进，司法体制不断完善，全社会法治观念明显增强。"① 然而，由于中国历史上缺乏法治传统以及一些现实原因，有法不依、执法不严、违法不究现象比较严重，"部分社会成员尊法信法守法用法、依法维权意识不强，一些国家工作人员特别是领导干部依法办事观念不强、能力不足，知法犯法、以言代法、以权压法、徇私枉法现象依然存在。"② 如何回应人民群众法治新期待，推进法治建设新跨越，是法治中国建设迈向新时代所必须回答的重大现实课题。治国首在治吏，法治重在治权。树立法治思维，运用法治方式，推动国家各项工作法治化，都离不开领导干部带头依法办事、带头遵守宪法和法律，都要求领导干部必须懂法治、讲法治，不断提升法治意识和法治思维能力，"努力推动形成办事依法、遇事找法、解决问题用法、化解矛盾靠法的良好法治环境，在法治轨道上推动各项工作。"③ 进而通过领导干部法治思维能力的提升和引领示范效应，带动全社会形成人们不愿违法、不能违法、不敢违法的法治氛围。

（三）要使受教育者认识到法治思维是巩固党的执政地位和加强党的执政能力建设的重要保障

党的执政地位不是与生俱来的，也不是一劳永逸的，人民的选择决定党的执政权的取得和终结。所以，执政党的执政必须建立在合法性的基础上，符合人民利益，持续受到人民拥戴，才能实现党的长期平稳执政。办好中国的事情，关键在党，关键在提高党科学执政、民主执政、依法执政的水平。在国际国内政治经济形势发生深刻变化之时，在"四大考验"更加尖锐地摆在全党面前之际，适应变化、战胜挑战、加强党的执政能力的治本之策，就是把依法治国作为党领导人民治理国家的基本方略，让法治成为治国理政的基本方式。习近平指出："法律是治国之重器，法治是国家治理体系和治理

---

① 《中共中央关于全面推进依法治国若干重大问题的决定》，《人民日报》2014 年 10 月 29 日。
② 《中共中央关于全面推进依法治国若干重大问题的决定》，《人民日报》2014 年 10 月 29 日。
③ 习近平：《在首都各界纪念现行宪法公布施行 30 周年大会上的讲话》，《人民日报》2012 年 12 月 5 日。

能力的重要依托。……要推动我国经济社会持续健康发展，不断开拓中国特色社会主义事业更加广阔的发展前景，就必须全面推进社会主义法治国家建设，从法治上为解决这些问题提供制度化方案。"①他要求："各级党组织和党员领导干部要带头厉行法治，不断提高依法执政能力和水平，不断推进各项治国理政活动的制度化、法律化。"②这就需要通过法治思维养成，提高党政干部多种法治思维方式综合运用与价值判断的能力，进一步发挥法治的规范、引导、保障和惩戒等作用。

（四）要使受教育者认识到法治思维是破解改革发展稳定难题的有效途径

中国政治、经济、文化、社会等综合体制改革已进入深水区和攻坚期，各种利益冲突频繁、社会矛盾凸显，改革发展稳定依然是急需破解的难题。过去相当长的时期，为了推动改革、促进发展、化解矛盾和维护稳定，更多的是运用教育手段、行政手段和经济手段等协调改革发展稳定的关系，民主法治的手段和方式运用的不多。久而久之，社会逐渐呈现出群众信访不信法、信权不信法、信人不信法的现象，致使法治权威不彰。中共十八大及时调整改革发展、矛盾纠纷化解和维护稳定的思路，强调"法治是治国理政的基本方式"③，明确提出要"更加注重发挥法治在国家治理和社会管理中的重要作用"④，这就为破解改革发展稳定难题指明了方向。把解决改革发展稳定问题纳入法治的轨道，要求领导干部必须改变过去过度依赖行政命令、经济手段的做法，不断提高自身运用法治思维和法治方式凝聚改革共识、规范发展行为、促进矛盾化解、保障社会和谐的能力。要运用"法治思维"方式，认真对待法治改革与时代发展的同一性。要树立正确的改革与法治观，通过"法治思维"，调研并分析清楚现行法律在哪些方面具有滞后性和不适应性，

---

① 习近平：《关于〈中共中央关于全面推进依法治国若干重大问题的决定〉的说明》，《人民日报》2014 年 10 月 29 日。

② 习近平：《在首都各界纪念现行宪法公布施行 30 周年大会上的讲话》，《人民日报》2012 年 12 月 5 日。

③ 胡锦涛：《坚定不移沿着中国特色社会主义道路前进　为全面建成小康社会而奋斗——在中国共产党第十八次全国代表大会上的报告》，《人民日报》2012 年 11 月 18 日。

④ 胡锦涛：《坚定不移沿着中国特色社会主义道路前进　为全面建成小康社会而奋斗——在中国共产党第十八次全国代表大会上的报告》，《人民日报》2012 年 11 月 18 日。

协调好各方利益关系，解决好各种经济下行压力的矛盾困境，找出对策和方法，妥善处理法治建设与改革发展稳定的关系。

二、规则思维教育

普遍的法治思维，一切从讲规矩、讲规则开始。法治乃规则之治，规则是法治的基础，规则思维是法治思维的本质要义，若不在社会生活中运用规则思维就谈不上法治思维和法治方式。规则思维是以既定的法律规则为依据，运用法律规则中的法律术语进行观察、思考和判断。因此确立规则意识、运用规则思维是理解、培育和运用法治思维的重要内容，是对法治思维研究的具体化，也是提高法治思维和依法办事能力的重要思维保障。规则思维的起点是寻找有效的规则，规则思维的过程要依据、运用和尊重规则，规则思维的结果要合乎规则要求。

进行规则思维教育，要求党员干部在认识、分析、评判、推理和形成结论的思维全过程都要讲规则，主要体现在以下几个方面：一是要求党员干部要善于寻找事件与规则、事物与规则、行为与规则间的逻辑关系，辨识其是否相适应，进而穿行于事实与规则之间，在个案事实认定、法律适用等各环节都要尊重和运用既定的法律规则。二是要求党员干部始终将宪法法律规则作为行为的首要规范和依据，依照规则行使权力或权利、履行职责或义务，合乎规则的可为，违背规则的禁为，真正做到公权力机关行为于法有据，有权不任性，公民法人信法守规矩。当然，规则思维绝不是简单死抠法律条文的僵化思维，规则思维支持通过对法律规则的适当解释、论证、推理等方式来完善法律规则，并作为思维依据。三是党员干部在立法、执法、司法、守法、法律监督等法治实践中乃至社会生活的方方面面，都要常怀规则意识，遇事找法律规范、解决问题靠法律规范。

进行规则思维教育，要引导党员干部注意区分规则之间的效力。因为一种规则与另一规则之间，效力有高低之分，次序有先后之分。宪法为国家的根本大法，效力最高，法律次之，法规又次之。当法律与宪法相矛盾时，以宪法为准；法规与法律相冲突时，以法律为准；同等级别的旧法规与新法规相矛盾时，后法优于前法；特别法与一般法相冲突时，特别法优于一般法。

三、合法思维教育

法律思维方式的重心在于合法性的分析，即围绕合法与非法来思考和判断一切有争议的行为、主张、利益和关系。合法性是法治思维活动得以开展的前提条件和出发点，是一种思维活动是否属于法治思维的判断标准。可见，合法思维教育是法治思维教育的核心内容。行为的合法性主要体现在目的合法、权限合法、内容合法、手段合法、程序合法五个方面，这五个方面是不可分割的统一整体，相互联系、缺一不可。

进行合法思维教育，要引导受教育者认识到以下几个方面：一是引导受教育者的行为符合法律的具体规定，严格依法办事，真正做到行为目的合法，不能曲解和偏离法律追求的行为价值与根本目的；做到行为权限合法，公权力行为应在法律规定的权限或者依法授权的范围内实施，不得超越职权违规操作；做到行为内容合法，行为人之间或者是行为人与公共组织之间的权利义务应符合法律的相应规定，特别是对于损害公民权利内容行为，应严格遵循行政法"法无明文规定即禁止"的原则要求；做到行为手段合法，实施公权力行为的方式、方法应符合法律规定及法律原则精神等。二是引导受教育者的行为符合立法目的、法律原则和法律精神。在法律规定不明时，党员干部的行为举止也应当在法治的框架内，要符合法律法规明示或暗示的目的、某一法律的原则，如果这些都不存在，也应当符合法治的精神。特别需要强调的是，在有法律具体规定时，不能轻易以立法目的、法律原则或者法治精神否定法律的具体规定。

四、程序思维教育

从某种意义上说，法治国家就是程序法国家，法治即程序之治。一切国家机关的活动都应该纳入法定程序的轨道，任何国家权力的行使都应受到程序规则的规制。程序的完备程度可以视为法制现代化的根本性指标之一。严守程序、程序正义是领导干部法治素养的集中体现，是检验法治能力的"试金石"。所以，程序思维教育在法治思维中具有举足轻重的作用。

程序的本质是一种形式合理性。程序思维这里是指党员干部在调研、决策、执行、监督时，须以程序正当性为前提，讲究时间顺序和方法步骤，自觉经常地按照法律规则和法定程序来思考问题的一种思维方式。程序思维可以看作是法治思维的方法论，它通过严密的逻辑规范人们的行为，使其感受到潜移默化的规则教育，养成严守规矩的习惯。

进行程序思维教育，一是要针对受教育者程序思维存在的问题。主要针对党员干部程序意识缺失问题、程序法治意识淡薄问题、重实体轻程序问题进行程序思维教育。二是要让受教育者认识到程序的优先性，程序是解决实体问题的前提条件，必须通过程序解决实体问题。三是要让受教育者认识到程序的公正性，程序应当公开透明，没有偏私，自己不能做自己的法官，倾听当事人的陈述。四是要让受教育者认识到程序的终局性，一旦走完所有程序，任何纠纷必须服从最终裁决，不能无休止地纠缠，更不允许动用法外的手段重新解决。五是要让受教育者养成程序思维习惯，特别是树立程序协商思维意识、程序正义思维意识、程序人道思维意识、程序控权思维意识、程序维权思维意识、程序合法思维意识。

五、权赋思维教育

2010 年 9 月，习近平强调，马克思主义的权力观概括起来就是"权为民所赋，权为民所用"[①]。"权为民所赋"，解决的是一个权力的来源和基础问题，也即中共的执政权力只能来自于人民群众的授权。进行权赋思维教育，不仅是中国民主法治建设的基本需要，也是中国社会主义事业能否成功的根本前提。

权赋思维教育的内容主要包括以下几个方面：一是要帮助受教育者明确赋权主体问题，即谁来赋权。权力是谁给予的，这是一切问题的核心。赋权主体就是享有宪法和法律规定权利的一切社会主义劳动者、社会主义建设者和拥护祖国统一的爱国者。赋权主体的权利保障和素养问题是其能否担当起赋权责任的关键。当代中国，要着重解决的是如何切实保障全体公民的各项权利和权益，切实提高全体公民的科学文化素养和参政议政能力，使他们真正成为国家和社会的主人。二是要帮助受教育者明确赋权理由问题，即为什

---

① 《习近平在中央党校秋季学期开学典礼上强调　牢固树立正确世界观权力观事业观》，《人民日报》2010 年 9 月 2 日。

么要赋权。这涉及赋权的价值取向，实际上是权力正义问题。只有确立了正义的赋权理由，赋权才有意义。三是要帮助受教育者明确赋权客体问题，即将权力赋予谁。这既涉及赋权的对象，也涉及权力行使主体。只有将权力赋予那些人民信任的人，人民的权力才可能被用之于为人民服务。赋权客体是指党政军各级干部，人民的权力要通过他们才能运作起来。要通过党性教育和其他教育，提高各级领导干部的政治素质、理论修养、道德情操和管理能力，这些方面直接关系"人民主权"的实现。四是要帮助受教育者明确权力行使问题，即所赋的权力是如何行使的，是否有违赋权者的意愿，是否将人民赋予的权力用来为人民服务。"权为民所赋"如果不与"权为民所用"联系起来，赋权者往往会被权力行使者所驱使。五是要帮助受教育者明确权力监督问题，即赋权者能否有效地约束权力行使者，如果赋权者不能有效约束权力行使者，权力行使者难免会滥用权力，整个赋权过程就会被虚置，"权为民所赋"就会沦为空话。

六、权限思维教育

法治既授予权力，也约束权力。党政干部的公共权力是由体现人民意志的法律赋予的，这一性质决定了权力的行使必须遵守法定权限。行政权限，是指法律规定的行政主体行使职权所不能逾越的范围或界限，即行政主体的行政权受主管事务、时间、地域和级别或地位等因素的制约。权力的边界和限度是权力的应有之义，行政权限不仅意味着行政权有合理、正当的来源，还意味着它不是无边界的，而是受到限制的。进行权限思维教育，不仅关乎法治中国建设的成效，还关乎人民的切身利益。

权限思维教育的内容主要包括以下几个方面：一是要引导受教育者正确认识权力与权利的关系。权力来源于权利，权力服务于权利，权力应当以权利为界限，权力必然受到权利的制约。二是要让受教育者明确权力是有边界和限度的，要制约权力防止滥用。制约权力的途径在于，用权力制约权力、用保障公民权利制约权力、用制度制约权力、用社会力量制约权力、用法律制约权力，使公权力依法正确行使。三是要让受教育者明确，法定职责必须为，法无授权不可为。权力清单制度就是权限思维的体现。公权力行使者不得法外设定权力，不得在没有法律法规依据的情形下，作出减损公民、法人和其他组织合法权益或者增加其义务的决定。四是要培养受教育者有权必有责、权责应相当的观念。在权力的配置过程中，应合理配置权力和责任，不应出现有权无责或有责无权的现象。有多大的权力就应当承担多大的责任，在设立责任制度、追责、问责的实践过程中，都应当始终坚持权责相当原则。在权力和责任的关系上，责任是第一位的。

七、善治思维教育

善治，即良好的治理，它是人类社会管理的最佳状态和最有效的方式，走向善治是治国理政的最终目标。以法治思维和法治方式推进改革，进而通过善法实现善治，既是实现治理现代化的内在要求，也是保障群众权益、维护公平正义的必由之路。对党员干部开展善治思维教育，提高党员干部的善治思维能力，是国家治理现代化的关键一环。

进行善治思维教育，一是帮助受教育者理解和把握善治思维的内涵，善治思维是政府与社会、公民等多主体合力协同治理效果的一种反映，是社会治理过程中指导治理主体实践的系统思想观念，具体包括民主思维、群体思维、创新思维。二是引导受教育者深化对善治观念、善治作用、善治能力的理解和把握，统一思想认识，增强善治思维，提高善治能力。三是帮助受教育者善于运用行业规章、企业章程、乡规民约、家训家教等社会"软法"动员社会力量、调节社会关系、疏导社会心理、化解社会冲突、保障人民权益、增进社会和谐。

第三节　法治思维教育的保障措施

一、优化法治环境

法治环境是法治思维教育的外部条件，是影响法治思维教育的进程与效果、提升党员干部法治思维能力的客观基础。法治思维教育离不开法治环境的优化，只有法治环境优化了，才能更好地促进法治思维教育的发展。

（一）优化立法、执法和司法环境

法治思维教育不能脱离中国法治实践。立法质量如何，能否得到社会广大民众的普遍认同和遵从？政府机关及其部门是否严格执法，政府是否具有公信力？法院能否公正司法，能否让老百姓在每一个案件中感受到公平正义？这对于加强党员干部的法治思维教育至关重要。党和国家应通过优化立法、执法和司法环境改善法治环境，进而促进和加强党员的法治思维教育。

1.科学立法，提高立法质量，合理配置权力和权利。中国"有法可依"的目标已基本实现，但还有一些重要领域的法律仍然是空白，立法质量也不高，法律法规互相冲突的现象屡见不鲜，国家立法部门化、部门权力利益化、部门利益合法化的现象仍未消除，存在着明显带有部门或集团利益痕迹的立法，行政部门借立法扩权卸责，把畸形的利益格局或权力关系合法化。这些问题都影响了社会主义法治的权威和法律的实施。解决这些问题，立法机关必须科学立法，切实行使立法权力，有效解决部门立法问题，保障各种社会力量公平有效参与立法的机会。通过立、改、废，合理架构不同公权力，平衡配置责、权、利，将权力关进制度的笼子里，给权利足够的空间，进而提高立法质量，完善法律体系，使法律到位、权力配置到位、权利保障到位。

2.严格执法，公正司法，确保法律有效实施。法律的生命在于法律的实施，这就需要严格执法，公正司法。中国特色社会主义法律体系形成后，中国法治建设的主要问题，是宪法和法律实施中出现的问题。政府领域主要表现为多头执法、多层执法和不执法、乱执法问题；有令不行、有禁不止、行政不作为、失职渎职、违法行政等行为；出现不正确的执法倾向，如钓鱼执法、粗暴执法、限制性执法、选择性执法、运动式执法、疲软式执法、滞后性执法等；少数执法人员知法犯法、执法寻租、贪赃枉法甚至充当"黑恶势力"的保护伞。在司法领域，有的司法机关有案不立、有罪不究，越权管辖；有的办关系案、人情案、金钱案，甚至徇私舞弊、贪赃枉法等。解决这些问题，一是必须严格执法。这是关键，其基本要求是：严格执行法律；严格按照法律规定和程序办案，真正做到以事实为依据，以法律为准绳；公平公正执法，依法处罚，杜绝选择性执法、钓鱼执法、养鱼执法等违法执法行为；严格问责并将执法责任制落到实处。二是必须公正司法。这是保障，为此司法要讲社会效果和法律效果的统一，依法调解、裁判，在法律有规定的情况下不能为了"息事宁人""社会稳定""大局"等而随意突破法律底线；在法律赋予法院较大自由裁量权的情况下，应当根据案件事实，本着相似情况相同处理、不同情况区别对待的原则，公平处理案件，努力让人民群众在每一个司法案件中都感受到公平正义。

（二）优化党员干部法治思维能力的考核评价环境

考核评价环境是影响和制约党员干部法治思维教育的重要因素。符合法治精神的考核评价机制必然会给党员干部以依法办事的激励，使他们不想、也不愿违法，从而促进党员干部的法治思维教育。长期以来，在干部考核等方面重经济指标、稳定指标，而轻视、甚至忽视法治指标，造成考核、晋升的指挥棒与法治中国的建设目标存在一定程度的偏离。中共十八届四中全会通过的《中共中央关于全面推进依法治国若干重大问题的决定》指出："把法治建设成效作为衡量各级领导班子和领导干部工作实绩重要内容，纳入政绩考核指标体系。把能不能遵守法律、依法办事作为考察干部重要内容，在相同条件下，优先提拔使用法治素养好、依法办事能力强的干部。"① 这就从指导思想上、组织路线上为优化党员干部法治思维能力的考核评价环境，增强党员干部运用法治思维能力的主动性、积极性，促进法治思维教育奠定了基础、提供了保障。

1. 建立法治导向的考评体系，把领导干部法治思维和依法办事能力作为重要指标和考核内容。构建一套科学的政绩考核评价体系，破除干部考核评价中唯 GDP 论，将依法执政、依法决策、依法行政、依法办事等考核项目作为领导干部综合考核评价的重要内容。让党员干部将法治思维与依法办事能力的情况和履职、廉洁情况一起述职，构建"述职、述廉、述法"的三位一体的述职体系，建起党员干部预防违纪违法的"隔离带""警世钟"，使对干部的法治思维和依法办事能力的考核成为常态。为更好地发挥法治考核内容"指挥棒"的作用，要增加法治内容的权重，以此引起党员干部对法治的高度重视，以达到提高党员干部法治思维和依法办事能力的目的。

2. 细化考察标准，力求全面有效。从考察方式来看，既要重视内部考评，也要注重第三方的社会评价和社会的"民主测评"，使内外考评和监督都起到作用；从考察内容来看，主要考察制度建设情况、行政决策情况、行

---

① 《中共中央关于全面推进依法治国若干重大问题的决定》，《人民日报》2014 年 10 月 29 日。

政执法情况、政府信息公开情况、社会矛盾防范和化解情况、行政监督情况、依法行政能力建设情况、依法行政保障情况、支持公正司法情况。这些全面且细化的指标，使法治指标考核能够评价、便于操作、发挥效用。

3.公示法治指标考核结果，强化考核结果的运用。应当将领导干部法治思维能力考核的结果定期公布，并作为领导干部工资待遇、职务调整、提拔晋升的重要依据，让考核真正起到"风向标"的作用，使党员干部更加努力运用法治思维、依法办事。引导领导干部运用法治思维去思考和解决问题，优先选拔具有法律专业知识和法治思维意识强、善于用法治方式解决问题、推动发展的优秀干部，形成强大的示范效应。对于那些不善于运用法治思维的领导干部，要强化培训，对于培训后仍不能善于运用法治思维的领导干部，要调离领导岗位。

二、排除法治思维的主要制约因素

(一)主要制约因素

1.传统的人治思维与现代法治思维的冲突。中国两千多年的封建君主专制使得人治思维意识根深蒂固，人们对天子的敬畏远远超过了对法律的敬仰。中国古代"法自君出"，无论是法律的制定，还是法律的执行，都由皇帝来决定，这就使中国古代法律长期属于从属地位，中国人也养成了一种思维定式。这种思维定式主要表现在两个方面：一是权大于法。强调公权力至上而忽视私权利的保护，导致滥用权力、以言代法、以权压法等损害公民合法权益的现象时有发生。而人们也形成了法即义务的思维方式，认为法律就是要求履行种种义务，人们因此对法律产生了消极和抵触情绪，当遇到纠纷与冲突时，人们不是用法律手段主张权利、解决争议，而是希望通过"更高的权力"来解决他们的法律问题。二是情大于法，注重伦理道德而轻视法律规则。中国古代领导思想重伦理道德，强调情理法相结合，这种治理模式实质是人治，极容易造成专权。受伦理道德的影响，部分领导干部想问题办事情强调"情"是其考虑的基础和根本问题，处理问题时经常出现情大于法的现象。

2.一些国家工作人员特别是领导干部依法办事观念不强、能力不足。主要制约因素有：一是干部队伍中缺乏法律专业人士。干部队伍中受过专门法学教育的仍然不多，缺少拥有坚定的法治信仰、忠诚法治理想，熟练掌握法律细节、法律技巧的法律专业人士。比如某些法官的专业化素养不高而导致法官职业"大众化"，司法权仍然无法充当好维护社会正义最后一道防线。二是"法律工具论"大行其道。法律往往被认为是阶级斗争和阶级统治的工具，认为法律是管别人的，而不管自己；法律是管老百姓的，而不管官员。这种只看重法律的工具性、手段性功能，而忽视法律的目的性、目标性价值，不是完整的法治思维，也无法产生正确的法治行为。三是习惯运用行政化的思维和手段来解决信访维稳问题。在信访、维稳工作实践中，党员干部习惯用行政化的思维和手段来解决信访问题与群体性事件，许多比较棘手的信访案件最终都依赖于领导接访、批示进行处理，这强化了百姓心中的"权大于法、情大于法""越是大领导越管用"的人治思维和观念，并产生"大闹大解决、小闹小解决、不闹不解决"的负面社会效应，在一定程度上削弱了法治权威。四是应急处置弱化合法程序。应急管理必须通过行政权力调动各种力量，集聚各种资源，采取各种措施，由于处置时间紧迫，往往违反了相关程序规定，一定程度上损害了相关公民的合法权利，有的甚至走向法律思维的反面。

3. 社会心态与公众舆论的影响。法治是和平时期的治理方式，需要一种平和的心态，然而中国基层社会普遍弥漫着"仇富""仇官"心理以及"法不责众"心理，构成了实施法治的思维障碍。一方面人们渴望法治，但另一方面，却不愿接受法律的规制，也不知道如何实现法治。于是，处在对法治"欲迎还拒"的心态中。这样的心态折射在媒体舆论上，一些民众，尤其是网民，不能冷静、客观、理性地分析问题、辨明是非，而是不顾事实、毫无原则地同情弱者，甚至出现了网络暴民、网络暴力现象。毋庸置疑，这样的社会心理状态是不利于推进法治中国建设的。

（二）排除法治思维主要制约因素的着力点

1. 树立法律至上的理念。"权大还是法大"是区分人治还是法治的重要标准。法治思维的核心要义是控制权力，维护人权。所以，党员干部运用中国特色社会主义法治理论，既要坚持党的领导，又要坚守宪法法律至上的法治理念，敢于、善于同"权大于法"的行为作斗争。广大党员干部必须服从和模范遵守宪法法律，不能把党的领导当作个人以言代法、以权压法、徇私枉法的挡箭牌，要按照党规党纪以更高标准严格要求自己，坚定理想信念，践行党的宗旨，坚决同违法乱纪行为作斗争。党员干部要养成以合法性为前提的思维习惯，使行为模式由"唯上是从"向"唯法是从"转换，行为的逻辑顺序由"情理法"向"法理情"转换，让遇事找法成为常态。

2. 提高党员干部的法治素养。一是构造法治思维的意识形态。就是要在全社会形成一种讲法说理的思维和话语体系。党员干部要让法治思维贯穿在分析问题、解决问题的过程中，在具体工作中首先考虑法律规定、法律原则和法律精神，然后作出相应的行为选择。党员干部要让法律思维成为自发的一种心理需求和思维选择，养成依法履职、依规办事的良好习惯。二是增加法律人在干部队伍中的比例。法治的发育发展离不开掌握着法律的细节和技巧、具有法治信仰的法律人。随着法学教育的发展，高等院校法学专业的毕业生越来越多，其中相当一部分受过比较完备的法律专业训练，养成了法律人的品格并逐渐在法律服务的各行业崭露头角，如果提高这类人在干部队伍中的比例，将在整体上提升干部队伍法治思维的运用能力。

3. 大力推进法治文化建设，形成良好的法治氛围。中共十八届四中全会通过的《中共中央关于全面推进依法治国若干重大问题的决定》指出："法律的权威源自人民的内心拥护和真诚信仰。人民权益要靠法律保障，法律权威要靠人民维护。必须弘扬社会主义法治精神，建设社会主义法治文化，增强全社会厉行法治的积极性和主动性，形成守法光荣、违法可耻的社会氛围，使全体人民都成为社会主义法治的忠实崇尚者、自觉遵守者、坚定捍卫者。"[①] 当全社会都把法治当成一种生活方式、作为一种信仰的时候，良好的法治环境就会形成，就会推动党员干部的法治思维的养成。优化法治文化环境，一是积极搭建法治文化建设平台，建立机关事业单位、社区和群众文化场所内的法治文化阵地，设计有针对性的法治文化作品，增强法治文化的影响力、渗透力和感染力，使党员和群众切实体会到法治就在身边，从而形成推进法治的自觉和自信。二是采取开辟专栏、学习辅导、专家访谈、法律咨询等多种形式深入开展法制宣传教育，进一步加大《中华人民共和国行政复议法》《中华人民共和国行政诉讼法》及《信访条例》等法律法规的宣传力度，

---

① 《中共中央关于全面推进依法治国若干重大问题的决定》，《人民日报》2014 年 10 月 29 日。

鼓励和引导人民群众通过调解、仲裁、诉讼等法治方式解决矛盾纠纷，实现定分止争，维护法治机制、法治权威，努力形成办事依法、遇事找法、解决问题用法、化解矛盾靠法的良好氛围。三是广播、电视和报刊等新闻媒体要大力宣传法治建设的进步。媒体要加强正面引导，正确的舆论导向有利于形成促进领导干部养成法治思维的合力，增强社会推进法治建设的信心。要大力宣传党员领导干部中践行法治的优秀人物和典型事迹，定期举办领导干部"法治人物"评选等活动，形成良好法治氛围，不断引导和激励领导干部主动、自觉和善于运用法治思维与法治方式治国理政。

三、正确处理五种关系

（一）党的领导与依法治国的关系

在当代中国的国家治理结构中，依法治国是共产党领导人民治理国家的基本方略。坚持党的全面领导与全面依法治国具有内在的一致性。一方面，全面依法治国必须坚持党的领导。党的领导是社会主义法治最根本的保证，坚持中国特色社会主义法治道路，最根本的是坚持中国共产党的领导。改革开放以来，特别是中共十八大以来，中国共产党一直领导人民在国家治理的实践中全面推进依法治国。只有在党的领导下依法治国、厉行法治，人民当家作主才能充分实现，国家和社会生活法治化才能有序推进。离开了这个前提来谈依法治国、谈国家治理，只能是不切实际的空谈。必须把坚持党的全面领导贯彻到依法治国的全过程，落实到国家治理的各方面。另一方面，党对国家和社会的领导必须通过社会主义法治来实现。法治是中国共产党领导人民治国理政的基本方式，党要依法治国、依法执政，还要在法治的轨道上领导人民治理国家。中国共产党对国家和社会事务的领导的最高依据是宪法，依据宪法和法律治理国家、管理社会、领导人民是历史的选择、时代的选择。对于二者的一致性，中共十八届四中全会决定阐述得非常清楚："党的领导和社会主义法治是一致的，社会主义法治必须坚持党的领导，党的领导必须依靠社会主义法治。"[①] 中共十九大报告进一步强调了党要以法治的方式来领导人民治理国家，要树立宪法法律至上、法律面前人人平等的法治理

---

① 《中共中央关于全面推进依法治国若干重大问题的决定》，《人民日报》2014 年 10 月 29 日。

念，"绝不允许以言代法、以权压法、逐利违法、徇私枉法"。① 因此，"以加强党的全面领导为统领""推进国家治理体系和治理能力现代化"，必须坚持加强党的全面领导与全面依法治国的统一，而不能把二者对立起来。

（二）依法治国与以德治国的关系

中国两千多年的封建社会，孕育了深刻的人治和道德文化。"报杀父之仇""大义灭亲"，都是这种道德文化的写照。当法治思维和道德思维发生冲突时，领导干部一定要坚持法律至上的法治原则，因为法律是最低限度的道德，当法律适用和伦理道德发生冲突时，执法者不能随意抛弃和突破法律，而只能在法律的弹性限度内尽可能地追求个案正义的平衡。习近平指出："发挥好法律的规范作用，必须以法治体现道德理念、强化法律对道德建设的促进作用。一方面，道德是法律的基础，只有那些合乎道德、具有深厚道德基础的法律才能为更多人所自觉遵行。另一方面，法律是道德的保障，可以通过强制性规范人们行为、惩罚违法行为来引领道德风尚。"② 法律是成文的道德，道德是内心的法律。法律有效实施有赖于道德支撑，道德践行也离不开法律约束。法治和德治相互补充、相互促进、相得益彰，二者在一定条件下相互转化，是辩证统一的关系。党员干部必须认真汲取中华优秀传统文化的智慧养分，坚持一手抓法治、一手抓德治，把法治建设和德治建设更加紧密地结合起来，实现法律和道德相辅相成、法治和德治相得益彰，不断提高国家治理体系和治理能力现代化水平。

（三）法治思维与大局思维的关系

讲大局、顾大局是中国共产党的优良传统和政治优势。多年来，"围绕中心，服务大局"是各级领导干部唱响的主旋律。从各地的实践来看，个别领导干部借"服务大局"之名，谋违法利益之实，严重损害了法律的尊严。正确处理好法治思维和大局思维的关系，是党员领导干部必须具备的一项能力。中国最大的大局，是为实现"两个一百年"奋斗目标和中华民族伟大复兴的中国梦而奋斗。为此，需要全党紧密团结在党中央周围，坚持和发展中

---

① 习近平：《决胜全面建成小康社会　夺取新时代中国特色社会主义伟大胜利——在中国共产党第十九次全国代表大会上的报告》，《人民日报》2017 年 10 月 28 日。

② 《习近平谈治国理政》第二卷，外文出版社 2017 年版，第 117 页。

国特色社会主义;需要适应和引领经济发展新常态,统筹推进"五位一体"总体布局、协调推进"四个全面"战略布局;需要坚持和平发展道路,构建人类命运共同体。而这些都需要法治来保障。从这个层面上讲,大局思维和法治思维是一致的,它们都是建设中国特色社会主义、实现中国梦所必需的思维方式。但也要看到,二者又有一定区别:大局思维是根据现实政治的思维,是受党和国家大政方针约束、指导的思维方式;法治思维是根据法律的思维,是受法律规范和程序约束、指引的思维方式。在具体运作中,二者有可能产生矛盾。这就需要具体问题具体分析。

(四)法治思维与应急思维的关系

应急管理是指社会管理主体依法依规在突发公共事件的事前、事中和事后行使公权力,对突发事件进行应对、处置和善后管理所采取的系列措施,以减少、消除突发事件的危害,维护社会必要的秩序,保障公众生命财产安全。应急思维,是指突发事件发生后如何行使应急权的思维。在紧急状态下,为了应对和处置突发事件,恢复常态性的法治秩序,社会管理主体采取的一系列紧急疏散、强制隔离、封锁场所、现场查验、临时警戒、戒严等强制性措施大都属于侵益性行政行为,其内容主要在于剥夺或限制公民权利,强制要求履行义务,而且可以不遵循一般的法律程序,不受常态法治规则的约束。尽管应急管理是一种非常态法治下的秩序行为,但它于法有据,并不意味着对于法治的背离和反叛,而是在更加艰难复杂情况下对于法治底线的坚守和捍卫。

法治思维和应急思维统一于应急管理活动中,二者相辅相成。法治思维是应急思维的基础和前提条件,应急思维中包含着法治思维。为了防止行政应急权被滥用,应急权的行使必须在法治的框架内,党员干部应急要遵循以下法治原则。

1.比例原则。在紧急状态下,对于人们基本权利的限制必须在目的与手段之间符合一定的比例。与正常法治状态不同的是,面对突发事件,由于面临反应时间有限、信息不充分不可靠、应对危机需要的人力、物力条件可能难以及时、完全得到保障等问题,在应急管理中对于是否合乎比例的判断标准应当更加宽松。《中华人民共和国突发事件应对法》第十一条规定:"有关人民政府及其部门采取的应对突发事件的措施,应当与突发事件可能造成的社会危害的性质、程度和范围相适应；有多种措施可供选择的，应当选择有利于最大程度地保护公民、法人和其他组织权益的措施。"①因此，应急管理中的比例原则关注点应当落实在"不触碰底线"这一"最低合法性"的要求上。从中，可以发掘出最低理性标准思维、最低权利保障思维和最低程序公正思维三种法治思维。

2. 权利救济原则。"权利救济原则"是指在应急管理中，任何管理行为所造成的侵权和损害都应该而且可以获得事后的救济，并且相应救济途径的设置必须完备、公平和有效。根据这一原则，完备的救济途径是第一要务、公平的救济途径是本质内容、救济途径的有效性是落脚点。在应急管理中，权利被侵犯的风险比常态社会管理中大得多。鉴于此，西方许多国家的紧急状态立法都规定了权利救济的具体途径。中国应急管理的相关法律应当规定相对方的救济途径。应急管理的权利救济原则关注点应落实在"获得公正和有效救济的权利"。这既是相对方最基本不可限制和剥夺的实体权利，又是权力主体最低公正标准的程序义务。从中，党员干部也可以推导出最低权利保障思维和最低程序公正思维两种法治思维。

（五）法治思维与改革、发展、稳定的关系

改革、发展、稳定三者存在着不可分割的内在联系。改革是动力，发展是目标，稳定是前提，三者是辩证统一的关系，这种统一从操作层面上来讲应该统一于法治，只有法治才能解决三者的内在矛盾，实现发展的最终目标。中国无论是深化改革、推动发展，还是化解矛盾、维护稳定，都亟需党员领导干部培养法治思维和提升运用法治思维的能力。

1. 法治思维是深化改革的基本要求。中国改革进入攻坚区和深水区后，改革的成效将更加体现在如何提高运用法治思维和法治方式深化改革的能力上。改革开放以来的实践证明，经济社会的持续健康发展离不开法治的保驾护航。全面推进依法治国为改革设计了法治的最优路径，法治思维和法治方式则是凝聚法治共识的根本。新形势下的改革，既要尊重基层的首创精神，更要重视顶层设计。只有把改革真正提升到制度、体制、机制建设的层面，通过法律的形式，形成国家意志，才能真正推动改革，保证改革不为各种不

---

① 《中华人民共和国突发事件应对法》，《人民日报》2007年11月1日。

确定因素所阻挠。改革必须在法律框架内推进，绝不能以破坏法制为代价。事实上，只有遵循法治的路径，以更大的勇气与智慧运用法治思维和法治方式深化改革，才能积极稳妥推进改革，完成改革任务。

2. 法治思维是推动发展的内在动力。发展是解决我国一切问题的基础和关键，发展必须是科学发展，而不是拼资源、涸泽而渔的盲目发展。用法治思维和法治方式推动经济社会发展，就是要在复杂多变的形势下，积极适应经济发展新常态，始终坚持用法治思维和法治方式凝聚发展共识、破解发展难题，按照新发展理念和"四个全面"战略布局，推动经济社会健康发展。只有用法治思维规范发展行为，用法律手段解决经济社会发展中出现的各种矛盾和问题，才能杜绝以"发展"为借口而产生的所谓"良性违法"，为经济社会持续健康发展提供法治支撑。

3. 法治思维是维护稳定的根本保障。运用法治思维和法治方式维护稳定，是领导干部在加强和创新社会管理中必须具备的首要能力。中国特色社会主义法治维护人民根本权益，体现社会公平正义。法治是利益协调、权益保障的根本依据，也是化解矛盾、维护稳定的有效手段。面对各种社会矛盾多发频发的现实，党员干部更加注意运用法治思维和法治方式妥善协调利益关系、有效化解矛盾纠纷，就会不断促进社会公平正义，努力实现好、维护好、发展好最广大人民的根本利益。实践证明，为追求暂时"稳定"而牺牲"法治"的被动式维稳看似解决矛盾，实则回避矛盾、积累矛盾，最终只能陷入"信访不信法"、越维越不稳的怪圈。要坚决摒弃"搞定就是稳定、摆平就是水平"的庸俗维稳观，坚决摒弃"花钱买平安"的错误维稳观，用法治思维方式维护法治权威，保证人民依法享有广泛权利和自由，保障社会和谐。

四、建立常态化的法治学习教育体系

习近平在参加十三届全国人大一次会议重庆代表团审议时强调，我们的党政领导干部都应该成为复合型干部，不管在什么岗位工作都要具备基本的知识体系，法律就是其中基本组成部分，对各方面基础性知识，大家都得掌握、不可偏废，在此基础上做到术业有专攻。干部培训体系要围绕这个目标进行改革。这一重要论述深刻阐明了法治教育在干部培训体系中的特殊地位，突出强调了领导干部提高法治素养、养成法治思维的重要性、紧迫性。法治学习教育体系是指在法治教育活动中形成的一系列要素的有机组合，主要包括对党员干部进行法治教育的内容、方式、师资队伍建设以及长效机制等要素，这些要素相互联系、相互影响，构成了党员干部法治学习教育系统。在中国特色社会主义建设时期，需要建立法治学习教育体系来确保法治教育的常态化、制度化、规范化，提高党员干部法治教育培训的针对性和实效性。

（一）明确党员干部法治学习教育的主要内容

1.突出宪法教育培训。宪法是国家的根本大法，是治国安邦的总章程，是党和人民意志的集中体现，具有最高的法律地位、法律权威、法律效力。要坚持把宪法教育培训放在首位，深入学习宪法的基本原则和基本内容，牢固树立一切权力属于人民的观念，牢固树立权力与责任相统一的观念，自觉崇尚宪法、遵守宪法、维护宪法权威。

2.学习中国特色社会主义法律体系。党员干部要认真学习中国特色社会主义法律体系形成的重要意义、基本经验、基本构成和基本特征，学习构成中国特色社会主义法律体系的基本法律。学习与经济社会发展和人民生产生活密切相关的法律法规；学习行政法律法规，特别是规范所有行政机关共同行为的行政法律法规，不断增强党员干部办事依法、遇事找法、解决问题用法、化解矛盾靠法的意识和能力；学习加强和创新社会管理的法律法规，不断增强依法管理经济文化社会事务的能力；学习当前法学前沿领域发展的新趋势和新成果，启迪领导干部的法治思维。

3.学习社会主义法治理念。提升党员干部运用法治思维和法治方式能力，必须加强社会主义法治理念的学习。法治理念是党员干部养成法治思维的重要基础，对其起决定性、指导性作用。社会主义法治理念包括依法治国、执法为民、公平正义、服务大局、党的领导五个方面，体现了党的领导、人民当家作主和依法治国的有机统一，是社会主义法治的精髓和灵魂。

4.学习习近平关于法治方面的重要论述。习近平关于法治方面的重要论述是新时代中国特色社会主义思想的重要组成部分，必须紧扣"建设中国特色社会主义法治体系，建设社会主义法治国家"的总目标，重点围绕习近平关于全面推进依法治国的相关讲话精神，将有关重大战略思想、重大理论观点、重大战略部署及时纳入教学科研中，使习近平关于法治方面的重要论述进教材、进课堂、进头脑。

（二）创新党员干部法治学习教育的方式方法

在社会日益开放、透明的大势下，人们思想活动的独立性、选择性、多变性、差异性明显加大。如何增强法治教育的说服力？创新法治教育工作方式方法是关键。

1. 注重法治舆论的培育引导和渗透。一是广泛宣传各级行政机关、司法机关文明执法、公正司法，大力宣传领导干部中践行法治的优秀人物，大力宣传用法治推进科学发展、解决影响社会和谐稳定问题的典型事例，切实在领导干部中形成良好法治氛围，促进领导干部对法治价值的认同。二是加强法治文化建设，推进法治文化进机关平台，建立机关内的法治文化阵地，设计有针对性的法治文化作品，增强法治文化的影响力、渗透力和感染力，使领导干部切实体会到法治就在身边，从而形成推进法治的自觉和自信。

2. 创新参与型的现代法治教育模式。在运用传统讲授式、普法方式的基础上，大力开发尝试案例教学、情景模拟、研究式教学等教学方式，强化培训的吸引力、感染力和实效性；多组织参与行政复议、实地教育、庭审教育和看守所教育等实践教学，提高法治教育活动的思辨性、互动性，在生动的法治实践中促使领导干部提高法律素养、强化法治意识、增强法治思维。

3. 加强现代信息技术的运用，开发更丰富的教育资源。一是通过解读、访谈、调查等网上互动方式，帮助领导干部了解法治建设在经济社会发展各领域的实际作用，提升领导干部运用法治思维和法治方式处理问题的前瞻性与主动性。二是搭建多种平台，实现法治教育便捷化。将法治教育作为一项重要内容，利用"干部在线学习中心"网络学习平台、"手机在线学习系统""空中课堂""网络e支部"等载体，开发适应数字化、移动化、分众化、碎片化信息趋势的教育资源，积极推送具有时代性、科学性、针对性的内容，满足领导干部的多样化、个性化需求，满足广大干部随时随地学习的需求，提升全方位的学习体验。

4. 以试点运行、项目化运作的方式形成法治教育工作品牌。领导干部法治教育作为一项系统工程，涉及面广、涵盖内容多，可以探索推进。针对领导干部法治教育工作中的重难点、热点问题，可确定一批工作项目。通过项目化设计和整体化的推进，逐步在不同领域、不同层面形成领导干部法治教育工作品牌，以点带面地推动领导干部法治教育培训工作的创新发展。

（三）提升党员干部法学教育培训师资队伍的水平

师资队伍的水平是提升党员干部法治教育培训效果的重要途径。整体来看，需要进一步加大师资队伍建设的力度，构建出一个开放性强、层次高并且区域合作广的师资网络，全力打造出一支结构合理、素质优良、专兼职相结合的多元化法治教育培训师资队伍。

1. 强化党校、干部院校法治教育的师资队伍。一是进一步发挥党校、干部院校专职法学教师的主导作用，加大队伍培训力度，促使其学习新的法律知识，掌握法学教育培训新的教学方法，不断提高业务能力，进而增强政治意识、责任意识、发展意识。二是健全完善与高校的合作机制，进一步发挥高校法学师资队伍的作用，加强高校法学师资队伍建设，充分激发这支队伍的创新热情和工作活力，以其独特的专业优势不断提升党员干部法治教育层次，增添生力军。

2. 调整和优化培训资源，完善兼职教师聘任制度。在师资配置方面，要让更多的社会优秀法律人才为法治教育培训贡献才智，除了由党校高校的专职教师讲授法学理论课程外，还可以选聘有法学背景的领导干部、有一线丰富党政管理经验与法治实务经验的管理人员、法官、检察官、律师和基层人民调解员等担任兼职教师，讲授实务课程，真正做到理论联系实际、概念与案例结合、主义与问题结合，做到接地气、有启发、能管用。

3. 进一步加强政府法律顾问团建设，充分发挥其作为党员领导干部参谋助手的作用，并在提供法律服务中促进党员领导干部法治能力的提升。

（四）建立健全党员干部法治学习教育的长效机制

法治学习教育是一个长期学习积累的过程，仅仅依靠突击式、会议式的短暂学习是不可能有很好的学习效果的。要建立健全党员干部法治学习教育的长效机制，实现党员干部法治教育的长期性和常态化。

1. 健全并落实党员干部法治教育培训机制。以党员干部法学教育培训大纲为指针，尽快完善党员干部法学教育培训的班次设置、调训组织、课程设计、电子档案、信息共享等机制，明确、固化党员干部法学教育培训必修课程等核心内容，推动党员干部法学教育培训机制优化。

2. 建立健全监督检查和考核评估机制。一是建立健全指导督查制度，定期组织人大代表、政协委员对法治宣传教育工作开展监督检查，提出意见建议。二是加强工作考核评估，把法治宣传教育纳入综合绩效考核、综治考核和文明创建考核内容，引入第三方调查机构开展普法满意度调查，建立健全法治宣传教育工作考评指导标准和指标体系，完善考核办法和机制，注重考核结果的运用。三是健全奖惩激励机制，认真开展普法检查和总结验收，及时总结经验，推广典型，对问题突出的，下发整改通知书，限期整改。

3. 落实"谁执法谁普法、谁主管谁普法"的普法责任制。按照"谁主管谁负责"的原则，推动各行业、各单位在管理服务过程中，结合行业特点和党员群体的法律需求，开展法治宣传教育。

4. 建立经费保障机制。要把法治宣传教育工作经费纳入本级财政预算，建立动态调整机制，并把法治宣传教育列入政府购买服务指导性名录，加大资金投入。各部门各单位根据任务分工安排法治宣传教育专项经费。同时，建立社会化、市场化、经常化的资金筹措机制，积极鼓励和吸引社会资金参与公益性法治宣传事业。

五、构建"不能为"的法治监督体系和责任追究机制

（一）构建"不能为"的法治监督体系

习近平指出，要加强对权力运行的制约和监督，把权力关进制度的笼子里。[1] 唯有用制度监督、规范、约束、制衡权力，才能让党员领导干部在违法违纪的事情面前"不能为、不敢为、不想为"。而"不能为、不敢为、不想为"的重点又是"不能为"。可以从以下三个方面构建"不能为"的法治监督体系：一是完善监督机制。综合运用党内监督、层级监督、专门监督、群众监督、社会监督等各种监督形式，形成经常性、制度化、高效率的监督体系，确保监督成效。特别是要完善行政内部监督，加强行政复议行为的规范。二是倡导新兴监督方式。加大网络监督力度，制定相关法律法规，净化网络环境，规范网络监督的合法性和正当性，让网络监督成为社会公权力监

---

[1] 参见中共中央文献研究室编：《十八大以来重要文献选编》（上），中央文献出版社2014年版，第136页。

督中的一项利器。三是加强全过程监督。对权力的监督主要通过查处违法违纪案件进行事后追惩是必要的，但对事前的预防监督和事中的过程监督应给予足够的重视。要加大对权力运行的全过程的监督力度，做到防患于未然。

（二）建立严格的责任追究机制

权责相一致、有权必有责、失职要问责、违法必追究是法治思维的基本要求，问责是对失职行为进行追究最为有效的形式之一，在问责的过程中有利于加强领导干部法治思维方式的培养。将法治思维纳入领导干部绩效考核机制后，对于考核不合格的干部，必须进行问责；否则，对领导干部法治思维的要求便会落入形式主义的窠臼，成为空谈和笑柄。因此，只有完善问责制度，建立严格的责任追究机制才能有效保障领导干部法治思维的养成。一是严肃查处违法违纪案件。要重点查处领导干部以权谋私、贪污受贿、工程腐败等案件，让违法违纪者付出代价，从根本上解决违法成本低、守法成本高的问题。二是建立领导干部终生责任追究制度及责任倒查机制。对违法违规决策导致决策严重失误的，本应依法作出决策但久拖不决而造成严重损失的，都要严肃追究主要决策者、负有责任的其他领导的责任，且不管其官居何位、身居何处，都要严格问责，一查到底，让决策者负终生的责任。三是建立"一案双查"制度。对领导不力、不抓不管而导致组织涣散、纪律松弛、"四风"问题依旧的，对发生重大腐败不查处、不报告的，对压案不查、隐案不报、包庇袒护的，除了追究当事人的责任外，还要追究相关领导的责任。四是进一步加强监督方式和配套责任追究机制的综合应用，如完善质询、审计、引咎辞职、罢免等制度的结合运用，以达到对领导干部依法办事监督和责任追究的最大合力，彰显监督和责任追究的严肃性与权威性。

第十三章　反腐倡廉教育

反腐倡廉教育是党性教育的重要组成部分，是治理腐败的基础性工作，是加强反腐倡廉建设的第一道防线，是确保领导干部廉洁从政的内在要求。中国共产党反腐倡廉教育取得了显著成效，为推进现代化建设、维护社会稳定提供了坚强的思想和政治保障。但全面从严治党永远在路上，反腐败形势依然严峻，深入开展反腐倡廉教育，提高党员干部拒腐防变能力，确保党性教育实效，依然是摆在全党面前的一项长期的重大政治任务。反腐倡廉教育涉及廉政法规学习等多项内容、正反典型教育等多种手段，需要强化组织和制度保障。

第一节　反腐倡廉教育概述

一、反腐倡廉教育的内涵、特点与目的

（一）反腐倡廉教育的内涵

反腐倡廉是指反对腐败，倡导廉政，是党的建设的一项重要内容。反腐倡廉教育是执政党为维护其执政地位和执政的正当性、长久性，有计划、有组织地以一定的思想观念或价值理念、道德法制、行为准则等对执掌公共权力的组织和个人进行教育，使之形成符合执政党和社会要求的廉洁、廉政思想与信念，并用以指导自身现实行为的社会实践活动。反腐倡廉教育作为党性教育的重要内容，是党性教育生命力的重要保障，是党员干部增强党性的重要途径，是党风廉政建设的重要举措。进行反腐倡廉教育，对于提高党员干部的党性修养、增强党性，强化拒腐防变能力，从源头上预防和治理腐败，具有十分重要的意义。

（二）反腐倡廉教育的特点

1.反腐倡廉教育具有阶级性。阶级性是教育的重要社会属性，反腐倡廉教育具有更加鲜明的阶级性特征。一是反腐倡廉教育是阶级社会的产物。在生产资料私有制和阶级出现之后，权力和利益衍生出贪腐现象，为保证统治的稳定和长久，反腐倡廉教育才应运而生。二是反腐倡廉教育的方针策略、内容方式、教育效果的评价机制等均由统治阶级制定。三是反腐倡廉教育符合统治阶级利益。贪腐行为，轻则引起民众不满，重则动摇国家根本，颠覆政权，这是与统治阶级利益相悖的。反腐倡廉教育在一定程度上遏制贪腐、赢取民心，符合统治阶级的根本利益。

2.反腐倡廉教育具有长期性。一是反腐倡廉教育历史悠久。自从人类社会出现阶级和私有制，出现权力现象，便出现了反腐倡廉教育。原始社会末期，牛耕和金属工具的出现使生产力水平提高，相对剩余产品开始出现，剩余产品的分配产生了私有制。为保证相对剩余产品分配的公平公正，反腐倡廉教育出现雏形。直至今日，反腐倡廉教育仍是人类社会的重要课题之一。二是反腐倡廉教育是一项长期工程。历史反复证明，腐败问题是与公权力相联系的。只要有公权力存在，腐败就可能滋生，所以反腐未见穷期，腐败现象的长期存续决定了教育的长期性。中国共产党近百年的历史，也是与腐败作斗争、开展反腐倡廉教育的历史。无论执政之前还是执政之后，党都在与自身及外界的腐败现象作斗争，反腐倡廉教育从来没有松弛过。三是反腐倡廉教育需贯穿受教育者终生。党员干部入党前后便开始接受反腐倡廉教育，担任公职前有职前教育，任职中分层分类地接受教育，离职后也有避免期权式腐败与影响力交易的教育。

3.反腐倡廉教育具有复杂性。反腐倡廉教育的复杂性在客观上是由社会历史条件和多种原因决定的。一是反腐倡廉教育对象复杂。作为反腐倡廉教育对象的党员个人，不仅具有意识、情感、活动、欲求等自然属性，也具有主观、个性、多元、变化等特性。随着时代和社会要求的变化，党员的思想意识都处于不断的变化之中。二是反腐倡廉教育性质复杂。反腐倡廉教育是执政党为巩固自身的统治实施的自上而下的自我教育，其性质较普通教育复杂。它既是思想教育、道德教育，又是政治教育、社会教育；既是党内政治文化教育，又是党内法治教育。三是反腐倡廉教育涉及的学科背景复杂。反腐倡廉教育涉及政治学、经济学、法学、伦理学等多学科理论和实践知识，多学科知识结构的碰撞以及新旧观念的冲突都将使其呈现出一定的复杂性。四是反腐倡廉教育环境复杂。社会主义社会是不断改革的社会，在全面深化改革时期，体制机制尚不健全，各种社会矛盾冲突相对高发，腐败现象比较严重，加上西方敌对势力在意识领域加强渗透和进行破坏活动，使反腐倡廉教育的环境呈现出复杂的态势。

4. 反腐倡廉教育具有强制性与非强制性。一方面，反腐倡廉教育具有一定的强制性。从教育形式上看，反腐倡廉教育由党和国家统一组织，要求所有公职人员必须接受教育；从教育内容上看，教育的内容由党和国家统一制定，以核心价值观为内在支撑，不允许选择与国家和执政阶级理念相悖的教育内容；从教育方法上看，反腐倡廉教育是一种以权力为基础、采取他律措施进行的教育。另一方面，反腐倡廉教育也表现出非强制性。首先，任何人的思想理念和价值观，都必须在认同的基础上方可真正接受，并非强制灌输便可达到目的。世界各国自古至今开展的反腐倡廉教育，虽然目的在于维护和巩固统治阶级的地位，但却是符合统治阶层和广大民众的共同利益，是统治阶层与民众皆乐见且支持的。其次，相对于国家法律，反腐倡廉教育是非强制性的。国家法律具有强制性，违法者要受到处分或者处罚，而反腐倡廉教育没有处分或者处罚功能。因此，反腐倡廉教育作为反腐倡廉的一种基本途径和主要方法，是强制性与非强制性的统一。

（三）反腐倡廉教育的目的

中国共产党开展反腐倡廉教育的目的是提高广大党员干部的政治思想水平和政治觉悟，净化党内政治生态环境，提升党员干部的党性修养，并通过党员干部的带头示范作用，形成良好社会风气，营造廉洁的社会氛围和执政环境，建设廉洁文化，树立廉洁理念，自觉抵制各种腐朽思想的侵蚀，在全社会筑起拒腐防变的思想道德防线，保持党同人民群众的血肉联系，增强党的执政基础，巩固党的执政地位，确保党和国家长治久安。

二、反腐倡廉教育的极端重要性

（一）反腐倡廉教育是对中国共产党建设优良传统的有力弘扬

重视思想建党，适时对党员干部进行思想政治教育，不断夯实党员干部廉洁从政的思想政治基础，是中国共产党自身建设的优良传统。中国共产党成立以来，始终高度重视反腐倡廉教育，着力引导广大党员干部树立马克思主义的世界观、人生观、价值观和正确的权力观、地位观、利益观，增强拒腐防变的意识和能力。例如，土地革命战争时期，中国共产党在中央苏区进行了反腐倡廉宣传教育；抗日战争时期，中国共产党在陕甘宁边区进行了有力的廉政宣传教育；1951 年 12 月至 1952 年 10 月，在中国共产党和国家机关内部开展"三反"运动，坚决查处刘青山、张子善腐化堕落案件，以此教育广大党员干部；改革开放初期，中国共产党把反腐倡廉教育纳入社会主义精神文明建设统筹推进；1994 年 10 月，中央纪委和监察部颁布了《党风廉政教育工作纲要》；2005 年，中共中央颁布《建立健全教育、制度、监督并重的惩治和预防腐败体系实施纲要》；2013 年 6 月至 2014 年 10 月，在全党开展以为民务实清廉为主题的党的群众路线教育实践活动。事实证明，中国共产党无论是在局部执政还是在全国执政，都丝毫不放松反腐倡廉教育，严把党员领导干部廉洁从政防线。反腐倡廉教育走向制度化、常态化，这是对党的自身建设的优良传统的有力弘扬。

（二）反腐倡廉教育是构建惩治和预防腐败体系的重要内容

惩治和预防腐败体系包含教育、制度、监督等基本要素，是整个体系的重要支撑，各要素地位不同、功能各异、相互渗透、相互依托。教育、制度、监督齐头并进、齐抓共管，惩治和预防腐败体系的功能才能最大限度地予以彰显。反腐倡廉教育是反腐败斗争的基础性工作，是保持党政领导干部廉洁形象、增强拒腐防变能力、遏制消极腐败现象的一项根本性措施，是构建惩防腐败体系的重要组成部分。开展党风廉政建设和反腐败斗争，对极少数腐败分子要严厉惩处，对绝大多数党员干部主要还是立足教育、着眼防范，这是反腐倡廉建设的基本着眼点，是中国共产党对马克思主义政党执政规律的自觉把握和对经验教训的深刻反思。多年的反腐倡廉建设实践表明，加强反腐倡廉教育，是坚持源头治理腐败、注重预防战略方针的内在要求，更是整个惩治和预防腐败体系中最为基础性的重要内容。在党中央密集"打虎""拍蝇""猎狐"的高压反腐震慑下，广大党员干部清醒地认识到，构建惩治和预防腐败体系，既要加大惩治腐败和监督力度，建立健全反腐倡廉制度体系，又要持之以恒地加强反腐倡廉教育、不断追求崇高的党性修养，这样才能筑牢不想腐的"精神堤坝"、恪守共产党员的职责，形成预防腐败工作的整体合力。

（三）反腐倡廉教育是构筑拒腐防变思想道德防线的根本途径

反腐倡廉教育是中国共产党加强自身建设、切实增强党性的重要手段，是保持共产党员先进性和纯洁性的重要内容与客观要求，是加强党的执政能力建设的先决条件和基础工程，是拒腐防变的第一道屏障，在惩治和预防腐败中具有治本功能。在社会主义市场经济条件下，一些领域体制机制还不完善，客观上存在腐败现象滋生的空间和漏洞。各种新经济组织、社会组织的不断增多，在增强社会活力的同时，也使少数党员领导干部在利益面前经不住诱惑，搞官商勾结、权钱交易。利益主体多元化和利益关系多样化，在把竞争压力转化为奋发有为动力的同时，也容易引发行贿受贿等行为。各种思想文化的相互激荡，在促进社会思想发展和观念进步的同时，也使极少数党员干部拜金主义、享乐主义滋长，走上违纪违法道路。现实情况表明，少数党员干部作风不正，奢侈浪费、消极腐败现象仍然比较严重，违纪违法案件在一些地方和部门仍呈易发多发态势，极少数高、中级干部严重违纪违法问题影响恶劣。因此，必须切实加强反腐倡廉教育，注重发挥教育在反腐倡廉中的特殊功能，全面提高广大党员干部的政治思想素质，使广大党员干部都能自觉抵御极端个人主义等腐朽落后思想观念的影响，见微知著，防微杜渐，廉洁自律，增强抵御腐朽思想侵蚀的能力，筑牢拒腐防变的思想道德防线。

三、改革开放以来反腐倡廉教育的实践探索

反腐倡廉，教育是基础。改革开放以来，中国共产党认真总结革命战争年代和新中国成立以来的反腐倡廉教育的经验教训，精心组织反腐倡廉教育，反腐倡廉工作不断取得新进展，并呈现出鲜明的阶段性特征。

（一）改革开放初期：注重反腐倡廉教育的基础性作用（1978—1992 年）

改革开放初期，中共中央认真分析国内外形势及党内腐败的具体情况，认识到必须重视反腐倡廉教育在反腐败工作中的基础地位，逐步构建了"以惩治为主，同时注重教育的基础性地位"的反腐倡廉建设框架，通过反腐倡廉教育重点清除资本主义腐朽思想，打击官僚主义、形式主义、腐化堕落、

贪污受贿等腐败现象,解决党员、领导干部在党性、党纪、党风方面出现的问题。

1.坚持"两手抓",清除资产阶级腐朽思想。1980 年 12 月,邓小平在中央工作会议上提出,要教育全党发扬大公无私、服从大局、艰苦奋斗、廉洁奉公的精神,我们要建设的社会主义国家,不但要有高度的物质文明,而且要有高度的精神文明。邓小平在《坚决打击经济犯罪活动》的报告中特别指出:"我们要有两手,一手就是坚持对外开放和对内搞活经济的政策,一手就是坚决打击经济犯罪活动。"① 为了进一步加强对党员干部的反腐败警示教育,邓小平在中纪委向中共十三大作的报告中特别指出:"抓精神文明建设,抓党风、社会风气好转,就是要从具体事件抓起","越是高级干部子弟,越是高级干部,越是名人,他们的违法事件越要抓紧查处,抓住典型,教育全党","纪检机关支持改革,就要对违反党的政策、破坏改革措施、违法乱纪的党员严格执行纪律,对党员进行党性教育。"② 在实际工作中,党中央严厉打击犯罪,以警示和教育全党;反对资产阶级自由化,同包括特权思想在内的种种不良社会风气作坚决的斗争,以"四有"标准教育和要求每一位中国共产党员、领导干部。在"要坚持两手抓,一手抓改革开放,一手抓打击各种犯罪活动"③ 的战略思想指导下,各级党委、纪委始终保持了打击经济犯罪的强大势头,努力做好警示和宣传教育工作。这一时期的反腐倡廉教育取得了重大成就,对抵制和清除党内的资本主义腐朽思想起了重大作用。

2.进行马克思主义群众观教育。改革开放后,中国共产党始终以人民的利益和意志为出发点与落脚点,不断满足人民群众日益增长的物质文化需要,得到了广大人民群众的衷心拥护。但是,由于各种主客观原因,党内出现了大量不关心群众疾苦、同群众脱离联系,甚至侵犯人民群众利益的官僚主义、形式主义、腐化堕落、贪污受贿等腐败现象,引起了人民群众的强烈质疑,严重损害了党的声誉和形象。因此,中共十三届五中全会要求:"各

---

① 《邓小平文选》第二卷,人民出版社 1994 年版,第 404 页。

② 《中央纪律检查委员会向党的第十三次全国代表大会的工作报告》,《人民日报》1987 年 11 月 5 日。

③ 《邓小平文选》第三卷,人民出版社 1993 年版,第 378 页。

级领导干部必须坚持群众路线，改进领导作风，全心全意为人民服务，带头同一切腐败现象作坚决的斗争。"①中共中央讨论通过的《关于党内政治生活的若干准则》对几十年来党在处理党群关系和干群关系中总结出来的经验进行梳理与分析，要求在今后的反腐败工作中，继续坚持马克思主义群众观点，从根本上解决官僚主义和形式主义问题。这一时期中共中央从理论上和实践上对马克思主义群众观点的教育进行了大量的探索，在很大程度上解决了官僚主义、形式主义、腐化堕落、贪污受贿等腐败现象，不断推动反腐倡廉教育理论和实践向前发展。

3.进行党性、党纪、党风、法纪教育。一是进行党性、党纪、党风教育。1983年10月中共十二届二中全会通过了《中共中央关于整党的决定》，要求在全党范围内进行党性、党纪教育，整顿党风。1984年在中央纪委第四次全会上，陈云明确强调："纪检工作应该研究新情况，适应新情况。党性原则和党的纪律不存在'松绑'的问题。没有好的党风，改革是搞不好的。共产党不论在地下工作时期或执政时期，任何时候都必须坚持党的纪律。"②1990年8月，中央纪委下发了《党的纪律检查机关党风党纪教育纲要（试行）》，有效地推动了纪律检查机关反腐倡廉教育工作的深入发展，全党范围内形成了党章教育、《关于党内政治生活的若干准则》教育、党纪教育等党规党法教育的良好局面。中央及地方各级党委、纪委通过汇编条例，编写反腐倡廉教育材料等手段全方位深入宣传党的纪律和规定，有效地增强了党员、领导干部的党性观念和纪律观念，进一步提升了他们遵守、维护党的纪律的自觉性，整顿了党内的不正之风。二是进行法纪教育。1985年，中共中央、国务院批转中宣部、司法部制定的《关于向全体公民基本普及法律常识的五年规划》。1986年开始进行"一五"全民普法教育。1986年7月，《中共中央关于全党必须坚决维护社会主义法制的通知》指出："提高全党的法制观念，提高全党维护法制的自觉性，是摆在我们面前的一项长期而艰巨的任务。""在新的历史条件下，要认真贯彻落实'一手抓建设，一手抓法制'的思想，全党必须重视社会主义法制建设，各级干部和全体党员要自觉地接

---

① 《中国共产党第十三届中央委员会第五次全体会议公报》，《党的建设》1989年第12期。
② 《陈云文选》第三卷，人民出版社1995年版，第275页。

受群众的监督和法制的约束，养成依法办事的习惯。"① 由此，全党把社会主义法制教育作为党风廉政建设和反腐倡廉教育的重要内容。通过法纪教育，广大党员全面了解了宪法和其他法律、法规，增强了知法、守法、用法、护法的观念，逐步养成依法办事的习惯，促进了社会主义民主法制的发展，保障了反腐倡廉工作的顺利进行。

（二）社会主义市场经济体制初步建立时期：把反腐倡廉教育提高到源头治腐的战略高度（1992—2002 年）

1992 年中共十四大正式提出建立社会主义市场经济体制。1993 年中共十四届三中全会作出了《关于建立社会主义市场经济体制若干问题的决定》，设计了社会主义市场经济体制的基本框架，确立了社会主义市场经济体制改革的各项任务。至 2002 年，社会主义市场经济体制初步建立。在这一时期，中国共产党逐步加大了惩治腐败的力度，将反腐倡廉教育从开始注重其基础性地位提高到了源头治腐的战略高度，从着重惩治腐败逐步过渡到了标本兼治，即在严厉打击腐败行为的同时，重视反腐倡廉教育，重视从根本上和源头上解决腐败问题，创新了反腐倡廉教育的内容和形式，全党范围内的党性、党风、党纪教育工作上了一个新台阶。

1. 开展作风建设和党风党纪教育。为了推动党性、党风、党纪教育的进一步发展，中央纪委在全国、全党范围内组织了 3800 多万党员及领导干部参与党性、党风、党纪教育答卷活动，取得了丰硕的成果。此次党纪政纪条规教育在培养领导干部正确、科学的世界观、人生观、权力观方面起到了重要作用，提高了领导干部党性修养、党纪自觉性及党风意识，增强了抵御资产阶级腐朽思想侵蚀的能力。1994 年中央纪委和监察部颁布了《党风廉政教育工作纲要》，阐明了党风廉政教育的目的，即提高党员和干部的政治素质、增强纪律观念、促进党风党纪和廉政勤政建设。为进一步加强以领导干部为重点的反腐倡廉教育工作，提供坚实的制度保障，1997 年，中共中央又发布了《中国共产党党员领导干部廉洁从政若干准则（试行）》。在开展以领导干部为重点的反腐倡廉教育过程中，中国共产党逐渐建立了查处违法乱

① 中共中央文献研究室编：《十二大以来重要文献选编》（下），人民出版社 1988 年版，第 1062 页。

纪警示教育、领导干部廉洁自律教育、纠正行业和部门不正作风宣传教育的"三位一体"反腐倡廉教育工作格局。三者相互依托，相互联系，相互促进，体现了标本兼治、综合治理的要求，更体现了教育源头治腐的重要地位，有效地解决了党员干部在党性、党纪及党风方面出现的问题。2001年，中共十五届六中全会通过《中共中央关于加强和改进党的作风建设的决定》，明确提出"八个坚持、八个反对"。

2. 开展"讲学习、讲政治、讲正气"教育。江泽民多次强调党员干部特别是领导干部要带头"讲学习、讲政治、讲正气"。1996年，中共十四届六中全会作出决定，对县处级以上领导干部进行一次以讲学习、讲政治、讲正气为主要内容的党性党风教育。这次为期三年的教育活动，发扬了延安整风运动的精神，采取自上而下，分期分批进行，党内的批评和自我批评相结合的方式，使全体党员尤其是领导干部受到了一次深刻的党性党风教育，达到了预期的效果，对促进领导干部真正做到廉洁为民、开拓创新，推动反腐倡廉工作顺利发展，从源头上解决腐败问题，起了重要作用。

3. 在全国农村开展"三个代表"重要思想学习教育活动。2000年，中共中央决定，从2000年冬2001年春开始，用两年左右的时间，在全国县（市）部门、乡镇、村领导班子和基层干部中，有计划、有步骤地开展"三个代表"重要思想学习教育活动。2000年11月，《中共中央办公厅关于在农村开展"三个代表"重要思想学习教育活动的意见》印发，随之教育活动开始。其结果是基层干部思想作风和工作作风要有明显改进，基本达到了中央关于"让干部受教育、使农民得实惠"的要求。

（三）全面建设小康社会时期：将反腐倡廉教育提升至惩治和预防体系建设的突出位置（2002—2012年）

中共十六大以后，中国进入了全面建设小康社会新时期。这一时期世情国情党情的变化，中国特色社会主义总体布局的变化，对中国共产党的反腐倡廉教育提出了更高的要求。党中央针对反腐倡廉建设中出现的新情况和新问题，将反腐倡廉教育提升至惩治和预防腐败体系的突出位置，作为提高党的执政能力、保持党的先进性的一项重大政治任务，不断加以推进，取得了积极成效。

1. 完善反腐倡廉教育战略布局。中共中央坚持"标本兼治、综合治理、惩防并举、注重预防"的方针，作出建立健全教育、制度、监督并重的惩治和预防腐败体系的重大战略决策，颁布《建立健全教育、制度、监督并重的惩治和预防腐败体系实施纲要》，提出必须把反腐倡廉教育纳入党的宣传教育总体部署、完善反腐倡廉教育格局、反腐倡廉教育要面向全党全社会等一系列新思路、新方法。各省市自治区党委和中央国家机关各部委党组纷纷制定了贯彻落实《实施纲要》的具体意见，对反腐倡廉宣传教育作出了具体部署，形成了全党动手抓反腐倡廉"大宣教"的局面。2008 年印发的《惩治和预防腐败体系 2008—2012 年工作规划》，明确了反腐倡廉教育的目标、要求和方式方法，巩固了反腐倡廉教育的基础性地位，推动了反腐倡廉教育的制度化建设。

2. 把反腐倡廉教育纳入保持共产党员先进性教育活动的实践。根据中共十六大和十六届四中全会精神，2004 年 11 月，《中共中央关于在全党开展以实践"三个代表"重要思想为主要内容的保持共产党员先进性教育活动的意见》下发，各级党组织按照提高党员素质、加强基层建设、服务人民群众、促进各项工作的目标，开展先进性教育活动。此次活动是中国共产党参加人数最多、规模最大的一次马克思主义集体教育活动，同时也是一次生动的反腐倡廉教育活动。

3. 营造反腐倡廉教育良好氛围。一是中央领导带头学习和接受教育。中共十六大刚结束，胡锦涛就带领中央书记处的同志到西柏坡学习考察，重温毛泽东关于"两个务必"的重要论述，号召全党特别是领导干部大力发扬艰苦奋斗的优良作风。二是进行廉政文化建设。主要是加强"民生为先，以人为本，执政为民"的思想文化建设，加强"预防为先、注重制度、源头治理"的制度文化建设，加强"教育为重、惩教结合"的综合文化建设。三是拓展从源头上防止腐败的工作领域。2004 年中共中央要求各地区各部门组织广大党员干部深入学习江泽民反腐倡廉重要思想和宪法、法律法规、党纪党规，突出权力观这一重点，加强思想道德教育和纪律教育。中共十七大把反腐倡廉建设与党的思想、组织、作风、制度建设一起确立为新时期党的建设新的伟大工程的基本任务，把反腐倡廉教育融入经济社会发展和党的建设之中，融入改革开放和现代化建设全过程。

（四）全面深化改革时期：反腐倡廉教育在坚持中深化、在深化中发展（2012 年以后）

中共十八大以后，共产党的队伍和自身状况发生重大而深刻的变化。受国际国内环境各种因素的影响，共产党面临的执政环境仍然复杂，影响党的先进性、弱化党的纯洁性的因素同样复杂，反腐败斗争形势严峻复杂，迫切要求提高党的建设质量、增强党组织的政治功能和组织功能。以习近平同志为核心的党中央根据新的形势和任务，坚持全面从严治党，进一步强化反腐倡廉教育在惩防体系中的基础地位，逐渐从根本上消除腐败的根源，让广大干部从"不敢贪"到"不想贪"，切实做到廉洁从政"入脑入心"。

1. 以"打虎""拍蝇"警示教育党员干部。中共十八大以后，党中央强调反腐败才能兴党兴国，必须有腐必反、有贪必肃，无禁区、全覆盖、零容忍，坚决惩治腐败的旗帜立场始终如一。五年中，经党中央批准立案审查的省军级以上党员干部及其他中管干部 440 人。其中，十八届中央委员、候补委员 43 人，中央纪委委员 9 人。全国纪检监察机关共接受信访举报 1218.6 万件（次），处置问题线索 267.4 万件，立案 154.5 万件，处分 153.7 万人，其中厅局级干部 8900 余人，县处级干部 6.3 万人，涉嫌犯罪被移送司法机关处理 5.8 万人。全国纪检监察机关共处分村党支部书记、村委会主任 27.8 万人。[①]"老虎""苍蝇"一起打，形成了反腐败斗争压倒性态势，发挥了震慑和警示作用。

2. 开展党的群众路线教育实践活动。按照中共十八大的部署，党中央在全党开展了以"为民、务实、清廉"为主要内容的党的群众路线教育实践活动。它于 2013 年 6 月启动，2014 年 10 月基本结束。这次活动使广大党员、干部受到马克思主义群众观点的深刻教育，使形式主义、官僚主义、享乐主义和奢靡之风得到有力整治。

3. 开展"三严三实"专题教育。2015 年 4 月，中共中央办公厅印发《关于在县处级以上领导干部中开展"三严三实"专题教育方案》，县处级以上领导干部以"严以修身、严以用权、严以律己，谋事要实、创业要实、做人

---

① 参见《十八届中央纪律检查委员会向中国共产党第十九次全国代表大会的工作报告》，《人民日报》2017 年 10 月 30 日。

要实"为主要内容的"三严三实"专题教育按照该方案认真进行。通过专题教育，巩固和拓展了党的群众路线教育实践活动成果，明显改善了政治生态，增强了党员干部自身的党性修养，锤炼了党员干部好的作风，逐渐树立了党员干部的良好形象。

4. 推进反腐倡廉教育在"常""长"二字上下功夫。一是推进"两学一做"学习教育常态化制度化。2016 年，中共中央决定在全体党员中开展"学党章党规、学系列讲话，做合格党员"学习教育。学习教育的对象是全党8700 多万党员，学习教育的方式是经常性、常态化的，而不是一次性集中性的学习活动。它推动党内教育从"关键少数"向广大党员拓展，是构建反腐倡廉教育长效机制的具体探索，是保持党的先进性和纯洁性的创新之举。二是推进反腐倡廉教育制度建设。中共中央"对党和国家领导人工作生活待遇、厉行节约反对浪费、国内公务接待标准等作出明确规范。把纠正'四风'的要求融入新形势下党内政治生活若干准则、廉洁自律准则，写入党内监督条例、党纪处分条例、问责条例等党内法规，不断健全作风建设制度体系"。① 颁布《建立健全惩治和预防腐败体系 2013—2017 年工作规划》，继续推进反腐败系统工程建设。

四、反腐倡廉教育的经验启示

（一）以马克思主义中国化理论成果为指导

在新民主主义革命、社会主义革命和社会主义建设时期，中国共产党反腐倡廉教育以毛泽东思想为指导。在改革开放后，以邓小平理论、"三个代表"重要思想、科学发展观为指导；中国特色社会主义进入新时代后，以习近平新时代中国特色社会主义思想为指导。正是在马克思主义中国化理论成果的指导下，中国共产党反腐倡廉教育的理论和实践深入发展，有效地解决腐败问题，为中国共产党反腐倡廉建设以及党和国家的稳定发展提供了不竭的动力与支持。同时，反腐倡廉教育理论和实践的创新发展也为马克思主义中国化理论成果提供了更加丰富的理论支持以及更加明确的

---

① 《十八届中央纪律检查委员会向中国共产党第十九次全国代表大会的工作报告》，《人民日报》2017 年 10 月 30 日。

实践证明。

（二）紧紧围绕党的中心任务进行

反腐倡廉教育作为党的建设的重要组成部分，是为党的中心工作服务的，并为实现党的中心任务提供坚强保障。在革命战争年代，为了中国革命的胜利，中国共产党毫不留情地同一切腐败现象作坚决的斗争，以自身的清正廉洁赢得了民心。在社会主义革命和社会主义建设时期，为了完成社会主义改造，建设社会主义现代化国家，中国共产党一手抓教育，一手抓惩治，成功地抑制了腐败现象。改革开放后，为了解决执政兴国的第一要务，中国共产党紧紧围绕经济建设这个中心，深入开展反腐倡廉教育，及时发现和解决党风政风方面存在的突出问题，有力地推动了经济社会发展。实践证明，中国共产党什么时候紧紧围绕党的中心任务开展反腐倡廉教育，什么时候革命、建设和改革事业就顺利发展；反之，就会给党的事业造成损害。

（三）为实现党的执政使命服务

中国共产党是为共产主义事业而奋斗的政党，为此必须夺取政权、巩固政权。反腐倡廉教育作为一种直接为夺取政权、巩固政权服务的教育形式，具有浓厚的政治色彩，说到底它是为实现党的执政使命服务的。一方面，反腐倡廉教育必然是在中国共产党的领导下进行的，必然坚持马克思主义的指导地位，宣传立党为公、执政为民的治国理政主张。另一方面，在反腐倡廉教育的理论和实践中，中国共产党必须始终坚持社会主义和共产主义的理想信念不动摇，必须始终坚持群众观点和群众路线不动摇，必须始终遵循人类社会发展规律不动摇。只有在全党范围内树立正确的世界观、人生观、价值观，坚持正确的利益观、权力观，始终做到立党为公、执政为民，坚决清除享乐主义、极端个人主义等腐朽思想，自觉抵制诱惑，清正廉洁，中国共产党反腐倡廉教育才能确保政治方向正确，党的事业才能不断健康发展。在中国特色社会主义新时代，为了实现中华民族伟大复兴的历史使命，中国共产党必须不断提高党的领导水平和执政水平、提高拒腐防变和抵御风险能力，因此必然加强反腐倡廉教育。

（四）坚持以党员领导干部为重点，发挥"关键少数"的表率作用

中国共产党作为工人阶级先进分子组成的政党，只有经常和长期坚持

反腐倡廉教育，才能保持先锋队的先进性和纯洁性。而中国共产党的各级领导干部则是这个先锋队的"关键少数"，在反腐倡廉教育中必须坚持以党员领导干部为重点，发挥"关键少数"的表率作用。一是从执政规律看，领导干部是各级领导班子的重要成员，是共产党治国理政的骨干和中坚力量，能不能做到廉洁从政、执政为民，将会直接影响人心向背。只有坚持以领导干部为重点抓好反腐倡廉教育，才能提高各级领导班子解决自身问题的能力，增强各级党组织的凝聚力和战斗力。二是从领导干部所处的地位和作用看，领导干部居于领导地位，职务越高，其言行的影响力越大。重点抓好领导干部的反腐倡廉教育，可以更好地发挥其示范导向作用。三是从权力的监督制约规律看，重点抓好领导干部的反腐倡廉教育，是遏制和减少权力腐败的重要环节。各级领导干部特别是党政"一把手"是权力的掌管者和行使者，易成为拉拢腐蚀的重点"围猎"对象。只有重点抓好领导干部特别是党政"一把手"的教育，才能增强其免疫力，为人民掌好权用好权。四是从反腐倡廉教育工作规律看，领导干部既是受教育者，也是教育活动的决策者和组织者。抓住了领导干部这个关键，让其先受到教育，不仅可以产生表率作用，使他们受教育的行为和效果影响广大党员干部，而且有利于他们更好地组织开展反腐倡廉教育，使之更有力和更有效。

（五）坚持反腐倡廉教育与制度、监督的有机结合，增强教育的实效性

中国共产党成立以来，反腐倡廉教育的理论和实践不断发展，反腐倡廉教育本身经历了一个由单纯的教育转变为教育、制度、监督有机结合的过程。中共十六届四中全会在总结反腐倡廉历史经验的基础上，提出要抓紧建立健全与社会主义市场经济体制相适应的教育、制度、监督并重的惩治和预防腐败体系，要求在坚决惩处腐败分子的同时，继续在加强教育上下功夫，继续在完善制度上下功夫，继续在加强监督上下功夫。从此，中国共产党坚持反腐倡廉教育和反腐倡廉制度建设、监督机制建设"两手抓"，构建惩治和预防腐败的各项党内法规与国家法律体系，不断加强权力制约和监督，实行政务公开、党务公开、村务公开、厂务公开等制度，依法治理腐败，坚持整体性、科学性、有效性，在继承中发展，在发展中创新。实际上，反腐倡廉制度和监督机制本身就蕴含着巨大的教育功能，加强制

度建设和监督机制的过程也就是反腐倡廉教育的过程，以制度和监督的方法评价与监督反腐倡廉工作成效，能够起到对全党的警示教育作用，从而不断增强反腐倡廉教育的实效性。反腐倡廉教育与反腐倡廉制度和监督机制相衔接、相配套，就可以发挥系统整体功能，更好地防治腐败，保证党员领导干部廉洁从政。

第二节　反腐倡廉教育的内容与手段

一、反腐倡廉教育的内容

反腐倡廉教育的内容主要包括廉政法规制度教育、廉政党课、廉洁谈话、警示教育、廉政文化教育、专题活动教育等，内容和形式具有相对性，在一定条件下可以相互转化。

（一）廉政法规制度教育

党内法规是中国特色社会主义法治体系的重要组成部分，党内廉政法规是党内法规的核心组成部分。根据《中国共产党党内法规制定条例》关于党内法规的界定，可以类比得到，党内廉政法规是由党的中央组织以及中央纪律检查委员会、中央各部门和省、自治区、直辖市党委制定的关于加强党风廉政建设和开展反腐败斗争的党内规章制度的总称。中共十八大以来，陆续出台了一系列关于廉政建设的重要党内法规。比如在党的纪律方面，出台了《违规发放津贴补贴行为适用〈中国共产党纪律处分条例〉若干问题的解释》（2012年）、《关于改进工作作风、密切联系群众的八项规定》（2012年）、《中国共产党纪律处分条例》（2015年、2018年两次修订）、《中国共产党纪律检查机关监督执纪工作规则（试行）》（2017年）等党内法规。在廉政建设方面，出台了《建立健全惩治和预防腐败体系2013—2017年工作规划》（2013年）、《中国共产党廉洁自律准则》（2015年）等党内法规。在厉行节约方面，出台了《党政机关厉行节约反对浪费条例》（2013年）、《党政机关国内公务接待管理规定》（2013年）、《关于厉行节约反对食品浪费的意见》（2014年）等党内法规。在干部监督方面，出台了《关于进一步规范党政领导干部在企业兼职（任职）问题的意见》（2013年）、《中国共产党巡视工作条例》(2015年)、《关于新形势下党内政治生活的若干准则》(2016年)、《中国共产党党内监督条例》(2016年)、《领导干部个人有关事项报告查核结果处理办法》(2017年)、《中共中央政治局贯彻落实中央八项规定的实施细则》(2017年)等党内法规。在选拔任用方面,出台了《党政领导干部选拔任用工作条例》(2014年)、《关于加强干部选拔任用工作监督的意见》(2014年)等党内法规。党内廉政法规对于加强党内反腐倡廉建设意义重大,有利于加强新时期党的建设,有利于制度反腐的推进,有利于规范党员的权利与义务、强化党的纪律。对党员的一项最基本的教育,就是教促广大党员、干部认真学习廉政法规,自觉接受党内廉政法规的约束,这项教育应当常抓不懈。

(二)廉政党课

讲好一堂廉政党课是做好反腐倡廉宣传教育工作的"必修课"。讲台虽小,但能劲吹廉风。领导干部讲廉政党课,既可以使讲课的领导干部在备课、讲课的过程中先受到教育,接受廉政洗礼,同时又普遍教育广大党员干部。领导干部讲廉政党课应当纳入党的干部教育总体规划,纳入纪检监察工作目标考评的重要内容,确保领导干部讲廉政党课走上制度化、规范化、经常化轨道。要把规范讲课内容,提高讲课质量作为增强教育吸引力、增强廉政党课生命力的重要举措来抓。领导干部讲廉政党课之前,应进行调查研究,作好课前准备,备好讲课稿。一堂好的廉政党课,不仅要内容丰富、语言生动,更要扎根实际,多方吸收养分。廉政党课决不能千人一面,必须以解决实际问题为目的,结合业务工作、政务活动中易于滋生腐败的问题,以及本地本单位存在的突出问题和干部队伍思想工作的实际,理论联系实际,突出教育的针对性和有效性,调整授课语言,在潜移默化中传递廉洁理念,让廉政党课更接地气,更富人情味,走进每一位听众的心里。

(三)廉洁谈话

廉洁谈话是党内监督的一项基本制度,是避免或减少领导干部违法违纪的重要途径。发挥好廉洁谈话的优势和作用,对提高领导干部的拒腐防变意识、促进廉洁自律,具有重要的现实意义。廉洁谈话主要有任职谈话、诫勉谈话、警示谈话、特殊时段谈话等几种主要形式。开展廉洁谈话,要完善谈话制度，让廉洁谈话有章可循、有据可依，使廉洁谈话回归其严肃性和组织性，成为管党治党的有效手段；以上率下，让廉洁谈话成为常态；定期回访，让廉洁谈话谈出效果。还可以根据被教育对象所处领域、工作性质、职权大小等情况，开展"定制式"廉洁教育，让"咬耳扯袖"成为常态，提升廉洁教育的精准性、实效性。

（四）警示教育

在反腐倡廉教育中运用反面典型进行警示教育，是惩前毖后、治病救人的集中表现。警示教育体现了惩防结合、重在防范的基本思路，具有很好的说服力和震撼力，能够真正起到见微知著、防微杜渐的作用。警示教育主要通过案例汇编、发放和组织学习警示教育读本、情况（案例）通报、廉政教育基地参观学习、警示教育专题片（视频录像）、旁听庭审、宣布处分决定、媒体曝光（含网站廉政宣传公示）、微博互动、现身说法等方式进行，促使党员干部常思贪欲之害，从而达到增强自律的目的。在教育对象上要着重抓好重点、关键岗位干部的教育，同时确保预防工作人人参与，区别对象，因人施教。

（五）廉政文化教育

廉政文化教育是反腐倡廉建设的基础性工作，具有先进性、广泛性、实践性和实效性特征，具有教育、凝聚、导向和监督作用，有助于党员干部大力弘扬党的优良传统和作风，自觉抵制形式主义、官僚主义、享乐主义和奢靡之风。廉政文化教育内容有：一是廉政文化宣传。包括办廉政文化宣传馆或宣传室或宣传走廊、办廉政宣传橱窗或宣传栏（如载入廉政理论、典型案例、格言警句、诗歌、漫画等）、贴廉政宣传书画、设廉政书屋或廉政书架、唱廉政歌曲、建廉政宣传电教室、建廉政宣传网络系统等。二是廉政文化教育活动。如读书思廉活动、廉政课题调研活动、反腐倡廉征文活动或廉政作品征集活动、廉政献计献策活动、廉政文化讨论交流活动、廉政故事会、反腐倡廉文艺汇演等。三是廉政文化精品打造。如设立廉政文化教育基地、实施"廉政文化精品工程"等。廉政文化教育要进党政军机关，进企事业单位，进城乡社区，进社会组织，进家庭，覆盖全体党员干部，做到有组织领导、有工作机制、有教育载体、有特色活动、有典型示范、有创建氛围、有监督考评。

（六）专题活动教育

反腐倡廉专题活动教育主要有会员卡专项清退活动，党风建设和反腐倡廉宣传教育月活动，签订廉洁承诺责任书活动，主题廉政教育活动，廉政风险点分析、排查活动等。这些都是巩固落实八项规定成果、实现自我净化、营造风清气正的良好环境行之有效的教育活动。

二、反腐倡廉教育的手段

反腐倡廉教育的手段，除组织廉政培训、开展廉政测试、实行廉政报告、开展岗位廉政教育、落实述职述廉制度、注重党员干部自我养成教育外，主要还有以下几方面。

（一）坚持"老虎""苍蝇"一起打

"老虎""苍蝇"一起打是习近平反腐倡廉思想的重要内容，也是中共十八大以后反腐倡廉教育的重要手段。它表明了中国共产党坚决惩治腐败的坚强决心，彰显了中国共产党反对腐败的力度和广度。打"老虎"，就是要坚决查处大案要案，严肃查办发生在领导机关和领导干部中的滥用职权、贪污贿赂、腐化堕落、失职渎职案件，让他们不再为"虎"作伥，以此教育更多的干部特别是身居高位的领导干部，使之对权力有一种敬畏，不敢滥用职权。打"苍蝇"，就是要着力解决发生在群众身边的腐败问题，严肃查处损害群众利益的各类案件，切实维护人民合法权益，努力做到干部清正、政府清廉、政治清明。坚持"老虎""苍蝇"一起打，就是要坚持抓大不放小，抓小不放大，齐头并进，同时发力，坚决清除党内和群众身边的贪污腐败问题和不正之风。

中共十九大后，打"老虎""苍蝇"力度不减。2018年上半年，全国纪检监察机关共处分24万人（其中党纪处分20.1万人）。处分省部级及以上干部28人，厅局级干部1500余人，县处级干部1万人，乡科级干部3.7万人，一般干部4.5万人，农村、企业等其他人员14.6万人。[①]2018年以来，截至8月31日，全国查处违反中央八项规定精神问题情况如表13-1所示。

---

① 参见《中央纪委国家监委通报二零一八年上半年全国纪检监察机关监督检查、审查调查情况》，《中国纪检监察报》2018年7月20日。

表 13-1　全国查处违反中央八项规定精神问题汇总表

（2018 年以来，截至 8 月 31 日）

内容	项目	总计	级别				类型								
			省部级	地厅级	县处级	乡科级及以下	违规公款吃喝	公款国内旅游	公款出国境旅游	违规配备使用公务用车	楼堂馆所违规问题	违规发放津补贴或福利	违规收送礼品礼金	大办婚丧喜庆	其他
2018年8月份	查处问题数	5565	0	83	616	4866	729	283	17	838	160	1456	1070	517	495
	处理人数	7846	0	96	818	6932	1201	477	39	964	206	2253	1358	587	761
	给予党纪政务处分人数	5452	0	79	564	4809	842	337	37	602	122	1501	1072	436	503
2018年以来	查处问题数	36420	1	574	4237	31608	4692	1857	105	5622	1250	9261	6578	3672	3383
	处理人数	51817	1	728	5587	45501	7443	3219	166	6819	1606	14603	8174	4233	5554
	给予党纪政务处分人数	36582	1	508	3724	32349	5308	2312	131	4411	956	10305	6542	3251	3366
备注	"其他"问题包括：提供或接受超标准接待、接受或用公款参与高消费娱乐健身活动、违规出入私人会所、领导干部住房违规、违规接受管理服务对象宴请等问题。														

数据来源：中央纪委国家监委党风政风监督室　　　　　　　中央纪委国家监委网站　制作

资料来源：《8月全国查处违反中央八项规定精神问题5565件》，《中国纪检监察报》2018年9月26日。

　　由于坚持"老虎""苍蝇"一起打，坚持无禁区、全覆盖、零容忍，坚持重遏制、强高压、长震慑，坚持受贿行贿一起查，同时围绕打赢脱贫攻坚战，开展扶贫领域腐败和作风问题专项治理，并把惩治基层腐败同扫黑除恶结合起来，坚决整治群众身边腐败问题，巩固发展反腐败斗争压倒性态势，党风廉政建设和反腐败斗争正在取得新成效，提高了人民群众的满意度。

（二）开展正反典型教育

典型教育是反腐倡廉教育常用的一种教育方法，就是运用正面和反面的典型事例开展反腐倡廉教育，并把两者紧密结合起来，帮助和启发党员干部提高党性修养的一种教育方法。其特点是具有具体形象性和生活性，把反腐倡廉教育中抽象的概念和理论具体化、形象化，通过选择现实生活中真实、生动的典型人物和事例来引起党员干部思想情感上的共鸣，从而引起思考、比较、模仿或警醒，在这个过程中实现把反腐倡廉教育的内容融入教育对象的主体意识，真正变为他们具体行动的目的。一是开展正面典型示范教育。正面典型教育通过表彰先进典型、宣传先进事例、组织宣讲活动等多种形式进行，它可以充分发挥榜样的示范引领作用，以此激励党员干部，大力弘扬清风正气，使广大党员干部从内心深处崇廉尚实、严于律己，树立清正廉洁的良好形象。二是开展反面典型警示教育。通过反面典型警示教育，能使领导干部在思想上产生警惕，促使他们看到危害，经常反省自身言论，反思自身行为，吸取教训，引以为戒，筑牢底线，提高拒腐防变的自觉性。正、反两方面的典型教育结合起来，就能有破有立，是非分明，从而取得比较好的教育效果。

（三）借鉴历史智慧

1.借鉴古代廉洁教化思想内容，引导受教育者筑牢思想道德防线，自觉做到廉洁从政。重视道德教化，是古代统治者总结的治国理政经验之一。统治者常常通过向官吏灌输仁、义、礼、智，忠、信、诚、勇，勤、俭、节、廉，"公生明，廉生威"等伦理道德观念，来强化其廉洁理念。唐太宗曾告诫群臣："为臣贪，必丧其身。"[1] 康熙皇帝也常勉励官员以"廉"为操守、修官德，获取清正廉洁的从政名声。古代廉政思想概括起来，不外乎民本、德治、任贤、治吏、明法、勤政、公正、清廉、节俭、赏罚。作为中国传统廉政文化的重要内容，其官德养成中的有益部分与中国共产党所倡导的为民务实清廉的执政理念相契合，是今天开展反腐倡廉教育的思想养分。借鉴中国

---

[1] （唐）吴兢撰、裴汝诚等译注：《贞观政要译注》，上海古籍出版社2007年版，第338页。

古代廉洁理念，加强反腐倡廉教育，有利于全面推进惩治和预防腐败体系建设，做到干部清正、政府清廉、政治清明。

2. 借鉴古代廉洁教化方式方法，以与时俱进、丰富多样的载体促进反腐倡廉教育取得实效。历代统治者常采取文学、艺术等多样化的人文方式向官员灌输清廉理念，由此产生了许多歌颂廉洁、鞭挞贪腐的文艺作品。从文学创作，到舞台戏剧，再到市井传唱，反贪尚廉一直是中国古代社会最基本的政治诉求之一。廉政诗词是中国诗词文化中的瑰宝，也是中国优秀传统廉政文化的重要内容。历代产生了不少讽贪挞贿、劝人淡泊名利的诗词。汉诗云："甘瓜抱苦蒂，美枣生荆棘。利旁有倚刀，贪人还自贼。"唐诗云："贪人好聚财，恰如枭爱子。子大而食母，财多还害己。"说的都是贪多聚财、财多害己的道理。历代清官廉吏也常以廉洁诗词自警、自省。白居易《新制绫袄成感而有咏》诗曰："百姓多寒无可救，一身独暖亦何情！心中为念农桑苦，耳里如闻饥冻声。争得大裘长万丈，与君都盖洛阳城。"包拯《书端州郡斋壁》诗云："清心为治本，直道是身谋。秀干终成栋，精钢不作钩。"于谦《入京》诗云："两袖清风朝天去，免得闾阎话短长。"这些廉政诗词通过抨击贪婪的无耻和愚蠢、弘扬清廉的价值与精神，为形成清廉社会风俗发挥了积极作用。借鉴古代廉洁教化方式方法，创设廉政文化载体，努力打造廉政文化精品，通过"文化式"熏陶，可以使党员干部在美的艺术享受中得到启发、接受教育。

3. 借鉴古代廉洁教化典章制度，把制度建设和监督制约贯穿于反腐倡廉教育各方面。道德教化强调的是自我修身和自我约束，但缺乏强制性。要保障廉洁教化的效果，必须发挥制度的作用。历代统治者在治国实践中都很重视以制度设计强化道德教化的效果，使官吏远贪近廉。古代封建国家围绕惩贪倡廉设计了监察制、巡视制、上计制、官吏考课制、赏罚制等，并依靠严刑峻法，促使官吏清廉。以德为上是对官吏的基本要求，严惩失德、失廉官员是保障国家机器正常运行的必要措施。重视道德教化的制度约束，是中国古代廉洁政治的鲜明特色。借鉴古代廉政制度文化建设的有益经验，是坚持中国特色反腐倡廉道路的客观要求。中国共产党正在努力营造强化廉洁教育制度执行的良好环境，树立法律面前人人平等、制度面前没有特权、制度约束没有例外的意识，确保各项廉洁教育制度行得通、管得住、用得好。

4.借鉴古代廉贪代表性历史人物，以史为鉴。中国历史上的清官典范如晏子、黄霸、汲黯、杨震、诸葛亮、魏征、姚崇、包拯、范仲淹、司马光、于谦、于成龙等，其廉政事迹及思想成为古代廉政文化的瑰宝，其优秀品德对当今党政领导干部仍然有可资借鉴的意义；而总结其成就，探讨其特征，也是一件很有意义的工作。历史上贪墨人物如羊舌鲋、田蚡、梁冀、石崇、李义府、元载、蔡京、贾似道、阿合马、严嵩、刘瑾、和珅等，其各色人生历程及其结局，对当今党政领导干部仍有重要警示意义。古今中外成大事者，最不易处理好的，就是事业之公和个人之私的关系。从反腐败中查处的大案要案看，一个带有规律性的现象就是：有些人既想干大事、创大业，心怀"大公"，又想谋大官、得大利，挟着"大私"。走上领导岗位后，当官运亨通、私欲得到一定满足时，他们也能为党和人民做一些有益工作；而当个人私欲与党和人民的利益发生矛盾时，便把个人私欲摆在第一位，不惜以权谋私、以私害公。以史为鉴，可以知兴替。

（四）运用"互联网+"

"互联网+"与教育行业的融合对反腐倡廉教育的教学资源、教学机构、教学方式等方面产生影响，为反腐倡廉教育的模式创新提供机遇。"互联网+"给反腐倡廉教育带来新气象。

1."互联网+"技术的革新带来思维的变革。"互联网+"时代折射出的跨界思维、协同思维、平台思维、共享思维、用户中心思维等创新思维正在改变人们的传统思维方式。思维指导行动，当人们基本思维方式发生改变，教育活动的各个方面都将发生变化。"互联网+"时代技术的变革促进反腐倡廉教育思维理念创新，从而导致反腐倡廉教育模式产生巨变。它使反腐倡廉教育更加注重个性化教育，因材施教；注重线上线下融合；倡导资源共享与平台一体化建设。

2."互联网+"带来反腐倡廉教育环境的变革。在"互联网+"时代，反腐倡廉教育机构以大数据技术、云计算、物联网、语义网等智能技术为基础，对校园的基础设施进行数字化的改造，构建信息无缝流通、线上线下结合、虚实结合的反腐倡廉智慧化教学环境。

3."互联网+"有利于整合反腐倡廉教育资源。教育资源的差异一定程度上导致了教育效果参差不齐，影响反腐倡廉教育事业的全局发展。"互联网＋"时代的技术帮助打破以个体学校为主体的教育供给体系，打破地域、层级、校际之间的隔阂。借助物联网、大数据技术、云存储与一体化资源平台，将部分反腐倡廉教育服务数字化，在不同层级和学校组织之间形成教育资源互通互联、课程互选和学习成果互认的模式，经济落后地区与基层可以接收来自教育发达地区的教学资源，促进反腐倡廉教育服务供给均等化。

4."互联网＋"创新反腐倡廉教学形态。"互联网＋"时代，反腐倡廉在线教学成为新的教学形态，课程形态与授课方式产生变革。它促进反腐倡廉教育内容模块化，制作成短教学视频上传到统一的学习平台中，结合个性化教育供给，根据学员情况推送相关微课。运用翻转课堂研讨热点难点问题的，通过这种方式可以让学员与教师、学员之间互动交流，相互启发，加深对学习内容的理解。借助于物联网设备、VR 技术等各种情境感知技术，增强反腐倡廉正负典型教育的情景化体验与感官体验，使教育内容与受教者所处真实环境无缝对接，让受教者切身感受到相关情感体验，实现知识情景化。

（五）以钉钉子精神稳扎稳打

2013 年 2 月 28 日，在中共十八届二中全会上，习近平首次对钉钉子精神进行了详细阐述："我们要有钉钉子的精神，钉钉子往往不是一锤子就能钉好的，而是要一锤一锤接着敲，直到把钉子钉实钉牢，钉牢一颗再钉下一颗，不断钉下去，必然大有成效。"[1] 作为重要方法论，钉钉子精神被运用到了政治、经济、民生等诸多领域的工作中。在反腐倡廉方面，我们要真抓实干，善做善成，发扬钉钉子精神稳扎稳打。习近平在十八届中央纪委三次全会上要求："以猛药去疴、重典治乱的决心，以刮骨疗毒、壮士断腕的勇气，坚决把党风廉政建设和反腐败斗争进行到底。"[2] 他在十八届中央纪委五次全会上作出"党风廉政建设和反腐败斗争永远在路上"[3] 的重要论断，表示中国共产党一定能够打赢党风廉政建设和反腐败斗争这场

---

① 《习近平谈治国理政》，外文出版社 2014 年版，第 400 页。

② 《习近平谈治国理政》，外文出版社 2014 年版，第 394 页。

③ 《习近平在十八届中央纪委五次全会上发表重要讲话强调　深化改革巩固成果积极拓展不断把反腐败斗争引向深入》，《人民日报》2015 年 1 月 14 日。

攻坚战、持久战。为了推动反腐败斗争取得显著成效，也为反腐败永远在路上夯实基础，需要中国共产党以锲而不舍的态度和钉钉子精神，步步为营、稳扎稳打，多管齐下、综合施策，始终保持反腐败高压态势，力度不减、节奏不变、尺度不松，大力构建"不敢腐、不能腐、不想腐"的氛围和有效机制。

（六）盯紧"关键少数"以上率下

人不率则不从，身不先则不信。在反腐倡廉教育中，只有"关键少数"率先垂范、以上率下，严守党的政治纪律和政治规矩，才能以"关键少数"带动"最大多数"，从而推动全面从严治党向纵深发展，使反腐倡廉责任落到实处，发展改革任务有力开展。党员领导干部应积极主动执行学习制度，充分发挥反腐倡廉教育制度的威力和效能，切实保障教育制度的执行。要抓好以领导干部为重点的反腐倡廉教育，建立起各级领导干部的教育培训机制和学习机制，完善党委（党组）理论学习中心组定期学习制度。把反腐倡廉理论作为各级中心组学习的重要内容，定期安排专题学习，定期举办领导干部廉洁从政教育专题培训班，对新任职的干部进行廉政培训。

（七）用好监督执纪"四种形态"

2016 年 10 月 27 日，中共十八届六中全会审议通过了《中国共产党党内监督条例》，第一次以党内法规的形式对监督执纪"四种形态"进行规范。作为全面从严治党的重大理论和实践创新，监督执纪"四种形态"被写入中共十九大通过的《中国共产党章程（修正案）》。监督执纪"四种形态"，即党内关系要正常化，经常开展批评和自我批评、约谈函询，让"红红脸、出出汗"成为常态；党纪轻处分、组织调整成为违纪处理的大多数；党纪重处分、重大职务调整的成为少数；严重违纪涉嫌违法立案审查的成为极少数。

"四种形态"用"常态、大多数、少数、极少数"形象地具体化了纪律检查和处分刻度线，给出了量纪的适用情形，明确了执纪的"党法解释"；既体现了依规治党、关口前移的新要求，又体现了注重日常教育监管，抓早抓小、动辄则咎。由此可见，"四种形态"在廉政教育方面具有指导意义，为廉政教育工作提供了理论支撑和方法指导。

第三节　反腐倡廉教育的组织和制度保障

一、加强反腐倡廉教育的组织领导

党员干部反腐倡廉教育作为一项长期而紧迫的任务，作为反腐倡廉建设的基础性工作，作为应对复杂形势的现实要求，必须加强组织领导，坚持统筹规划、按需施教、注重实效、完善制度、开拓创新等原则，落实教育责任，提高教育科学化水平，以引导党员干部筑牢思想道德防线，切实做到拒腐防变、警钟长鸣。

（一）建立和完善反腐倡廉教育领导体制

各级党组织应站在开创全面从严治党新局面的战略高度，站在关心爱护党员干部的角度，深刻认识加强党员干部反腐倡廉教育的重要性，切实承担起领导责任，建立和完善各级党委政府为主体、纪委组织协调、职能部门紧密配合的反腐倡廉教育领导体制，确保反腐倡廉教育工作有人抓、有人管、有人做、经常做、做到实处，以形成反腐倡廉教育的整体合力。要把对领导干部的反腐倡廉教育纳入党的思想政治工作总体部署和党员干部教育培训整体规划，列入党委、政府重要议事日程，定期听取汇报，研究解决影响和制约教育发展的突出问题。

（二）坚持并落实"两个责任"

各级领导班子成员特别是主要领导干部不仅要带头接受反腐倡廉教育，而且要切实承担起推动反腐倡廉教育发展的领导责任，认真抓好职责范围内的党员干部反腐倡廉教育工作。各级党的纪检机关和监察机关要履行好自身的监督责任。坚持并落实"两个责任"时，各级党委（党组）作为拒腐防变教育长效机制建设的责任主体，党委（党组）书记要对这项工作负总责；各级党的纪检机关和监察机关要负起组织协调职责，协助党委抓好教育任务的分解落实和协调指导。

（三）完善工作格局形成工作合力

要统筹反腐倡廉教育相关力量，健全反腐倡廉教育联席会议、协调会议制度，加强对反腐倡廉教育工作的组织协调与联系沟通，共同抓好党员干部廉政教育工作。纪检监察机关应组织开好反腐倡廉教育工作联席会议，沟通情况，明确分工，加强督促检查。组织人事部门应落实好干部教育培训规划确定的廉洁从政教育培训任务。宣传思想部门应组织好反腐倡廉理论学习和反腐倡廉形势政策、勤廉从政先进典型宣传教育。新闻出版、文化艺术、广播影视、网络管理等部门和新闻媒体应搞好反腐倡廉教育的文艺创作和宣传报道工作。党校（行政学院）、干部学院等应将党员干部反腐倡廉教育列入教学计划，保证课时和教学质量。社科研究部门和高等院校应加强反腐倡廉理论研究，为党员干部反腐倡廉教育深入开展提供智力支持。

二、完善反腐倡廉教育的制度机制

进行反腐倡廉教育，制度和机制是重要保障。要开展制度意识教育，引导党员干部树立法律面前人人平等、制度面前没有特权、制度约束没有例外的观念，带头学习制度，严格执行制度，自觉维护制度。要完善和落实考核评价、民主监督、经费保障等工作机制。

（一）加强基本制度建设

依托合理的制度规范反腐倡廉教育实践，实现反腐倡廉教育的制度化和规范化，是反腐倡廉教育的重要保障。中国共产党在进行反腐倡廉教育过程中，非常重视制度建设，用制度的合理性促进反腐倡廉教育的深入开展，取得了一些成效，但还需要进一步完善。要遵循反腐倡廉教育规律，探索出一套行之有效的反腐倡廉教育模式和基本制度。要以制度明确教育目标任务、落实教育责任、规范教育内容、拓宽教育途径，推进有利于党员领导干部坚定理想信念、弘扬优良作风、增强廉洁意识和树立正确世界观、权力观、事业观的拒腐防变教育长效机制的形成，切实有效地推动反腐倡廉教育工作的顺利开展。

在反腐倡廉教育基本制度建设方面，要坚持和完善党委（党组）中心组学习反腐倡廉理论制度、反腐倡廉法规学习制度、主要负责同志定期讲廉政党课制度；坚持和完善各级党员领导干部参加反腐倡廉专题民主生活会制度；坚持和完善函询、诫勉制度，党员干部廉政谈话谈心制度；坚持和完善向社会和服务对象述职述廉制度；坚持和完善新任领导干部廉政培训、考试制度；坚持和完善示范教育、警示教育、主题教育、岗位廉政教育制度。要通过完善教育制度，落实教育责任，努力实现反腐倡廉教育科学化、常态化、制度化。要不断提高制度执行力，增强制度执行的主动性，切实解决执行中不熟知、不自觉的问题；维护制度的严肃性，切实解决不执行和执行中的随意性问题。要通过改革和制度创新切断利益输送链条，加强对权力运行的制约和监督，形成有效管用的体制机制。

（二）构建常态化教育培训机制

1.制订教育培训规划。要树立战略思维，制订领导干部教育培训短期或中长期教育培训规划，对教育培训意义、教育培训内容、教育培训形式、教育培训场所、教育培训考核等方面进行明确规定。坚持日常教育培训与重点教育培训、经常教育培训与短期集中教育培训相结合、相统筹，对各类型的教育培训要从制度上作出严格规定。树立终生教育理念和全员培训的目标，健全和拓展多层次、多渠道、大范围的领导干部反腐倡廉教育培训工作格局。

2.健全教育培训体系。健全党员领导干部教育培训体系，建好党员领导干部教育培训基地，是增强党员领导干部教育培训实效、提高党员领导干部教育培训质量的必要前提。应充分发挥党校（行政学院）和其他干部培训机构在干部培训中的作用，反腐倡廉教育要做到长期坚持，抓紧抓实抓好，最大限度地确保教育培训成效，不断提高领导干部廉政意识和反腐倡廉能力。

3.建立和完善教育培训工作保障机制。为了切实保障反腐倡廉教育工作的顺利进行，需要健全落实基本保障机制，把领导干部反腐倡廉教育经费列入财政预算及组织部门党员教育经费专项支出，加大投入力度，保证工作有效开展。要通过举办各级各类教育培训班，不断增强宣教干部的政治素质和业务能力，着力打造过硬的宣教干部队伍，为反腐倡廉宣传教育的可持续发展提供人才保障。

（三）完善监督约束机制

1.完善党性定期分析制度。即组织开展党性分析活动，通过排查问题、自我剖析、民主评议、落实整改，严肃党的政治纪律、组织纪律、经济工作纪律和群众工作纪律，强化党性观念和党员意识。

2.完善反腐倡廉教育民主监督机制。即把领导干部落实党风廉政建设责任制情况和个人廉洁自律情况作为一项重要内容，在党内民主生活会上紧密联系思想和工作实际，自觉进行检查对照，认真开展批评和自我批评，提高党内监督效果。

3.优化评价考核机制。加强对反腐倡廉教育的监督约束，优化评价考核机制非常重要。要把党员干部反腐倡廉教育工作纳入惩治和预防腐败体系建设与党风廉政建设责任制检查范围，作为领导班子和领导干部年度考核的重要内容。在反腐倡廉教育活动中，要制定完善的考评方法，把活动目标进行细化。考核标准设计应考虑到反腐倡廉教育效果自身特点，考核标准要设计成一个指标体系，如：既要有量化测评打分，又要有工作实际的考核（如受教育对象工作态度变化、工作误差率变化等）。把接受反腐倡廉教育效果的考核结果作为受教育对象评先、评优、提拔任用等重要依据，充分发挥考核作用。比如可以设计干部任前"考廉"制度，规定凡"考廉"不合格者，一律暂缓提拔使用，从而迫使他们接受反腐倡廉教育，提高其廉洁从政的思想认识和水平。

4.建立与完善激励和责任追究机制。一个地区或部门的反腐倡廉教育工作谁领导、谁主抓、谁落实，要做到目标和责任明确，做好反腐倡廉教育工作的具体分工，形成一级抓一级、层层抓落实的责任体系。要根据反腐倡廉教育活动的开展情况和目标的落实情况，该奖则奖、该罚则罚。对廉政教育工作重视程度高、工作有创新、实际效果好的单位党组织和纪检监察机关及个人给予表彰奖励；对不重视廉政教育，导致本地区、本单位发生重大违纪违法案件的，按照有关规定予以严肃追究，严格责任追究，不留空当。

第十四章　党章党规党纪教育

党的章程是政党的根本大法，是党内法规之源头，是全党必须遵循的总规矩，是党性要求的集中体现。党规党纪是管党治党的重要法宝，是党的事业发展的重要基础。人不以规矩则废，党不以规矩则乱。规则系统、纪律严明是中国共产党的政治优势。党要管党、从严治党，就要加强党章党规党纪教育，强调守纪律讲规矩。党章党规党纪教育是党性教育的基础工程，是中国共产党历史经验和优良传统的延续传承，是解决党内存在的现实问题的必然要求，是培养锻炼党员干部党性的重要举措。党组织和党务工作者要教育党员按党章党规党纪的基本要求行事，努力营造党章党规党纪教育的良好氛围，从而维护党的肌体健康，永葆党的先进性和纯洁性。

第一节　党章党规党纪教育概述

一、中国共产党历来强调守纪律讲规矩

中国共产党早在创建时期就高度重视党的纪律建设，是一个讲纪律讲规矩的政党。1921 年 7 月，《中国共产党第一个纲领》首次确定了党的组织规则，作出了党的纪律规定："在党处于秘密状态时，党的重要主张和党员身份应保守秘密。"1922 年 7 月，中共二大通过第一个完备的章程——《中国共产党章程》，其中专设"纪律"一章，提出了 9 条纪律，明确规定党员言论行动有违背本党宣言、章程及大会、各执行委员会之议决案等六种情形之一者，必须开除党籍。1927 年，中共第五次全国代表大会诞生了中国共产党第一个纪律检查机构——中央监察委员会。

井冈山斗争时期，党领导工农武装割据，更是强调纪律。毛泽东亲自为

红军制定了三大纪律六项注意（以后发展成为三大纪律八项注意），还谱成歌曲来传唱。从某种意义上说，中国共产党和党领导的军队就是唱着这首歌走向全国、走向胜利的。

每到重大关头、转折时期，中国共产党更是特别强调纪律。1948年9月，中共中央政治局在西柏坡召开扩大会议，毛泽东把加强纪律性作为党的战略任务之一提到全党面前。这次会议在纪律建设上的一个突出成果，是通过了关于各中央局、分局、军区、军委分会及前委向中央请示报告制度的决议，强调要建立请示报告制度，党的下级组织的代表大会、委员会及代表会议的重要决议，必须呈报党的上级组织批准以后方准执行；各级党的领导机关，必须将不同意见的争论，及时地、真实地向上级报告，其中重要的争论必须报告中央。正是这项制度的建立和执行，为全党统一意志、统一行动提供了有力保证。1949年3月，中共七届二中全会根据毛泽东的提议，作出了"六条规定"。习近平2013年7月再访西柏坡时，在当年中央政治局开会的屋子里与人们座谈时说："这里是立规矩的地方。党的规矩、制度的建立和执行，有力推动了党的作风和纪律建设。"①

1949年11月，中共中央发出《关于成立中央及各级党的纪律检查委员会的决定》，朱德任中央纪律检查委员会书记。1955年4月，中共中央监察委员会成立，董必武任书记。1956年9月，中共八大在组织纪律和党内政治生活中突出强调民主集中制，将党的纪律处分划分五类并延续至今，对党的执纪机构作出新规范、提出新要求。

1978年12月，中共十一届三中全会决定成立党的中央纪律检查委员会，突出强调严明政治纪律的制度建设方向。1982年9月，中共十二大通过的党章用两章分别对党的纪律和纪律检查机关作出详细规定，把纪律要求纳入党员必须履行的八项义务，对党的干部提出勤政廉政等更高要求，强调各级党组织必须严格遵守民主集中制和集体领导原则，明确了纪律处分的程序等。

1987年，中共十三大更加重视制度建设和发展党内民主，以完善党内讨论和决定重要问题的办法与程序严明组织纪律，以扩大党代会职权提升中

---

① 《党面临的"赶考"远未结束——习近平再访西柏坡侧记》，《人民日报》2013年7月14日。

央纪委的权威性，以中央纪委主要领导人选和称谓变化强化党内民主，首次明确规定党组织讨论决定重要问题要进行表决。

1992 年 10 月，中共十四大把坚持从严治党写进党章总纲，旗帜鲜明地提出党坚持不懈地反对腐败，明确区别党纪和国法，确认纪律处分的追认制度等。

2002 年 11 月，中共十六大强调依法治国，提出不断完善党内监督制度，拓展了纪检机关的法定权责。

2007 年 10 月，中共十七大提出建立健全惩治和预防腐败体系，将坚持标本兼治、综合治理、惩防并举、注重预防的方针写进党章，增加了党务公开、党代会任期制、巡视等加强监督方面的重大制度。

2012 年 11 月，中共十八大强调要加强党的执政能力建设、先进性和纯洁性建设，整体推进党的思想建设、组织建设、作风建设、反腐倡廉建设、制度建设，全面提高党的建设科学化水平，充实完善党的纪律建设相关内容。

2017 年 10 月，中共十九大提出新时代党的建设总要求，强调把党的政治建设摆在首位，全面推进政治建设、思想建设、组织建设、作风建设、纪律建设，把制度建设贯穿其中；在党章中以"纪律建设"代替"反腐倡廉建设"，明确党的纪律主要包括政治纪律、组织纪律、廉洁纪律、群众纪律、工作纪律、生活纪律。

总之，奋斗了近一个世纪的中国共产党，以党章作为全党必须共同遵守的根本行为规范，作为排在第一位的"规矩"，规矩和纪律的内容则随着党的事业的发展不断深化、系统化和科学化。把纪律挺在前面，将规矩摆在明处，从而保证了党的团结统一和党的事业兴旺发达。

二、把守纪律讲规矩摆在更加重要的位置

中共十八大以来，共产党始终把严明纪律、遵守规矩作为重要任务，严肃查处有令不行、有禁不止的行为。在中共十八届中央纪委五次全会上，习近平强调，党员、干部特别是领导干部要严守政治纪律和政治规矩，把守纪律讲规矩摆在更加重要的位置。之所以要如此，是因为守纪律、讲规矩对党员干部自身的成长、对党的健康发展关系重大，站在新的历史起点上，中国

共产党担负着实现中华民族伟大复兴的重大使命，面临着重重困难和严峻挑战，迫切需要加强纪律建设，不断增强党的创造力、凝聚力和战斗力，切实提高执政能力、巩固执政地位、完成执政使命。

（一）守纪律讲规矩是保持党的先进性和纯洁性的制度保障

党章党规党纪体现着党的理想信念宗旨、行为准则、组织保障和纪律约束，为保持党的先进性和纯洁性提供制度保障。胡锦涛在十七届中央纪委七次全会上就明确提出在新的形势下保持党的先进性和纯洁性，"要坚持党要管党、从严治党，坚持强化思想理论武装和严格队伍管理相结合、发扬党的优良作风和加强党性修养与党性锻炼相结合、坚持坚决惩治腐败和有效预防腐败相结合、发挥监督作用和严肃党的纪律相结合，不断增强自我净化、自我完善、自我革新、自我提高能力，始终坚持党的性质和宗旨，永葆共产党人政治本色"。① 习近平在十八届中央纪委五次全会上指出，党的纪律是刚性约束，政治纪律更是全党在政治方向、政治立场、政治言论、政治行动方面必须遵循的刚性约束。严明政治纪律和政治规矩，这是党中央在新形势下坚持党要管党、从严治党的重大举措之一，也是加强的自身建设的题中应有之义。共产党要保持党的先进性和纯洁性，光靠党员觉悟不够，必须有刚性约束、强制推动，这就是纪律和规矩。

（二）守纪律讲规矩是实现"中国梦"的必然要求

2012 年 11 月 29 日，习近平在国家博物馆参观《复兴之路》展览时指出："实现中华民族伟大复兴，就是中华民族近代以来最伟大的梦想。"② 中共十九大报告强调"坚定不移全面从严治党，不断提高党的执政能力和领导水平"③，要求旗帜鲜明讲政治，严格遵守政治纪律和政治规矩。中国共产党强调守纪律讲规矩，是因为：一是守纪律讲规矩保证了党在实现"中国梦"过程中的领导地位。中国共产党从成立时只有几十名党员的小党，发展到拥有近 9000 万名党员、400 多万个基层组织的大党，成为建设中国特色社会主

---

① 《中国共产党第十七届中央纪律检查委员会第七次全体会议公报》，《人民日报》2012 年 1 月 11 日。

② 《习近平谈治国理政》，外文出版社 2014 年版，第 36 页。

③ 习近平：《决胜全面建成小康社会　夺取新时代中国特色社会主义伟大胜利——在中国共产党第十九次全国代表大会上的报告》，《人民日报》2017 年 10 月 28 日。

义的领导核心，保持党的团结统一，开创中国特色社会主义建设新局面，靠的是理想信念，靠的是守纪律讲规矩。二是守纪律讲规矩确保了在实现"中国梦"过程中的正确方向。要实现"中国梦"，必须有坚定正确的政治方向。党的历史证明，中国共产党曾经因忽视政治纪律和政治规矩的重要性而导致重大失误，给党的建设造成严重损害。因此，只有执行严明的政治纪律和政治规矩，才能确保在实现"中国梦"过程中的正确方向。三是守纪律讲规矩凝聚了在实现"中国梦"过程中的民心士气。人民群众是实现"中国梦"的依靠力量，严明的政治纪律和政治规矩是坚持群众路线、保持党同人民群众血肉相连的重要措施。面对实现"中国梦"的机遇与挑战，共产党必须以严明的政治纪律和政治规矩统一全党的思想与行动、凝聚民心。

（三）守纪律讲规矩是共产党人必须遵循的行为准则

党的纪律和规矩为全体党员提供了基本行为准则。严守党的纪律和规矩是对党员干部党性的重要考验，是对党员干部对党忠诚度的重要检验。在新的历史条件下，有些党员无视党的政治纪律和政治规矩，为了自己的所谓仕途、所谓影响力，搞任人唯亲、排斥异己者有之，搞团团伙伙、拉帮结派者有之，搞匿名诬告、制造谣言者有之，搞收买人心、拉动选票者有之，搞封官许愿、弹冠相庆者有之，搞自行其是、阳奉阴违者有之，搞尾大不掉、妄议中央者也有之，如此等等。有的人已经到了肆无忌惮、胆大妄为的地步。对此，应当引起党组织的充分注意，上升到党纪国法高度来认识和处理。每个党员干部都要用党的政治纪律和政治规矩来要求与规范自己的一言一行，在任何情况下都要做到政治信仰不变、政治立场不移、政治方向不偏，在思想上、政治上、行动上坚定自觉地同党中央保持高度一致。只有每一个共产党人始终做到严守党的纪律、遵从党的规矩、听从党的指挥，与党同心同德、为党尽心尽力，中国共产党才会立于不败之地，党和人民的事业才会不断推向前进。

三、党章是必须遵循的总规矩

党章是全党必须遵循的总章程、总规矩，在党内具有最高的权威性和最大的约束力，是维护全党的团结和统一的根本保证。无论是革命建设时期还是改革时期，党章这一总规矩，都是中国共产党实现民族复兴征程中的不变指针，是引领共产党人在正确道路上阔步前行的鲜艳旗帜，也是检验每个党员干部是否是一个合格党员的基本标准。学习党章，遵守党章，贯彻党章，维护党章，体现党章要求，符合党章规定，践行党章诉求，是每个党员干部不能推卸的责任和义务。

（一）深刻理解党章的根本大法地位和重要指导作用

1.党章是党的根本大法。从中共二大制定第一个党章开始，到十九大通过新修订的党章，跨越革命、建设和改革的漫漫长途，凝结着中国共产党自身建设的宝贵经验和智慧，集中代表了全党的根本意志，在党的所有规定、决定、规章制度中，具有最高权威，在党内法规体系中，处于最高层次，是制定党内其他规章的依据和基础，所有党内其他法规都是党章的延伸或补充，都必须服从或从属于党章。党章是一个政党赖以建立和活动的法规体系的基础，是立党管党治党的总章程，是规范党内政治生活、调整党内关系、规范和约束全党行为的根本大法。

2.党章具有根本指导作用。中国共产党自成立之日起，就高度重视党章的制定、修订和学习贯彻。中国共产党随着历史发展和时代进步，不断结合实际需要，结合党的建设过程中的经验教训，及时修改党章，把党在理论创新和实践创新方面的重要成果在党章中体现出来，保持了党章的与时俱进，从而使党章能更好地指导党加强自身建设和领导人民完成党的各项事业。党章的指导作用还体现在对各级党组织和全体党员的组织生活与个人生活上，要求各级党组织和全体党员，必须遵循党章，对党的性质、宗旨、指导思想、奋斗纲领和重大方针政策都要有正确的认识与充分的把握，遵循党章中明确规定的每个党员的基本权利和义务，明确党章中所规定的行为规范，遵守党的纪律，严守党的秘密，等等。所以，党章是全党最基本、最重要、最全面的行为规范，对党内生活和党的建设具有根本指导作用。

（二）全面掌握党章的主要内容

党章与其他法规制度不同，它所规定的内容都是党内生活中最重大和最根本的问题，集中代表了全党的根本利益和意志，集中表达了党的理论基础和政治主张，集中体现了党的整体意志和共同理想。党章涵盖了党的思想、组织、作风、制度等各方面的基本要求，为全党统一思想、统一行动提供了根本准则，而党内其他规章制度的内容只是涉及党内政治和组织生活中某一方面的问题。因此，每一名共产党员都要认真学习党章，要在认真研读上下功夫，真正扑下身子逐章逐条、逐字逐句地细心领会，紧密结合自己的思想和工作实际学习、思考，自觉按照党章的要求加强自身的党性修养。

（三）牢固树立党章意识

1. 认真履行义务。党员义务是党章重要的内容，属于强制性规范，是每一名党员都必须履行的，而绝不是想履行就履行、不想就可以不用履行的。在党员义务面前，每一位党员都是平等的，不论党龄长短、职务高低，都必须认真履行党员义务。党内绝不允许出现只享受权利而不用履行义务的"特殊党员"。

2. 正确行使权利。与党员义务一样，党员权利也是党章重要的内容，属于强制性规范，是每一名党员都必须行使的，而绝不是想行使就行使、不想行使就可以不行使的。在党员权利面前，所有党员的政治地位都是平等的，不论职务高低、贡献大小，都应该正确行使党员权利。党内绝不允许出现只尽义务而不能享有权利的"义务党员"。

3. 自觉运用党章。共产党员应对标党章，学而信、学而用。在学习运用中加强党性修养，增强党的意识、宗旨意识、执政党意识、大局意识、责任意识。共产党员要把党章当作"正衣镜"，时刻检视自己的思想和言行；把党章当作"指南针"，用以指导实践、推动工作。共产党员不能忘记党员身份，不能身为党员不像党员，必须在党为党，在党言党，在党护党，在党忧党。

四、党的纪律是铁的纪律

全面从严治党，关键是要有铁的纪律。对一个政党来说，有铁的纪律，才能有党的团结统一，才能有党员干部的清正廉洁。中国共产党建党以来的实践表明，什么时候党的纪律严明、执行有力，什么时候革命、建设和改革就能取得胜利。只有把纪律挺在前面，用纪律和规矩管住全党，才能防患于未然，以严肃的纪律提升党的凝聚力和战斗力，保证改革发展各项工作顺利推进。

（一）深刻理解党的纪律的内涵

党的纪律主要指已经由党内法规和党内一般性制度文件明文规定的党的

各级组织和党员必须遵守的行为准则。从这些行为准则规范的内容来看，党的纪律主要可以分为六类，即政治纪律、组织纪律、廉洁纪律、群众纪律、工作纪律、生活纪律。其中，政治纪律旨在规范各级党组织和全体党员的政治方向、政治立场、政治言论和政治行为；组织纪律以民主集中制原则为基础，重点规范党的各级组织之间的关系、党员个体之间的关系和党组织与党员之间的关系；廉洁纪律是党组织和党员在从事公务活动或者其他与行使职权有关的活动中应遵守的廉洁用权的行为规则；群众纪律是党组织和党员在贯彻执行党的群众路线与处理党群关系过程中所必须遵循的规范；工作纪律规范党组织和党员在党的各项具体工作中的行为表现；生活纪律约束党员在日常生活和社会交往中的行为表现，涉及党员个人品德、家庭美德、社会公德等各个方面。六大纪律囊括了党组织和党员从政道德、从政行为的方方面面，内涵丰富、体系严密，是有机的统一体。六大纪律没有软硬之分，条条都是铁规禁令，都是碰不得的高压线，全体党员必须一体遵守，无论违反了哪一方面纪律，都要受到相应的惩戒。

（二）把党的纪律摆在更加突出的位置

1. 纪律是治党之重器。严明党的纪律是习近平新时代中国特色社会主义思想的重要内容。习近平指出，党要管党、从严治党，靠什么管，凭什么治？就要靠严明纪律。法律是治国之重器，纪律是治党之重器。严明党的纪律是中国共产党对自身建设规律和执政规律认识的深化与升华，是新时代坚持党的领导核心地位、统筹推进"四个伟大"的迫切需要。

2. 把纪律建设纳入党的建设总体布局。中共十九大报告首次将纪律建设同政治建设、思想建设、组织建设、作风建设一起纳入党的建设范畴，并在新修订的《中国共产党章程》中予以明确。把纪律建设纳入新时代党的建设总体布局，标志着中国共产党把党的纪律摆在了更加突出的位置，是党不断增强自我净化、自我完善、自我革新、自我提高能力的重要保证，为切实加强新时代党的纪律建设提供了根本遵循。

3. 把纪律建设作为从严管党治党的治本之策。建党以来中国共产党一直在探索管党治党的有效路径。在中共十九大修订的党章中，关于党的建设必须坚决实现的基本要求从4项扩展为5项，专门增加了"坚持从严管党治党"，强调坚持依规治党、标本兼治，加强组织纪律性。实践证明，一些党员干部出问题,一些地方政治生态变坏,往往都是从不守纪律、破坏规矩开始的;没有严明的纪律规矩作保障,全面从严治党就无从谈起。抓住了纪律建设,也就找到了推进全面从严治党的一把钥匙。

(三)树立"把党的纪律挺在前面"的理念

1. 坚持把纪律挺在前面。这是中共十九大修订的党章的明文规定。它把自觉遵守党的纪律,首先是党的政治纪律和政治规矩作为党员必须履行的义务。在党的纪律和规矩中,政治纪律和政治规矩永远排在第一位。严守党的政治纪律,首要的是坚定维护党的领导核心、维护党中央权威和集中统一领导,在思想上政治上行动上与党中央保持高度一致。各级党组织对违反政治纪律的行为要坚决批评制止,不能听之任之。

2. 把党的纪律挺在国家法律前面。习近平强调,要坚持纪严于法、纪在法前,健全完善制度,深入开展纪律教育,狠抓执纪监督,养成纪律自觉,用纪律管住全体党员。① 这是管党治党思想认识的一次飞跃,是纪律建设的重大理念创新,为纪律建设提供了重要的方法遵循。纪严于法是前提,突出强调党员和党组织区别于普通公民的政治责任;纪在法前是关键,突出强调筑牢纪律防线,加强对党员的日常监督管理;纪法分开是原则,突出强调国家法律规定的内容,党的纪律不再作重复规定,实现党纪与国法有机衔接,形成全面从严治党的整体合力。

(四)加强党的纪律建设

1. 以做实监督执纪"四种形态"为抓手。党的纪律建设不仅要惩前毖后,也要治病救人。因此,在坚持严格执纪的同时提高精准执纪的水平、将监督执纪的关口前移,应当成为党的纪律建设的题中之义。具体而言,党的纪律建设要以做实监督执纪"四种形态"为抓手,明确各种形态的应用范围和边界标尺,补齐"好同志"与"阶下囚"中间的执纪"短板",让咬耳朵、扯袖子、红红脸、出出汗成为常态,党纪轻处分、组织调整成为大多数,重处分、重大职务调整的是少数,而严重违纪涉嫌违法立案审查的只能是极少数。尤其要在用好第一种形态上下功夫,只有这样,才能切实改变监督执纪"四种形

---

① 参见《习近平在十八届中央纪委六次全会上发表重要讲话强调 坚持全面从严治党依规治党创新体制机制强化党内监督》,《人民日报》2016年1月13日。

态"应用不平衡、苗头性问题得不到及时匡正的现状。

2.以强化政治纪律和组织纪律为重点。中共十九大提出了"重点强化政治纪律和组织纪律，带动廉洁纪律、群众纪律、工作纪律、生活纪律严起来"[1]的要求。这对于新时代党的纪律建设具有指导意义，为应对纪律建设面临的突出问题指明了方向，应当贯穿于纪律建设的各个环节。比如，各级党组织在进行纪律教育时要把政治纪律、组织纪律作为重点内容，阐明两者与其他四种纪律之间的关系；在完善党内纪律体系时把政治纪律和组织纪律放在首位，同时配套衔接其他各项纪律。又如，各级党委和纪律检查机关要将违反政治纪律和组织纪律的行为作为监督执纪的重点，尤其要及时制止、处理违反政治纪律的行为。

3.以党内纪律文化建设为根本性支撑。对党的纪律建设而言，党内纪律文化建设既是一项基础性工程，又是一项根本性工程，是决定党的纪律建设实效的长远之计。为此要做到：一是认真总结建党以来的历史经验，归纳出党内纪律文化的核心内容。二是将党内纪律文化的核心内容融于党的纪律建设实践的各个环节，构筑党内纪律文化的物质载体。三是在加强党内纪律文化的正面灌输的同时，全方位批评以自由主义为代表的与"自觉服从"这一核心纪律观念相背离的错误思想，为党内纪律文化建设提供良好的氛围。四是各级党组织要不断丰富纪律文化的形象载体，重视仪式的安排组织、口号的设计传播以及榜样的树立宣传，让纪律文化这一集中体现中国共产党党性的党内文化支撑全体党员的精神世界。

4.协调推进思想层面的纪律教育与制度层面的纪律规章建设。将思想建党与制度治党相结合，是中共十八大以来全面从严治党的重要经验，也是对中国共产党自身建设规律的深刻总结。具体到党的纪律建设上，一方面要加强对党员遵守纪律的教育，增强全体党员的纪律意识，用思想境界的提升，保证党的各项纪律规范发挥应有的作用；另一方面要积极探索加强纪律教育的常态化、制度化手段，通过建立健全相关制度，提升纪律教育的质量，进而提高全体党员的纪律修养。两者协调推进，一柔一刚，同向发力、同时发

---

① 习近平：《决胜全面建成小康社会　夺取新时代中国特色社会主义伟大胜利——在中国共产党第十九次全国代表大会上的报告》，《人民日报》2017年10月28日。

力，切实保证党的纪律建设质量。

五、法律红线不可逾越

法律体现国家意志，是全体中华人民共和国公民的底线，更是党员干部做人做事的红线。习近平强调，领导干部要牢记法律红线不可逾越，带头遵守法律、执行法律，带头营造办事依法、遇事找法、解决问题用法、化解矛盾靠法的法治环境。党员干部必须自觉遵守国家的宪法和法律，牢固树立法律红线意识，自觉把对法治的尊崇、对法律的敬畏转化成谋划工作时的法治思维、处理问题时的法治方式，做到在法治之下、而不是法治之外、更不是法治之上想问题、作决策、办事情。

（一）法定职责必须为、法无授权不可为

《中共中央关于全面推进依法治国若干重大问题的决定》指出："行政机关要坚持法定职责必须为、法无授权不可为，勇于负责、敢于担当，坚决纠正不作为、乱作为，坚决克服懒政、怠政，坚决惩处失职、渎职。"[①] 一切党组织和党员干部必须服从与遵守宪法法律，不能同国家的宪法和法律相抵触，必须在宪法和法律的范围内活动，始终坚持法定职责必须为、法无授权不可为，做到法律红线不可逾越、法律底线不可触碰。

（二）要学法懂法，对法律怀有敬畏之心

改革开放以后，特别是中共十八大以来，中国共产党在全面推进依法治国的实践中基本形成了中国特色社会主义法学理论体系及法治理论体系。其中，以宪法为统帅，以宪法相关法、民法商法等多个法律部门的法律为主干，由法律、行政法规、地方性法规等多个层次的法律规范构成的中国特色社会主义法律体系已经形成，这些都是党员干部必须自觉遵守的规矩。党员干部要系统学习中国特色社会主义法治理论和法治体系，准确把握党处理法治问题的基本立场，尤其要弄明白法律规定我们怎么用权，什么事能干、什么事不能干，心中高悬法律的明镜，手中紧握法律的戒尺，知晓为官做事的尺度，做到尊崇宪法、敬畏法律、信仰法治，自觉为全社会作出表率。

---

① 《中共中央关于全面推进依法治国若干重大问题的决定》，《人民日报》2014 年 10 月 29 日。

（三）触碰法律红线，必究法律责任

违反政纪、违犯国法的党员，必须受到行政机关或司法机关依据政纪或法律的处理。严重触犯刑律的党员必须开除党籍。这就是说，作为党员，只要你触犯"法网"，不管你是谁，身居何位，都必将接受法律的制裁，严重触犯的还要被开除党籍。而且，党纪随法走，够处分就处分，该开除一定开除。中共十八大以来，党中央高度重视推进全面从严治党，对腐败毒瘤打出重拳，坚持"老虎""苍蝇"一起打，对于违反党纪国法的人绝不姑息迁就，坚决查处了严重违法违纪的案件，周永康、令计划、郭伯雄等一批"大老虎"被绳之以法，证明了中国共产党勇于捍卫党纪国法，敢于直面腐败，纠正错误，从而坚定了人民群众对党的信心和信任。

第二节　党章党规党纪教育的基本要求

一、强化党章党规党纪意识

所谓党纪党规（也可以称之为党规党法），是指党内纪律和法规，包括党内准则、条例、规章、办法等，是规范党的各级组织和全体党员言行的基本准绳。党纪党规可分为四个层次：一是党章，这是党的"根本大法"，或者说是党内的"母法"。二是党纪，包括政治纪律、组织纪律、廉洁纪律、群众纪律、工作纪律和生活纪律，具体体现在《中国共产党廉洁自律准则》和《中国共产党纪律处分条例》中，《关于新形势下党内政治生活的若干准则》和《中国共产党党内监督条例》，也不同程度地涉及相关纪律内容，也属于这一层次的规范性文件。三是国法，它是面向国家所有具备法律行为能力的公民的，共产党员不能置身于国家法律之外，必须尊法学法守法用法。四是传统和惯例，即党在长期实践中形成的优良传统和工作惯例，诸如从群众中来、到群众中去的工作方法，少数服从多数、先民主后集中的工作规则，等等，需要自觉遵守。加强党章党规党纪意识教育，唤醒党员干部的党章党规党纪意识，是全面从严治党的现实需要。

（一）建立健全党章党规党纪学习培训机制

一些党员干部在原则问题和大是大非面前立场摇摆，出现党的观念淡

漠、组织涣散、纪律松弛、责任担当缺乏等问题，重要原因就是其党章党规党纪意识缺失。唤醒其党章党规党纪意识，就要建立健全工作机制，使学习培训规范化、制度化、常态化，在学习培训中切实转变部分党员干部对党章党规党纪的错误态度，深刻理解严格的党章党规党纪并非束缚而是规范、并非阻碍而是帮助、并非负担而是需要、并非限制而是保护，筑牢党章党规党纪意识。

（二）严肃执纪，保证党章党规党纪的效力和权威

修订后的《中国共产党廉洁自律准则》和《中国共产党纪律处分条例》，是中共十八大以来党风廉政建设和反腐败斗争以治标促治本的关键，是党规党纪制度的又一次创新。贯彻《准则》和《条例》，各级党委应敢于动真碰硬解决问题，严明政治纪律、政治规矩，坚决破除各种潜规则、关系网、利益链。尤其要加强对顶风违纪搞"四风"、违反中央八项规定精神、侵害群众利益等问题的纪律审查，保持惩治腐败高压态势不放松，做到无禁区、全覆盖、零容忍。

（三）健全党建工作责任制

坚持谁主管、谁负责，把责任落实到岗，压力传导到人。坚决落实好"两个责任"，建立健全清单制度，编制权力清单、责任清单和负面清单，立规矩、定边界、划红线，厘清职权界限，完善监督体系，严格追责机制，杜绝"任性"用权，把权力关进制度的笼子，真正让权力在阳光下运行。

（四）坚持教育在先、防范在先、警示在先，对干部问题发现在早、处理在小

对发现的问题，该批评教育的严肃批评教育，该函询诫勉的及时函询诫勉，该组织处理的认真作出处理，严惩"应为"而"不为"的情形，使干部心有所畏、言有所戒、行有所止。同时注重把从严要求与激励关心有机结合，充分调动广大党员干部爱岗敬业、干事创业的积极性。

二、履行党员权利义务

权利和义务本质上是一种社会关系，是源于人类社会关系要求和规定而存续的一种社会历史现象。在浅层意义上，权利表示权力、利益关系的"取"的一面，义务表示权力、利益关系的"予"的一面。在深层意义上，权利和

义务涉及资格、要求、自由三要素，若以资格为原点，权利表示特定主体在社会关系中因道德、传统、法律的赋予而享有、实施、索取或要求某种权力、利益的资格或名分；义务是基于这种享有、实施、索取或要求而应当付出并承担一定结果的行为。权利和义务是辩证的统一，二者互为条件，具有对应性。二者相互影响、相互制约，没有无权利的义务，也没有无义务的权利。权利和义务的统一是个历史的过程，其实现呈现出具体性。在中国共产党党内，不能容忍只讲权利不讲义务的党员，也不能存在只尽义务不享权利的党员。

三、坚持民主集中制

民主集中制是民主基础上的集中和集中指导下的民主相结合。它既是党的根本组织原则，也是群众路线在党的生活中的运用，是马克思主义政党的根本组织制度和领导制度。其基本要求有以下几方面。

（一）充分发扬党内民主

党内民主，主要是指全体党员依据党章党规，按照程序平等地、直接或间接地决定与处理党内事务的制度和机制。党内民主是增强党的创新活力、巩固党的团结统一的重要保证，是汇聚全党智慧力量、提高党的执政能力和领导水平的迫切需要。发扬党内民主，既是党的建设的关键环节，也是政治体制改革和政治文明建设的重要内容。

发扬党内民主，必须尊重党员主体地位、保障党员民主权利。尊重党员主体地位，就是尊重广大党员在党的全部活动中处于主体位置，在党内生活中当家作主，对党的活动和党的事业起决定作用。保障党员民主权利，就是保障党章和党内法规所赋予党员在党内事务和活动中应享的权利。每一位党员都有权按照党章规定直接或通过代表参与处理党内重大事务，谁也没有超越党章规定范围之外的特权。党的任何一级组织直至中央都无权剥夺党章赋予党员的民主权利，任何党组织和党员不得侵害党员民主权利。

发扬党内民主，要畅通党员参与讨论党内事务的途径，拓宽党员表达意见的渠道。党内民主建设的一个重要方面，就是通过一定的机制和程序，让党员能够参与讨论党内事务，对党的路线、方针、政策及方案、措施发表意见，然后按照民主集中制原则形成最终决策。《关于新形势下党内政治生活的若干准则》强调，"推进党务公开，发展和用好党务公开新形式，使党员更好了解和参与党内事务"，并重申"健全党内情况通报制度、情况反映制度"。①

发扬党内民主，要始终坚持和不断完善党的代表大会制度。坚持和完善党代会制度，要切实尊重党代会的地位和权力，关键是严格遵守党代会召开的规则程序。《关于新形势下党内政治生活的若干准则》重申"未经批准不得提前或延期召开党的代表大会"，"按期进行党的基层委员会、总支部和支部委员会换届"。②还强调"落实党代表大会代表任期制，实行代表提案制"③，并对健全代表参与重大决策、参加重要干部推荐和民主评议、列席党委有关会议、联系党员群众等制度以及更好发挥党的地方各级委员会及委员作用提出新的要求。

（二）实行正确集中

正确集中是在民主基础上的集中。在党内，所有党员的民主权利都应受到尊重，应合理规范一把手的领导权力，完善民主决策机制，确保实行集体决策。正确集中是权力集中于党的组织。党员干部要有集中意识，应当科学区分正确集中与个人集权，既要防止家长制、一言堂，又要防止议而不决、决而不行。要坚决反对个人主义、自由主义、无组织无纪律现象，做到议必决、决必行、行必果。实行正确集中要排除利益集团的干扰、本位主义的干扰，严明政治纪律和政治规矩。正确集中是运用科学方法所进行的集中。它注重源头，在充分汇总多方意见的基础上进行集中；注重时机，在准确规范决策程序的基础上进行集中；注重瞻前顾后，在有科学依据的基础上进行集中。

（三）贯彻民主集中制的基本原则

《中国共产党章程》规定了民主集中制的六项基本原则，这就是：一是四个服从的原则。即党员个人服从党的组织，少数服从多数，下级组织服从

---

① 《关于新形势下党内政治生活的若干准则》，《人民日报》2016 年 11 月 3 日。

② 《关于新形势下党内政治生活的若干准则》，《人民日报》2016 年 11 月 3 日。

③ 《关于新形势下党内政治生活的若干准则》，《人民日报》2016 年 11 月 3 日。

上级组织，全党各个组织和全体党员服从党的全国代表大会和中央委员会。二是民主选举的原则。即党的各级领导机关，除它们派出的代表机关和在非党组织中的党组外，都由选举产生。三是定期报告工作的原则。即党的最高领导机关，是党的全国代表大会和它所产生的中央委员会。党的地方各级领导机关，是党的地方各级代表大会和它们所产生的委员会。党的各级委员会向同级的代表大会负责并报告工作。四是沟通和公开的原则。即党的上级组织要经常听取下级组织和党员群众的意见，及时解决他们提出的问题。党的下级组织既要向上级组织请示和报告工作，又要独立负责地解决自己职责范围内的问题。上下级组织之间要互通情报、互相支持和互相监督。党的各级组织要按规定实行党务公开，使党员对党内事务有更多的了解和参与。五是集体领导和个人分工负责相结合的原则。即党的各级委员会实行集体领导和个人分工负责相结合的制度。凡属重大问题都要按照集体领导、民主集中、个别酝酿、会议决定的原则，由党的委员会集体讨论，作出决定；委员会成员要根据集体的决定和分工，切实履行自己的职责。六是禁止个人崇拜的原则。即党禁止任何形式的个人崇拜。要保证党的领导人的活动处于党和人民的监督之下，同时维护一切代表党和人民利益的领导人的威信。贯彻这些原则，旨在加强和规范党内政治生活，增强党内政治生活的政治性、时代性、原则性、战斗性，发展积极健康的党内政治文化，营造风清气正的良好政治生态；努力造成又有集中又有民主，又有纪律又有自由，又有统一意志又有个人心情舒畅的生动活泼的政治局面。

四、维护中央权威

维护中央权威是中国共产党一贯的立场和原则。因为只有维护中央权威，才能凝聚党心民心，形成万众一心、无坚不摧的磅礴力量；才能保证国家统一、民族团结和社会稳定；才能保障改革开放和现代化建设的顺利进行，逐步实现中华民族伟大复兴的"中国梦"，这是全党全国人民的最高利益所在。

（一）维护中央权威的关键在于维护核心的权威

中共第一代、第二代、第三代领导集体都有领导核心。中共十八届六中全会明确了习近平的核心地位，正式提出了"以习近平同志为核心的党中央"①。维护中央的权威，首先是要维护中央领导集体中核心的权威，这是中国共产党在长期革命、建设和改革实践中总结出来的历史经验。核心是全党政治上的旗帜、思想上的灵魂、行动上的统帅。核心地位是伴随党和国家事业的推进和取得的显著成效而形成的，是在进行伟大斗争、建设伟大工程、推进伟大事业、实现伟大梦想的实践中确立的，是全党的选择、历史的选择、人民的选择。核心和权威是中国共产党持续推进党和国家事业发展、取得新的更大胜利的保障。因此，全党必须强化核心意识，自觉维护党的核心。

（二）维护中央权威的基础在于维护马克思主义理论的权威

中央权威一刻也离不开理论权威的支撑，维护中央权威的根基在于维护马克思主义理论权威。中国共产党是用马克思主义理论武装起来的政党，马克思主义是共产党人的看家本领，是制胜的法宝。共产党人只有牢牢掌握看家的本领，维护马克思主义理论权威，才能避免出现不信马列信鬼神的信仰沦丧，才能保持共产党人不变本色，才能从容应对各种变化的局势，才能发展自己的事业。维护马克思主义理论权威，应强化学习意识，学习马克思主义基本理论及其中国化的成果，加强党性修养，做马克思主义的坚定信仰者和身体力行者。

（三）维护中央权威的实质在于维护党中央集中统一领导的权威

党政军民学，东西南北中，党是领导一切的。维护党中央权威，说到底是维护党中央集中统一领导的权威。党中央制定的理论路线方针政策，是全党全国人民统一思想、统一意志、统一行动的依据和基础。每一个党的组织、每一名党员干部，都要增强"四个意识"，服从党中央集中统一领导，决不允许各自为政、自行其是，决不允许有令不行、有禁不止，决不允许上有政策、下有对策。

五、维护党的团结

团结对一个政党而言，是一种大局、一种精神，是一个政党的生命。团结是马克思主义政党的建党原则，是中国革命、建设和改革取得成功的根本

---

① 《中国共产党第十八届中央委员会第六次全体会议公报》，《人民日报》2016年10月28日。

保证，是中国共产党加强自身建设的迫切需要。历史反复证明，团结就是力量，团结好则风气正、事业兴，否则一定受到挫折。中国共产党历任领导人毛泽东、邓小平、江泽民、胡锦涛、习近平都反复强调维护党的团结统一，如习近平指出："党面临的形势越复杂、肩负的任务越艰巨，就越要加强纪律建设，越要维护党的团结统一，确保全党统一意志、统一行动、步调一致前进。"① 维护党的团结，要从以下几方面体现。

（一）团结一切忠实于党的人

习近平在中共十八届中央纪委五次全会上指出：共产党员遵守政治纪律和政治规矩，必须维护党的团结，坚持五湖四海，团结一切忠实于党的同志。② 这一重要思想，鲜明地揭示了共产党员维护党的团结必须牢牢把握的原则和主要着力点。为此共产党员应当做到：一是团结要有广泛性。不仅要团结一切忠实于党的党员，而且要团结一切可以团结的力量，为实现共同理想而奋斗。二是善于团结有不同意见或犯过错误的党员。每个党员的认识水平、性格特点、行为取向和工作方法各不相同，在工作中自然产生一些不同意见和分歧。党员干部面对与自己意见相左的同志，要求大同存小异，大事讲原则，小事讲团结，要有容人之短的雅量、取人之长的风格、团结同志的涵养，善于团结和自己意见不同的人一道工作。另外，金无足赤、人无完人，对于犯了错误的党员，要积极主动帮助他们分析产生错误的原因，摆事实，讲道理，以便改正错误，接受教训，并在认识错误、改正错误的前提下与之团结、合作。

（二）运用民主集中制维护和巩固党的团结

党的历史经验充分证明，能否坚持民主集中制，关系到党的兴衰成败。什么时候民主集中制坚持贯彻得好，党的思想就统一，党的团结就巩固，党的事业就蓬勃发展，经济建设就能够取得成效。什么时候民主集中制被削弱、破坏，党的思想就涣散，党的组织就缺乏战斗力，党的事业和经济建设就会遭到挫折和损失。共产党员维护党的团结，必须自觉贯彻执行民主集中制：一是运用民主集中制处理党内矛盾，消除影响团结的各种障碍。二是运

---

① 《习近平谈治国理政》，外文出版社 2014 年版，第 386 页。

② 参见《习近平谈治国理政》第二卷，外文出版社 2017 年版，第 154—155 页。

用民主集中制提高民主生活质量，健全团结的监督机制。三是运用民主集中制协调党内关系，创造团结向上的良好环境。

（三）坚持团结—批评—团结的方针

"团结—批评—团结"，这是毛泽东提出的正确处理党内和人民内部矛盾的基本方针与方法，是中国共产党处理党内和人民内部关系的历史经验总结。党员干部遵守政治纪律和规矩，维护党的团结，必须坚持"团结—批评—团结"的方针，掌握"团结—批评—团结"的方法。一是在进行思想原则性的斗争时，必须从团结的愿望出发。二是必须鲜明地反对两种错误倾向，既要反对只讲团结不讲批评、取消党内思想斗争的自由主义，也要反对只讲批评不讲团结、破坏党的团结的过火斗争。三是要认识到"团结—批评—团结"是一个整体，不能把每一部分分割开来。在团结的前提下，正确开展批评与自我批评，然后达到在新的基础上增进团结的目的。

（四）反对一切派别组织和小集团活动

坚决反对一切派别组织和小集团活动是共产党员必须履行的义务。《中国共产党纪律处分条例》明确规定："在党内搞团团伙伙、结党营私、拉帮结派、培植个人势力等非组织活动，或者通过搞利益交换、为自己营造声势等活动捞取政治资本的，给予严重警告或者撤销党内职务处分；导致本地区、本部门、本单位政治生态恶化的，给予留党察看或者开除党籍处分。"①因此，每个共产党员都要严守党章规定，坚持党性原则，决不搞封建依附那一套，决不搞小山头、小圈子、小团伙那一套，决不搞门客、门宦、门附那一套，不允许存在形形色色的政治利益集团；要从自身做起，加强党性锻炼，做到光明磊落，坚持五湖四海，惩治"团伙"式腐败，净化身边小环境。

六、遵循组织程序

党的组织程序是党的各级组织和全体党员必须共同遵守的步骤程式规范。它保证党的路线方针政策落地生根，保证党组织的良性运转，保证党组织成员依法依规行事。遵循组织程序，是守纪律讲规矩的重要内容。每个共产党员都应做到以下几点。

---

① 《中国共产党纪律处分条例》，法律出版社 2018 年版，第 23 页。

(一) 树立程序意识

公平正义适用于社会，也适用于党组织。它不仅要求结果公正，而且要求程序公正。因此，领导干部要牢固树立程序意识，真正做到：一要懂程序、敬畏规则。要学习党内程序规范和国家程序法律法规，做到心中有数；既要敬畏党内制度规定，又要敬畏国家法律制度。二要正确对待个人和组织的关系。个人应有组织观念，在组织领导下工作，不能凌驾于组织之上；要从思想深处真正愿意接受组织约束、遵从安排。

(二) 坚持集体领导

坚持集体领导是中国共产党的根本组织原则，是防止个人包办、维护党组织按程序正常开展工作的重要保证。一是集体领导要发挥群体智慧，形成合力。通过建立完善议事制度、切实进行分工负责、搞好协调监督等措施有效提高领导班子的凝聚力和战斗力。二是党的书记作好表率带好头。要带头按民主集中制原则办事，带头遵守《中国共产党地方委员会工作条例》《中国共产党党组工作条例（试行）》《中国共产党工作机关条例（试行）》、党委会（党组）议事规则等。三是党的委员要按规定程序积极参与、主动作为。

(三) 严格按程序行事

中国共产党有一整套议事决策程序、干部任用程序、组织管理程序、党内监督程序等，其操作性强，理应遵循。以请示汇报为例，党中央强调重大问题该请示的请示，该汇报的汇报，不搞先斩后奏、边斩边奏甚至斩而不奏。在具体工作中，一是下级领导遇到重大问题，要及时向上级领导请示汇报。要严格汇报程序，按照逐级负责、逐级请示汇报的原则，形成职责分明、请示汇报有序的制度；要规范请示汇报的内容、方式、程序、要求等，减少请示汇报的盲目性和随意性；上级领导要给下级作好表率。二是下级组织遇到重大问题，要及时向上级组织请示汇报。要强化集体思想意识；强化对"一把手"的重点管理教育；加大惩处力度，确保集体负责真正落到实处。

(四) 不超越职权

党员干部必须严格自律，严格按照组织程序和规章制度秉公用权，不能超越权限办事。一是党员干部要增强依法行使权力的意识，筑牢法纪防线。二是严格按程序行使权力。三是完善相关程序规范，确保程序正当、严密。应出台配套的规范标准，实现权力授予、使用、监督的法制化；加快党务公开步伐，真正让"权力在阳光下运行"；进一步完善领导干部谈话制度、民主评议党员和领导干部制度、领导干部个人重大问题请示报告制度、干部人事纪律检查制度等；健全党员干部责任追究制度。

七、服从组织决定

服从组织决定是党员干部讲大局、讲党性的表现。习近平强调："遵守政治纪律和政治规矩，四是必须服从组织决定，决不允许搞非组织活动，不得跟组织讨价还价，不得违背组织决定，遇到问题要找组织、依靠组织，不得欺骗组织、对抗组织。"[1]"四个服从"是对党内生活秩序的总概括，是正确处理党内各种关系的基本准则。具体来说，每一位党员在服从组织决定方面要做到以下几个方面。

（一）增强组织观念

党员干部应时刻想到自己是组织的一员，无论什么时候都要相信组织、依靠组织，服从整个组织的要求并配合其发展，切实增强组织观念。应围绕中心，服务大局，抱着一颗感恩组织的心干好工作，不问组织能给自己什么，而应多考虑自己能为组织做什么，时刻把党的利益放在第一位，个人利益无条件服从党的利益，处理好眼前利益与长远利益、局部利益与整体利益、个人利益与集体利益的关系，时刻与党中央保持高度一致，回报组织的培养。

（二）坚决执行党的政策和决定，不打折扣、不搞变通

坚决执行党的政策和决定，这是党员个人服从组织的最集中体现。对党的决议和政策，如有不同意见，可以按组织程序反映，但是在组织没有改变决定前，不得以任何借口阻挠、延缓、消极抵制决议的贯彻执行。领导干部在执行党的政策和决定时，一是要拿出"踏石留印、抓铁有痕"的工作作风。坚持一分部署、九分落实，接地气、察实情、出实招。二是要有敢于担当的革命精神。凡是有利于加强和巩固党的执政地位的，都应该不遗余力地去推进；凡是有利于改善和增强群众生产生活条件的，都应该实打实地去落实；凡是有利于加深和密切党群干群关系的，都应该排除万难地去改进；凡是有

---

[1] 《习近平谈治国理政》第二卷，外文出版社 2017 年版，第 155 页。

利于团结和带动同志干事创业的，都应该胸怀全局带头执行。

（三）正确对待"进退走留"

正确对待"进退走留"是党员干部应有的政治觉悟和思想品质。少数党员干部定位不准、精神懈怠、瞻前顾后、心浮气躁、个人至上，重要原因就是在对待进退走留问题上发生了偏差。党员干部对待进退走留，要做到"四个不失"：一是不失言。在任何场合和任何人面前不乱说乱讲，不造谣生事。二是不失态。无论遇到什么情况，都保持理性克制的态度，不能有过激行为。三是不失德。不搞歪风邪气，不走歪门邪道，始终言行一致、表里如一，坦荡做人、清白为官。四是不失志。即使个人愿望实现不了，也要有积极向上的精神状态，不能消沉失落、自暴自弃，时刻以党的建设事业大局为重，一切听从组织决定，自觉服从组织安排。

（四）个性要服从党性

良好的个性是对党性的补充，不良的个性是对党性的损害。有的党员干部把个性摆在了党性之上，认为个性强就是原则性强，是有魄力的表现，甚至置政策法规和党的利益而不顾，置班子建设的大局而不顾。这些都属于"党性弱化、个性扩大"的不良行为，必须认真加以克服。任何党员干部都必须以个性服从党性，在党性之下充分发挥好个性。这就要求党员干部不断加强理论修养，养成优良品格，勇于创新，用良好的个性体现党性。当个性与党性发生矛盾时，个性要坚决服从党性，这是原则，不能有丝毫灵活和变通。党员干部的个性与党性的关系，实际上是个人和组织的关系。只有把个性与党性统一起来，才能把个人发展与组织决定自觉统一起来，也才会在服从组织决定的过程中使自己得到很好的锻炼、成长与进步。

八、管好身边的人

党员领导干部不仅要严于律己，而且要严格教育和管理约束身边的人。所谓身边人一般分为两种：一种是家庭生活中朝夕相处的配偶、子女等；另一种是因工作关系相处的秘书、司机、下属等。能不能管得住他们，是凝聚人心、弘扬正气、成就事业与否的关键。如果身边人管不住、管不好，对身边人利用自身权力、影响谋取私利的行为放任自流、听之任之，久而久之，领导干部就有可能蜕化变质，而领导干部手中的权力也就会沦为身边人谋取私利的工具。管好身边人，可以从以下方面努力。

（一）领导干部要以身作则，破除特权思维

管好身边人，需要领导干部以身作则、严于律己。领导干部要用好手中的权，破除特权思维，给身边人树立清正廉洁、公私分明、不搞特权的榜样。只有自己过得硬，才能有充足的底气管好身边人。领导干部时时处处事事公道正派、疾恶如仇，奸佞之辈自难在其周围站稳脚跟。领导干部要自觉净化自己的交友圈、生活圈、娱乐圈，不去不该去的地方、不见不该见的人、不收不该收的东西。另外，严格遵守和执行领导干部报告个人有关事项的规定，在涉及诸如重大疾病、婚姻变更等重要个人问题上，要忠诚老实、原原本本地及时将有关情况报告党组织。

（二）观察了解身边人的思想变化，教育提醒身边人遵纪守法

对身边人予以"特别关注"，要对其道德品行、工作生活、交友创业做到勤观察、勤了解，对身边人的思想变化及时敲响警钟，祛除身边思想上的"杂质"；发现身边人出现不良倾向，及时"咬咬耳朵""扯扯袖子"，让其悬崖勒马、回头是岸，防止小毛病演化成大问题，用切实的教育和管理，来增强他们抵御各种腐朽思想侵蚀的能力。同时，对违法乱纪的身边人，应当严肃处理，决不能纵容身边人"靠山吃山、靠水吃水"。对身边人的过分要求、违法愿望，要告诫他们不越位、不越权，必须讲清纪律，讲清法理，讲清后果，算好贪腐的政治账、经济账，用法治的力量规范身边人的行为。

第三节　党章党规党纪教育氛围的营造

一、学习宣传党章党规党纪

（一）党员领导干部要以上率下，带头加强学习

学习党章党规党纪，党员领导干部只有率先垂范，为广大普通党员群众树立标杆、作出表率，才能有力促进全党上下形成严守政治纪律政治规矩的良好氛围，打牢严守政治纪律的思想根基。党员领导干部要把学习党章党规党纪与认真学习中国特色社会主义理论体系、学习与弘扬社会主义核心价值观、传承中华民族优秀文化结合起来，三位一体，相互融合。要通过先

学、深学、常学，在全党营造讲纪律守规矩的政治氛围，在全社会营造遵规守纪和知耻明礼的新风正气，让遵规守纪成为普通党员群众广泛接受的基本准则。

（二）创新学习宣传方式

要摆脱党章党规党纪教育内容空洞、形式单调的问题，寓教于情、寓教于理，增强党章党规党纪教育的针对性、生动性和说服力。一是在开展专题教育、专题辅导的基础上，积极探索重温入党誓词、重温入党志愿书等情景教育模式，唤醒"激情燃烧的岁月"。二是建立以讲促学、以考促学常态机制，党组织负责人带头讲党章党规党纪，入党、任前应当接受党章党规党纪测试。三是强化正面引导和反面警示，以先辈、先进为标杆，坚定理想信念，以反面典型为镜鉴，让党员干部心存敬畏，常怀戒惧之心。四是用好电视、报纸、手机和网络等平台，多角度、多层次、全方位地宣传党章党规党纪，占领舆论宣传阵地，凝聚正能量，营造广大党员自觉遵章守纪的良好氛围。

（三）触动思想灵魂，将党章党规党纪内化于心

不论是领导干部还是普通党员，学习党章党规党纪是做合格党员第一位的要求。学习党章党规党纪，不能挂在嘴上、做出样子，要明确学习目的、端正学习态度，必须做到真学、真懂、真信和真有收获。要认真汲取党章党规党纪中的思想养分，结合实践学，结合历史学，做到学习一次思考就深入一次，认识就深化一次，内化于心、外化于行，使党章党规党纪真正成为精神力量和行为规范，成为党员干部政治清明、工作廉洁、拒腐防变的"护身符"。

二、讲好党章内外的故事

中共二大以后，每一次党的全国代表大会都要对党章进行修改。党章的所有内容和条文，都经历了一个发展沿革的过程，都有很多真实和生动的故事。了解党章沿革的过程及其背后的故事，能够帮助党员和党员领导干部更好地理解党章的内容和条文，从中汲取营养和智慧。讲故事是学习党章、尊崇党章的一种有价值的形式。讲述党章背后的故事，回顾党章的发展历程，不仅有助于激发党员的学习热情，更有助于加深党员对党章的理解认知和情

感认同，在重温党的奋斗历程中，继承和发展党章中蕴含的智慧经验。

（一）讲好历史规律和历史成就

1. 讲好历史规律。历史是螺旋式发展的，从弱到强的转变、挫折成功的交替、顺境逆境的转换、英雄泥沙的共生，这是历史前进的常态，也是共产党的故事宏阔生动、气象万千之处。中国共产党遇变不惊、知难而进、化险为夷的奋斗历程世所罕见，要把其中的艰难曲折、艰苦卓绝描述好、讲解好，真实反映中国共产党人的特殊性格和精神气质，使之成为中国故事响亮而优美的主旋律。

2. 讲好历史成就。建立中华人民共和国，确立社会主义制度，开辟中国特色社会主义道路，是中国共产党领导中国人民取得的历史性成果，蕴含着无数共产党人在不同时期、不同领域用奋斗牺牲换来的一次次成功和胜利，构成了共产党故事的组成部分和主要元素，讲好它定能起到汇聚正能量、提升精气神的重要作用。

（二）用好用活丰富的党史资源

党史资源是共产党故事讲述的对象，更是取之不尽、用之不竭的源泉。用好用活丰富的党史资源，是讲好共产党故事最重要的"硬件"。

1. 依据史实，陈述好故事。故事是可以虚构的，但共产党的执政地位和政治影响力决定了共产党的故事应真实不虚。党的历史书写在中国大地上、书写在人民心中，足以生发和支撑说不完、道不尽的共产党故事，只要坚持实事求是、客观公允、科学理性，就能把故事讲好、讲出彩。一方面，中国取得的一个个历史进步、成千上万革命先烈的英勇牺牲，雄辩证明了党的事业伟大光荣、党的奋斗波澜壮阔、党的精神感天动地，足以说服人、打动人、感染人、影响人。成绩功劳无需添加，挫折失误无需纹饰，任何脱离实际、违背历史、弄虚作假，只会损害党的形象。另一方面，中国共产党有自己的性质宗旨、理想信念和规矩原则，每一时期有自己的工作方针和政策策略，引领和规范了共产党人的目标追求、价值取向、工作路线、实践行为。这是共产党故事总体的真实、最大的本真，是共产党故事每一个细节的来源和依据，不能凭空想象和捏造。必须把讲好共产党故事建立在对史实的深入研究和准确掌握之上，使之根脉清晰、反映全貌、旗帜鲜明。

2. 挖掘细节，演绎好故事。细节是故事的核心要素，决定故事的真实性、生动性、可信性。共产党人的崇高形象，最终通过他们改造主观世界和客观世界的具体实践加以体现。他们对国与家、利与义、苦与乐、荣与辱、生与死的抉择，往往表现在具体场景中。一个举动、一次取舍、一段话语、一封书信，往往凝聚了共产党人全部的信仰、毕生的修养和完整的人格，往往最能生动直观地说明共产党人的本质特性。时至今日，人们读到《可爱的中国》就会怀念方志敏，提起"国不可以不救"就会感佩恽代英，说到泡桐树就会想起焦裕禄，这就是细节的作用和魅力所在。

3.注重说理，解读好故事。讲好共产党的故事，不仅要告诉人们是什么，更要引导人们认识为什么，把讲故事和讲道理有机结合起来、高度统一起来，让人们从故事中悟出党所走过的道路，感佩共产党人的奋斗牺牲、理解党的成长过程。一是讲清当时情况。任何历史现象、历史人物、历史事件，都是产生在特定时空中，无不打上当时环境、条件的烙印。要让人们认识到，今天我们难以想象的情景，曾在历史舞台上真实地出现过，而不为任何历史虚无主义所左右。二是讲清来龙去脉。中国共产党领导中国社会变革及其取得的成就，是一个理论逻辑、实践逻辑和历史逻辑辩证统一的过程，在这一过程中充满敌我的较量、矛盾的交织、力量的互动、事物的扬弃。要坚持用联系和发展的观点叙述历史中的人与事，防止孤立的、凝固的、片面的、绝对的认识和观点，使共产党的故事能够真实传递出特定历史时期的世情、国情和党情，反映出党筚路蓝缕的奋斗历程，演绎出立体丰满鲜活的共产党人形象。三是讲清目的动因。故事中有许多意志如钢、不怕牺牲、无私奉献、舍生取义的英雄人物和先进事例，在描述他们高尚思想和行为的同时，一定要讲清他们为什么这样做，在什么情况下这样做，而不能脱离动机和目的，以免模糊道义、弱化境界。

（三）拉近故事和现实的距离

故事是讲给人听的，人们爱听才是好故事，人们接受故事中的事和理才是好故事。为此，必须拉近故事和现实的距离，使受众身临其境、感同身受，从而走进故事、有所感悟、汲取力量。

1.始终贯穿中国共产党的主题和主线、主流和本质。党的全部理论与实践的主题和主线，就是团结带领全国各族人民为实现中华民族伟大复兴的梦想而不懈奋斗；主流和本质，就是在马克思主义中国化进程中不断进行理论创新，经受住各种风浪考验始终保持自身的先进和纯洁，领导人民夺取革命、建设、改革的伟大胜利。这是中国共产党党章内外故事的大真实、大前提、大逻辑，也是讲好党章内外故事的根据所在、根本所在。要始终贯穿实现伟大梦想这一党和人民的共同理想追求，把共产党人立党初衷和奋斗使命与人民群众对美好生活的向往紧密联系起来，引导人们认识党的奋斗目标和自身对美好生活追求的一致性，高度认同中国共产党是人民利益的忠实代表，并以此为政治立场理解和感悟共产党的故事；始终贯穿民族优秀文化这一党和人民的共同依托，把共产党人的精神世界和中华民族普遍的情感世界、价值判断和精神追求紧密联系起来，引导人们认识共产党人的精神本质与伟大民族精神的一致性，高度认同中国共产党人是中华民族优秀儿女，并以此为精神纽带理解和感悟共产党的故事；始终贯穿推进社会进步这一党和人民的共同奋斗实践，把共产党人改造社会的实践和今天人们渴望解决的现实问题紧密联系起来，引导人们认识共产党人改造社会的实践和推动社会进步、实现人民福祉的一致性，并以此为情感基础理解和感悟共产党的故事。

2. 要充分考虑不同的人有不同的信息需求和接受特点，做到因人而异、有的放矢。同为讲好共产党的故事，对领导干部重在历史经验的启迪，对普通党员重在先进性纯洁性的教育，对人民群众重在党的崇高形象展示，对青少年重在爱国情感和高尚道德的培育。共产党故事的最大受众是广大青少年，他们没有经历过中国革命，绝大多数人也没有新中国成立后前30年的直接经验，讲好共产党的故事，尤其是讲好革命和建设年代的故事，要充分考虑他们的成长环境、思想观念、接受习惯，注重用他们容易接受的叙事形式、说理方式、表现手段讲好故事，摒弃任何"假大空"的内容和形式，尚真说真，入情入理，春风化雨，润物无声，把共产党的故事说到心坎里。

三、增强党内生活的政治性、原则性和战斗性

严格的党内生活历来是中国共产党加强自身建设的优良传统，也是党保持自身建设纯洁性和先进性的重要法宝。党员领导干部要从维护和促进党的事业的高度带头落实党的组织制度，严格党内政治生活，增强党内政治生活的政治性、原则性、战斗性，通过不断提高党内生活质量营造出严守党的政治纪律和政治规矩的良好氛围。

（一）增强党内政治生活的政治性

政治性是党的灵魂，是党内政治生活的根本属性，决定着党内政治生活的方向。政党是政治组织，必然讲政治，中国共产党作为马克思主义执政党，更要讲崇高政治理想、高尚政治追求、纯洁政治品质、严明政治纪律。增强党内政治生活的政治性，就是党内政治生活要把握坚定正确的政治方向，引导党员、干部自觉维护党中央权威、维护党的团结和集中统一。一是要坚定政治信仰。党员要坚定马克思主义信仰、坚定社会主义和共产主义信念，树立正确的世界观、人生观、价值观。二是要坚持正确的政治方向。这就是自觉坚持党性原则，在举什么旗、走什么路、朝着什么目标前进等根本问题上要旗帜鲜明。三是要站稳政治立场。人民立场是党的根本政治立场。加强和规范党内政治生活的根本要求就是践行党的宗旨，保持党与人民群众的血肉联系。四是要坚守政治底线。党章党规党纪是党的政治底线，是统一全党意志和行动的重要保障。

（二）增强党内政治生活的原则性

原则性是党保持先进性和纯洁性的准绳，决定着党内政治生活的正常秩序。增强党内政治生活的原则性，就是党内政治生活要坚持党的思想原则、政治原则、组织原则、工作原则，按原则开展党的工作和活动，按原则处理党内各种关系，按原则解决党内矛盾和问题。中国共产党人要坚持四项基本原则，坚持党性原则，坚持民主集中制原则，坚持全面从严治党原则等，严格落实新形势下党内政治生活若干准则，坚定自觉地在政治方向、政治路线、政治立场、政治主张上同党中央保持高度一致，不断增强政治定力、纪律定力。

（三）增强党内政治生活的战斗性

战斗性是党保持先进性的重要标准，决定着党内政治生活的战斗力。增强党内政治生活的战斗性，就是党内政治生活要旗帜鲜明坚持真理、修正错误，勇于开展批评和自我批评，使每个党组织都成为激浊扬清的战斗堡垒，使每个党员都成为扶正祛邪的战斗员。一是批评与自我批评。增强党内政治生活的战斗性，要大胆使用、经常使用、用够用好批评和自我批评这个武器，使批评和自我批评成为一种习惯、一种自觉、一种责任。必须坚持实事求是，讲原则讲真理不讲面子，讲真话讲实话不讲假话，坚持"惩前毖后、治病救人"方针，遵循"团结—批评—团结"原则，防止把自我批评变成自我表扬、把相互批评变成相互吹捧，坚决反对选择性批评、协商式批评、包装化批评，坚决反对无原则的一团和气、表里不一的假团结、伪团结。各级党组织和全体党员都要红脸出汗、咬耳扯袖，坚持真理，修正谬误，虚心接受批评，不断自我剖析、自我提高、自我完善，使党员、干部心正体健，使党的组织坚强如钢。二是坚决同一切违反党纪的行为作斗争。要全面净化党内政治生态，敢于抵制各种歪风邪气，同一切损害党和人民利益的行为、一切违反党的纪律的行为、一切消极腐败现象作斗争，坚决反对"四风"，抵制潜规则，做到有腐必反、有贪必肃、除恶务尽。

四、加强监督检查

加强监督检查是坚持党的领导、加强党的建设、保持党的先进性和纯洁性的迫切需要，是全面从严治党、解决党内存在的突出问题的迫切需要，是坚持和发展中国特色社会主义的迫切需要。缺乏监督的权力必然导致腐败。监督到位，党员干部用权的理性就会大大提高，拒腐防变的能力也会大大增强；监督软化，党员干部贪腐的欲望就会不断放大，以权谋私的现象就会层出不穷。加强监督检查，根本靠强化党的自我监督和群众监督。党内监督是共产党政治生活中的一种自我净化、自我省察，群众监督是共产党自觉坚持的一种外在审视。

（一）加强党内监督

《中国共产党党内监督条例》对党内监督的指导思想、基本原则、监督主体、监督内容、监督对象、监督方式等重要问题作出了明确规定，为新形势下加强党内监督提供了根本遵循。加强党内监督，一要强化监督意识。明确信任不能代替监督，党内监督没有禁区、没有例外。要不断提高履行监督责任和自觉接受监督的自觉性。二要充分发挥党中央统一领导、党委（党组）全面监督、纪律检查机关专责监督、党的工作部门职能监督、党的基层组织日常监督、党员民主监督的党内监督体系的作用。三要强化纪检监察机关的监督职能，聚焦监督执纪问责主业，敢于坚持原则，做到惩治腐败力度不减弱、零容忍态度决不改变，推动问责制度落地生根。四要完善监督制度。主要是完善巡视巡察、组织生活、党内谈话、考察考核、述责述廉、个人有关事项报告、插手干预重大事项记录等监督制度，防止"破窗效应"，促使党员领导干部做到有权必有责、有责要担当，用权受监督、失责必追究。五要加大监督力度。要及时了解党员干部的思想、工作、作风、生活状况，强化日常监督，既抓"八小时之内"，又抓"八小时之外"，抓早抓小、抓常抓长。要抓好事前和事中监督，把问题消灭在萌芽状态，把隐患清除于未生之时。要消除监督盲区，使党的领导机关和领导干部特别是主要负责人、关键岗位领导干部都能受到严格监督。

（二）发挥人民群众监督的作用

群众监督是以人民群众为主体对共产党的组织和党员所进行的广泛的民主监督，它是党内监督的有益补充，是党外监督的主要渠道。群众的眼睛是雪亮的，党员、干部身上的问题，群众看得最清楚，最有发言权。中国共产党必须充分发挥人民群众的力量，把一切违反党章党规党纪的问题淹没在人民监督的汪洋大海之中。

1. 提高领导干部对群众监督的认识。高度重视群众监督，是中国共产党的优良传统，是中国共产党密切联系群众、全心全意为人民服务宗旨的重要体现。在现实中，党员干部存在一些错误认识和做法。有的认为群众监督无关痛痒，强调自己身份特殊，没有必要接受群众监督；有的一提起群众监督，就认为是群众挑毛病、找茬子；有的口头上很重视，但行动上并没有什么务实举措；等等。必须教育党员干部正确对待群众监督，充分认清共产党是代表人民根本利益的马克思主义执政党，手中的权力是人民群众赋予的，自觉接受人民群众的监督是党和政府及其公职人员应尽的基本义务；充分认清强化群众监督，既是严格要求，也是关心爱护，目的是使领导干部少犯或不犯错误，从而增强接受群众监督的自觉性。

2. 畅通群众监督渠道。一是实施阳光工程，推动党务政务信息公开。对于干部选拔、重大决策等党务政务信息，能公开的应最大限度地公开，充分保障群众的知情权，鼓励群众监督，促进群众参与，欢迎群众批评。二是完善信访举报制度。巩固传统"阵地"，设立信访举报信箱、党风政风监督热线、群众来访接待室等，落实领导干部接待日、群众来信来访承诺制度；大胆创新方法途径，利用互联网技术和信息化手段，大力推广信访微信公众号、手机客户端信访应用和远程视频接访，方便人民群众网上投诉、评价，进一步打造开放、动态、透明、便民的"阳光信访"新模式，建设更加便捷、高效的网络举报平台。三是建立情况明、数据准、可监控的数据库，推动各类监督信息跨地区、跨部门互通共享，预防减少举报线索重复受理现象，切实提高监督工作效率。

3.完善群众监督保障、落实机制。各级党政机关应当为提供问题线索、检举揭发腐败分子的群众严格保密，对干扰妨碍群众监督、打击报复监督者的，依纪依法严肃处理，保护人民群众监督的积极性。进一步完善群众监督的落实机制。以适当方式向监督主体反馈办理情况，确保件件有回音、事事有着落。对群众监督查实的典型问题，适合公开的案例，应利用多种媒介通报或曝光，让广大群众切身感受到监督的效果。

第十五章　党性教育方法

"事必有法，然后可成。"所谓方法，一般是指人们在认识和改造世界的过程中，为达到预期目的所采用的手段或方式。党性教育方法，则是指为实现党性教育目的在党性教育过程中所采用的手段或方式的总和，它是党性教育活动的中介因素，是教育者和受教育者相互联系、相互作用的纽带，直接影响党性教育效果。科学的党性教育方法反映党性教育的客观规律，能有效指导党性教育工作的开展，推动党性教育任务的完成。党性教育方法既涉及贯穿于党性教育全过程的党性教育基本方法，也包括运用于党性教育具体教育过程的多样化的教学方式或手段。同时，由于党性教育是一项复杂的系统工程，要提高党性教育的科学化水平，必须运用科学的研究方法开展党性教育研究，从而认识和揭示党性教育规律，并用以指导党性教育的实践活动。

第一节　党性教育基本方法

唯物辩证法认为，在考察事物矛盾的过程中，为了全面掌握事物的发展动态，必须对事物矛盾运动的主要矛盾、次要矛盾以及矛盾的主要方面、矛盾的次要方面进行全面考察，不能顾此失彼。这是"两点论"的基本要求。它对中国共产党人的工作提出的方法论要求就是观察、分析和处理问题，必须体现全面性，做到统筹兼顾，善于弹钢琴。在考察事物矛盾的过程中，为了牢牢掌握事物的发展趋势，不能平均用力，必须把握事物矛盾发展的主要矛盾，抓住矛盾的主要方面。这是"重点论"的基本要求。它对中国共产党人的工作提出的方法论要求就是观察、分析和处理问题，必须权衡轻重，做到突出重点，善于抓住"牛鼻子"。基于这种认知，党性教育方法的运用，既要讲两点论，又要讲重点论，是两点论和重点论的统一。

一、正面教育与反面教育相结合、正面教育为主

教育是具有鲜明价值导向的活动。正面教育是以正确的立场、观点和方法，以正确的人物或事例去教育和影响教育对象，从而使所倡导和确立的价值、理念、观念等被教育对象所接受的教育方法。

开展党性教育必须以正面教育为主，这是由党性教育的本质要求所决定的。党性教育旨在通过对党员、党员领导干部的教育达到坚定理想信念与宗旨观念、提高道德品行与精神境界的目的。这一目标导向和价值导向决定了在党性教育过程中，党性教育内容的设定、党性教育的组织实施必须发挥党性教育正面的建构作用而非负面的解构作用，从而引导党员、党员领导干部在思想言行上与组织要求相一致、相契合。

开展党性教育的正面教育，要把握三个方面的特点：一是说理性。接受党性教育的党员、党员领导干部是已形成相对固定的认知体系、思维方式以及个人价值判断的成年人，因此，要改变其思想认识和认知方式，就要突出党性教育中的理论教育，尤其是要坚持把对马克思主义和马克思主义中国化的理论成果的学习教育放在突出位置，以科学理论的自身魅力说服人、影响人、感染人，在理性认同的基础上达到坚定理想信念的目的。二是典型示范性。即通过具有典型、榜样意义的人或事的示范引导作用，教育党员、党员领导干部提高思想认识、规范自身行为。榜样的示范作用源于行为的习得。"观察者能通过观察他人的行为习得认知技能和新的行为模式"，"榜样表现出观察者原本不具备的新的思想模式和行为模式，通过观察，观察者也能形成同样形式的思维和行为。"[①] 如每年全国"两优一先"表彰工作中对全国优秀共产党员、优秀党务工作者、先进基层党组织的评选表彰，既展现了新时期共产党员、党务工作者、基层党组织的良好形象和精神风貌，又为全体党员学习先进、赶超先进、争当先进提供了榜样引领。三是系统性。正面教育是向人们灌输先进思想意识的一个系统，不是紧跟形势的权宜之计，也不是为完成某种任务

---

① ［美］A.班杜拉：《思想和行为的社会基础——社会认知论》（上册），林颖等译，华东师范大学出版社 2001 年版，第 49 页。

而采取的特定方式，因此，正面教育的内容尽管在不同时期侧重点会有所不同，但在整体上应是有计划、有步骤、由浅入深、循序渐进、持之以恒的教育过程。

如果说正面教育是从"应当"的角度、秉持"导善"的信念进行"明善""向善"的培育，强调善的认知、善的意识、善的体验，那么，反面教育则是从"不应当"的角度，主要承担着"抑恶"的作用，侧重于遏止恶、惩戒恶、矫正恶，两者是相辅相成的。正所谓没有约束和禁止，导向和激励就会失去轨道，导而无方，毫无意义可言；没有导向和激励，约束和禁止也就失去了既定的目标，禁而不导，也毫无意义可言。

反面教育也是党性教育的重要方面，这是党性教育的现实要求。一是反面现象具有客观性，它客观存在并经常发生，不以人们的意志为转移，不以人们的好恶而变化，极易造成人们思想上的困惑。二是从人的思想意识形成的规律来看，人的认知结构、行为模式实质上是对社会刺激的不断回应、调整的结果。尤其是针对已经具备较高思想认知水平的成年人，如果仅仅采用单向的正面灌输，是很难达到预期效果的，这需要在回应所谓"负面"的社会现实中激发其思考和讨论，从而深化巩固正确的认知。三是从唯物辩证法的角度讲，正、反现象虽然相互冲突，但可以通过比较鉴别，在认识反面中认识、接纳正面，在认识正面中，防止反面的干扰和侵蚀。毛泽东明确地说过："真理是跟谬误相比较，并且同它作斗争发展起来的。美是跟丑相比较，并且同它作斗争发展起来的。善恶也是这样，善事、善人是跟恶事、恶人相比较，并且同它作斗争发展起来的。"[①] 把正的、反的摆在一起，好的、坏的摆在一起，正是让人们在经受锻炼中增强免疫力。党性教育中如观看警示教育片、剖析典型腐败案件，都是使党员、党员领导干部从反面案例中吸取教训，认识违纪的严重危害和惨痛后果，从而强化党规党纪意识。

因此，从正面教育与反面教育的关系上来看，正面教育弘扬真善美，反面教育鞭笞假恶丑，党性教育实践就是其结合点。两者是相互联系、相辅相成、辩证统一的，应当在有机结合中使之发挥更有效的作用。

---

① 《毛泽东文集》第七卷，人民出版社1999年版，第192页。

二、显性教育与隐性教育相结合、显性教育为主

显性教育和隐性教育在党性教育中有如蝴蝶之两翼，都具有自己的独特性，缺一不可。二者又各有其局限性：显性教育如不得法，会使受教育者失去兴趣，导致效果较差；隐性教育难以将教育内容系统传达，对教育过程的进度难以准确把握和控制，加之其他因素影响，教育效果不显著。党性教育中将二者结合起来使用，可以相辅相成，构成"主线"与"副线"的关系，共同交织、优势互补，成为党性教育的有效方法。

显性教育是施教主体充分利用各种公开的手段、公开的场所，有目的、有计划、有组织实施的，将所授内容传达给受教育者的教育过程，是党性教育的一种具体方法。它通常以课堂为依托，以专题讲座、报告会等形式开展教育。显性教育具有鲜明的特点：一是教育目标是明确的、外显的，往往通过教育计划、教学方案直接呈现出来。二是教育者与教育对象之间具有固定的主次关系，教育者主导、控制着教育过程，使教育对象朝着教育者所希望的方向发展。三是教育内容整体化、系统化，多是以知识形态、理论形态出现，有着清晰的结构设计和整体编排。四是教育行为快捷、直接，能紧贴形势政策的发展需要迅速组织与实施教学。正因如此，显性教育通常承担着正规化的教育任务，在党性教育过程中发挥着主渠道的作用。

隐性教育相对于显性教育，其"隐"体现在几个层面：一是教育目的具有隐藏性、潜在性，是把带强制性的教育目的巧妙地以"非教育"的形式隐藏起来，使教育对象在无压力、无反感的情况下接受教育影响。二是教育内容往往是利用潜隐于物质环境、制度环境、文化环境中的教育资源，以情意形态出现。三是教育途径是间接性的，教育者把所要传授的内容寓于一定的载体中，通过载体传授给教育对象。四是与显性教育中教育者始终处于主导性地位不同，隐性教育更加关注如何调动教育对象的主动性和积极性，更加关注如何根据教育对象的变化来有效内化党性教育的效果。总体上说，隐性教育就是教育者将教育性因素渗透到教育对象日常所接触的环境、文化、制度、管理、服务等具有教育功能的非正式教育载体中，使受教育者于"润物细无声"中受到教育和影响的过程，它也是党性教育

的一种具体方法。

显性教育和隐性教育是相互补充、相互融合、相互转化、相互促进的关系。相互补充是指显性教育、隐性教育虽然方式不同、途径不同，但都服务于共同的教育目的，可以进行功能互补。如显性教育存在忽视教育内容的内化、缺乏有效沟通、效果难以持久等局限；隐性教育则难以像显性教育那样完成系统的理论教育任务，且教育过程不易调控。在具体的教育过程中可以把两种教育结合起来，合理优化配置。相互融合是指在党性教育实践中，显性教育和隐性教育往往是你中有我、我中有你、同时进行。多数教育载体中往往是显隐两种形式并存。如课堂讲授是典型的显性教育，而课堂讲授中授课者的学识谈吐、教学态度、人格魅力等又是重要的隐性教育因素，会在无形中感染和影响受教育者，并进而影响教育的效果。相互转化是指隐性教育要以显性的教育目的、教育计划、教育内容为指导，不会漫无目的开展，而隐性教育中教育观念、方法的创新，也要整合到显性教育的目标内容中。只有厘清两者的辩证关系，在具体实践中最大限度地发挥两种方法的功能，才能取得党性教育的理想效果。

显性教育和隐性教育的结合方式主要有：一是充分利用课堂教学，加强整合，寓教于境，寓教于情，寓教于乐。二是结合党性教育实践，让显性教育与隐性教育有机整合。三是大力利用网络技术，促进显性教育与隐性教育有机整合。

三、常态教育与专项教育相结合、常态教育为主

常态教育是指常抓不懈的经常性教育。它在教育实践中逐步形成全面、惯有、稳定、有序、规范化的发展状态，在长效性中强化实效性。

党性教育之所以强调常态化，并必须以常态教育为主，这是由党性教育的特征所决定的。党性教育不同于一般的知识传授和技能训练，其目的旨在影响党员、党员领导干部的思想观念和行为态度，属于意识形态范畴。思想观念的形成与固化并非一日之功，这意味着党性教育不可能一蹴而就，必须经历一个从接受到内化的较长过程。同时，人们的思想观念也处在不断变化发展的过程中，不同时期、不同阶段都可能面临着不同的思想意识方面的问题，这也决定了党性教育无法一劳永逸，必须持续推进，不断适应新情况、

解决新问题。因此，党性教育要以常态教育为主，要把党性教育的过程置于党员、党员领导干部的人生坐标中，贯穿于党员、党员领导干部的整个政治生命中。

常态教育必须以制度的规范作为保障和基础，包括健全完善的教育制度、考核制度、评价制度等。只有做到有章可循、有规可依，发挥制度的约束和保障作用，才能使党性教育成为一项硬性工作、日常必做工作，确保其常态化地有效推进。常态教育重在形成三种常态：一是抓长。重视程度自上而下绷紧、责任传递自上而下压实，长期抓下去。二是抓细。从小处着手、在细节发力，围绕具体目标仔细抓。三是抓常。找准发力点，务求实效抓日常。

专项教育是根据党的建设实际状况，针对党员在党性方面存在的突出问题，聚焦某个主题集中开展的党性教育活动。如"讲学习，讲政治，讲正气"的"三讲"教育活动、保持共产党员先进性教育活动、党的群众路线教育实践活动、"三严三实"专题教育等。专项教育主题鲜明，针对某一阶段党内存在的共性问题能够集中、有效地进行整治，在专项教育中所形成的成果，又可以进一步推进党性教育的规范化、制度化、常态化。

"两学一做"学习教育是非常典型的专项教育与常态教育相结合、专项教育向常态教育延伸的例子。2016年，党中央发出《关于在全体党员中开展"学党章党规、学系列讲话，做合格党员"学习教育方案》，经过一年的有效实践，2017年继而印发《关于推进"两学一做"学习教育常态化制度化的意见》，并将"两学一做"写入党章修正案中，这既是对此前专题教育活动的衔接，也是进一步推动党内教育向经常化、制度化延伸的有力部署。像这样把集中性、专门性教育活动的成果运用并扩展到党的日常性、持续性教育工作中，既能加速推进专项教育成果的巩固，也可以使专项教育成果在更广泛的实践中进一步充实与完善，使专项教育的经验在更大范围内得到进一步复制与推广，这样就使党内专项教育和常态化教育的内在承接关系有了载体，为新形势下党性教育经常化打开了新的思路。

常态教育是党性教育的战略性、基础性工程，专项教育是党性教育的阶段性任务，二者为了同一目的，是党性教育的有效方法，不能截然分开，不可偏废，党员和党员领导干部存在的现实问题就是其结合点。

四、组织教育与自我教育相结合、组织教育为主

组织教育在这里指中国共产党的各级组织对党员和党员领导干部开展的党性教育活动，它具有主导性、计划性、外在性、强制性、长期性等特点。自我教育在这里指中国共产党的党员和党员领导干部根据党规党法与自身发展需要，在自我意识的基础上，通过自我学习、自我认知、自我体验、自我控制而进行的影响其身心发展的教育活动，它具有主体性、自为性、内在性、社会性、终生性等特点。

在党性教育中，没有自我教育的组织教育是难以扎根的教育，离开组织教育的自我教育则是缺乏导引、没有方向的自我教育。教育者的建构性主导功能要与教育对象的自觉自为、能动积极的自我教育相结合才能使整个教育过程富有成效。在中国共产党的党性教育发展历程中，将组织教育与自我教育高度结合、有机统一，是党性教育的优良传统之一。

从政党学的角度讲，组织教育就是政党基于一定的目标和任务，有计划、有组织地对其成员实施教育、引导、督促的过程。这是政党职责和功能的重要体现。中国共产党历来重视组织教育，无论是由中央发起向基层党组织延伸的各种全党范围的教育活动，还是把党员的教育、管理明确写入党组织的职责与任务，都已证明，组织教育对于统一全党思想、凝聚全党共识、推进党的伟大事业发挥了巨大作用。

组织教育的主体是多元化的，包括党的组织部门、宣传部门、纪律检查机关、各级党校以及党员所在党组织等。只有各类教育主体齐抓共管、相互配合、层层推进，才能于组织协同中形成党性教育的系统合力。

党性教育既是组织主导的教育，也是党员在组织引导下自我教育的过程。在自我教育中，学习者就是教育活动的主体，是把自我作为教育和改造的对象，是进行自我锻炼、自我反省、自我调控、自我完善的活动。从一定意义上说，没有自我教育就没有真正的教育。因为教育者、教育活动是外因，外部教育的作用必须经过受教育者的认同，并转化为受教育者的思想意识才能达到教育的目的。而转化的质量取决于受教育者自身的动力，自我内驱力越大，自我教育的自觉性就越高，转化的效果就越明显。自我教育正是以凸显受教育者的主体地位、激发其内生动力来完成认识的内化过程。

自我教育的方法古已有之。在中国历史传统中，儒家所倡导的自我修养的方法中已包含了自我教育的因素。中国共产党在长期的党性教育实践中，借鉴中华优秀传统文化，也创造了许多行之有效的自我教育方法，例如批评与自我批评就是将组织教育与自我教育很好融合的一种党性教育方法。批评与自我批评教育的作用体现于：通过对党员工作、学习、日常生活中出现的不正确的思想或行为进行劝谏，促使党员在接受建议的同时进行自我反省，以及时改正自身的不良倾向。其中，批评的主体是党组织、其他党员，批评的内容是与组织目标、组织行为相关联的思想观点和行为表现，批评的原则是将组织的价值导向和组织要求贯穿其中，完成对组织成员的教育。自我批评则是对照组织要求，进行自我剖析与自我反思，是党员主体地位的高度体现。自我批评深入开展必须以自我意识的觉醒为前提，只有如此才能"超越自我"，在自我的客观认知中完成改造自我、纯洁思想、净化灵魂的任务和目的。

在组织教育与自我教育的关系上，组织教育是他律，自我教育是自律；组织教育是外因，自我教育是内因。所以，二者是他律与自律的统一，外因与内因的统一。它们在内外兼修中结合，在党性教育活动中结合。

五、组织考评与个人自评相结合、组织考评为主

有组织就有考核评价，有什么样的考核评价就有什么样的组织作为。党性教育的组织考评是党性教育组织者对教育对象依据一定标准进行的考核评价，它是组织管理的基本方法和实现组织目标的保障条件。党性教育的个人自评是受教育者对照考核标准进行的自我评判，它是自我意识的重要组成部分，也具有重要的社会功能。

对党员的党性开展考核评价是提高党性教育针对性和有效性的重要保证。对党员党性进行准确的测评、识别不但能够使党组织及时发现党员身上存在的问题，从而有针对性地采取相关措施加强党员的教育，同时也能够使党员及时发现自身不足，明确整改努力方向，以更好地提升和完善自我。

在中国共产党的组织制度中，民主评议党员制度就是将组织考评与个人自评相结合的、关于党性评定的一项重要制度。民主评议党员就是按照党章规定的党员标准，通过对全体党员进行做新时期合格党员的教育，通过民主

评议和组织考察，对每个党员在各项工作中的表现和作用作出客观评价。在认真评议的基础上，表彰优秀党员，妥善处理不合格党员，达到激励党员、纯洁组织、整顿队伍的目的。评议的重点内容主要是评议党员发挥先锋模范作用、遵守党的纪律的情况。评议中，首先是党员个人自评，要求每个党员都要对照党员标准，联系思想和工作实际，实事求是地作出自我评价。接着是组织评议，先在党支部或者党小组内进行党员之间的相互评议，然后采取发放测评表的方式，对党员进行投票测评。村、社区党组织，执法监管部门和窗口单位、服务行业的基层党组织，还可邀请群众代表、服务对象参评。每年一次的党员民主评议，既是从严治党、提高党员素质的一项重要措施，也是加强党员教育管理的有效方法。

除民主评议党员制度外，各地纷纷探索建立党员考核评价体系，将党性考核日常化、经常化。从各地实践来看，基本上实行的是组织主导下的考核评价模式，即由党组织根据党员标准，结合各行业各领域实际情况，创建一套党员党性考评体系，包括设置考评标准、考评程序、结果运用等。总体上来说，尽管考评体系名称不一，有的叫"先锋指数"，有的叫"星级化管理"，但都以党员党性考核的精准化为目标导向，并体现出以下几个共同特征：一是基于分类管理进行分类考核。也就是根据党员身份、年龄、文化程度、从事职业等因素，将党员划分为不同类别，实行差异化考核，打破所有党员"一刀切"的考核模式。二是量化考核内容。如何将党性的原则性要求转化为可评定的、直观化的客观标准，解决过去党员评价主观性太大、随意性太强的弊端，不少地方在探索实践中，都尝试尽量把日常考核内容细化为各项具体指标，同时赋予每项指标相应的分值和权重，用有形的"尺子"来衡量党员的所作所为，用量化积分来回答"先进不先进、优秀不优秀"的问题。三是强化考核结果的运用，将考核评定转化为现实工作动力。具体来说，就是设置不同的分档，将党员细分为优秀党员、良好党员、合格党员、不合格党员等。优秀党员作为年度评先评优的参评对象，并给予工作、学习等方面的优先考虑和倾斜；不合格党员则要进行组织谈话和批评教育，限期进行整改等。

由此可见，组织考评与个人自评相结合，以组织考评为主，具体体现在党的考评制度中，落实在年度考核上。组织考评体现普遍性、共性，个人自评体现特殊性、个性，二者是普遍性与特殊性、共性与个性的统一，它们相伴相生、相辅相成，组合为考核评价的整体。

六、问题导向与目标导向相结合、问题导向为主

问题就是事物的矛盾，它无处不在、无时不有。问题导向就是以发现问题导入，以分析问题导出，以解决事物的矛盾为方向，它是一种思想方法。目标导向这里不是指加拿大学者豪斯提出的目标导向理论，而是指一种思想方法，即抓住党性教育的核心目标，以铸魂育人为基本思路和价值导向，引导各方面的工作。

问题是时代的最强音，用问题意识捕捉党性发展上的杂音和杂质，以问题为导向对症下药增强党性是党性教育取得实效的关键。历史证明，善于发现问题、敢于直面问题、注重解决问题，是中国共产党开展党性教育、加强自身建设的宝贵经验和一贯方法。每当党的事业发展到新的阶段，党总会着眼于当下党的建设要解决的突出问题，有的放矢地开展党性教育，提高全党党性意识，为推动党的事业的进一步发展筑牢思想基础和组织基础。党的历史上几次大规模的整党整风运动，正是针对当时党员队伍、党员干部队伍中出现的普遍问题、共性问题而发起，通过有领导、有计划、有组织、有准备、有步骤的党性教育消除了制约党的发展的问题，健康了党的肌体，增强了党的战斗力。

毛泽东指出："问题就是事物的矛盾。哪里有没有解决的矛盾，哪里就有问题。"[1]习近平强调，问题是事物矛盾的表现形式，增强问题意识、坚持问题导向，就是承认矛盾的普遍性、客观性，就是要善于把认识和化解矛盾作为打开工作局面的突破口。之所以要强调党性教育的问题导向，正是因为在现实生活中，党员、党员领导干部的党性意识与党的事业的发展要求、与党组织的要求还存在不容忽视的差距。这些差距的具体表现就是在党员、党员领导干部党性观念、党性修养上所暴露出来的各种各样的问题。只有找准这些问题、聚焦这些问题、破解这些问题，才能真正有效解决党性"实然"与"应然"之间的矛盾。这就要求，党性教育必须以问题为导向，在直面现

---

① 《毛泽东选集》第三卷，人民出版社 1991 版，第 839 页。

实问题中发挥研机析理、解疑释惑、指引实践的作用。可以说，问题中蕴含着党性教育的广阔空间，蕴含着党性提升的内驱动力，以问题为导向是提升党性教育科学化水平的必然要求。

问题是党性教育的着力点，目标则是整个党性教育开展的前提，是党性教育工作的出发点和归宿。它直接决定和影响着党性教育的内容、方法与途径，制约着整个党性教育工作。党性教育目标既有总体目标，也有具体时期、具体活动的阶段性目标；既有对全体党员提出的共性目标，也有针对党员领导干部设定的更高的目标要求。但万变不离其宗的就是要通过党性教育，培养具有坚定的共产主义信念的"先锋战士"。

以目标为导向加强和改进党性教育工作，意味着要以目标确保党性教育工作正确的方向性，意味着要将目标贯穿于整个党性教育过程的始终，并以目标为导向规定具体工作的内容、方法、载体、途径等，意味着衡量党性教育的成功与否，取决于目标实现的向度、程度、效度。

问题导向与目标导向，是把握客观事物本质与发展规律的科学认识方法和科学思想方法。问题是客观的、现实的，不可回避、不可抹杀的；目标是主观的、可变的，是人的能动性的表现。问题导向与目标导向表达的是客观与主观的关系。问题是人们认识和实践的对象，是客体的范畴；目标表达的是主体的意愿，是主体自身的因素。问题导向与目标导向表达的又是客体与主体的关系。问题具有客观实在性；目标具有主观理想性。问题导向与目标导向表达的还是现实和理想的关系。问题决定着目标，目标反作用于问题。因而问题导向决定着目标导向，目标导向反作用于问题导向，二者是辩证的统一。以问题导向为主是由辩证唯物主义关于事物矛盾的观点决定的，由中国共产党人的世界观和方法论决定的。

第二节 党性教育教学方法

一、教师中心法

教师中心法是在教学过程中主要体现教师的主导作用，具体表现在：教学目的方面注重知识传授；教学聚焦方面关注教师如何教；师生角色及地位方面，教师主宰教学内容和教学过程；教学方法手段方面，主要采取讲授提问、论证等方法。

（一）讲授法

讲授法是党性教育中最普遍采用的教学方法。通常指教师在特定的时间内（一般是两到三个小时），围绕某方面问题以专题课的形式向学员进行讲解。这种方式的最大优势在于使学员能够在有限的时间内较为系统地掌握理论知识，这是其他教学方法所不可替代的。所以，在党性教育中开展理论教育时通常采用这种方法。但讲授式教学也有其无法回避的劣势，比如教师与学员之间缺乏有效沟通交流、理论与实践脱节、不易发挥学员学习的主动性积极性等。在教学形式越来越丰富多样、教学方法推陈出新的今天，具有悠久历史的传统讲授法如何焕发新的生机与活力，最大限度地发扬其优势、规避其劣势，需要深入的思考与精心的设计。

（二）问答法

问答教学法是一种历史悠久的教学法。在中国古代，先秦儒家就非常注重运用问答法。《论语》共二十篇，四百九十二章，其中记孔子对答弟子及时人之语就有四百四十余章。"敏而好学，不耻下问""入太庙，每事问"，孔子教育弟子们要多思善问，注重在问答教学中循循善诱、启发学生思考。在西方，古希腊哲学家、教育家苏格拉底被公认为启发式教学的鼻祖。苏格拉底的启发式教学以"问答法"为主。在教学中，苏格拉底不是将知识或答案直接传授给学生，而是通过由浅入深、循序渐进的提问，引导学生一步步得出正确的结论。问答法就是在教师的主导作用下，把问题贯穿于教学过程始终，激发学生的主动参与，使学生的学习过程变成学生自主探究的"再发现""再创造"的过程，进而培养学生认识问题和解决问题的能力。具体到党性教育中，如针对经典导读课，有的党校采用了问题牵引教学法。整个课堂活动以精心设计的问题牵引整个文本的精读，通过带着问题来、扣着问题读、沿着问题讲、围着问题议，由表及里、环环相扣、不断深入，在抽丝剥茧般的分析问题、回应问题中发掘经典文本的当代价值。

（三）点评法

点评法是以学员党性锻炼方面存在的思想问题为导向，着眼于解决学员的思想实际，运用多种或多方位的点评形式开展党性教育，触及学员的思想灵魂，进一步提升党性教育的针对性和实效性的教学方法。如上海市委党校探索出的十种点评方法，包括自我教育点评、引导式点评、劝导式点评、说理式点评、答疑式点评、批评式点评、启蒙式点评、肯定式点评、讨论式点评、警戒式点评等。在教育过程中，以"点评式"的"对话"为主。由教师或是运用说理的方法引导学员；或是对学员党性分析中提出的错误观点予以批评，以澄清是非观念；或是对学员在党性上的基本常识进行讲解、辅导，通过点对点的解惑、面对面的沟通，走进学员灵魂深处。教师在点评式教学中发挥着澄清谬误、释疑解惑的重要作用。为此上海市委党校专门设立了师资库，聘请党性强、威望高、经验丰富的老干部现身说法、答疑解惑，邀请专家教授理论释疑，从理论高度解读思想认识问题。

二、相互作用法

相互作用法主要是指通过全班讨论、小组讨论、同伴教学等方法，使学员在相互交流、相互沟通、相互启发、相互砥砺中实现学学相长。相互作用法克服了传统教学方法的单向度，具有能引发学员广泛参与思考、集思广益解决问题、课堂气氛活跃、课程记忆深刻等显性优势。

相互作用法在党性教育中具有很强的适用性。因为党性教育的对象一般是具有独立思考能力和一定经历背景的成年人。成年人的学习更多的是"经验—反思—理论—实践"的循环模式，需要学习者本人进行更多的经验分享、碰撞、交流。同时，每个人基于具体的工作岗位实践都会有个人的认识和思考，会带来实际工作中的热点话题、问题难点。无论对这些问题的理论思考还是提出解决办法，都不是一件容易的事情，即使经验丰富的教师也不可能回答所有问题以及提出最好的解决办法。这就需要在教师的引导下，形成学员对问题的共同探讨，丰富解决问题的路径。

（一）小组讨论

小组讨论是就某一问题或某些问题分组研讨，大家交流意见，相互启发思维，互相取长补短，最终达到弄懂问题、明辨是非的教学方法。根据小组讨论中有无指定小组负责人，小组讨论又可分为有领导小组讨论和无领导小组讨论。

在抗战时期的干部党性教育中，小组讨论法就是一大特色。当时在延安有两个模范学习小组:一个是陈云领导的小组,另一个是张闻天领导的小组。陈云小组的学习方法是"就书论书",每周读一章或半章,要求每句都读懂,开会讨论时逐章质疑,质疑后由报告人报告,然后讨论,最后由指导员作结论。张闻天小组的学习方法是有研究提纲,有指定的参考材料,也有报告。但质疑不拘泥一定的形式,注重独立思考和生动的辩论,报告也形式多样,除了简单的、一般性的报告,有时也插入专门性质的报告。在党性教育中,小组讨论法已沿用至今,它围绕某个具体的党性问题或特定的党性教育内容,教师组织学员或学员自组织,以小组为单位开展讨论和交流,在主动思考、各抒己见的活跃氛围中,启迪思维、反思工作、拷问心灵、锤炼党性。

(二)结构化研讨

结构化研讨是在教师的引导下,将人们思维的不同阶段分开,按照一定的程序和规则,采用适当的研讨工具,引导学员围绕某个主题分步骤、多角度开展讨论的方法。和一般的研讨相比,结构化研讨是以"水平思维"替代"垂直思维",更注重研讨广度与深度的有机结合。

结构化研讨的总体逻辑可分为两种。一种是基于"问题—原因—对策"的"问题导向"式研讨。即先引导学员从不同角度查找问题,使每位学员吸收别人的观点、克服自身认识问题的局限,全方位认识问题;问题澄清后,大家一起分析原因;原因分析透彻后,集体探讨对策。这种研讨方法使得研讨问题的呈现非常原始、真实,使每个人都能贡献思想并尊重差异,并让整个研讨按照逻辑层层深入。如对于"新时期领导干部的党性修养"这一题目,可通过设置"新时期领导干部的党性修养存在哪些问题""导致这些问题出现的原因是什么""新时期领导干部应如何加强党性修养"等问题分阶段、分环节开展深入研讨。除了"问题导向"式,另一种是用"目标导向"来设计研讨,即围绕某个主题,应达到哪些目标、离设定的目标还存在哪些差距、为什么会存在这些差距、应该怎么做等,同样也是结构化研讨的一种设计思路。

(三)案例教学法

案例教学法是指教育者把实际工作中出现的问题作为案例,交给受训学员研究分析,培养学员的分析能力、判断能力、解决问题及执行业务能力的培训方法。1829 年，英国学者贝雷斯开始在法律教学中运用案例教学方法。1870 年，哈佛法学院开创了在大学教育中运用案例进行教学的先河。19 世纪 90 年代，约翰·霍普金斯医学院也在医学教育中引入案例教学法。1908 年，哈佛大学商学院成立时，将案例教学引入工商管理教育中。20 世纪 30 年代中期，哈佛大学在行政管理教学中采用案例教学方法。此后，哈佛肯尼迪政府学院将案例教学看成是公共管理教育中极为重要的方法。在中国，案例教学已在法学、医学、工商管理学、公共管理学教学中得到广泛运用。

在具体教学实践中，一般包括阅读案例、个人分析；小组讨论、形成共识；课堂交流、全班发言；教师总结归纳、消化提升等步骤和环节。有别于传统教学中知识技巧单向、被动的灌输，案例教学法更加注重理论与实际的结合，使学员在案例的分析、思考与研究中提升运用理论知识分析现实问题的能力；也更加注重学员学习自主性、主动性的发挥，既有教学过程中的个体思考，也有群体合作中的相互借鉴、相互启发，是一种非常有效的教学方式。

案例教学法已是党校主体班次教学的重要方法。如在党校中开展的"以案说纪"教学，就是将具有典型意义的违纪违法案例作为教学素材，在课堂上由学员对案例中的违纪行为展开分析讨论，交流看法观点，最后通过教师点评为学员答疑解惑、定向辅导。这种教学方法让警示教育的课堂不再沉闷，学习党纪更生动易懂，"防腐攻略"更入脑入心，学员互帮互学，相辅相成，在潜移默化中自觉增强纪律和规矩意识。

（四）学员论坛

学员论坛是指学员针对既定的主题，采取自由发言或指定发言等形式，在课堂上交流自己的观点或研究成果的一种教学方法，也是教学相长、学学相长的重要平台。在学员论坛上，围绕着同一问题，学员阐发各自观点、分享彼此经验，形成对问题多角度、多维度的解读。这种思想的深度交流，可以使认识快速地深化和拓展。

由于适应干部培训的特点，能够充分挖掘学员的潜能，学员论坛已在干部教育培训中得到广泛的应用。在党性教育过程中，也经常就贯彻中共中央精神、学习先进人物事迹等不同主题，采取学员论坛方式开展党性教育，使学员在言语互动、情感交流、思想碰撞中锤炼党性、增强党性修养。

三、个体化方法

党性不是抽象的党性，而是具体的党性。这种具体性在党员身上表现为：由于受教育背景、社会经历、利益诉求等多重因素的影响，不同的党员在党性认知、党性强弱等方面存在个体化差异。这意味着，党性教育既要把握组织教育的一般性要求，也要深刻认识到党性教育最终是针对党员个体的教育，党性教育的成效必须通过党员个体的党性修养程度才能得以检验和体现。因此，在具体的党性教育过程中，要根据党员不同的情况和特点，明确教育重点，运用好个体化方法有针对性地开展党性教育。

（一）党性分析

党性分析是党员党性的自我剖析，是党员加强党性修养、增强党性意识的有效途径，也是加强党的先进性纯洁性建设的重要环节。党员是党的肌体细胞和党的行为主体，党的先进性纯洁性最终要靠党员个体的先进性纯洁性来体现。而党性分析正是基于党员个体教育、增强党的整体功能的有效方法。

党性分析要求党员以马克思主义理论为指导，以党章、党的路线方针政策及党的各种决定为依据，对自己的党性状况进行实事求是的总结、评价和剖析，认真查找自身存在的问题，剖析深层次思想根源，提出解决问题的措施和途径，从而达到增强党性修养、不断完善自我的目的。

作为一项重要的党内教育活动，党性分析有着明确的步骤和要求，包括进行党性分析思想动员、确定党性分析对照标准、广泛征求各方意见、撰写党性分析材料、民主讨论和评议、制定落实整改措施等主要环节。在这些环节的具体开展中，都体现出了党性分析的一个重要特点，那就是着眼于每个党员的个性化问题和个体化特征，实现党员的个体化教育。无论是通过征求意见方式发现党员个体在党性方面存在的突出问题，还是撰写党性分析材料时党员的自我"画像"、自我反思；无论是民主评议环节党组织对党员的逐个分析，还是最后个人整改措施的提出，都是在共性要求中体现出因人而异、因人施教的特点，具有极强的针对性和实践性。在党性分析中，党员逐步完成认识自我、教育自我、改造自我的过程，主体地位得到凸显，角色意识得以强化，党性观念得以增强。

（二）谈心谈话法

谈心谈话是党的组织生活的一种重要形式，也是开展党性教育的一种有效途径。谈心谈话不是一般的交流谈话，而是党内同志之间比较深入的思想沟通与交流，目的在于解决矛盾、统一认识、增进团结、推进工作。《关于新形势下党内政治生活的若干准则》等党内法规的颁布实施，为谈心谈话工作的开展提供了制度保障。该《准则》中指出，要"坚持谈心谈话制度。党组织领导班子成员之间、班子成员和党员之间、党员和党员之间要开展经常性的谈心谈话，坦诚相见，交流思想，交换意见。领导干部要带头谈，也要接受党员、干部约谈"[①]。与民主生活会、组织生活会等组织生活形式相比，谈心谈话在活动的形式、时间、地点上具有一定的非正式性、灵活性，气氛也较为宽松，谈话对象更容易敞开心扉，因此，更有助于深入地了解谈话对象的思想动态。谈心谈话可以采取同时约谈，也可以是个别谈话。同时约谈较适用于党内同志普遍存在的问题，涉及党员个体的则是采取一对一的方式。

通过个别谈话，可以较为详尽、具体地了解和掌握党员在思想、工作、生活、作风等方面的情况，以及存在的困难与问题等。在此基础上，再教育和引导党员正视其言行失范的问题，帮助党员制定整改的措施和办法。在这个过程中，问题与对策的提出坚持一人一议、一事一议、一一分析、逐个解决，使党员在接受个体化的党性教育中实现个人进步。

四、实践法

党性的根本特点之一是具有鲜明的实践性。党性意识、党性观念在实践中塑造、形成，也在实践中得到验证和检验。离开实践的党性只能是宣言式的抽象空洞物，毫无生命力可言。党性的实践性决定了党性教育并非机械的理论教育范畴，必须产生于实践、应用于实践、检验于实践、发展于实践。这就要求，党性教育要紧扣实践这一环节，坚持理论和实际相结合、历史和现实相联系，把实践作为党性教育的力量源泉和生动教材，将实践教学深入地运用于党性教育过程中。

[①] 《关于新形势下党内政治生活的若干准则》，《人民日报》2016年11月3日。

（一）体验式教学法

所谓体验式教学，就是通过创设一定的教育场景，使学习者在参与特定情境下的活动的过程中，获得新的思想和认识，以达到自身观念、态度和行为上的改变的一种教学方式。这种教学方式以学习者个体主动参与、亲身体验为特征，在由体验所激发的情感、所带来的探询式的学习中，将体验与认识进行自我内化、升华，并进而转化为自觉行为。

体验式教学法所依据的主要原理是美国心理学家、教育家大卫·库伯提出的"体验式学习圈"。他把学习看作是体验的转换并创造知识的过程，认为体验学习过程是由四个适应性学习阶段构成的环形结构：具体经验—反思性观察—抽象概念化—主动实践。具体经验是让学习者完全投入一种新的体验；反思性观察是学习者对已经历的体验加以思考；抽象概念化是学习者将所观察的内容进行充分理解并加以吸收使之成为合乎逻辑的概念；主动实践则是指学习者验证这些概念并将它们运用到制定策略、解决问题中去。在四个阶段的循环中，学习者形成一个贯穿的学习经历，并自动完成着、反馈与调整，从而在体验中完成学习与认知。目前广泛开展的各种形式的体验式培训大都遵循这一基础理论。

体验式教学因符合成人教育特点，并能有效激发学习者的参与性与主动性，因此在干部教育培训中得到了较为充分的运用。在党性教育的具体过程中，如参观考察、现场教学、参与社会实践等都是体验式教学形式的丰富体现。比如组织党员干部进村入户，在与农民同吃同住同劳动中观民生、察民情、听民声、问民需，打通党员干部与群众、理论与实践、政策与需求之间的"最后一公里"，进而达到增强党员干部宗旨意识、提高为民服务本领的目的。

以现场教学基地为依托和载体开展党性教育是体验式教学中较为常见的一种形式。现场教学因具有参与性、真实性、体验性、生动性等优势，在党性教育中得到大量运用，成为改进党性教育教学方式的重要途径。现场教学是以某一方面特定的教学内容为主题，如革命传统教育、党的宗旨教育、反腐倡廉教育等，以一定的现场教学点为载体，引导受教育者在真实的场景中，通过实地感受、系统讲解、专题点评、交流研讨等多种教学形式，使受教育者引发情感共鸣和思想震慑，从而达到提升思想境界、强化党性观念的目的。现场教学不同于一般简单的参观考察，要提升其思想性和现实针对性，需要对若干教学要素进行精心的教学设计，包括明确主题，精准选择教学点；提炼内容，聚焦主题对教学点进行深度开发；设计路线，做好预案，加强教学现场管理；打造师资队伍，包括基地现场讲解人员和任课教师的选择、培训。只有精心组织、周密安排，确保整个教学流程高效实施，才能充分发挥现场教学的独特魅力和重要作用。

（二）情景模拟法

情景模拟法是以现实中的相似情景作为参照物，预设场景、人物、事件，让学员在高度仿真的情境中通过角色扮演将理论付诸实践，从而快速提高思想认识和解决问题能力的一种实践教学方法。

情景模拟式教学的理论基础是建构主义。该理论认为，知识不是教师传授得到，而是学习者在一定的情境即社会文化背景下，借助其他人（包括教师和学习伙伴）的帮助，利用必要的学习资料，通过意义的建构的方式而获得的。这种教学方式具有鲜明的特点和优势：一是突出实践性，开辟了一条从理论走向实践的快速道路，大大缩短由理论向实践转化的周期。二是调动积极性。充分尊重学员的主体地位，学员亲自参与设计、扮演角色、处理问题，潜移默化中使学员从被动的"要我学"变成主动的"我要学"。三是注重实效性。学员可直接将虚拟环境中的知识和技能习得转化并应用于实践中。

以情境再现、互动模拟打造的党性教育"实境课堂"，能够将党性教育形象化、具象化，在情景交融中深化党员的情感认同、理性思考和行动自觉。比如围绕着专题组织生活会如何召开，可以通过情境模拟演练，再现党内组织生活的操作流程和标准要求。这种形式既直观明了，又新颖生动，具有极强的现场感，有助于学员在比较中发现自身在组织生活方面存在的问题和不足。再比如，在党性教育的课堂教学中，对于历史中的典型人物或事件，可以综合运用情景表演、朗诵、音乐、视频等多样化的技术手段对当时的场景进行高度还原和呈现，使学员沉浸在特定的环境中，并通过"看、听、思、悟"获得鲜活、生动的体验与感受，于"身临其境"中触及思想、震撼心灵，潜移默化地完成教育过程。

（三）团队式学习

坚强的党性不会自己形成，必须在严格的组织生活和长期的实践中锤炼养成。习近平指出，党内生活是锻炼党性、提高思想觉悟的熔炉。如果炉子长期不生火，或者生了火却没有足够的温度，那是炼不出钢来的。他强调党员干部只有在严格的党内生活中反复锻炼，才能坚强党性、百炼成钢。对于广大党员来说，党内生活是锤炼党性、改进作风的第一课堂。实践证明，不管是哪一级党组织，党内生活健全完善，党内就会风清气正，组织就会充满凝聚力和战斗力；党内生活缺位错位，党内矛盾和问题就会滋长蔓延，党组织的战斗堡垒作用和党员的先锋模范作用就很难发挥出来。

而严格的党内生活，必须以严格的党内组织生活为基础。按照党章规定，每个党员无论职务高低，都必须编入党的一个支部、小组或其他特定组织，参加党的组织生活，接受党组织的教育、管理、监督。从基本功效上来说，党的各层级组织是把每个党员与党紧密联系起来的基本纽带，是维系党的团结统一的基石。而党的组织生活是党员接受党的教育的经常课堂、基础平台和锤炼党性的重要实践路径。在长期的革命、建设和改革过程中，中国共产党形成了一系列关于组织生活的制度规定，包括"三会一课"制度（支部党员大会、支部委员会、党小组会和党课制度）、组织生活会制度、领导干部双重组织生活会制度、党员活动日制度、民主评议党员制度等。组织制度的实施和组织生活的有效开展，让每一名党员都参与到组织这个大家庭中，通过加强学习、参加活动、开展批评与自我批评、进行评议等方式，接受到经常性的党性洗礼和锤炼。

（四）拓展训练

拓展训练是指有意识地组织学员，通过在户外完成一定的活动任务，对学员进行体能训练、心理训练、人格训练、管理训练的一种培训方法。训练项目依据学员的需求精心策划并具有明确的指向性和一定的挑战性，其中，既包括需要展现个人能力和技巧的个人项目，也包括需要团队所有成员合作完成的集体项目。由于对提升个人意志、自信心和团队协作精神具有显著的效果，拓展训练在企事业单位员工培训、高校大学生体育训练和军队强化集训中得到广泛推广，现在已成为培养团队精神、挖掘团队潜能、提高团队凝聚力的重要手段。

拓展训练对人的意志力的激发、对大局意识、规矩意识、团队精神的塑造，与对党员的党性要求是高度契合的，因此，拓展训练也被应用于党性教育中，特别是成为中青年党员党性教育中的一个重要教学环节。

（五）军旅培训

军旅培训既是国防教育的重要内容，也是党性锻炼的有效途径。学员们统一身着戎装，在会操、内务设置、拉练等严格的军事训练中，培养的是艰苦奋斗、吃苦耐劳的优良作风，强化的是令行禁止、团结协作的纪律意识。

第三节　党性教育研究方法

一、历史研究法

历史研究法是运用历史资料，按照历史发展的顺序对过去事件进行研究的方法。历史研究法的实质在于，通过探求事物本身的发展过程和人类认识该事物的历史轨迹，从而揭示出事物发展的规律以及人类认识活动的本质特征。从某种意义上说，没有科学的历史研究，就没有真正的科学。任何一门学科要想成为一门真正的科学，就必须运用历史研究法来认识它的过去、研究它的现状并预测其未来。

党性教育的历史研究是通过搜集党性教育发生、发展、演变的历史事实，系统客观地予以分析研究，进而揭示党性教育规律的一种研究方法。研究的具体步骤包括：搜集和选择历史文献、分析和确认历史材料、解释从历史文献中获得的信息（将有关史实贯通起来形成一个完整的叙事，寻求历史的真相与真谛）。

在党性教育中，历史研究法可以运用于：对党性教育发展历程的系统性梳理，如中国共产党成立以来党性教育经验与启示的分析和总结；对党性教育思想理论观点的研究，如毛泽东党性教育思想研究、邓小平党性教育思想研究等；对一定历史时期党性教育实践活动的发展状况、政策、举措的研究，如延安时期党性教育模式的探讨、抗日战争时期党性教育经验做法的总结、中共十八大以来党性教育形式的创新等；对特定党性教育主体的党性教育实践的研究，如中共中央党校加强党性教育的历史考察、中国人民抗日军政大学党性教育的启示。历史研究的研究对象非常广泛，但其研究对象和研究范围不是随意的。只有在观念上明晰研究对象，才能从整体上揭示党性教育产生、发展、变化的历史脉络。

历史研究法在党性教育研究中具有重要价值：一是获得信史。通过历史研究记载确切的历史，建立党性教育准确的知识体系。二是以史为鉴。直观地说，历史研究可以为当今的教育实践提供经验教训。比如，党在过去长期的探索实践中所形成的党性教育的好的做法和优良传统，对今天党性教育的开展具有重要的借鉴意义。三是深化认识。通过党性教育的历史研究，能帮助教育者把握党性教育发展的规律和特点，更好地认识党性教育的实质。四是改革依据。对党性教育开展历史研究，有助于我们借鉴历史经验，对未来可供选择的教育方案作出界定和评估，也有助于开拓新的研究课题，提供新的研究思路和方法。

运用历史研究法研究党性教育，确定事实采用技术性方法，如归纳法、演绎法等。解释事实采用导向性方法，它是研究者用来指导自己如何进行判断和推理的理论原则，由一定的世界观或社会历史观（如机械唯物论、唯物史观、唯心史观、多元折衷论）转化而来，常见的有统计归纳的经验规律、精神文化（理性、人性、心态）、因果必然性规律等。正因为如此，决定了两者之间存在着不能相互取代的互补关系。

二、调查研究法

调查研究法是指通过对原始材料或原始现象的观察，有目的、有计划地搜集研究对象的材料，并对之进行归类、总结、分析、概括，进而形成科学认识的一种研究方法。调查研究是将调查与研究有机结合起来的过程。调查是研究的前提和条件，是用科学的手段和方法搜集有关研究对象的客观事实材料；研究是调查深入发展的必然结果，是对所搜集的事实材料进行整理和理论分析，最终得出合乎事实的结论。由于调查研究具有用途广泛、自然可靠、实施方便、出成果快等特点，是社会科学中经常使用的一种研究方法。

调查研究是中国共产党的传统方法。毛泽东认为调查就是解决问题，调查研究是决定政策的基础，是一切工作的基础，是转变党的作风的基础一环。在第一次国内革命战争时期，他作过湘潭、湘乡、衡山、醴陵、长沙五个有系统的调查；第二次国内革命战争时期，作过多次农村调查；20世纪50年代，他开展"十大关系"调查，开始全面探索社会主义建设规律；20世纪60年代，他三次号召全党大兴调查研究之风，60年代初，他还在专列上召开调研座谈会。从毛泽东调查研究的方式方法来看，有大规模的系统性调查方式，详细摸底了解情况，如寻乌调查；有解剖麻雀式的调查方式，观一点而知全貌，如《中国佃农生活举例》；有专题调查方式，如了解地方村乡两级苏维埃在土地斗争中的组织和活动情形的东塘等处调查，了解村政府委员的成分及本村所杀反动分子的成分的木口村调查；有研究总结典型经验的调查方式，把基层好的做法向更大的区域推广，如长冈乡调查和才溪乡调查；有具体问题具体分析的方式，弥补所看材料和报告的不足，如兴国调查。

　　开展党性教育的调查研究具有以下作用：一有助于党性教育先进经验的发现、总结与推广。各地在党性教育的探索与实践中形成了行之有效的做法，通过调查研究，可将这些做法进行总结、提炼，一些具有普遍适用性的做法可向其他地方推开，推进党性教育的共同发展。二是有助于发现党性教育实践中存在的问题。党性教育中存在的短板、弱项，党性教育所面临的困难、矛盾和挑战，这些问题都不会简单地暴露出来，而调查研究的主要任务之一就是发现这些问题、找准这些问题，为党性教育的改进树立起"靶子"。三是在深入调查研究党性教育现状的基础上，可以为党性教育的后续实施开展、工作规划的制订提供决策依据，揭示党性教育的本质和发展规律。

　　具体来说，调查研究根据以下标准可作不同的分类：一是按照调查范围可分为全面调查、抽样调查、典型调查和个案调查。全面调查是指对所有的研究对象都加以调查，以了解事物的整体情况。抽样调查是指从被调查的全部单位（个体）中，用取样法抽取一部分单位进行调查，并根据调查结果推断或说明总体。典型调查是在调查范围内选择部分具有代表性的对象进行调查。个案调查则是有意识地选取某个对象进行调查与描述。在党性教育的调查研究中，通常采用的是后三种调查方式，如《党员领导干部党性教育的现状与对策——基于××省乡镇长（党委书记）党性教育示范班的调查》《基层党校党性教育调查研究——以××市党校系统党性教育为例》。二是按照调查目的可分为现状调查、相关调查、历史调查和发展调查。现状调查是对研究对象的当前状况和基本特征的调查，以便了解情况、发现问题、改进工作，如《党性教育现状调查与思考》。相关调查，是指调查两种或两种以上研究对象之间是否存在相关关系，目的是寻找相关因素，探讨解决问题的办法，如《党员党性修养与"为人民服务的意愿"相关性研究》通过对基层党员进行问卷调查，检验党员党性修养和"为人民服务的意愿"测量量表的信度和效度，对样本数据进行分析，得出"党性修养"与"为人民服务的意愿"显著正相关的结论。历史调查即对调查对象发生、发展和变化的过程进行系统的调查，如《创新党性教育模式实践研究——基于对 × 县"三同"党性教育基地的调查》，就是对该党性教育基地建立的背景、运行模式进行系统的分析，并在此基础上提出对策建议。发展调查，即对研究对象在一个较长时间内的特征变化进行调查，以找出其前后的变化与差异。三是按照调查手段可分为问卷调查、访谈调查、测量调查和观察调查。问卷调查是指研究者运用统一设计的问卷向被选取的调查对象了解情况或征询意见的调查方法。访谈调查是指研究者通过与调查对象面对面、通过口头交谈方式直接收集资料的方法。在党性教育的调查研究上，以上两种调查方法经常是交叉使用、综合运用。测量调查是指研究者利用一定测验量表、通过测量的方式来收集统计数据资料的方法，如《心理资本视阈下大学生"两学一做"学习投入研究》采用了南开大学学者编制的心理资本量表进行调查分析。观察调查是指研究者通过感官或辅助工具，在一定时间内有目的、有计划地考察和描述研究对象并收集研究资料的一种方法。

调查研究的一般程序，大体分为以下几个步骤：一是确定调研选题，提出调研设想。二是选择调研对象与内容，设计调研方案。三是实施调研计划，收集所需资料。四是整理调研资料，进行定性定量分析。五是撰写调研报告，运用调研成果。其中，前两点是调研前的准备工作。所以，调查研究的一般程序也可以划分为四个阶段：准备阶段；调查阶段；研究阶段；总结与应用阶段。在调查阶段通常采取的方法有问卷法、量表与测验法、访谈法、观察法等。在研究阶段通常采取的方法有资料审核与整理、统计分析、变量分析、理论分析（比较法、因果分析、结构—功能分析）等。

三、案例研究法

案例研究法是一种经验主义的研究方法，也是一种实证研究法。概括地说，它是运用历史数据、档案材料、访谈、观察等多种方法收集资料，并遵循一定的原则和技术，对一个事件进行深入分析从而得出带有普遍性结论的研究方法。案例研究起始于 20 世纪的社会生活史调查，在工商管理和公共管理教学研究中已取得成效。案例研究法主要不是资料的汇聚，而是理论性的阐释。

案例研究法的价值体现在三个方面：一是具有实践价值，尤其是复杂现象或事件的研究。案例研究法通过对所选取案例的深度观察和描述，可以多角度、多层次地将复杂事件的原貌比较真实客观地展现出来。二是具有理论价值，案例研究法能够满足开创性的研究，能够提出新的研究问题，推动新的理论框架的构建。三是具有教学价值。案例研究法不仅是一种研究方法，还能作为一种独立的教学方法被使用。

案例研究法根据不同的标准可划分为不同的类型：一是根据研究的案例数量，可分为单一案例研究和多案例研究。单一案例研究是指运用一个案例（个案）进行研究，如《高校大学生党性教育研究——以 ×× 大学为个案》。多案例研究是指应用两个以上的案例进行研究，如《十八大以来省部级官员反腐问题研究——基于中央纪委监察部网站的 112 人案例研究》。二是根据研究目的可分为描述性案例研究、解释性案例研究和探索性案例研究。描述性案例研究是对案例中的人、事或情境进行准确、详实的描述，目的在于使被描述的问题清晰地展现在人们面前，党性教育中的教学案例主要是描述性的案例。解释性案例研究主要是对事物的相关性或背后的因果关系进行分析和解释，如《省域系统性腐败现象的全景透视——基于 ××"塌方式腐败"的案例研究》对腐败案例样本的基本特征和深层次原因进行了深度剖析和关联性解读。解释性案例研究与探索性案例研究都有明确的理论导向和理论分析框架，而探索性案例研究则往往超越已有的理论体系，需要通过案例分析来确定研究问题和理论假设，从而形成关于该现象的新知识和新理论。

案例研究法的基本要素包括时间、地点、人物，事件的根源、发展、结局，事件的展示集中在问题、理论的典型概括中。无论是单个案例分析还是多个案例比较，都可以通过解剖麻雀深究细探，揭示其特殊性以及所蕴含的普遍性，分析个案之间的差异，思考其中的关联运动，本质上属于定性的场景开放探讨。案例研究法可以运用多种或选择几种需要的研究方法，根据现实条件获取资料，组成前后推及的证据链。作为一种复合研究，案例研究法是体现历史与现实、理论与实践、知识与能力、教学与研究、科学与艺术统一的好方法，可以综合众多研究方法以避免每种方法的缺陷，但也存在研究结果的信度、效度和普遍性无法得到确证的不足，也可能出现整体特征不突出、个性不明显的问题。

四、比较研究法

比较研究法是根据一定的标准，对两个或两个以上的事物加以对照，在寻求其异同中探求普遍规律与特殊规律的方法。比较研究法也是社会科学中最常用和最基本的研究方法之一。

比较研究法的优点主要有：一是利于鉴别事物；二是益于引进和发现新的知识；三是便于划分类型；四是利于发现因果关系；五是益于了解现状、发现问题；六是便于进行预测和控制。

由于事物现象的复杂性和研究者研究视角的多样性，比较研究方法可划分为诸多不同的类型。一是按属性的数量，可分为单项比较和综合比较。单项比较是就事物的一种属性所作的比较。综合比较是按事物的所有（或多种）属性进行的比较。单项比较是综合比较的基础，但只有综合比较才能达到真正把握事物本质的目的，因此，党性教育的比较研究中主要为综合比较。二是按时空的区别，可分为横向比较与纵向比较。横向比较是对空间上同时并存的事物的既定状态进行比较。纵向比较又叫历史比较，是比较同一事物在不同时期的形态，从而认识事物的发展变化过程，揭示事物的发展规律。如《"三讲"教育与抗战时期干部教育的比较研究》就是将党在改革开放某一时期与抗日战争时期两个不同历史阶段的干部教育进行比较。三是按目标的指向，可分为求同比较和求异比较。求同比较是寻求不同事物的共同点以寻求事物发展的共同规律。求异比较是比较两个事物的不同属性，从而说明两个事物的不同，以发现事物发生发展的特殊性。通过对事物的"求同""求异"分析比较，可以使研究者更好地认识事物发展的多样性与统一性。在研究过程中，两种方法往往是同时使用、相统一而存在的。如《延安整风与群众路线教育实践活动的比较与启示》比较了两种党内教育活动的共性与差异。四是按比较的性质，可分为定性比较与定量比较。定性比较是通过事物间的本质属性的比较来确定事物的性质。定量比较是对现象的属性进行量的分析，以准确判定其发展变化的程度、过程及规律。由于党性教育过程较多地涉及人的态度、言行、心理过程等内在因素，而这些方面难以进行量的比较分析，所以定性比较在党性教育研究中运用得更为广泛。

比较研究法的一般程序为：一是根据研究目的规定研究内容和范围，选择比较的对象和问题，确定比较研究的标准。二是通过各种具体方法广泛收集资料，然后对资料进行整理和加工。三是运用辩证唯物主义和历史唯物主义的观点对研究对象进行比较分析。四是在比较分析的基础上，作出比较研究的结论。运用比较研究法，需要注意研究对象的可比性，比较研究资料的可靠性，比较项目和标准的统一性，对比分析的准确性、全面性和深刻性。

五、文献研究法

文献研究法是指研究者通过文献资料的检索、搜集、鉴别、整理、分析，形成对事实科学认识的研究方法。它是一种古老而又富于生命力的研究方法，既可以独立完成一项课题研究，也可以作为辅助性研究方法。

文献研究法具有突出的优点。一是它超越了时间、空间的限制，可以使研究者对不能亲自接近的研究对象开展研究，尤其是那些年代久远无法再现或接触不到的调查对象。这一优点是其他研究方法所不具备的。在党性教育的历史研究中，文献研究法扮演了极为重要的角色，通过对档案文献的发掘、整理，人们对过去党性教育的发展与实践才有了清晰的认识和了解。现有党性教育研究成果中有相当一部分都是运用文献研究法作出的。二是文献研究法具有非介入性和无反应性。做文献研究时，研究者不需要直接接触被研究的人，因此不会由于研究人员与被调查者之间的互动不当而导致信息失真。并且，许多文献在其最初形成时也通常是在自然的、无干扰的情况下记录的。由于没有研究人员的介入，文献内容不会受到研究人员主观因素的影响。三是费用较低，一般不需要大量的研究人员，也不要求特别的设备，只要能够收集到足够的文献资料，就可以进行研究，所以省时、省钱、效率高。

文献研究法也有其缺憾，了解其缺点正是为了更准确地运用它，以达到研究的目的。缺点有：一是许多文献的价值难以判断、质量难以把握。无论是官方还是民间的资料，都常常隐含个人的主观意图，从而造成各种偏误，影响文献资料的准确性和客观性。二是研究所需的部分文献很难获得，许多文献是非公开的，尤其是越有价值的文献越难搜集。三是编码困难，由于文献的内容、长度、形式往往不同，研究者很难对这些文字资料进行编码和量化处理。

文献研究法的程序一般分为以下几步：一是确定研究的目的和相关问题。二是划定文献的内容范围、时间范围和类别，做好文献收集前的准备工作。三是按照既定研究目的和相关问题，进行文献收集。四是对庞杂的文献资料进行条理化、系统化、简明化的整理，进行必要的取舍。五是进行文献解读和文献分析，需要时可作文献综述，最终形成研究成果。在对文献进行分析的过程中，要考究作者情况，分析文献的立场，对文献进行逻辑性验证，对文献信息进行证实或证伪。

第十六章　党性教育创新

新陈代谢是宇宙间普遍的永远不可抵抗的规律，党性教育也不例外，它总是向前发展的，不会停止在一个水平上。随着社会的进步、党和国家事业的开拓，党性教育的具体内容和方式方法将随着时代的发展不断演进，呈现新的面貌。在党性教育所处的环境、教育对象和方式都发生了变化之后，党性教育的创新就成为必然。而创新首先是理念创新或观念更新，中国共产党人要树立与时俱进的时代性理念、以人为本的人性化理念、多措并举的系统化理念、融入优秀传统文化的融合性理念。要因势而动创新党性教育内容，探索新形势下党性教育创新的原则和途径。要因时因地因事而为创新党性教育的方式方法，创新党性教育管理，使党性教育永葆生机与活力。

第一节　党性教育理念创新

理念是行动的先导，理念的改变常常先于技术的改进。理念创新不是无源之水，它源于实践中发现的新问题。在条件成熟时，顺应时代大势，进行适度而恰当的创新，才能发掘党性教育潜力，提高党性教育能力，推动党性教育事业持续发展。

一、与时俱进的时代性理念

与时俱进是马克思主义的理论品质，也是中国共产党的历史传统。党性教育及其学科建设具有很强的现实性、应用性、理论性和综合性，与党的事业的发展和党的理论的发展，同共产党人思想和行为的变化，有着密切联系。因而，党性教育及其学科建设，应当与时代同行、与党的事业发展同步。与时俱进要求党性教育体现时代性，把握规律性，富于创造性，增强针对性，提升实效性。

（一）党性教育时代性理念要求把握党员队伍的新变化

与革命战争年代相比，新时期党员队伍发生了很大变化。一是数量上发生了巨大变化。不仅党员人数大大增加，而且占总人口的比重也提高了。根据中共中央组织部的相关统计，1949 年党员人数是 449 万，约占人口总数的 0.83%。2017 年年底党员人数达到 8956.4 万，约占人口总数的 6.44%。庞大的队伍为中国社会主义现代化建设、改革和发展提供了强有力的组织保障，同时也对党的自身建设提出了新要求。二是党员队伍构成和思想构成发生了变化。从队伍构成看，2017 年年底女党员占党员总数的 26.7%；少数民族党员占 7.3%；大专及以上学历党员占 48.3%。[①] 从党员的年龄看，30 岁及以下党员约占党员总数的 14.87%，31 至 35 岁党员约占 10.07%，36 至 40 岁党员约占 9.19%，41 至 45 岁党员约占 9.94%，46 至 50 岁党员约占 9.92%，51 至 55 岁党员约占 10.51%，56 至 60 岁党员约占 7.38%，61 岁及以上党员约占 28.12%。从党员的职业看，工人（工勤技能人员）约占党员总数的 7.42%，农牧渔民约占 28.47%，企事业单位、民办非企业单位专业技术人员约占 15.13%，企事业单位、民办非企业单位管理人员约占 10.59%，党政机关工作人员约占 8.42%，学生约占 2%，其他职业人员约占 8.38%，离退休人员约占 19.58%。[②] 党员队伍的知识结构不同、年龄层次不同、从事职业不同、分布地区不同、职务岗位不同，对问题的看法、思考问题的方式都不一样。这就决定了新时期党员队伍党性教育的复杂化特征。教育者不能把新时期的党性教育机械化、简单化，必须转变观念，不断适应新形势，创新党性教育的方式方法。

（二）党性教育时代性理念要求把握党面临的新任务新要求

随着时代的变化，特别是党的历史方位和中心任务的改变，党对党员的党性要求自然也就发生了变化。同革命战争年代相比，党员的党性不是一定要通过党员流血甚至牺牲生命来表现，而是提出了新要求。一是要坚定理想信念，自觉做共产主义远大理想和中国特色社会主义共同理想的坚定信仰者

---

① 参见《2017 年中国共产党党内统计公报》，《人民日报》2018 年 7 月 1 日。

② 根据《2017 年中国共产党党内统计公报》的数据测算。

与忠实实践者，解决好世界观、人生观、价值观这个"总开关"问题。二是要坚持全心全意为人民服务的根本宗旨，立党为公、执政为民，在新的历史条件下始终保持党同人民群众的血肉联系。三是要加强道德建设，培养良好的道德情操，发挥模范带头作用。四是要加强作风建设，发扬艰苦奋斗精神，尽职尽责地完成各项工作任务。五是要加强反腐倡廉建设，努力提高拒腐防变的能力。六是要坚持法治思维和法治方式，带头依法办事，带头遵守法律，不断提高运用法治思维和法治方式深化改革、推动发展、化解矛盾、维护稳定的能力。适应党的历史方位和中心任务的改变、党从革命党到执政党的转变，党性教育应当突出党对党员队伍的新要求，正确处理好个人与集体、眼前与长远、局部与全局的利益关系。

（三）党性教育时代性理念要求把握五大发展理念的发展思路

五大发展理念是中国共产党对经济社会发展规律认识的深化，丰富和发展了中国特色社会主义的理论宝库。五大发展理念给党性教育提出了新要求。一是要求全党必须进一步解放思想。要使广大党员干部从传统的发展模式和陈旧的发展观念中解放出来，从对发展的惯性思维和片面理解中解放出来，真正认识到五大发展理念是协调推进"四个全面"战略布局、适应和引领经济发展新常态的必由之路。二是要求提高党领导经济社会发展的能力。党要提高驾驭经济社会发展的专业化水平，提高科学决策的制度化能力，提高决策的法治化、规范化和科学化水平。三是要求提升党员干部队伍推动发展的水平。要努力建设一支政治强、懂专业、敢担当、作风正的高素质干部队伍。四是要求充分发挥基层党组织推动科学发展的战斗堡垒作用。要严密党的组织体系，严肃党内组织生活，严格党员教育管理监督，引导激励广大党员牢固树立和自觉践行五大发展理念，充分发挥先锋模范作用。五是要求加强作风建设，营造良好政治生态。要坚持有腐必反、有贪必肃，"老虎""苍蝇"一起打，进一步探索建立不敢腐、不能腐、不想腐的有效机制，将反腐败斗争进行到底，努力实现干部清正、政府清廉、政治清明，为贯彻落实五大发展理念营造良好环境。

二、以人为本的人性化理念

在党性教育过程中坚持"以人为本"，简言之就是以党员和党员领导干部为根本。"人"这里指党员和党员领导干部;"本"是指突出党员和党员领导干部在党性教育过程中的主体地位与作用,在价值取向上强调尊重人、依靠人、为了人和塑造人,在教育原则和方法上,要求教育者在分析、处理和解决问题的过程中,在确立党员和党员领导干部的主体地位的同时,体现教育过程个性化的要求,充分满足党员和党员领导干部的合理需求。强调党性教育以人为本的人性化理念,不仅是提高党性教育针对性和实效性的现实要求,也是遵循党性教育规律的客观要求。

(一)党性教育以人为本要求提升党员和党员领导干部思想政治素质

"以人为本"的思想要求党性教育应建立在教育者和受教育者平等交往的基础上,建立一种相互尊重、民主平等、情感和谐的关系。在教育过程中,由于掌握信息的不对称,教育者和受教育者的作用也不相同。从教的角度讲,教育者起主导作用,这种作用发挥得如何,直接影响党性教育效果。从学的角度讲,受教育者是主体,党性教育要取得实效,必须充分体现受教育者在教育中的主体地位,调动其积极性。党性教育铸魂育人的重要使命决定了它不仅要传授知识,而且要培育人的品格;不只是记住政治理论观点,而是全面提升党员和党员领导干部的思想境界、政治素养。这种提升,只有在教育者和受教育者双方互动中才能实现。

(二)党性教育"以人为本"要求注重个性化教育

个性是指个人意识倾向和各种稳定而独特的心理特性的总和。现代教育学认为个性的充分发展有利于人的创造性发挥,个性鲜明的人往往富有创造性,而个性平淡的人,则往往缺乏创造性。基于这种认识,党性教育应该以党员和党员领导干部为中心,使传统的"理论教育"模式向现代的自我教育模式转变,遵循党员和党员领导干部心理发展规律,发展其个性和自主意识。实现教育个性化,必须强化对党员干部个体的本体价值问题及人格独立性问题的研究,克服一味采用强制管理方式和灌输式的教育弊端,加强党员和党员领导干部作为个体的内心认同和思想转化,构建一种新的党性教育模式。一是要充分认识党员和党员领导干部的思想实际,有针对性地开展教育。要适时调整教育教学内容,使教育教学更贴近党员和党员领导干部的实际要求。二是教育管理要人性化,教学手段和方法要多样化、科学化,以满足不同层次党员和党员领导干部的要求,克服传统灌输有余、启发不足的弊端。三是建构有利于党员和党员领导干部个性发展的教育教学管理体制。党性教育管理体制要根据个性化原则的要求进行改革，为个性化党性教育提供体制、机制保证。

（三）党性教育以人为本要求不断满足党员和党员领导干部的合理需求

经济全球化给人类带来前所未有的影响和变化，也给党性教育带来机遇和挑战，并赋予它新的内涵。一是党性教育要解决党员和党员领导干部思想上的困惑。当今文化的多元带来的是各种思潮相互碰撞，有的甚至相互抵制，造成人们思想观念比较混乱。党性教育就是要用马克思主义理论武装党员和党员领导干部，统一思想认识。二是党性教育要解决党员和党员领导干部知识上的需要。党性教育应该引导他们从理性角度思考、分析问题，能够选择自己所需要的知识是哪些方面，同时也提供给党员和党员领导干部特有的思想道德、政治理论方面的知识。三是党性教育要解决党员和党员领导干部心理上的压力问题。随着社会主义市场经济体制改革的不断深入，各种复杂社会现象层出不穷，党员和党员领导干部心理压力越来越大。新时期党性教育应当结合心理学来开展教育活动，引导党员和党员领导干部正确对待竞争，培养他们积极健康的心理素质和处事态度。

三、多措并举的系统化理念

党性教育本身是一个复杂的系统，从教育体系内部关系来看，有教学、科研、管理等，其人员不仅涉及教育者，而且涉及受教育者，涵盖全体党员和党员领导干部。从教育体系外部关系来看，党性教育不仅与其他教育紧密相关，而且与宏观和微观环境密切相连。所以，党性教育具有系统化特性，需要系统研究党性教育的定位、党性教育的管理、党性教育的教学、党性教育的方式方法、党性教育的保障、党性教育的环境、党性教育的效果等，坚持多措并举的系统化理念。而强调党性教育多措并举的系统化理念，是党性教育本身的性质和任务决定的，也是党性教育取得实效的重要保证。

（一）党性教育系统化理念要求把握系统的整体性

系统整体性原理强调，系统是由若干要素组成的具有一定新功能的有机整体，各个子单元的要素一旦组成系统整体，就具有各个子单元的要素所不具有的性质和功能，形成新的系统的质的规定性，从而表现出整体的性质和功能不等于各个要素的性质和功能的简单加和。系统的整体性原理要求党性教育各方面不能"单打独斗",必须形成一个有机整体。一是党性教育各职能部门要相互配合、加强联系,形成齐抓共管的党性教育局面,不能各自为政、相互掣肘。二是党性教育的内容要相互融合,相互借鉴,不能机械地划出条条框框,区分你我。三是党性教育各个子系统要相互作用、相互影响,形成一个有机整体。

（二）党性教育系统化理念要求把握系统的层次性

系统的层次性原理强调,组成系统的要素存在种种差异,包括结合方式上的差异,使系统组织在地位与作用、结构与功能上表现出等级的秩序性,形成具有质的差异的系统等级。系统的层次性原理要求党性教育必须放在不同层次来认识。一是要正确认识党的建设与党性教育的关系。党的建设与党性教育内涵不同,外延也不同。党的建设属于政治学范畴,党性教育横跨马克思主义理论学科、政治学和教育学。载入《中国共产党章程》的党的建设的五项基本要求,是党性教育的重要内容。按照中国共产党的历史传统,党性教育是为党的建设服务的。建设层面的问题和教育层面的问题各有其相对独立性,但不能截然分开。二是要正确认识党性教育与其子系统的关系。党性教育作为一个系统,包括内容体系、方式方法体系、制度体系等,这些体系又构成自己的系统,包含低层次的子系统。系统和子系统是整体和部分的关系,高层次作为整体制约着低层次,又具有低层次所不具有的性质。低层次组合构成高层次,就会受制于高层次,但也会有自己一定的独立性。党性教育系统,如果没有整体性,系统就不复存在。反之,如果党性教育系统中的要素完全丧失了独立性,也就变成了铁板一块,系统同样也不可能存在。

（三）党性教育系统化理念要求把握系统的开放性

系统的开放性原理强调,系统具有不断与外界环境进行信息交换的功能,系统向环境开放是系统得以向上发展的前提,也是系统得以稳定存在的条件。系统的开放性要求党性教育不能自我封闭,要适应环境、融入环境、改造环境。一是党性教育要面向外部环境。这可以理解为,党性教育应对外开放,吸纳有利于系统发展的精华,丰富自己、提高自己。比如:党性教育要继承和发扬优秀传统文化,不断丰富党性教育的内容。要总结国际共产主义运动兴衰成败的历史经验和教训，坚定走中国特色社会主义道路的自信心等。二是党性教育要向内部开放。要通过对内开放促使党性教育系统内部产生不同层次、不同水平的协同效应，推进党性教育各子系统内部、子系统之间相互影响、相互作用，更好地发挥党性教育系统的整体性功能。

四、融入优秀传统文化的融合性理念

深入挖掘中华优秀传统文化蕴含的思想观念、人文精神、道德规范，结合时代要求继承创新，是党性教育的重要方面。因为中华优秀传统文化的核心是人，这种文化历经数千年的传承，是中华民族深层次的精神追求和文化基因，其中一些跨越时空、超越社会制度的价值理念、人文精神和道德情操，能够为增强共产党人的文化自信提供力量支撑。将中华优秀传统文化融入党性教育中，推动中华优秀传统文化的创造性转化、创新性发展，是党性教育立德树人的内在要求，也是构建党内政治文化的战略使命。

（一）党性教育融合性理念要求把优秀传统文化提升到新阶段

传统文化是民族文化的一部分，具有民族文化的基本属性。文化的发展既有一脉相承又有新陈代谢，所以传统文化不能墨守成规甚至抱残守缺，发展传统文化应当守成而非守旧。无论哪个时代，都是在既有的文化体系下进行传承和变革，不断注入活力，塑造新的文化传统。因此，对优秀传统文化，要结合时代的要求，赋予其现代的意义，对其作出当代表述，为文化创新发展开辟出更大的空间。只有不断适应时代的发展，推进传统文化创新创造，才能使得优秀传统文化始终与当代文明相互协调，成为新时代的新动力。一是把中华优秀传统文化提升为中华民族的基因。中华优秀传统文化不论过去还是现在，都有其鲜明的民族特色，都有其永不褪色的价值。中国共产党人倡导的社会主义核心价值观，就充分体现了对中华优秀传统文化的传承和升华。二是把中华优秀传统文化提升为民族文化血脉。中华传统文化凝聚着中华民族共同经历的奋斗历程，蕴含着中华民族共同培育的民族精神，贯穿着中华民族共同坚守的理想信念，是中华民族共同创造的精神家园，要使之铭刻在共产党人的脑海里，溶化在共产党人的血液中，落实在共产党人的行动上。三是把中华优秀传统文化提升为中华民族的精神命脉。习近平指出："优秀传统文化是一个国家、一个民族传承和发展的根本，如果丢掉了，就割断

了精神命脉。"[1] 中华优秀传统文化的资源，是党性教育十分宝贵、不可多得的资源。把优秀传统文化融入党性教育之中，不仅可以丰富党性教育的内容，而且可以扩大党性教育的视野，开辟党性教育的新领域，有助于提升党性教育的效果，对于推进中国特色社会主义伟大事业，具有十分重要的现实意义。

（二）党性教育融合性理念要求充分吸取优秀传统文化的正能量推进社会主义现代化建设

建设社会主义现代化强国，实现中华民族伟大复兴，必须充分发挥文化引领风尚、教育党员干部、推动改革发展的作用，建设优秀传统文化传承体系，弘扬中华优秀传统文化。一是实现中国梦必须立足中华优秀传统文化。实现中国梦，需要全党全国人民励精图治、攻坚克难、奋力拼搏，需要调动一切可以调动的积极因素，汲取包括优秀传统文化在内的强大正能量。二是培育和弘扬社会主义核心价值观必须立足中华优秀传统文化。中华文化源远流长，积淀着中华民族最深层的精神追求，代表着中华民族独特的精神标识，为中华民族生生不息、发展壮大提供了丰厚滋养。中华传统美德是中华文化精髓，蕴含着丰富的思想道德资源。不忘本来才能开辟未来，善于继承才能更好创新。三是推进国家治理体系和治理能力现代化必须立足于中华优秀传统文化。一个国家选择什么样的治理体系，是由这个国家的历史传承、文化传统、经济社会发展水平决定的，是由这个国家的人民决定的。中国今天的国家治理体系，是在中国历史传承、文化传统、经济社会发展的基础上长期发展、循序渐进、内生演化的结果。

（三）党性教育融合性理念要求秉持继承和弘扬优秀传统文化的正确态度

以什么样的态度对待传统文化，中国近代以来一直在争论。与之相伴，面目各异的历史虚无主义、文化虚无主义思潮盛行，因而必须正本清源，正确处理若干重要关系：一要正确处理马克思主义指导思想与中华优秀传统文化之间的关系。马克思主义是科学的世界观、历史观和方法论，是中国革命、建设和改革开放实践的指导思想。中华优秀传统文化是民族的精神命脉

---

[1] 习近平：《在纪念孔子诞辰 2565 周年国际学术研讨会暨国际儒学联合会第五届会员大会开幕会上的讲话 从延续民族文化血脉中开拓前进推进各种文明交流交融互学互鉴》，《人民日报》2014 年 9 月 25 日。

和文化基因，两者不可机械相比。马克思主义中国化的成果，就是马克思主义基本原理与中华优秀传统文化相结合的典范。二要正确处理尊重传统与反省传统的关系。在传统文化中，精华与糟粕混合在一起，即使是传统文化中的精华，也是在特定的社会历史条件下产生的，不可能是绝对纯粹的精华。继承和弘扬优秀传统文化，必须警惕文化复古主义的沉渣泛起。强调文化自信，要发扬文化自省精神，强调尊重传统，必须理性地面对传统。三要正确处理继承弘扬与转化创新的关系。继承和弘扬优秀传统文化的目的，是对其进行创造性转化和创新性发展。中国共产党人必须按照时代特点和要求，赋予优秀传统文化新的时代内涵，按照时代的新进步新进展，对优秀传统文化的内涵加以补充、拓展、完善，增强其影响力和感召力。四要正确处理弘扬和摒弃的关系。习近平指出："传统文化在其形成和发展过程中，不可避免会受到当时人们的认识水平、时代条件、社会制度的局限性的制约和影响，因而也不可避免会存在陈旧过时或已成为糟粕性的东西。这就要求人们在学习、研究、应用传统文化时坚持古为今用、推陈出新，结合新的实践和时代要求进行正确取舍，而不能一股脑儿都拿到今天来照套照用。要坚持古为今用、以古鉴今，坚持有鉴别的对待、有扬弃的继承，而不能搞厚古薄今、以古非今，努力实现传统文化的创造性转化、创新性发展，使之与现实文化相融相通，共同服务以文化人的时代任务。"① 这段论述，为我们在党性教育中如何融入中华优秀传统文化提供了科学的方法论指导。

第二节　党性教育内容创新

一、党性教育内容创新的原则

（一）坚持因时制宜原则

"因时"之"时"，这里是指时代、时间、时事、时机。问题是时代的声

---

① 习近平：《在纪念孔子诞辰 2565 周年国际学术研讨会暨国际儒学联合会第五届会员大会开幕会上的讲话　从延续民族文化血脉中开拓前进推进各种文明交流交融互学互鉴》，《人民日报》2014 年 9 月 25 日。

音,是时代的符号,是党性教育内容创新的起点。中国共产党的"赶考"远未结束,新时期党性教育面临着一系列问题和挑战,由此决定了党性教育内容的创新必须充分体现时代性。在同一时代的不同历史时期或时间段,在变化多端的时事面前,在特定的时机和场合,问题会有不同的表现形式,这些问题一定会反映到党性教育的内容中去。所以,党性教育内容因时制宜,不仅必要,而且成为必然。党性教育内容必须随着国际国内形势的深刻变化、党和国家事业的不断发展而不断丰富和发展,要紧密结合时代要求,以联系的、发展的、全面的观点对传统的党性教育内容进行完善,将那些有助于加强党员干部党性修养的新鲜素材和成功经验融合进来,增强党性教育的时代性,体现党性教育的现实性。

(二) 坚持分层分类原则

中国共产党是世界第一大执政党,党员的年龄结构、受教育背景、生活阅历、职务岗位、地域分布等都不尽相同,呈现出多元化、差异化、动态化特点。每个党员干部作为一个相对独立的个体,他们观察问题的视角、认识事物的态度都不一样,对党性的认识程度也不尽相同。在纷繁复杂的社会生活中,广大党员干部有着最基本的生活需求,也会遇到形形色色的诱惑,他们有共性,也有个性。因此,要丰富和创新党性教育内容,不仅要注重从共性的角度强化党性,而且要注重从个性的角度升华党性。面对党员干部在职级上的不同层次、工作上的不同类别、需求上的不同考量,党性教育的内容就不能以不变应万变,必须分析培训需求,分层分类进行课程设置,既要体现出共性的要求,又要展现出个性的特质。党性教育内容创新必须适应各个层次、各种类别教育对象的切身需要,设置出不同层次、不同类别的党性教育内容,因地制宜、因人制宜。无职党员、正科级以下党员、副县级以上正厅局级以下党员、副省部级以上党员,党性教育内容应各有侧重。不同工作类别的党员,党性教育内容也应有所区别。实践证明,党性教育内容与受教育者的需求结合得越紧,受教育者的参与度和积极性越高。

(三) 坚持知行统一原则

知行统一作为一种教育思想,源远流长。中国古代教育家孔子主张博学之、审问之、慎思之、明辨之、笃行之,要求弟子讷于言而敏于行。王守仁主张知行合一,认为知是行之始,行是知之成。毛泽东在《实践论》中,阐述了辩证唯物主义的知行统一观。作为教育范畴的知行统一,"知"是指书本知识、认识能力、思想觉悟以及情感、意志等非智力因素的总和。"行"是指主观见之于客观的个人或者群体行为、行动。党性教育内容中的知行统一有两层含义:一是指对受教育者传授相关党性教育知识,并将这些知识与实践相结合,达到理论与实际的统一。二是锤炼受教育者的党性,提升其党性修养。坚持知行统一原则,既是辩证唯物主义认识论的要求,又是党性教育基本属性的体现,也是中国共产党理论联系实际原则的题中应有之义。坚持知行统一原则,就要在党性教育内容中加入培养共产党人入世情怀的因子,实现从认知到应知的提升和转化,砥砺积极参与生活的实践品质。因此,要紧紧抓住世情国情党情发展变化中的重大现实问题创新党性教育内容,紧紧抓住改革发展稳定中的重大现实问题创新党性教育内容,紧紧抓住人民群众关切的突出问题创新党性教育内容,紧紧抓住党员干部党性修养上的共性问题创新党性教育内容。

(四)坚持守正创新原则

中国共产党的党性教育的真谛,蕴含在《中国共产党章程》中,那就是忠诚、团结、纪律、奋斗。忠于理想、忠于党、忠于人民、忠于国家,每一个共产党员不得背弃,尤其要记得"对党忠诚""永不叛党"是铁的誓言。团结就是力量,团结就是胜利,全党团结如一人,试看天下谁能敌?党的系列规矩构成党的纪律,党的纪律是铁的纪律,加强纪律性,革命无不胜。为共产主义奋斗终生,是每一位共产党人的应尽职责、远大追求。这些是永远不得改变的底色。党性教育说到底,就是要铸忠诚、讲团结、守纪律、永奋斗。做到这些,就是守正。在党性教育内容中,守正是基础、是底线。面对新阶段、新形势、新任务,党性教育内容只有不断创新,才能掌握主动权,创造新业绩。创新是关键、是高线。坚持守正,创新才有明确的立场和方向;锐意创新,守正才能展现蓬勃生机和无穷活力。守正不渝,创新不止,这就是中国共产党人应取的态度、应有的作为。

二、党性教育内容创新的途径

(一)党性教育实践是党性教育内容创新的根本途径

1.党性教育实践是党性教育内容创新的源泉。中国共产党"自成立之日起就把实现中华民族伟大复兴作为自己的历史使命"①，为了完成这一历史使命，以毛泽东、邓小平等为代表的几代中国共产党人，在进行社会主义革命、建设和改革的实践中，带领全国人民进行了艰苦卓绝的斗争。正是在这一实践过程中，中国共产党探索形成了一套完整的党性教育内容体系，形成了毛泽东党性教育思想、邓小平党性教育观、江泽民党性教育观、胡锦涛党性教育观和习近平"心学"思想。这一系列党性教育思想在本质上是一脉相承的，但具体内容因党面临历史环境和条件的不同而不同，具体党性要求也有所不同，这种不同是由党在各个历史时期党性教育实践决定的。毛泽东党性教育思想是在中国半殖民地半封建的社会历史条件下，在第二次世界大战前、后的国际环境中形成和发展起来的，党面临着极其复杂的国内外、党内外斗争，在党性要求上主要强调党员要成为英勇作战、执行命令、遵守纪律、政治工作、内部团结统一的模范等。邓小平党性教育观是邓小平在领导中国改革开放和社会主义现代化建设、开辟社会主义事业发展新时期的过程中形成和发展起来的。邓小平指出，越是改革开放，越是发展社会主义市场经济，共产党员就越要有坚强的党性。在党性要求上主要强调加强党的路线方针政策教育，坚持"一个中心、两个基本点"的基本路线，坚持党的十一届三中全会以来的方针政策等。江泽民党性教育观是在建设中国特色社会主义的实践中形成和发展起来的，深化了对什么是社会主义、怎样建设社会主义和建设什么样的党、怎样建设党的认识。在党性要求上主要强调加强党的执政能力建设，提高党的领导水平和执政水平，建设高素质的、能够担当重任、经得起风浪考验的干部队伍；强调要使党员提高素质，增强党性，成为坚决贯彻执行党的基本路线，献身改革开放和现代化事业，诚心诚意为人民谋利益，带领群众为经济发展和社会进步作出实绩的先进分子等。胡锦涛党性教育观是党在十六大以后领导中国特色社会主义伟大实践中形成和发展起来的，深刻认识和回答了新形势下实现什么样的发展、怎样发展等重大问题，形成了科学发展观。在党性教育要求上主要强调着力用马克思主义中国化最新成果(科学发展观)武装全党，提出要加强以人为本、执政为民教育，

---

① 习近平：《在纪念中国人民抗日战争暨世界反法西斯战争胜利 69 周年座谈会上的讲话》，人民出版社 2014 年版，第 9 页。

坚持党的宗旨，牢固树立马克思主义的群众观点，始终坚持党的群众路线，自觉践行以人为本、执政为民的理念，做到权为民所用、情为民所系、利为民所谋，始终与人民群众同呼吸、共命运、心连心等。习近平"心学"思想是在推动党和国家事业发生历史性变革、改革开放和社会主义现代化建设取得历史性成就的过程中形成和发展起来的，是习近平在数十年艰苦磨砺和从政实践中积累得来的，特别是从中共十八大以后的历史性成就和历史性变革中总结出来的。在党性教育上主要强调大力加强领导班子政治建设、思想建设，特别是要大力加强对新时代中国特色社会主义理论的深入学习，引导领导干部真正保持对马克思主义的坚定信仰，对社会主义、共产主义的坚定信念，对改革开放和社会主义现代化建设的坚定信心；要求强化能力培训和实践锻炼，强化宗旨教育和群众路线教育，强化党风廉政教育；等等。由此可见，党性教育内容创新来源于党性教育实践，内容不是凭空创造的，而是中国共产党在长期的革命、建设和改革过程中，深入群众，不断坚持从群众中来、到群众中去，依靠党和人民群众的创造性实践得来的。

2.党性教育实践是党性教育内容创新的动力。一是党性教育实践不断出现新情况和新问题，需要党性教育内容不断创新。从中国共产党的党性教育史来看，每当党遇到新情况和新问题的时候，党就会及时提出新要求，加强党性教育。在毛泽东党性教育思想形成时期，由于当时党员成分多数是农民和其他小资产阶级出身者构成，党内存在着各种非无产阶级思想，所以，当时提出要加强思想建党，使党员的思想和党内的生活都政治化、科学化。邓小平的党性教育观有着强烈的问题意识，党的十一届三中全会以后，随着社会主义市场经济的发展，党的建设（包括党性教育）面临一系列严峻挑战，其中就有腐败现象滋生和蔓延问题，邓小平要求全党：到什么时候都必须讲政治，所有共产党员都要增强党性。江泽民党性教育观强调要坚持问题导向，增强党性教育的实效性，他指出："以整风的精神深入开展'三讲'教育，解决好党性党风方面存在的突出问题，是我们党为加强自身建设而进行的一个新的创造性探索。"① 讲学习、讲政治、讲正气，核心是讲政治。江泽民提出的要求是：要坚定正确的理想信念，善于从政治上正确认识和判断形

---

① 《江泽民文选》第二卷，人民出版社 2006 年版，第 359 页。

势，在路线方针政策上始终保持政治上的清醒和坚定，自觉坚持党的民主集中制原则，全心全意为人民谋利益。进入 21 世纪，随着新党员和年轻干部数量的增加，党员、干部队伍出现了一些新情况新问题。胡锦涛党性教育观直面这些问题，强调要加强党性修养和党性锻炼，全面推进党的建设新的伟大工程。提出坚持党性原则必须坚持正确政治方向，毫不动摇走建设有中国特色社会主义道路；坚持党性原则必须牢记党的根本宗旨，全心全意为人民群众谋利益；坚持党性原则必须增强组织观念，严格按党的规矩行事；坚持党性原则必须弘扬艰苦奋斗的创业精神，坚决同形形色色的消极腐败现象作斗争。中共十八大以来，由于世情、国情和党情的不断变化，使得中国共产党面临的形势更加复杂，任务更加艰巨。为了应对一系列的复杂局面，解决现实困难和问题，习近平强调必须加强党的建设，创新党性教育内容。关于党性教育的目标，习近平从两个层面进行了论述：从党的奋斗目标层面看，完成"两个一百年"奋斗目标，实现中华民族伟大复兴的中国梦，关键在于培养造就一支具有铁一般信仰、铁一般信念、铁一般纪律、铁一般担当的干部队伍，强调党性教育必须为党的奋斗目标服务。从党的建设目标层面看，"把党建设成为始终走在时代前列、人民衷心拥护、勇于自我革命、经得起各种风浪考验、朝气蓬勃的马克思主义执政党。"[①] 他强调党性教育必须承担不断提高党的建设质量的重任。二是党性教育实践的发展，为党性教育内容创新提供了更为丰富的资源，准备了更加充足的条件。从毛泽东党性教育思想到邓小平党性教育观，从江泽民党性教育观、胡锦涛党性教育观到习近平"心学"思想，为党性教育提供了科学的理论指导，也积累了丰富的教育经验。新时代党性教育实践为创新党性教育内容提供了充足的条件。党的十九大报告对新时代党的建设总要求中关于党的建设的根本原则、工作主线、总体布局的理论创新，是对推进党的建设新的伟大工程的全面部署，为新时代党的建设指引了方向，极大地丰富了党性教育内容，彰显出党对"建设什么样的党，怎样建设党"这一历史课题的进一步深入回答和思考，凸显了党在长期执政过程中与时俱进、勇于创新的宝贵品质，为新时代党性教育内容创

---

① 中共中央党史和文献研究院编：《十八大以来重要文献选编》（下），中央文献出版社 2018年版，第 178—179 页。

新提供了丰富的营养。

（二）党性教育开放和融合是党性教育内容创新的基本途径

党性教育本身是一种具有开放性的体系，而不是一种封闭的僵化的体系。随着时代的发展，党性教育实践不断深入，党性教育内容吸收了大量资源，包括中华民族的优秀传统文化、世界上其他政党的经验和教训，相关学科的最新成果等。这种开放性和包容性，决定党性教育是科学的、现实的和富有生命力的。

1.继承传统，推陈出新。一要继承中华优秀传统文化，丰富党性教育内容。中华优秀传统文化凝聚着中华民族共同经历的奋斗历程，蕴含着中华民族共同培育的民族精神，贯穿着中华民族共同坚守的理想信念，是中华民族共同创造的精神家园，是党性教育的宝贵资源，因此，应充分利用优秀传统文化加强党性教育。二要推陈出新，充分利用中华优秀传统文化的精华推进党性教育不断深化。习近平深刻指出，我们在强调继承和弘扬中华优秀传统文化的同时，亦应对传统文化作具体的历史的分析。要警惕和反对在对待传统文化上的两种错误的极端倾向：一种是全盘否定中华优秀传统文化的科学内涵和当代价值的历史虚无主义；另一种是全盘肯定的打着弘扬传统文化的旗帜鼓吹"儒学救国论"的文化保守主义。对这两种极端的社会思潮都应旗帜鲜明予以批判。对前人传承下来的文化和道德规范，共产党人应该有鉴别地加以对待，去粗取精、去伪存真，采取兼收并蓄的态度，坚持古为今用、推陈出新。只有这样，才能保持党性教育旺盛的生命力。

2.面向世界，博采众长。如何管党治党，加强党性教育，是当今世界所有政党面临的一个普遍性的重大战略课题和难题，在相当程度上关系到一个政党的兴衰。国外一些政党的相关经验教训及举措，对中国共产党在新形势下开展党性教育，具有十分重要的警示与启迪意义。

一是一定要抓住理想信念这一关口，稳定执政党执政地位。理想信念是一个党特别是执政的共产党巩固政权和维护制度安全的第一道防线。一些政党十分重视党员的教育培训工作，越南共产党、朝鲜劳动党、老挝人民革命党、古巴共产党汲取苏东共产党教训，非常重视从思想上教育党员干部，陶冶其思想情操。马来西亚执政联盟马华公会于 2014 年重启了中央党校。南非非国大、坦桑尼亚革命党、莫桑比克解放阵线党等非洲六国执政党正在着手建立一所联合党校，通过党校这一教育平台，增强党员执行党的决策的自觉性。冷战结束以来，古巴共产党、朝鲜劳动党之所以能够在严峻的内外环境下坚守下来，最重要的经验就是他们依靠"精神的力量"，在全党上下坚持共产党的领导、坚持社会主义这一根本不放弃、不动摇，全方位地加强理念信念教育，坚守住了思想防线。总结国外政党经验，加强理想信念教育要努力探索各种灵活多样的教育方式，学会把严肃的内容以轻松的方式进行传输，在潜移默化中影响党员群众的思维情感。

二是一定要走群众路线，充分发挥广大党员的积极作用。总结国外政党的相关经验教训，管党治党必须与广大党员和人民群众的意愿、诉求相结合，更多地依靠他们的智慧和力量来有序推进。国外政党的经验表明：发扬党内民主，调动广大基层党组织特别是普通党员的积极性十分重要。像南非非国大基层党组织和党员长期以来参与党的事务热情很高，甚至在党前进道路上起到纠偏的重要作用。

三是一定要抓住党内"关键少数"，充分发挥领导的示范引导作用。对许多政党来说，从严治党的重点就是要管好本党精英，使党内中高层干部这一骨干力量"听党的话"，高效地贯彻落实党的方针政策，从而影响一般党员干部的言行。从国外多数政党的经验看，对党内"关键少数"的要求都要高于一般的党员干部和群众，对他们的违规违纪处分更加注重严格、公正和合理，把这部分群体教育好了，就抓住了党的根本。北欧国家主流政党管党治党的成功实践就充分说明了这一点。

四是一定要顺应信息化的时代要求，充分利用和借助互联网与媒体加强党性教育。当今国外大多数政党在党建活动中，都认识到了互联网和媒体的重要作用，致力于把互联网和媒体作为管党治党的先进工具与得力帮手，通过开辟互联网平台，促使更多的党员及群众了解、关心和热心参与党的事务，扩大党的社会影响力。更多地发挥媒体和社会舆论在管党治党进程中的正能量，发挥其对执政党特别是党员干部的监督和评议功能，引导媒体更好地为党的执政事业服务。

五是一定要讲究政治艺术，努力增强党性教育的实效性。国外不少政党在管党治党上大都缺乏顶层设计，缺乏长远规划，多是在党内出了问题后临时抱佛脚；一些政党在方法上比较简单，头痛医头、脚痛医脚，未能从科学、系统的角度抓住根本、标本兼治；国外有一些政党在治党方面走向极端，演变成党内的权力或路线争斗，导致亲者痛、仇者快，造成党的力量的削弱甚至分裂，给政党建设造成重大损失。结合国外政党的经验教训，中国共产党要紧紧围绕增强党的团结统一、提高党的战斗力、巩固党的执政地位加强党性教育；要绷紧意识形态这根弦，警惕和防范国内外敌对势力的利用与渗透；要把党性教育视作一门综合科学和系统工程，讲究政治艺术和技巧，善于统筹兼顾，实现整体推进。[①]总之，中国共产党要把国外政党管党治党的有益经验融合到自己的党性教育中来，把握其特点和规律，对他们的教训引以为鉴，进一步丰富党性教育的内容，探索和研究党性教育的规律。

3.吸收借鉴相关学科的最新成果。党性教育内容创新的另一途径，是吸取各门学科之精华为我所用。党性教育作为一门新兴学科，底蕴难免不够丰厚，虚心学习其他学科之长，是使自己走向成熟和成功的捷径。哲学、思想政治教育学、中国共产党历史、党的建设、政治学、公共管理学、心理学、教育学、社会学、伦理学等学科内容设计的思路和方法，是可以学习借鉴的。取众学科之长，补己之短，将使党性教育学科的内容达到新的高度。

第三节　党性教育方式方法创新

一、创新教育形式

（一）创新党校教育培训形式，充分发挥其党性教育的主渠道作用

党校是培训轮训党员、党员领导干部的主渠道，是党的哲学社会科学研究机构，是学习、研究、宣传马克思列宁主义、毛泽东思想、邓小平理论、"三个代表"重要思想、科学发展观和习近平新时代中国特色社会主义

---

① 　参见中共中央对外联络部课题组：《国外政党严格管党治党的启示》，《中国浦东干部学院学报》2016 年第 5 期。

思想的重要阵地，是党员、党员领导干部加强党性锻炼的熔炉。习近平指出："各级党委应该从党和国家兴旺发达、长治久安的高度，充分认识加强和改进新形势下党校工作的重大意义，增强使命感、责任感、紧迫感，把我们党的这个独特优势保持好、发挥好。"[①] 党校应根据时代变化和实践发展，加强理论总结和理论创新，加强教育培训形式创新，为发展21世纪马克思主义作出努力。一要创新培训思路。要坚持党校姓党的根本原则，在思想上政治上行动上自觉同党中央保持高度一致，一切办学活动都坚持党性原则，围绕党和国家工作大局，按照干部成长规律和党校教育规律，针对干部成长的特点和需求开展培训。二要创新课程设置。在教学内容上，优化主课课程设置，保证理论教育和党性教育内容不低于70%。教育引导党员干部系统全面地掌握基本理论，深刻认识和把握三大规律，用马克思主义基本观点、立场和方法解决具体工作实践中的问题。三要创新管理方式。要严格学员学习期间的纪律管理，加强学风建设，增强党员干部理论联系实际的能力和水平，真正做到学以致用、用以促学、知行统一。四要创新教学方法。改革传统的灌输式教育方法，多用激发方式，大力开展体验式教学、情景式教学、互动式教学，积极发挥党性教育基地在增强教育吸引力和感染力方面的作用，让党性教育入脑入心。

（二）创新党内集中教育活动形式，提高党性教育实效

在中国共产党历史上，每当革命、建设和改革进行到重要关头，全党面临新形势、新任务时，党都会通过开展集中教育活动来统一认识、凝聚力量、解决问题。如前所述，1942年开展的延安整风运动是中国共产党开展集中教育活动的开端，到现在，党先后开展了一系列大规模的集中教育活动。这种集中教育活动是中国共产党主动适应时代变化，用马克思主义中国化理论成果武装教育全党、解决新时期党内突出问题的重大举措，为党在新的历史条件下加强自身建设、推进全面从严治党积累了丰富经验。分析历次党内集中性教育，我们可以看到，集中性教育提升了党员干部的理论素养和党性修养，增强了执政能力和水平，提高了干事创业和服务群众的本领，统一了全党的思想和行动，促进了各项事业的发展。党每次组织开展的集中教

---

① 习近平：《在全国党校工作会议上的讲话》，《求是》2016年第9期。

育活动，都是结合当时党内存在的问题发动的，每次活动都注意创新教育形式，并不断取得新的成果和经验，为今后开展党内教育活动提供了重要的借鉴和启示。创新无止境，今后党内集中教育活动形式也应因时而异、因势而变。

（三）创新经常性教育形式，营造党员干部党性教育良好环境

集中教育活动在不同时期有特定主题，其任务是集中解决突出问题，具有集中性和阶段性特点。党性教育除了集中教育活动形式外，还要重视经常性教育。经常性教育注重日常教育，通过长期性、系统性教育实现潜移默化、润物无声的教育效果。2006年6月，中共中央办公厅下发了《关于加强党员经常性教育的意见》《关于做好党员联系和服务群众工作的意见》《关于加强和改进流动党员管理工作的意见》和《关于建立健全地方党委、部门党组（党委）抓基层党建工作责任制的意见》四个文件，要求把党员的经常性教育这项工作作为党的建设系统工程的重要部分抓好。这四个文件的制定和印发，是建立健全保持共产党员先进性长效机制的重要举措，对于巩固和扩大先进性教育活动成果，更好地落实党要管党、从严治党的方针，坚持不懈地加强党的执政能力建设和先进性建设，对于更好地发挥基层党组织的战斗堡垒作用和广大党员的先锋模范作用，提升党员、党员领导干部的党性修养，保证党和国家长治久安，具有十分重要的意义。经常性教育重在将党性的要求融入干部日常的学习、工作、管理、监督等过程中，多年来，全国各级党组织不断创新，探索出了一系列卓有成效的经常性教育形式，如：党员春训主题教育活动、党风廉政教育月活动、支部主题党日活动、"三会一课"活动等，起到了很好的教育作用。教育者要以改革的精神继续探索加强经常性教育的新方法新途径，努力实现党性教育工作的科学化、规范化、制度化，不断把党的建设新的伟大工程和建设中国特色社会主义伟大事业推向前进。

二、创新教学方法

党性教育的教学，教而有法不拘定法，教无定法贵在得法。党性教育在教学方法创新方面，重在集成创新或组合创新，尤其是要突出讲、读、看、唱、走、写的综合运用，将交流互动法、实训教学法、现场教学法、情境体

验法、人物访谈法、经典演绎法、声光电仿真法、影视教学法和专题讲授法交叉组合，会有出奇制胜之效。创新教学方法贵在求变，一般而论，要注意以下之变。

（一）变讲授教学为互动教学

党员干部一般对满堂灌式教学方法最不满意，教师从头讲到尾，唱独角戏，不跟党员干部交流，党员干部在听课时相互之间也不交流，这种教学方法往往达不到教学目的，教学效果欠佳。改革这种教学方法，关键是要尊重党员干部的主体地位，充分调动党员干部的学习积极性和主动性。同时也要充分发挥教师的主导作用，教师的主导地位体现在"导"上，通过提问引导党员干部思考问题，深入学习。有些党员干部有很丰富的基层经验，在结合基层实际分析问题时，要充分听取他们的意见，这样做不仅丰富教学内容，而且能活跃教学气氛。同时，教师在教学过程中要注重引导党员干部相互交流，引导他们打开思路，强化党性锻炼。

（二）变报告教学为访谈教学

请先进模范人物为党员干部作报告，是党性教育的一种好形式。其特点是以典型引路，以先进模范人物的事迹鼓舞教育党员干部，大力弘扬其崇高精神，用榜样的力量提高党员干部的党性修养。有些基层党组织已对这一教学方法进行了大胆的改革创新，并不是简单地把先进模范请进教室给党员干部作报告，而是通过类似于电视访谈节目进行访谈，由主持人提问，先进模范人物通过答问的形式讲出模范事迹。访谈不是由先进模范人物一个人讲，主持人、先进模范人物、听报告的党员干部三者在主持人的引导下，通过问答开展交流。这种访谈教学，拓宽了党员干部的思维广度和深度，有较强的现场感、真实感，冲击力大，深受党员干部的欢迎。

（三）变单纯理论教学为与实践结合的教学

理论联系实际是人类认识或学习活动的普遍规律之一，是教学必须遵循的原则。在党性教育过程中，教师用理论分析实际问题，用事实验证理论，引导党员干部从理论和实际的结合中理解并掌握知识，培养他们运用知识解决实际问题的能力。比如，模拟教学是实践教学的一种类型，教师围绕教学任务，设计一个曾经发生或可能发生的事件场景，让受教育者在其中扮演不同角色，受教育者根据自己角色的职责处理这一事件，最后教师根据受教育者的表现进行点评，对受教育者处理得当的表现充分肯定、处理不当的表现指出问题，进行深入分析，让参加活动的受教育者从中体验、感悟，从而引发思考。在模拟实践教学中教师要充分发挥主导作用，要结合受教育者角色扮演的表现，认真分析，把理论教学内容讲出来，这个时候的教学效果要比单纯的理论教学好得多。

（四）变重知识教学为知识能力并重教学

传统的教学方法是教师讲、受教育者听，听没听、听懂多少，要到最后的测试才知道，而且学到的是死记硬背的知识。这就要用现代教学方法来克服。比如案例教学，它是一种开放式、互动式的新型教学方法。通常，案例教学要经过事先周密的策划和准备，使用特定的案例并指导受教育者提前阅读，然后，组织受教育者开展讨论或争论，形成反复的互动与交流。案例教学一般要结合一定理论，通过各种信息、知识、经验、观点的碰撞来达到启示理论和启迪思维的目的。在案例教学中，一个关键环节就是选好案例，所使用的案例既不是编出来讲道理的故事，也不是写出来阐明事实的事例，而是为了达成明确的党性教学目的、基于一定的事实而编写的故事，它在用于讨论和分析之后会对受教育者的思想产生启迪，从而达到增强受教育者党性修养的目的。用于党性教育的教学案例，要根据教学目标要求，从正反两方面，选取能集中反映党性教育中的突出问题的典型案例为素材，引导党员干部进行理性分析和党性思考，提高他们的党性修养水平。

三、创新教学载体

现代科学技术日新月异，改变了人们的认知和生产工作生活，促使各级党组织重视载体在党性教育中的作用，并探索出了很多成功的经验和做法，取得了一定的成效。但也存在教学基础设施相对落后等问题，需要通过多种途径加以解决。

（一）编写新的教材

在党性教育过程中，教材是规范党性教育的基本遵循，对加强党员干部党性教育起重要作用。《中共中央关于加强和改进新形势下党校工作的意见》

明确提出：要"制定全国党校理论教育教学大纲和党性教育教学大纲，加强基础课程、公共课程统编教材建设"。要求"加强党性教育学科建设，积极扶持教学急需且相对薄弱学科，逐步形成突出党校特色、满足干部培训需要的学科体系"[①]。编写党性教育教材应该注意以下三个方面的问题：一是时代性要强。党性教育和社会教育是相互塑造的，社会在发展、时代在前进，党性教育也应该跟上时代步伐。在编写党性教育教材过程中，要坚持创新原则，充分体现中国特色社会主义的理论创新、制度创新和文化创新的成果。同时，党性教育教材必须具有一定前瞻性和超前意识。二是实践性要强。党性教育课程本身是集思想性、时效性以及实践性于一体的，如果党性教育教材在运用过程中只重视思想性而忽视时效性和实践性，那么党性教育就会与现实脱节。三是思想性要强。党性教育教材适用对象是党员干部，目的是增强党员干部的党性，思想性是党性教材的"魂"，离开了思想性，党性教育教材的编写就失去了意义。

（二）运用新的技术手段

数据科技、大科学、人本科技的发展，使以机器人与自动化系统、3D打印、物联网、量子计算等为代表的数据科技领域的创新高度活跃，人工智能以前所未有的速度进入我们所处世界的各个方面，推动行业跨越式发展，比互联网产生的影响将更加深入；大科学催生新能源技术、生物合成技术、食物和水科技、自然界改造技术、先进材料、太空探索等；人本科技催生新型武器、先进医疗、人体增强技术、先进教育、社交主权等。党性教育不仅要高度关注现代科学技术的最新进展，而且要运用最新技术手段创新教育载体。已有的现代教学手段是把电脑、幻灯机、投影仪、录像机、电视机、电影机搬入课堂，作为直观教具应用于教学领域，利用其声、光、电等现代化科学技术辅助教学，运用多媒体教学课件活跃教学气氛、激发党员干部学习兴趣、培养创新能力、提高教育教学效率。今后，应将相对成熟的数据科技、大科学、人本科技成果运用于党性教育。

（三）利用传统媒体和新媒体

报纸、杂志、广播、电视、电影、录音、录像、网络等大众传媒工具是

---

① 《中共中央关于加强和改进新形势下党校工作的意见》，《人民日报》2015年12月14日。

开展党性教育的重要平台，教育者要充分利用大众传媒，向广大党员干部传导党性教育教学内容，让他们在接受广泛的社会信息的同时，接受党性教育。当今，大众传媒的发展突破了传统教育教学时间与空间的局限性，是加强党性教育非常有效的载体。要特别重视发挥互联网的作用，因为网络载体具有开放性、交互性、平等性等特点，能够发挥广大党员干部平等互动交流的功能，改变了传统的人际沟通的模式，进而提高教育效果。要加大正面宣传的力度，引导党员干部科学分析和鉴别大众传媒传播的信息，培养和提高他们处理信息、分辨信息、选择信息、综合利用信息的能力，自觉抵制和免疫不良信息。

（四）创新活动载体

既有的党性教育活动，是根据党性教育的要求，依据受教育者的特点，组织开展的一系列教育活动，让受教育者在活动中接受教育。一是开展唱红歌活动。中国共产党在革命、建设和改革过程中留下了很多优秀的歌曲，如《十送红军》《我的祖国》等，在组织党员干部唱革命歌曲的活动中，让他们感受共产党人高昂的精神力量，从而点燃广大党员干部的革命激情，鼓舞大家的斗志。二是开展演讲活动。演讲是指在公众场所，以有声语言为主要手段，以体态语言为辅助手段，针对某个具体问题，鲜明、完整地发表自己的见解和主张，阐明事理或抒发情感，进行宣传鼓动的一种语言交际活动。在对青年党员干部进行党性教育时，可以充分利用演讲这一载体，结合年轻人的实际和党性教育目标，确定演讲主题，让他们在准备演讲的过程中自我学习，在演讲和听演讲的过程中，为演讲的激情所感染，被演讲的真挚情感所打动，从而达到陶冶情操、接受教育的目的。三是利用节假日活动。主要是充分利用五四青年节、七一建党纪念日、八一建军节、十一国庆节等重大节庆日和纪念日，开展知党、爱党主题教育活动，唱响爱国主义、集体主义、社会主义主旋律。今后，活动载体应采用组合创新方式，如创设"理论＋体验＋拓展＋实践"模式，"理论＋情景模拟＋基地现场教学＋经典演绎"模式，"交流＋实训＋参观考察＋人物访谈"模式，"专题讲授＋影视教学＋声光电仿真＋体验式教学"模式，等等，此外还应积极开发新的教育载体。

第四节　党性教育管理创新

一、把握创新前置条件

党性教育作为政党的一项教育实践活动，是由诸多要素构成的有机统一体，党性教育管理即是其中一个重要方面。所谓党性教育管理，是指党性教育管理者（包括党中央、各级党委或党组、主管机构及其管理人员），通过各种规范与举措配置党性教育资源，以完成党性教育任务、达到党性教育目标的活动过程。它包括管理者、被管理者、管理体制机制、管理手段、管理结果等基本要素。党性教育管理创新的前置条件，就是对党性教育管理的各个要素胸有成竹，并对其有正确评估。

（一）党性教育管理类别

1.党性教育管理按照管理对象划分，有主体管理、活动管理和过程管理。

主体管理是对人的管理，覆盖全体党员和党员领导干部，它又分两个层面，即对教育者的管理和对受教育者的管理。对教育者的管理，既有群体，又有个体，内容应有三个方面：一是关系协调，主要是协调教育者之间的关系（含上行、下行、平行关系），教育者与受教育者的关系。二是素质管理，主要是着眼于提升管理主体的政治思想素质、能力素质、心理素质。三是质效管理，主要是聚焦于党性教育质量、党性教育效能，它要通过评价去实现。

活动管理是对党性教育的具体活动进行统筹与规范。这些活动主要包括全党范围内的教育活动、教育机构的教学活动、科研活动、服务保障活动等，每一具体活动在教育主体、教育内容、教育步骤、教育方式与载体等要素上都存在差异，需要具体问题具体分析、具体解决，并对活动的具体效果进行评估和反馈。

过程管理是对党性教育的准备过程、实施过程、反馈过程的调控。其基本手段包括五要素：一是规划或计划。即对党性教育活动的总体或具体筹划，含中长期规划和短期计划。规划是战略性的，属于宏观层次，管长远。

计划是战术性的，属于中观和微观层次，主要管当前。党性教育的各级领导机关和管理机构的规划或计划，分属不同的层级，构成一定范围内的规划体系或计划体系。运用规划或计划这一管理手段，意在贯彻党中央的要求和战略部署，有秩序、有步骤地开展教育活动，增强确定性或可预见性，减少不确定性或盲目性，确保党中央的决策部署得到贯彻落实。二是组织。从广义上说，组织是指由若干要素按照一定方式相互联系起来的系统。从狭义上说，组织是指人们为了实现一定目标结合而成的团体或实体。规划或计划的实施离不开组织，即必须建立相应的机构，配备精干的人员，提供必要的物质与经费保障。运用组织这一管理手段，意在将党性教育所需人、财、物按照一定的原则和程序进行优化配置，减少和消除党性教育活动的无序状态，为党性教育规划或计划的实施提供有力保障。三是指挥。发令调度即为指挥。党性教育活动的指挥，主要是根据工作目标和环境变化，调动系统内的所有相关资源，激发工作人员的积极性、主动性、创造性，沟通各方面的关系，督促系统内所有成员做好本职工作。运用指挥这一管理手段，意在营造良好工作氛围，优化工作系统，使所有成员勠力同心执行工作任务，确保目标实现。四是协调。配合得当，和谐一致，即为协调。它将党性教育各项工作、所有活动整合起来，使之分工协作、同向发力。运用协调这一管理手段，意在分工有序，配置得体，衔接无缝，形成工作合力，提高总体效率。五是控制。党性教育意义上的控制，是指为了确保党性教育各项任务按规定完成而进行的监督和纠偏的活动过程。在党性教育过程中，因各种不确定性因素的影响，人的具体行为和工作的具体环节，都可能偏离预定方向，这种偏离可能影响到目标的达成，因此需要进行调控，一般通过信息反馈来实现。运用控制这一管理手段，意在保证党性教育管理的正确方向。

2.党性教育管理按照管理内容划分，有目标管理、信息管理、规范管理和队伍管理。

目标管理是党性教育首要的管理。它是党性教育根本目的的具体化，涉及党性教育的达标状况，贯穿于党性教育全过程，是党性教育管理的核心问题。目标管理的关键，是确立清晰而可行的教育目标。目标的实现有一个过程，因而需要区分总目标和子目标，使之前后照应、有机结合。

信息管理是党性教育的基础管理。这里所说的信息，包括上级、下级、平级信息，教育对象的思想信息，教育计划信息，教研信息，资产、资金信息，社会环境信息，等等。这些信息可以从不同角度进行分类和分析。无论是历史信息、现实信息还是预测信息，都对党性教育管理有着重要影响，必须使之真实、准确、及时、适量，以利于加工、传递和反馈。

规范管理是党性教育的重要管理。这里是指制定和运用党性教育管理制度、党纪国法等，建立规则明确、机制协调、程序合理的党性教育管理体系，为党性教育活动提供制度保障。党性教育的规范管理主要有：岗位职责、教育制度、管理制度、工作规则、党内纪律、国家法律法规。党性教育规范管理，不仅包括制定规范，而且包括执行规范，严格照章行事。

队伍管理是党性教育的关键管理。党性教育的兴衰成败在人，人的因素是党性教育管理的决定性因素。要按照政治强、业务精、作风硬的要求，建设一支专兼职结合的党性教育队伍。专职教育者队伍应重点打造，按照职业化、专业化的发展思路建设和管理好这支队伍，引入竞争机制，建立有效激励机制，全面提升其素质。

（二）党性教育管理原则

党性教育管理除遵循党性教育的一般原则外，还应遵循以下管理原则。

1. 从严管理原则。这是党性教育管理的基本原则。2018年1月，习近平在中国共产党第十九届中央纪律检查委员会第二次全体会议上发表重要讲话，系统总结了中共十八大以来全面从严治党的重要经验，即：一要坚持思想建党和制度治党相统一，既要解决思想问题，也要解决制度问题，把坚定理想信念作为根本任务，把制度建设贯穿到党的各项建设之中。二要坚持使命引领和问题导向相统一，既要立足当前、直面问题，在解决人民群众最不满意的问题上下功夫；又要着眼未来、登高望远，在加强统筹谋划、强化顶层设计上着力。三要坚持抓"关键少数"和管"绝大多数"相统一，既对广大党员提出普遍性要求，又对"关键少数"特别是高级干部提出更高更严的标准，进行更严的管理和监督。四要坚持行使权力和担当责任相统一，真正把落实管党治党政治责任作为最根本的政治担当，紧紧咬住"责任"二字，抓住"问责"这个要害。五要坚持严格管理和关心信任相统一，坚持真管真严、敢管敢严、长管长严，贯彻惩前毖后、治病救人的一贯方针，抓早抓小、防微杜渐，最大限度防止干部出问题，最大限度激发干部积极性。六要坚持党内监督和群众监督相统一，以党内监督带动其他监督，积极畅通人民群众建言献策和批评监督渠道，充分发挥群众监督、舆论监督作用。[①]这六条是全面从严治党的原则要求和基本遵循，也是党性教育管理的原则要求和基本遵循。要通过从严管理，建立严格的约束机制，维护党纪国法的尊严，使党员增强党性。

2. 人本管理原则。它是对党员在党的事业发展中的主体地位与作用的肯定，是管理者在管理实践中确立以党员为中心、从党员实际出发，调动党员的积极性、主动性和创造性的要求。人本管理原则具有以下特征：党性教育管理过程的落脚点是党员；铸魂育人是党性教育的首要课题；管理主体的人格化；强调党性与尊重个性相统一。在党性教育管理中要引导、支持党员正确行使权利、切实履行义务，按照民主的方式来解决各种管理问题，协调各种关系，形成党内生动活泼的政治局面。

3. 分级管理原则。在党中央统一领导下，党性教育按照管理权限的划分，定为不同层级，按执行范围分地区、分部门、分层级管理，把集权和分权正确结合起来。从中央到地方，党政军各部门，各人民团体，各企事业单位的党组织，都要发挥自己的职能作用，结合自身业务，认真抓好本系统党性教育工作。

4. 动态管理原则。作为党性教育管理的基本原则之一，它要求做到：重视发展与创新，以求在动态的环境中保持管理有序有效；保持相对稳定的工作秩序和教研秩序；努力整合党性教育资源，挖掘人、财、物、时间、信息等各方面的潜力，力求党性教育效果最大化；在输入、输出、反馈中把握管理活动状态，根据环境的变化随时采取有效应变措施，及时改进管理工作。

（三）党性教育管理趋势

党性教育管理发展到如今，在技术层面上已由手工管理向信息化管理转变。21世纪以来，人类全面进入信息化时代。传统的图书资源、信息资源，传统的手工管理方式已不适应党员和党员领导干部的需求，不适应党的事业的发展，数字化系统、智慧化管理已经是大势所趋。不仅虚拟社会管理应运

---

① 参见《习近平在十九届中央纪委二次全会上发表重要讲话强调　全面贯彻落实党的十九大精神　以永远在路上的执着把从严治党引向深入》，《人民日报》2018年1月12日。

而生，而且传统的垂直管理正在向扁平管理转变。

随着人的现代化，党性教育管理在主体层面上已由单向管理向双向管理转变。美国社会学家英克尔斯和史密斯的《从传统人到现代人——六个发展中国家中的个人变化》一书提出了人的现代化的基本观念，认为人们是通过他们的特殊生活经历而变成现代人的，论述了人的现代化是政治、经济和社会现代化的基础，并概括了现代人的共同特点。在中国，人的现代化是现代化的核心内容，是社会主义现代化的本质要求。人在现代社会中鲜明的主体性，要求党性教育管理由过去的管制训导型的单向管理，转变为组织管理和个人管理的双向管理，即将组织的他律和党员个人的自律相结合。

改革开放后各种社会思潮相互激荡，对党员和党员领导干部交互影响，党性教育管理在思维层面上从经验思维向创新思维转变。传统经验思维相信自己的感觉经验，以直接感受性为特点，以事物的现象为内容，遵循常规惯例、依据事实之间的重复性联结而作出判断。经验思维的主要功能是认识与把握事物的外部联系和现象，它是思维的基础，永远不可或缺，但经验思维的模糊性、非批判性难以满足党性教育管理的反思性诉求，其重复性、自发习惯性难以实现党性教育管理的创造性诉求。在党性教育管理中，适度维持与适度创新的结合，才是有效的管理。现代科技的日新月异，知识增量的越积越厚，社会生活的复杂多样，管理系统内部各种要素的不断变化，使管理的创新远胜于维持的意义。这就要求党性教育管理思维，应从传统经验思维转向创新思维，否则不能适应变化、超越传统、开辟新路、提高水平。

二、创新管理体制机制

（一）创新党性教育管理体制

党性教育管理体制，是对管理者在党性教育活动中，提供党性教育产品和服务的制度化安排。它关系到党性教育管理的规范化、有序化程度和党性教育管理目标的实现程度。中国共产党的党性教育管理体制，是在党中央领导下的统分结合的体制。在这一体制下，党中央确定一定时期党性教育的目标、内容和大政方针，组织领导全党范围内的党性教育活动。地方和部门党委（党组）执行中央决定，组织领导本地本部门的党性教育活动（包括集中性党性教育活动和日常性党性教育活动）。基层单位的党性教育管理，在基层党委或党总支、党支部领导下进行，党性教育与业务工作是统合的。

创新党性教育管理体制，实际上是创新具体制度，它遵循问题导向、需求导向。管理制度创新主要有两种形式：一是对过去的规章制度进行修订和完善；二是根据新形势新要求制定出新的管理制度。这就需要完善管理机构设置制度、管理资源优化配置制度、管理行为监督制约制度。具体方向有两个。

1. 领导体制创新。党性教育管理采取什么样的领导体制，以具体时间地点条件为转移。领导体制不论采取何种具体形式，应有利于党中央集中统一领导，有利于落实各级党委（党组）党性教育主体责任，落实各级党委（党组）主要负责人的领导责任。干部教育领导小组或者联席会议的制度安排应有利于统筹协调、形成合力。

2. 培训体制创新。一是培训主体创新。主要是加强各级党校（行政学院）、干部学院党性教育主渠道主阵地建设，深化教学科研管理改革，突出教师主导作用和学员主体地位以提高办学质量，强化上级党校（行政学院）对下级党校（行政学院）的业务指导，深化县级党校（行政学校）办学体制改革；推进部门行业党性教育培训机构优化整合；强化党性教育培训高校基地规范管理；加强党性教育基地规范化建设；推动优质培训资源共享。二是培训制度创新。包括创新党性教育调研制度、调训制度、培训项目制度、教学管理制度、学员管理制度、培训管理队伍建设制度、培训质量评估制度、培训工作督查制度等。三是培训体系创新。实践证明，分类分级培训体系迄今为止是合理合适的，是否需要改变是将来的事。培训体系创新的具体内容，主要是方式方法的创新，包括采取得力措施，以增强党性修养为根本加强各级领导班子成员的培训；采取得力措施加强机关党员公务员的培训，打造高素质专业化公务员队伍；采取得力措施加强企业党员领导人员党性教育培训，造就对党忠诚、勇于创新、治企有方、兴企有为、清正廉洁的党员企业家队伍；采取得力措施开展事业单位党员领导党性教育培训，建设一支符合新时期好干部标准的高素质专业化事业单位党员领导人队伍；采取得力措施加强专业技术人员中的党员培训（以高精尖缺和骨干专业技术人才为主要对象），以提升其思想政治素质和职业素养、创新创造创业能力；加强年轻干部党性教育和实践锻炼，培养忠诚干净担当的高素质专业化年轻干部队伍；采取得力措施加强基层干部党性教育，培养守信念、讲奉献、有本领、重品行的高素质专业化基层干部队伍。

（二）创新党性教育管理机制

党性教育管理机制，是党性教育管理各构成要素的运作规制和驱动系统，是决定管理功效的核心问题。中国共产党的党性教育管理机制，主要包括领导工作机制、管理协作机制、评价监督机制、激励约束机制等，是党性教育管理制度运行的具体体现。

创新党性教育管理机制，同样要坚持问题导向和需求导向。主要创新点有以下几个。

1. 创新党性教育管理联动协作机制。党性教育面广点多，在全党领导工作层面，可由中央党的建设工作领导小组统筹谋划。在操作层面，既需要各级党委（党组）、纪委、组织人事部门、宣传部门及党性教育机构相互之间多方协调联动，也需要教育机构施教者、管理者、参训者之间的沟通合作，如此方能把教育、管理、监督、激励、惩治有机结合起来，以科学机制有效引导提升党性教育成效。

2. 创新经常性党性教育管理机制。包括建立健全党员学习教育培训的长效机制，党员密切联系群众、听取群众意见建议的长效机制，党性教育工作督导机制等。创新经常性党性教育机制，要处理好当前与长远的关系，继承与创新的关系，规范系统与精而管用的关系，自律与他律、自觉与强制的关系。

3. 创新党性教育精细化管理工作机制。如创新党性教学计划研发与生成机制，创新党性教育教学流程管理，创新党性教学督导管理，建立和完善突发事件应对机制，建立和完善重要岗位的干部点名调训机制，建立健全专职教师知识更新机制和实践锻炼制度，健全师资准入和退出机制，健全人才激励机制，完善教育培训经费保障机制等。

4. 创新党性教育传播机制。党性教育的传播系统包括对党性教育基本理论的系统阐释、对党性教育现实内容的系统宣传、对党性教育实践经验的大力推介、对典型人物和典型事例的重点介绍、对传播对象的调查研究、对传播方略的规划设计、对传播媒介的综合运用、对传播技术的持续创新等。创新党性教育传播机制，主要在于创新传播内容生成机制、传播手段更新机制、传播话语转换机制（如将战争年代使用过的某些具有明显历史特点的革命性词汇转换成适应当代需要的新语汇，在党性教育管理中引入现代管理学术语，等等，以增加时代感和传播的有效性）。

5.创新党性教育效果考核评估机制。党性教育的效果考评和考评结果运用，是公认的难题，尤其是难量化。一是在工作层面，要有务实管用的党性教育成效考核办法。在评估指标体系方面，应有三套指标体系。一套是全党范围内的党性教育活动评价指标体系；另一套是党性教育机构的党性教育评价指标体系，包括教育者教的方面和受教育者学的方面；再一套是各单位的常态化党性教育评价指标体系。评估指标体系应坚持定量与定性相结合。在对干部教育培训机构的办学质量、项目质量、课程质量进行评估时，应列入党性教育方面的指标。在指标量化方面，组织领导、理论教育、实践锻炼、党性分析、师资队伍、教学管理(如专题设置的科学性、教学方式的多样性、教材选择的适用性、学时安排的合理性、教学制度的规范性、学员管理的严格性、课堂教学的实效性等，均实行量化考核)、单位自评、党内测评、群众评价等，各自应有合理的权重。二是在评估方式方面，可根据不同评估项目分别采取查阅资料、问卷调查、座谈走访、评价测试、跟踪调查和专家评定等进行，必要时可以引入第三方评价。党校、干部院校学员的党性教育考核评估，应在结业考核时，突出党性修养权重，采用设定加减分项目、学员自评、小组互评、党支部审评、教师随评、组织员跟评、考核组考评等多维考核办法，综合评定学员成绩，考评结果记入干部个人档案。三是在评估结果的运用上，要把党性教育评价结果与干部考核评价和选拔任用结合起来，与单位党的建设评价结合起来，与工作奖惩结合起来。

三、创新管理手段

管理者创造比以前更好地利用党性教育资源的组织形式和工具的活动，就是党性教育管理手段创新。它可细分为组织创新（创建适应环境变化与党性教育发展的新组织形式和组织制度的活动）和管理方法创新（创造更有效配置党性教育资源的工具的活动）。创新党性教育管理手段应具备的条件：一是党性教育内外环境的变动导致管理手段创新空间的存在；二是党性教育管理者具有高度的责任感、浓烈的创新意识、实现个人价值的愿望和追求党性教育效益最佳化的动力；三是党性教育目标的达到需要进行管理创新；四是党性教育机制能够激励管理者创新。创新管理手段的空间，即管理手段创新行为与结果存在的时空范围，至少包括以下几种情况：一是提出一种新的党性教育管理思路并付诸实施；二是设计一种新的组织结构并使之有效运转；三是探索一种新的管理范式或样本；四是开发一种新的操作方法；五是形成一种新的工作标准。

在现成条件下，创新管理手段的选择有以下几个。

1. 创建学习型党组织。中共十六届四中全会明确提出努力建设学习型政党的任务；中共十七大报告重申建设学习型政党的要求；中共十七届四中全会提出把建设马克思主义学习型政党作为重大而紧迫的战略任务抓紧抓好；中共十八大报告提出建设学习型、服务型、创新型的马克思主义执政党；中共十九大报告强调建设马克思主义学习型政党，推动建设学习大国。因此，创建学习型党组织，是建设马克思主义学习型政党题中应有之义。2010年2月，中共中央办公厅印发了《关于推进学习型党组织建设的意见》，并发出通知，要求各地区各部门结合实际认真贯彻执行。该《意见》提出了一个总体要求、四项原则、五个方面的学习内容，指出要在三个方面下功夫、从四个方面探索学习型党组织建设的方法和途径，强调切实加强组织领导，把建设学习型党组织的任务落实到基层。如何将党性教育内容有机融入学习型党组织中，多年来全国各地党组织创造了不少成功经验，需要认真总结和提升。

2. 探索党性教育实施方式。如实行项目驱动，组建党性教育教学项目组，制订党性教育实施方案，编订专题材料，设计教学版块，开发现场教学点，规范教学流程，采用多种教学方式，深化教学主旨，全程负责教学活动，确保党性教育教学质量。方式创新的具体途径主要有：一是移植，即直接利用其他领域的现成办法；二是嫁接，即用先进理念与本系统的老办法进行综合，实现方式创新；三是原创，即突破前人、超越他人、自己研发一套新的方式。

3. 建立系统集成打"组合拳"。如将传承红色基因与激发时代精神相结合，将党性教育与专业能力培训相结合，不仅在教室里、实验室或实训室里教学，而且在"车轮上"、在现场教学；不仅请进来，而且走出去；不仅线上学习，而且线下学习；不仅强化党性分析，而且强化实践体验；不仅正面宣传，而且反面警示；等等。

4. 培育党性教育特色品牌。包括树立特色培训理念、创建特色教学资源体系、运用特色教学形式、形成特色品牌课程、编纂特色教材、打造特色精品专题。用红色资源做党性教育的支撑点，进行独具特色的培训教学，是培育党性教育特色品牌的成功经验，应当把握好主题，设计好聚焦点，因地制宜规划发展思路，因时因势谋划培训目标，打造党性教育高地。

5. 整合党性教育优质资源。一是各级党委（党组）、组织人事部门和教育培训机构要形成联动机制，积极整合硬件资源、信息资源尤其是人力资源，不断壮大、建强党性教育队伍。在全国层面应有党员干部党性教育的指导文件。二是建立开放的党性教育阵地。党校和干部院校、各级各类党性教育培训基地的成功做法应进行系统总结，其办学经验应进行归纳提炼，然后通过互联网等信息平台进行推介，包括定期推荐党性教育优秀师资、精品课程、优秀培训案例等，以发挥其示范引领作用。三是建立全国性的集党性教育管理、教育成果展示、学习资源共享于一体的综合性服务平台，各地建立与之对接的子平台。各级党校、干部学院和培训机构应建立以信息平台为主要载体的党性教育计划协调、资源共享、效果评价机制，推动党性教育具备更高的标准、更好的质量和更强的兼容性。四是推动干部教育培训和互联网融合发展。在国家层面，应统筹整合培训资源，建设兼容、开放、共享、规范的全国干部网络培训体系。加强网络培训标准建设，形成较为完备的干部网络培训标准体系，实现各类各级干部网络培训平台资源共建共享、数据互联互通。建设在线学习精品课程库，迭代开发移动学习平台。

6. 创新管理技术。利用信息网络技术及智能终端、微型终端等多种形式，不断突破时间、空间的限制，再现真实世界的物体、现象或事物的演化过程，为学员提供生动、逼真、感性的虚拟学习材料。运用云计算等手段，对党员干部的学习需求进行科学分析，生成分层、分类、分批、分期的党性教育培训计划，优化干部党性教育和培训机制。运用大数据等新的信息技术对党员干部党性教育培训的档案、统计报表进行科学管理和定量分析，及时评估、反馈学习效果，进行跟踪管理。创新党性教育载体平台。以党校为例，可在教学管理过程中，根据自身条件和实际需求，联合网络技术公司，定制研发安装方便操作、简易实用的党性教育管理考核系统，构建党性教育教学、管理和考核检验三位一体的日常管理平台，变传统人力管理为网络电子管理。党校可以开发自己的 APP 手机在线应用软件，让学员下载安装。党校应及时上传和更新信息，以手机为载体随时随地开展党性教育，促进学习、管理和考核日常化，提升工作便捷性。教务和学员管理部门可建立 QQ 联络群，开通微信平台，通过各种网络交流平台，实现学员和党校之间的交流互动，增强党性教育实效性。更重要的是，应创造条件建立智慧管理系统，包括智慧党建平台系统（融信息采编、个人办公、公文管理、会议管理、流程审批、督查督办、网上互动等为一体，集电子认证服务、大数据图表等应用于一身），全国统一、分级管理的干部教育培训智慧管理系统，智慧校园管理系统（集教职工管理、学员管理、教务管理、科研管理、校务管理、党性教育共享资源、网上互动等为一体）。要使党性教育智慧管理系统成为"信息部、作战室、展示厅"。

7. 健全网络管理制度。要对党员干部党性教育信息化"建、管、用"各个环节进行制度规范。党的网络管理部门、党性教育机构应建立网络信息发布渠道管理制度，建立规范的网络媒体运营和管理制度，加强对网络用户的管理，形成网络监管合力；建立网络舆论引导机制，健全网络舆情监管制度，严防不良信息入侵；健全网络信息安全管理制度，构建网络信息应急管理机制。更要构建清朗的网络文化管理环境，打造积极健康向上的网络文化，形成网络管理育人新生态。为此，要大力培养既懂党性教育又懂信息技术的复合型人才。

参考文献

《马克思恩格斯全集》第 2 卷、第 3 卷、第 20 卷、第 30 卷、第 40 卷，人民出版社 1957 年版、1960 年版、1971 年版、1974 年版、1982 年版。

《马克思恩格斯文集》第 1 卷、第 2 卷，人民出版社 2009 年版。

《马克思恩格斯选集》，人民出版社 1995 年版。

《毛泽东选集》，人民出版社 1991 年版。

《毛泽东文集》第二卷、第三卷、第七卷，人民出版社 1993 年版、1996 年版、1999 年版。

刘少奇：《论共产党员的修养》，人民出版社 1962 年版。

《邓小平文选》第二卷、第三卷，人民出版社 1994 年版、1993 年版。

《陈云文选》第三卷，人民出版社 1995 年版。

《江泽民文选》，人民出版社 2006 年版。

《胡锦涛文选》，人民出版社 2016 年版。

《习近平谈治国理政》，外文出版社 2014 年版。

《习近平谈治国理政》第二卷，外文出版社 2017 年版。

中央档案馆编：《中共中央文件选集》第一册、第五册、第十三册，中共中央党校出版社 1989 年版、1990 年版、1991 年版。

中共中央文献研究室、中央档案馆：《建党以来党的重要文献选编》第五册、第八册，中央文献出版社 2011 年版。

中共中央文献研究室编：《十二大以来重要文献选编》（上、中、下），人民出版社 1986 年版、1988 年版。

中共中央文献研究室编：《改革开放三十年重要文献选编》（上、下），中央文献出版社 2008 年版。

中共中央文献研究室编：《十六大以来重要文献选编》（上、中、下），中央文献出版社 2003 年版、2005 年版、2007 年版。

中共中央文献研究室编:《十七大以来重要文献选编》(上、中、下),中央文献出版社 2009 年版、2011 年版、2013 年版。

中共中央文献研究室编:《十八大以来重要文献选编》(上、中),中央文献出版社 2014 年版、2016 年版。

中共中央党史和文献研究院编:《十八大以来重要文献选编》(下),中央文献出版社 2018 年版。

中共中央党史研究室:《中国共产党历史》第一卷、第二卷,中共党史出版社 2011 年版。

中共中央文献研究室编:《毛泽东年谱(一八九三——一九四九)》修订本,中央文献出版社 2013 年版。

(唐)吴兢:《贞观政要译注》,上海古籍出版社 2006 年版。

《中国共产党纪律处分条例》,法律出版社 2018 年版。

陈万柏、张耀灿主编:《思想政治教育学原理》,高等教育出版社 2015 年版。

《思想政治教育学原理》编写组编:《思想政治教育学原理》,高等教育出版社 2016 年版。

祝灵君:《中国共产党人的党性与党性修养》,人民出版社 2016 年版。

戴焰军、强飐、孙林等:《如何做一名合格的共产党员——党性教育读本》,广东人民出版社 2017 年版。

罗宗毅主编:《党性教育十三讲》,中共中央党校出版社 2017 年版。

中国井冈山干部学院编:《井冈山斗争时期文献导读》,党建读物出版社 2015 年版。

《关于新形势下党内政治生活的若干准则 中国共产党党内监督条例》,人民出版社 2016 年版。

[古希腊]亚里士多德:《政治学》,吴寿彭 译,商务印书馆 1965 年版。

[美]A.班杜拉:《思想和行为的社会基础——社会认知论》(上册),林颖等译,华东师范大学出版社 2001 年版。

习近平:《领导干部要读点历史》,《中共党史研究》2011 年第 10 期。

习近平:《在全国党校工作会议上的讲话》,《求是》2016 年第 9 期。

《全国革命烈士统计数字》，《革命人物》1986 年第 53 期。

中共中央对外联络部课题组：《国外政党严格管党治党的启示》，《中国浦东干部学院学报》2016 年第 5 期。

江泽民：《在纪念红军长征胜利六十周年大会上的讲话》，《人民日报》1996 年 10 月 23 日。

江泽民：《在表彰为研制"两弹一星"作出突出贡献的科技专家大会上的讲话》，《人民日报》1999 年 9 月 19 日。

胡锦涛：《在庆祝我国首次载人航天飞行圆满成功大会上的讲话》，《人民日报》2003 年 11 月 8 日。

胡锦涛：《在庆祝神舟六号载人航天飞行圆满成功大会上的讲话》，《人民日报》2005 年 11 月 27 日。

胡锦涛：《坚定不移沿着中国特色社会主义道路前进　为全面建成小康社会而奋斗——在中国共产党第十八次全国代表大会上的报告》，《人民日报》2012 年 11 月 18 日。

习近平：《念奴娇·追思焦裕禄》，《福州晚报》1990 年 7 月 16 日。

习近平：《在首都各界纪念现行宪法公布施行 30 周年大会上的讲话》，《人民日报》2012 年 12 月 5 日。

《习近平在中央党校建校 80 周年庆祝大会暨 2013 年春季学期开学典礼上的讲话》，《人民日报》2013 年 3 月 3 日。

习近平：《在纪念毛泽东同志诞辰 120 周年座谈会上的讲话》，《人民日报》2013 年 12 月 27 日。

习近平：《关于〈中共中央关于全面推进依法治国若干重大问题的决定〉的说明》，《人民日报》2014 年 10 月 29 日。

习近平：《在纪念孔子诞辰 2565 周年国际学术研讨会暨国际儒学联合会第五届会员大会开幕会上的讲话　从延续民族文化血脉中开拓前进推进各种文明交流交融互学互鉴》，《人民日报》2014 年 9 月 25 日。

习近平：《在庆祝中国共产党成立 95 周年大会上的讲话》，《人民日报》2016 年 7 月 2 日。

习近平：《在第十八届中央纪律检查委员会第六次全体会议上的讲话》，《人民日报》2016 年 5 月 3 日。

习近平:《在纪念红军长征胜利 80 周年大会上的讲话》,《人民日报》2016 年 10 月 22 日。

习近平:《在中国文联十大、中国作协九大开幕式上的讲话》,《人民日报》2016 年 12 月 1 日。

习近平:《决胜全面建成小康社会 夺取新时代中国特色社会主义伟大胜利——在中国共产党第十九次全国代表大会上的报告》,《人民日报》2017 年 10 月 28 日。

习近平:《在第十三届全国人民代表大会第一次会议上的讲话》,《人民日报》2018 年 3 月 21 日。

习近平:《在北京大学师生座谈会上的讲话》,《人民日报》2018 年 5 月 3 日。

习近平:《在纪念马克思诞辰 200 周年大会上的讲话》,《人民日报》2018 年 5 月 5 日。

刘云山:《学习全国道德模范加强公民道德建设》,《人民日报》2013 年 9 月 28 日。

《2018—2022 年全国干部教育培训规划》,《人民日报》2018 年 11 月 2 日。

《中央纪律检查委员会向党的第十三次全国代表大会的工作报告》,《人民日报》1987 年 11 月 5 日。

《中华人民共和国突发事件应对法》,《人民日报》2007 年 11 月 1 日。

《2013—2017 年全国干部教育培训规划》,《人民日报》2013 年 9 月 29 日。

《中共中央办公厅印发〈2014—2018 年全国党员教育培训工作规划〉》,《人民日报》2014 年 7 月 3 日。

《首批抗日英烈和英雄群体名录公布》,《京华时报》2014 年 9 月 2 日。

《中共中央关于加强和改进新形势下党校工作的意见》,《人民日报》2015 年 12 月 14 日。

《中国共产党章程》,《人民日报》2017 年 10 月 29 日。

《十八届中央纪律检查委员会向中国共产党第十九次全国代表大会的工作报告》,《人民日报》2017 年 10 月 30 日。

《中华人民共和国英雄烈士保护法》,《人民日报》2018 年 4 月 28 日。

《2017 年中国共产党党内统计公报》,《人民日报》2018 年 7 月 1 日。

后 记

中国共产党建党以后，高度重视党性教育，积累了丰富的历史经验，党的几代领导集体都有重要理论建树，理论工作者也进行了重要探索。2015年12月，《中共中央关于加强和改进新形势下党校工作的意见》提出，加强党性教育学科建设。中共中央总书记习近平在全国党校工作会议上的讲话中强调，党性教育是共产党人修身养性的必修课，也是共产党人的"心学"；党校党性教育单元要加大力度、增加分量，安排足够时间，形成党性教育课程体系。从此，全国党校系统、干部院校、理论工作者，为建立党性教育学科、形成党性教育课程体系作出了重大努力，取得了阶段性成果。中共宜昌市委党校根据中央文件和习近平总书记讲话精神，加大理论教育和党性教育力度，并于2017年组建党性教育教研室，积极扶持教学急需且相对薄弱的党性教育学科。2017年12月，常务副校长王大发、教育长杨成珍布置教材编写工作任务，《新时代党性教育概论》（初定书名）编写方案完成。2018年1月，王大发主持校委会，决定编写党性教育教科书，副校长周兵、汪敏、阮卫红，教育长杨成珍参与决策。中共宜昌市委领导对此项工作给予了积极支持和热情鼓励。2018年2月，张国祥教授主持完成写作大纲；3月，杨成珍主持教材编写工作会议，全书撰写工作全面展开。

本书第八章、第十章由王大发撰写；第十六章由杨成珍撰写；第一章由张国祥撰写；第三章由高青撰写；第十二章、第十三章、第十四章由陈垚撰写；第五章由高圣亮撰写；第二章、第四章、第十五章由代星均撰写；第六章、第七章、第九章由文小莉撰写；第十一章由颜芳撰写。中共宜昌市委党校科研处负责工作督导，并对初稿提出修改意见。全书统稿由张国祥负责，高青协助。文字校对工作由胡晓玲、方康负责。全书最后由王大发审阅定稿。

本书编写过程中，参考和吸收了学术界的相关研究成果，谨致诚挚的谢意。最初本书拟订了四个书名，最后定名为《党性教育学新论》。同时，感谢人民出版社为本书出版付出的辛勤劳动。

著　者

2018 年 11 月 28 日

责任编辑：杨文霞
封面设计：周方亚
责任校对：陈艳华

图书在版编目（CIP）数据

党性教育学新论 / 王大发，张国祥 等 著 . — 北京：人民出版社，2019.3
ISBN 978 - 7 - 01 - 020479 - 6

I.①党… II.①王…②张… III.①中国共产党 - 党员 - 党性 - 修养 - 高等学校 -
教材 IV.① D263.3

中国版本图书馆 CIP 数据核字（2019）第 039729 号

党性教育学新论
DANGXING JIAOYUXUE XINLUN

王大发　张国祥　等 著

人民出版社 出版发行
（100706　北京市东城区隆福寺街 99 号）

北京中科印刷有限公司印刷　新华书店经销

2019 年 3 月第 1 版　2019 年 3 月北京第 1 次印刷
开本：710 毫米 × 1000 毫米 1/16　印张：30.75
字数：490 千字

ISBN 978 - 7 - 01 - 020479 - 6　定价：89.00 元

邮购地址 100706　北京市东城区隆福寺街 99 号
人民东方图书销售中心　电话：（010）65250042　65289539